国家出版基金项目
NATIONAL PUBLICATION FOUNDATION

抗日战争专题研究

张宪文 朱庆葆 主编

第四辑
沦陷区和伪政权

日本对滇西沦陷区的统治

雷娟利 著

江苏人民出版社

图书在版编目(CIP)数据

日本对滇西沦陷区的统治/雷娟利著. --南京:
江苏人民出版社,2022.7
(抗日战争专题研究/张宪文,朱庆葆主编)
ISBN 978-7-214-26662-0

Ⅰ.①日… Ⅱ.①雷… Ⅲ.①侵华事件-史料-日本-1937-1945②云南-地方史-史料-1937-1945 Ⅳ.①K265.606②K297.4

中国版本图书馆 CIP 数据核字(2021)第 225766 号

书　　名　日本对滇西沦陷区的统治
著　　者　雷娟利
责任编辑　金书羽
特约编辑　张　欣
装帧设计　刘葶葶
责任监制　王　娟
出版发行　江苏人民出版社
地　　址　南京市湖南路 1 号 A 楼,邮编:210009
照　　排　江苏凤凰制版有限公司
印　　刷　苏州市越洋印刷有限公司
开　　本　652 毫米×960 毫米　1/16
印　　张　27.5　插页 4
字　　数　321 千字
版　　次　2022 年 7 月第 1 版
印　　次　2022 年 7 月第 1 次印刷
标准书号　ISBN 978-7-214-26662-0
定　　价　108.00 元

教育部哲学社会科学研究重大委托项目
2021年度国家出版基金资助项目
南京大学“双一流”建设卓越计划项目
“十四五”国家重点出版物出版专项规划项目

合作单位

南京大学　北京大学　南开大学　武汉大学
复旦大学　浙江大学　山东大学
台湾中国近代史学会

学术顾问

金冲及　章开沅　魏宏运　张玉法　张海鹏
姜义华　杨冬权　胡德坤　吕芳上　王建朗

编纂委员会

主　　编　张宪文　朱庆葆

副 主 编　吴景平　陈红民　臧运祜　江　沛　宋志勇　王月清
张　生　马振犊　彭敦文　赵兴胜　陈立文　林桶法

常务编委　洪小夏　张燕萍　刘　颖　吕　晶　张晓薇

审稿委员会

主　任　马　敏　陈谦平

副主任　叶美兰　张连红　戚如高　王保顶　王卫星　姜良芹

委　员　关　捷　郑会欣　何友良　田　玄　刘金田　朱汉国　程兆奇
黄正林　李继锋　马俊亚　李　玉　曹大臣　徐　畅　齐春风

总　序

张宪文　朱庆葆

日本侵华与中国抗日战争是近代中国最重大的历史事件。中国人民经过14年艰苦卓绝的英勇奋战，付出惨重的生命和财产的代价，终于取得伟大的胜利。

自1945年抗日战争结束至2015年，度过了漫长的70年。对这一影响中国和世界历史进程的重大事件，国内外历史学界已经做过大量的学术研究，出版了许多论著。2015年7月30日，在抗日战争胜利70周年前夕，中共中央政治局就中国人民抗日战争的回顾和思考进行集体学习，习近平总书记发表重要讲话，指示学术界应该广为搜集整理历史资料，大力加强对抗日战争历史的研究。半个月后，中共中央宣传部迅速制定抗日战争研究的专项规划。8月下旬，时任中共中央宣传部部长刘奇葆召开中央各有关部委、国家科研机构和部分高校代表出席的专题会议，动员全面贯彻习总书记的讲话精神，武汉大学和南京大学的代表出席该会。

在这一形势下，教育部部领导和社会科学司决定推动全国高校积极投入抗战历史研究，积极支持南京大学联合有关高校建立抗战研究协同创新中心，并于南京中央饭店召开了由数十所高校的百余位教授、学者参加的抗战历史研讨会。台湾"中国近代史学会”也派出十多位学者，在吕芳上、陈立文教授率领下出席会议，共同协商在新时代深入开展抗战历史研究的具体方案。台湾著名资深教授蒋永敬在会议上发表了热情洋溢的讲话。经过几个月的酝酿和准备，南京大学决定牵头联合我国在抗战历史研究方面有深厚学术基础的北京大学、南开大学、武汉大学、复旦大学、浙江大学、山东大学及台湾“中国近代史学会”，组织两岸历史学者共同组建编纂委员会，深入开展抗日战争专题研究。中央档案馆和中国第二历史档案馆也积极支持。在南京中央饭店学术会议基础上，编纂委员会初步筛选出130个备选课题。

南京大学多次举行党政联席会议和校学术委员会会议，专门研究支持这一重大学术工程。学校两届领导班子均提出具体措施支持本项工作，还派出时任校党委副书记朱庆葆教授直接领导，校社科处也做了大量工作。南京大学将本项目纳入学校“双一流”建设卓越计划，并陆续提供大量经费支持。

江苏省委、省政府以及江苏省委宣传部，均曾批示支持抗战历史研究项目。国家教育部社科司将本项研究列为哲学社会科学研究重大委托项目，并要求项目完成和出版后，努力成为高等学校代表性、标志性的优秀成果。

本项目编纂委员会考察了抗战历史研究的学术史和已有的成果状况，坚持把学术创新放在第一位，坚持填补以往学术研究的空白，不做重复性、整体性的发展史研究，以此推动抗战历史研究在已有基础上不断向前发展。

本项目坚持学术创新，扩大研究方向和范围。从以往十分关注的“九·一八”事变向前延伸至日本国内，研究日本为什么发动侵华战争，日本在早期做了哪些战争准备，其中包括思想、政治、物质、军事、人力等方面的准备。而在战争进入中国南方之后，日本开始实施一号作战，将战争引出中国国境，即引向亚太地区，对东南亚各国及东南亚地区的西方盟国势力发动残酷战争。特别是日军偷袭美军重要海军基地珍珠港，不仅给美军造成严重的军事损失，也引发了日本法西斯逐步走向灭亡的太平洋战争。由此，美国转变为支援中国抗战的主要盟国。拓展研究范围，研究日本战争准备和研究亚太地区的抗日战争，有利于进一步揭露日本妄图占领中国、侵占亚洲、独霸世界的阴谋。

本项目以民族战争、全民抗战、敌后和正面战场相互支持相互依靠的抗战整体，来分析和认识中国抗日战争全局。课题以国共两党合作为基础，运用大量史实，明确两党在抗日战争中的地位和作用，正确认识各民族、各阶级对抗日战争的贡献。本项目内容涉及中日双方战争准备、战时军事斗争、战时政治外交、战时经济文化、战时社会变迁、中共抗战、敌后根据地建设以及日本在华统治和暴行等方面，从不同视角和不同层面，深入阐明抗日战争的曲折艰难历程，以深刻说明中国抗日战争的重大意义，进一步促进中华民族的伟大复兴。

对于学界已经研究得甚为完善的课题，本项目进一步开拓新的研究角度和深化研究内容。如对山西抗战的研究更加侧重于国共合作抗战；对武汉会战的研究将进一步厘清抗战中期中国政治、经济、社会的变迁及国共之间新的友好关系。抗战前期国民党军队丢失大片国土，而中国共产党在十分艰难的状况下，在敌后逐步收复失地，建立抗日根据地。本项目要求各根据地相关研究课题，应在以往学界成果基础上，着力考察根据地在社会改造、经济、政治、人才培养等方面，如何探索和积累经验，为 1949 年后的新中国建设提供有益的借鉴。抗战时期文学艺术界以其特有的文化功能，在揭露日军罪行、动员广大民众投入抗战方面，发挥了重要作用。我们尝试与艺术界合作，动员南京艺术学院的教授撰写了与抗日战争相关的电影、美术、音乐等方面的著作。

本项目编纂委员会坚持鼓励各位作者努力挖掘、搜集第一手历史资料，为建立创新性的学术观点打下坚实基础。编纂委员会要求全体作者坚决贯彻严谨的治学作风，坚持严肃的学术道德，恪守学术规范，不得出现任何抄袭行为。对此，编纂委员会对全部书稿进行了两次“查重”，以争取各个研究课题达到较高的学术水平，减少学术差错。同时，还聘请了数十位资深专家，对每部书稿从不同角度进行了五轮审稿。

本项目自2015年酝酿、启动，至2021年开始编辑出版，是一项巨大的学术工程，它是教育部重点研究基地南京大学中华民国史研究中心一直坚持的重大学术方向。百余位学者、教授，六年时间里付出了艰辛的劳动，对抗战历史研究做出了重要贡献！编纂委员会向全体作者，向教育部、江苏省委省政府以及各学术合作院校，向江苏凤凰出版传媒集团暨江苏人民出版社，向全体编辑人员，表示最崇高的敬意和诚挚的感谢！

目　录

导 论

在第二次世界大战中，以缅甸为中心、中国云南西部和印度东北部为两翼的“中缅印”跨国战场是国际反法西斯盟国在亚洲—太平洋战线上对日作战的交会处与结合部。纵观中国抗日战争各战场，滇西抗战因日本切断滇缅公路援华线而起，战场所涉区域具有跨越国界和抗战主体盟国联手的显著特征，有别于中国抗战其他战场。

一、选题缘起及其意义

滇西即云南西部，从古至今都是中国西南地区重要的边防门户和面向南亚、东南亚的桥头堡。这里东接昆明，西邻缅甸，是连接中国腹地与印度洋的交通孔道。1937 年日本全面侵华战争爆发后，中国华北及东南沿海大片国土落于敌手，出海通道相继被日军阻断，西南川、滇、黔 3 省的战略地位迅速上升，成为支撑中国抗日战争的主要后方基地。为缓解日本封锁造成的压力及适应战略上的需要，国民政府交通部与云南省政府共同决定赶修滇缅公路西段，开辟大西南出海通道。1938 年 8 月底，自昆明起，经下关(今大理)、保山至畹町出境，连接缅甸腊戍[①]的滇缅公路建成通车。滇缅公路内连川、黔、桂、康 4 省，外通缅甸腊戍、曼德勒、仰光，是中国西南主要的国际交通线之一。滇越铁路被日军切断后，滇缅公路作为盟国援华国际通道的重要性凸显，当时的月运量即在万吨以上。因此，为掐断中国这条至关重要的"抗战生命线"，逼迫国民政府放弃抵抗、屈膝投降，日本在挑起太平洋战争、大举"南进"的同时，不断扩大战线，除席卷南洋各地外，还陆续攻占泰国和缅甸，对中国西南地区构成严重威胁。日本寻求封锁滇缅通道的战火扩大到缅甸后，1942 年 3 月，国民政府根据《中英共同防御滇缅路协定》要求，动员中国远征军 10 万将士出国抗日。入缅之后，尽管中国远征军将士斗志昂扬、浴血奋战、屡挫敌锋，但因盟国各方协调指挥不当，尤其是缅英当局为了自保，一再贻误战机，致使日军长驱直入并迅速切断中国远征军后路，造成全局动摇、战线崩溃的恶果。最后，中国远征军不得不分散撤退回国或转入印度，声势浩大的援缅行动以失利告终。

中国远征军入缅作战失败，国门洞开，日军先头部队乘虚而入，于 1942 年 5 月上旬强占了中国怒江以西的德宏州各地及保山地区龙陵、腾冲等大片国土。1942 年 5 月—1945 年 1 月，日本在占领滇西期间实行残暴的军政统治，不仅给滇西沦陷区各族人民带来了极为深重的灾难，也使当地社会面貌发生了诸多变化。

本书的目的之一是详细描述日军攻占进而统治滇西沦陷区的全过程。研究内容主要有日本侵占滇西的图谋及其行动(包括日本"南进"政策的出台、"断"字号作战的图谋、攻占滇西的作战过程等)、统治滇西时期各类伪政权的建立与运行(包括军政统治机构"行政班"、各地各级"维持会"、龙腾伪政府的建立、强征民夫、对德

---

① 本书根据《世界地名翻译大辞典》及当地史志资料，将此地译为"腊戍"。——作者注

宏土司地方政权的特殊政策等)、对经济的控制与资源掠夺(包括成立经济统制机构、强制发行日军军票、劫掠滇西民众生产生活资料等)、奴化教育与社会控制(包括各种形式的奴化教育机构的建立与运行、愚民政策的实施、对滇西社会的控制、鸦片毒化等)以及日本在滇西沦陷区的暴行(包括无差别战略轰炸、细菌战、性暴行、"三光"作战等)。本书期望通过对以上日本统治滇西沦陷区全貌的分析,揭橥其侵略本质。

本书的目的之二是深度探究日本在滇西沦陷区统治期间各阶段的特点。在日本侵略者与中国远征军围绕滇缅公路和中印公路"断"与"通"的火线对峙中,日本盘踞滇西沦陷区长达两年零八个月之久(1942 年 5 月—1945 年 1 月)。在此期间,日本从"入寇"到"坐寇"最终成为"败寇",其统治手段也相应经历了从占领之初的"肆意妄为"到统治中期的"怀柔同化",再到战败末期"歇斯底里"的转变。在审视不同时段日本统治政策的调整演变后,本书归结出日本统治滇西沦陷区的总体特征。

本书的目的之三是总结日本统治给滇西社会发展带来的诸多后果。由于日本的侵略、掠夺与统治,滇西沦陷区的社会发展被外力打断,陷入停滞甚至是倒退的困境。为充分说明这一点,本书通过对战时日本统治滇西沦陷区方针、政策和措施的分析解读,借助翔实的档案史料和统计数据等文献,揭露日本的侵略与统治给滇西社会带来的严重后果与深刻影响。

笔者认为,日本在滇西沦陷区的统治较之全国其他沦陷区既具有共性,亦不失自身独有的特征。对日本在滇西沦陷区的统治作系统研究,挖掘其典型性,既有助于丰富抗战区域研究,也有助于夯实侵华日本统治研究领域较为薄弱的云南部分。这正是本选题的深层动因所在。

近代史上中国诸多地区陷于日本之手，是日本长期侵略中国的直接后果，对其开展的研究也是日本侵华史、中国近现代史乃至中日关系史的重点部分。若想全方位、多视角、深层次地解读日本侵华史，在深化重点地域和领域（政治史和军事史）研究的同时，有必要强化区域抗战和薄弱环节（沦陷区的社会史和文化史）的研究。滇西是一个极为典型的沦陷区域，其社会在日本的侵略与统治下发生巨大的断裂与变革。将侵华时期日本对滇西的统治作为一个个案，对其进行全方位、深入详尽的研究，厘清日本入侵滇西的轨迹和过程，揭露其本质、解析其特征并揭示其影响，无疑具有较高的学术价值与警世意义。

从学术价值的维度看，第二次世界大战时期日本对滇西地区的侵占及统治的相关研究，是日本侵华史的一个组成部分，也是学术研究中的重要课题之一。在前人研究的基础上更为系统、深入地研究日本入侵并统治滇西沦陷区的具体史实，不仅可以强化以往日本侵华史研究中被忽略或遮蔽的一些薄弱环节，而且可以极大丰富中国近代史、中日关系史、滇西抗战史研究的内涵。有鉴于此，本书在全面、系统研究日本侵华期间对滇西沦陷区统治的基础上，尽量弥补以往此项研究由于史料局限所产生的片面性，力求在理论观点、研究方法和实证考察上有所突破和创新。与此同时，本书进一步加强对日本统治滇西沦陷区相关资料的整理与考证，并以此为立论的起点，深入开展理论上的分析、探讨、争鸣，冀望于对推动本领域的学术研究有些许裨益。

再者，就现实意义而言，日本在统治滇西沦陷区近 3 年里，杀人盈野，烧抢掳掠，无所不用其极，使滇西各族人民遭受了近代以来最大的劫难。时至今日，日本仍有一股右翼势力在极力掩饰日本军国主义者曾对中国及亚洲各国所发动的侵略战争，他们经常抛出否认或美化侵华战争罪行的怪诞言论。面对这种状况,我们有责任将日本在中国包括在滇西占领期间的残暴统治及其具体史实作一全面揭露。这不仅能为批驳日本右翼势力否认或美化其侵略战争的言论提供确凿的历史依据,而且可以给滇西人民留下一部日本在滇西罪恶统治的信史,继而加深人们对殖民主义、帝国主义本质的认识,教育我国人民尤其是滇西边疆地区各族青少年,使其继承和弘扬滇西抗战精神。

二、学术史回顾

中国抗日战争理应包括日本侵华(责任方日本)与中国抗战(受害方中国)两大侧面,同时涉及美英等国(关联方)。滇西抗战研究是世纪之交云南史学界研究的重点和热点,近年来,随着中国抗战史研究的不断推进及其领域的日益拓宽,滇西抗战的相关研究在全国范围内方兴未艾。而相较于美英等国,国外滇西抗战相关研究更多集中在日本。中日两国各具侧重点的研究成果为本书的研究思路和方法等提供了参考。

(一)中国学界的学术史回顾

从国内来看,近些年随着相关史料的收集、整理和发掘,中国学者开展的侵华日军在中国进行殖民统治的研究取得了较为丰硕的成果。有关滇西抗战的研究主要从宏观和微观两方面展开。

张洪祥的《近代日本在中国的殖民统治》(天津人民出版社1996年版)和关捷主编的《日本对华侵略与殖民统治》(社会科学文献出版社2006年版)比较全面地论述了日本在中国各占领区殖民统治的概况。这两部比较有代表性的著作基本上按照日本侵华并强行划分占领区的先后顺序,采用编年和专题相结合、以专题为主的方法编写,把日本当年在中国所建立的殖民地,按照性质、内容和统治方式的不同，清晰地划分为占领地、租借地、租界、铁路附属区和沦陷区等几大类，并对日本在每一类殖民地实施统治的内容、方法、特点和危害等进行了详尽的分析和介绍，对后人研究极具启发性。具体到区域研究，其中关于日本对中国东北统治的研究成果最为丰富，较早有20世纪90年代初王希亮的《日本对中国东北的政治统治（1931—1945年）》（黑龙江人民出版社1991年版）等，较近有高晓燕的《日本殖民统治与东北农民生活（1931—1945年）》（社会科学文献出版社2014年版）。除此之外，新的研究成果不断涌现。黄静嘉的《春帆楼下晚涛急：日本对台湾的殖民统治及其影响》（商务印书馆2003年版）、水野明的《日本军队对海南岛的侵占与暴政（1939—1945）》（南海出版公司2005年版）、经盛鸿的《武士刀下的南京：日伪统治下的南京殖民社会研究》（南京师范大学出版社2008年版）、金海的《日本在内蒙古殖民统治政策研究》（社会科学文献出版社2009年版）以及张铨等人的《日军在上海的罪行与统治》（上海人民出版社2015年版）等著作的相继出版，使日本对中国占领区统治的研究呈现日益具体而丰富的面貌。但从全国范围看，目前较为全面论述侵华时期日本在滇西统治的研究专著尚未出现，既有的研究成果均从“滇西抗战”的中国角度展开。这些研究成果大体上可分为两类，即对滇西抗战的宏观研究和微观研究。宏观研究着眼于对滇西抗战的整体研究，侧重于滇西抗战的历史背景、战争过程、国内及国际地位、区域特点等内容；微观研究则是在“微观战史”概念引入后，聚焦于滇西抗战中的某一战役、具体事件或历史人物等具体而微的内容。

滇西抗战的宏观研究主要有以下成果：耿德明的《滇西抗战史证》（云南人民出版社2006年版）一书充分利用了20多年文物调查和保护工作中实地采访、搜集所获的第一手材料，阐述了滇西多民族的抗战历史、40个抗日民族英雄的英勇故事、抗战中的傈僳打法、抗战文化以及抗战遗迹等内容；何光文的《滇西抗战史论》(云南大学出版社2007年版)一书则以爱国主义为主线，以滇西抗战史实为依据，采用史论结合的形式，对滇西抗战这一重大历史事件进行梳理和评述，论述了滇西抗战在中国抗日战争中的地位和作用、地方抗战史内容、著名历史人物对滇西抗战的贡献、滇西抗战精神、日本军国主义道路及其战争观等；陈祖樑的《血雾迷茫——滇缅抗日及日军罪恶揭秘》(云南美术出版社2004年版)揭露了日军在滇西进行无差别轰炸、推行“慰安妇”制度、实施细菌战等暴行；李枝彩的《实证滇西抗战》(云南大学出版社2016年版)是对滇西抗战遗址遗迹进行数年不懈的田野调查后的研究成果；张家德的《保卫滇缅路》(云南人民出版社1994年版)叙述了滇缅公路从被截断到打通的过程以及围绕这条公路展开的一系列事件。其中，《保卫滇缅路》资料丰富，既有文献档案资料，也有中外文图书资料，还有实地考察材料。另外，其对敌我友三方情况、战略决策、战斗经过及胜败原因等描述分析得比较全面。

“微观战史”是军事研究者余戈倡导的概念，其特点是基于核心史料进行文献爬梳和田野调查，对敌我双方史料进行“互参”、严格的“史料批判”和时空的“网格化”标定等。余戈所著“滇西抗战三部曲”《1944：松山战役笔记》《1944：腾冲之围》和《1944：龙陵会战》(生活·读书·新知三联书店2009年、2014年、2017年版)从技术、战术、军人生存方式等军事文化视角具体而微地研究了滇西抗战。他利用战场的“日记体”来推进内容，仔细地跟踪和展示了滇西抗日战争中各个战场的方位和坐标、中国和日本军队的前进与撤退，以及各种作战部队的组成、双方的空袭和所获支援、军事行动中战死官兵的数量，甚至日本军队剩余士兵的逃跑路线。其叙述也涉及中日两国的战斗风格和意志、每一场局部战争的得失、双方指挥官的战争谋略、军事目标的实现等等。余戈通过展现完整的历史细节，还原出了一幅“真实的战史图景”。

较具代表性的微观研究学术论文有如下几类：从滇西抗战战事、战略、地位等方面进行研究，如《中国远征军第十一集团军在滇西抗战中的重要作用和贡献》《论滇西抗战的特点》《谫论滇西抗战“拒敌于怒江之西”的战略意义》《缅北—滇西抗战在世界反法西斯战争中的地位》《试论滇西抗战》《滇西土司在滇西抗战中的影响及其贡献》等；从滇西抗战中少数民族视角进行研究，如《云南边疆各族人民与滇西抗战》《滇西抗战中的云南边疆各族人民》《滇西抗战中多民族战事考述》《滇西抗战对滇西土司的影响》《滇西抗战与潞江安抚司土司制度的延续》等；从滇西抗战遗址遗迹方面进行研究，如《滇西抗战遗址遗迹多维价值评估体系的构建》《将滇西抗战遗址打造成统战平台的思考：以港澳台侨学生的爱国主义教育为视角》《“滇西抗战”史迹一瞥》等；从滇西抗战时期日军罪行方面进行研究，如《日军在滇西的细菌战》《日军在滇西和贵州犯下的罪行》《抗战时期日军对滇西妇女的性暴行初探》《战后之疫：1944—1947年滇西鼠疫研究》《日军“慰安”制度在滇西》等。

总体而言，上述前期研究或侧重对日军在滇西暴行的披露，或着重论述滇西抗战的光辉史实，仅有极小篇幅或专题涉及日本对滇西的统治，均未系统梳理和考证日本对滇西统治的历史全貌。已发表学术论文大都是从抗战史研究的角度，对滇西抗战的进程、在世界反法西斯战争及中国抗战中的地位、滇西抗战中的少数民族等方面进行探讨，鲜见从日本侵华的角度审视滇西战场的战略地位及日本的统治情况。与本书相关的研究不但寥寥无几，且存在一些不足之处：国内研究与国外研究的结合不够，研究视野亦不开阔；国内研究重复建设的居多，推陈出新的偏少；跨学科综合研究最为欠缺。可见，本选题具有很大的研究空间与必要。

（二）日本学界的学术史回顾

与我国相比，战后日本方面的滇西抗战研究对中日两国史料的利用较为充分，他们博采心理学、社会学和人类学等相关学科之长，从不同视角对滇西抗战做了大量具体而微的研究。

1. 将心理学、社会学和人类学等学科方法引入滇西抗战研究

日本大阪教育大学教授山田正行为充分研究日军滇西作战的历史，亲自到滇西地区进行实地考察。山田采访了滇西当地许多战争亲历者和受害者（或其后人），对其口述内容进行记录。最后他运用欧美心理学者精神分析心理历史认识的方法，同时引入法国哲学家帕斯卡尔关于“人的条件”的学说，对这些口述资料进行解读，著成《身份与战争：战时中国滇西地区心理历史的相关研究》[①]。该书深入分析了作为加害者的日军官兵的犯罪心理，指出日本的军国主义教育、日本最高当局的狂妄决策、战地指挥官的野蛮指导、民族歧视、残酷战斗等导致日军官兵人性条件恶化，心理极度扭曲，以至于由人变成了“鬼”。他们置国际公法于不顾，对中国滇西民众野蛮地烧杀淫掠，甚至公然在“给养就地征发”的军令下实施这些暴行。山田还进一步分析了日本的战争责任问题，指出只有克服天皇制的群愚性，才能明确战争责任的主体性，从而深刻认识日本的战争责任。

① 山田正行『アイデンティティと戦争——戦中期における中国雲南省滇西地区の心理歴史的研究』、グリーンピース出版会、2002 年。

日本早稻田大学教授远藤美幸的两篇论文《战场的社会史：缅甸战线和拉孟守备队(1944年6—9月)》(分前后两编)[①]开启了他对滇西抗战的研究，在此基础上，他著有《继承"战争经历"——寻访滇缅公路松山会战的幸存者》[②]一书。远藤的研究以战争责任方日本的《公刊战史》为基础史料，同时参考战争关联方美国与英国的档案馆资料，重视战争受害方中国的调查资料，将"战争体验"和"战场的社会史"等概念率先引入滇西抗战的研究中，提出新的战场观。他非常重视多方史料的相互印证，听取了参加过缅北—滇西作战的日本军人小林宪一[③]、木下昌巳[④]、早见正则和森本谢[⑤]，尤其是朝鲜籍日军原"慰安妇"朴永心等人的证言，通过对各方资料的分析研究，再现了日军拉孟守备队(1942—1944年)全军覆灭的过程，同时记录了滇西被日军杀害者亲属的战后生活。

《战争灾害与社会变迁：腾冲抗战的社会人类学研究》(云南美术出版社2012年版)是中国云南省社会科学院民族文学研究所和日本关西学院大学先端社会研究所关于"腾冲抗战"的合作研究成果。该书从人类学视野出发，以腾冲抗战为研究对象，立足于和平与发展这两大时代主题，用人类学特有的田野调查、参与观察和深度访谈方法研究战争灾害与社会变迁。这一研究成果的突出特点是将战争灾害纳入"灾害人类学"视野进行研究和探讨，具体内容

---

① 遠藤美幸「戦場の社会史：ヒルマ戦線と拉孟守備隊 1944年6月—9月(前編)」、『三田学会雑誌』、2009(10)、(後編)2010(1)。

② 遠藤美幸『「戦場体験」を受け継ぐということ：ビルマルートの拉孟全滅戦の生存者を尋ね歩く』、高文研、2014年。

③ 日军第33军配属飞行队长。

④ 日军松山守备队炮兵少尉小队长。

⑤ 日军第56师团上等兵。

既包括对腾冲抗战国民党老兵、少数民族、"慰安妇"等群体的关注,还包括对腾冲抗战遗址的保护与旅游开发的建言献策等。这种将腾冲抗战和社会变迁之间的关系置于灾害和社会变迁理论框架内的研究,是对滇西抗战研究的新尝试,也是目前中日共同研究滇西抗战的代表性成果之一。

2. 以日军滇西战争罪行为主题的战争记忆研究

日军占领滇西后,对当地民众犯下了种种令人发指的战争罪行:无差别轰炸使数以万计的滇西平民死于非命,大量财产损失殆尽;丧心病狂的霍乱与鼠疫细菌战,导致云南数地疫情蔓延,死者难以计数;强征"慰安妇"和"三光"作战惨绝人寰。日本学者伊香俊哉多年来一直从事中日战争史的研究,多次赴中国进行田野调查与史料搜集。伊香的研究成果大多不会回避日本的侵略责任,并对中日关系的未来发展有所思考。《中国云南省所见日军对当地居民的屠杀(1942—1944 年)》①是其代表论文之一。因为缺乏日军方面的资料,伊香俊哉整理出滇西地区现住民口述资料中关于战时日军虐杀当地住民的内容,并分析了日军对滇西住民态度的原因。此外,文章还对日军在滇西地区实施细菌战、性暴力罪行,尤其是第 56 师团司令部对龙陵当地居民的支配体制做了详细论述。在此研究基础上,伊香俊哉于 2014 年出版专著《如何记忆战争?——日中两国的共鸣和争执》②,重点考察了中日两国战争记忆的形成过程与彼此差异。全书涉及滇西抗战的是"战争记忆的积累与相逢——云南、占领与'玉碎'的记忆"(第 2 章)和"铭刻在云南的战争记忆"(第 3 章)。在实地考察滇西的基础上,他认为

① 田中利幸『戦争犯罪の構造』、大月書店、2007 年。

② 伊香俊哉『戦争はどう記憶されるのか——日中両国の共鳴と相剋』、柏書房、2014 年。

双方的战争记忆依然处于“争执”的状态：滇西地区的战争记忆中包含了因日军入侵、占领而遭受的各种损害，对他们而言，日方要前往滇西祭奠日军阵亡者、收集遗骨是“自私自利”的行为；日方人员关心的不是日军曾在当地做过什么，而是自己的战友或亲属曾在那里“英勇”战死。但与此相对，在云南所积累的受害记忆与战后在中国成为战犯的日本军人亲笔写下的加害记忆，也有不少相通之处，这正是伊香所谓的“争执”与“共鸣”。他希望通过其研究，能够增进中日两国之间战争记忆的共享。同样对滇西地区战争灾害进行研究的还有日本学者望月睦幸的文章《云南省——战争伤痕的追踪》①，文中对滇西民众“战争记忆”的分析与伊香俊哉有类似的结论，此处不再赘言。

日本作家、民间“调查日本战争性暴力组织”成员西野瑠美子在参与日军“慰安妇”幸存者调查研究时，发现了曾被日军从南京转移至滇西的朝鲜籍“慰安妇”朴永心。2003 年 11 月，西野瑠美子随中国、日本、朝鲜三方组成的调查团，带领朴永心赴南京和龙陵等地指认日军“慰安所”。在此机缘下，西野著成《战场的“慰安妇”——拉孟歼灭战中的幸存者朴永心》②一书，主要记录了朝鲜籍妇女朴永心 1939 年被日军以招工之名骗至中国南京充当日军“慰安妇”、1942 年被日军转移至北缅和滇西各地“慰安所”继续当“慰安妇”、1944 年被中国远征军俘虏、1945 年被遣返回国等内容。沿着朴永心被迫充当“慰安妇”的人生轨迹，读者既可从中窥见日军“慰安妇”制度在南京、缅甸及云南的实施情况，也可深切地体会到

① 望月睦幸「雲南省・戦争の傷跡を辿って①②」、『季刊・戦争責任研究』第 7 号、第 8 号、1995 年 6 月、9 月。

② 西野瑠美子『戦場の「慰安婦」——拉孟全滅戦を生き延びた朴永心の軌跡』、明石書店、2003 年。

日军“慰安妇”制度的罪恶性。

日本早稻田大学教授浅野丰美则大大拓展了资料收集的范围，在美国和中国台湾地区进行调研时，他获得了滇缅战场原日军“慰安妇”的若干照片和不少文字资料，以此写成《在缅甸、云南最前线的慰安妇们——死者之言》[①]一文，内容涉及缅北、滇西日军“慰安妇”被联合国军收容前后的日常生活以及当时的战线情况。该文依据上述资料，从社会史、国际政治史的研究视角出发，着重考察了滇缅战场“慰安妇”的生存环境，为分析“慰安妇”制度的性质提供了新的研究维度。该文指出，对于日军“慰安妇”的征集是否具有强制性和军队的参与程度，一直有论争。但这两个问题是论述“慰安妇”被征集的过程与“慰安所”的运营情况，因此有资料方面的制约，以往的研究不得不以静态的制度分析和统计为主要方法。浅野认为日军“慰安妇”制度的性质最明显的体现应该是“战场”这种可以区分生死极限的场所。通过对滇缅战场日军“慰安妇”制度的动态分析，可以看出“慰安妇”并没有被日军充分告知危险形势的信息，而且被军队长官独断地强制留在前线，最终与日军一同“玉碎”，这充分说明了日军“慰安妇”制度并非是以被征妇女“自由意志”为基础而建立的制度。

1993年，日本中央大学吉见义明教授等人在日本防卫厅防卫研究所图书馆里查阅到了日军侵华期间的《井本日志》[②]，这是原大

---

① 浅野豊美「雲南・ビルマ最前線における慰安婦たち——死者は語る」、『「慰安婦」問題調査報告』、1999年。

② 它是日本侵华期间原大本营参谋本部负责联络日军细菌战实施事宜的作战参谋井本熊男大佐的战时日记，记录了日军在华实施细菌战的真相。日本中央大学吉见义明教授等人在1993年于防卫厅防卫研究所图书馆发现了这本日记，并且破译了日记中的一些暗号。

本营参谋本部负责联络日军细菌战实施事宜的作战参谋井本雄男大佐的工作日记。学者们破译了日记中的一些暗语，揭开了日本陆军细菌作战的真相。根据吉见义明与伊香俊哉合写的《日军的细菌战——简明日军总负责人的真相》①一文对《井本日志》的分析，滇西细菌战是日军参谋本部 1942 年制定的一个庞大细菌战计划——“昭和十七年(保)号指导计划”的一部分。日本太平洋战争研究会副代表森山康平的《胡康—云南的战役》②考证了缅北密支那，云南芒市③、龙陵、腾冲等地日军防疫给水部的部署和人数。1954 年在富士书苑出版的《秘录大东亚战史：马来—缅甸篇》中，由日本朝日新闻社社会部记者野村正男执笔的《云南行》记录了战时作者在滇西的所见所闻，其中提及为了避免霍乱和鼠疫波及驻扎滇西的日本军队，“拿着注射器的日本士兵积极地进行着注射天花、鼠疫、霍乱、疟疾疫苗的工作”④。

3. 以滇西抗战遗址遗迹为对象的研究

参加过滇缅作战的日军老兵门胁朝秀所著《滇缅公路—中印公路：日军对盟军的作战》⑤是一部将历史与现实紧密结合的研究成果。著者以滇缅公路、中印公路为主线，重温了日军侵占滇西和中国远征军缅甸—滇西反攻作战的历史进程，着重介绍了日军第 56 师团第 56 步兵团长水上源藏、步兵第 148 联队队长藏重康美、

---

① 吉見義明、伊香俊哉「日本軍の細菌戦——明らかになった陸軍総がかりの実相」、『戦争責任研究』第 2 期、1993 年、17 頁。

② 森山康平『フーコン・雲南の戦い』、池宮商会出版部、1984 年、71—140 頁。

③ “芒市”旧称“潞西”，本书所引用中日文史料有“芒市”和“潞西”混用现象，后文“潞西”即指今“芒市”。——作者注

④ 池田佑『秘録大東亜戦史——マレービルマ篇』、富士書苑、1954 年、176 頁。

⑤ 門脇朝秀『滇緬公路・中印公路——日本軍対連合軍の戦い』、あけぼのの会、1994 年。

日军驻腾越行政本部长田岛寿嗣等相关历史人物。书里穿插了多幅史料价值较高的军事地图、历史图片以及作者走访滇缅公路、中印公路沿线战争遗址遗迹的照片，使读者在历史与现实的对照中感知滇西抗战的历史。

日本学者秋畑进《西双版纳、茶马古道、援蒋公路战争遗迹的寻访》[①]一文也有对日军经缅甸入侵云南西部的历史背景的相关介绍，着重阐述了日军轰炸保山后引发霍乱、日军占领龙陵与腾冲等史实。全文用较大篇幅介绍了位于保山市的滇西抗日战争纪念碑，位于腾冲的来凤山战场遗址、国殇墓园、倭冢、滇西抗日战争纪念馆，位于龙陵的惠通桥遗址遗迹、松山战场遗址、龙陵抗日战争纪念馆、抗战广场的碑文，以及位于畹町和瑞丽等地遗址遗迹的现状。字里行间，作者流露出寻访滇缅公路战争遗迹后的感慨：无论日军如何用“舍身”战术顽固地推迟败北，那些筹划并实行作战的参谋、司令官等人也要担负重大责任，而误导国策的日本领导人，其责任更是不言自明。

除上述三大类研究外，还要注意日本对滇西抗战有关战争纪实文学方面的研究。代表性著作有楪本捨三的战争纪实文学作品《壮烈拉孟守备队——玉碎殉职的日军官兵记录》[②]，古山高丽雄的战争文学三部曲《断作战》[③]《龙陵会战》[④]《胡康战记》[⑤]，以及横田

① 秋畑進「シプソンパンナー、茶馬古道、援蒋ルートの戦跡を訪ねて」、『ヒマラヤ学誌』、2008年、209—220頁。

② 楪本捨三『壮烈拉孟守備隊——玉砕に殉じた日本軍将兵の記録』、光人社、2012年。

③ 古山高麗雄『断作戦』、文藝春秋、2003年。

④ 古山高麗雄『龍陵会戦』、文藝春秋、1985年。

⑤ 古山高麗雄『フーコン戦記』、文藝春秋、2003年。

进的《战友在云南长眠:缅甸云南战线追忆录》①等。这些作品为研究滇西抗战提供了一个别具价值的视角。

与我国学者相比,研究滇西抗战的日本学者,其研究思路更为灵活多元,除善于借鉴各学科的优长并在研究中交相为用,他们也尝试在更宽的视域里展现日方对滇西抗战的不同解读,譬如对战争记忆研究的重视就对国内学者拓展、深化滇西抗战研究有所启发。纵观国内外学术界关于日本在滇西统治的相关研究成果,不难发现其基础性研究成果斐然,但个案或专题性研究不足。本书将滇西被日本帝国主义侵略的历史背景以及日本对滇西沦陷区政治、经济、文化等方面的统治作为一个有机的、密不可分的整体,并对其进行全面和深入的研究,力求在深化日本侵华史和中日关系史研究方面增砖添瓦。

三、史料综述

中国抗日战争是世界反法西斯战争的重要组成部分,因而加强国际抗战资料的整理研究也是中国抗战史研究的重中之重。抗战史资料来源的"国际化",既有助于展现中国抗战史的"世界性",亦可避免中国本土抗日资料的过于单一,还可弥补"在中国发现历史"范式的不足,体现了历史唯物主义对历史研究全面性、客观性的要求,自然地延伸诱导出"在世界发现中国历史"的新命题。把"中国的"和"世界的"结合起来,才能更深广入微地揭示抗日战争的内涵,实现"总体研究要深、专题研究要细"的要求。②

纵观中国抗日战争各主要战场,只有包含北缅和中国云南省

① 横田進『戦友よ雲南に眠れ:ビルマ雲南戦線追想記』、芸文堂、1983 年。

② 张生:《国际档案中的中国抗战史》,《光明日报》,2018 年 09 月 20 日,第 15 版。

的缅甸—云南战线是在日本宣布无条件投降以前，即被包括中国国民党军在内的联合国军通过武力将日军驱逐出其占领区域的。换言之，该战场既不像太平洋战场上的诸岛屿，几乎是美军单独通过“蛙跳”战术所攻占，亦不像中国大陆的主战场那样直至日本宣布无条件投降之后，日军才撤离其占领区。日军的占领区被包含中国军队在内的军事力量所攻占、夺回是缅甸—云南战场不同于抗日战争期间其他战场的最大特征。① 因此，滇西抗战所涉区域跨越中国、缅甸和印度 3 个国家，抗战主体由中国、美国和英国等盟国联手组成，由此所形成的滇西抗战史料“自然地”具有国际化特征，其主要分布于战争责任方（日本）、受害方（中国）和关联方（美英）等国，以历史档案、地方文献、战时报道以及亲历者回忆录等形式保存的各类史料构成了本书研究的基础文献。

（一）中国所存滇西抗战史料

滇西抗战史料的大规模搜集与整理始于20世纪90年代，在各方努力下，最终获得的滇西抗战历史文献数量庞大、内容丰富。丰厚的各类史料为滇西抗战的全面研究奠定了良好基础，也是本书中文文献的主要来源。中国方面的主要基础文献包括档案、地方史志、调查报告、报纸杂志以及“三亲者”口述史料等。日本侵略及统治滇西沦陷区的历史阶段在中国文献中的相应表述为“滇西抗战”。

1. 档案文献

历史档案是学术研究中的第一手文献材料，具有极高的参考

① 浅野豊美『北ビルマ・雲南戦線における日本軍の「玉砕」と慰安婦——軍の作戦と民間人保護責任をあぐつて』、馬暁華編『新たな和解の創出：グローバル化時代の歴史教育学への挑戦』、彩流社、2020 年、16 頁。

凭证价值。中国第二历史档案馆收藏了大量关于滇缅公路修筑、中国远征军入缅抗日、滇西沦陷、滇西游击战、日军滇西罪行、中国远征军大反攻等历史档案，内容包括中国远征军电报、作战计划、战报、地图、历史照片、报刊新闻报道等。[①] 云南省档案馆、保山市档案馆、德宏州档案馆、临沧市档案馆、怒江州档案馆（包括其下属档案馆）等馆馆藏滇西抗战期间国民政府征调民工、粮食，修筑战时机场、工事、公路，建设兵站，营救盟军空军等档案材料，主要为电文、训令和函件。上述档案文献是开展日本侵略和统治滇西相关学术研究最重要的文献来源。

2. 地方史志

方志为一方史地的重要文献典籍。记载日本侵略和统治滇西内容的方志类文献有《云南省志・军事志》《续云南通志长编》《保山地区志》《保山市志》《畹町市志》《瑞丽市志》《潞西县志》《陇川县志》《盈江县志》《梁河县志》《龙陵县志》《腾冲县志》《施甸县志》《大理市志》《祥云县志》《云龙县志》《永平县志》《洱源县志》《宾川县志》《怒江州志》《泸水县志》《福贡县志》《临沧县志》《耿马佤族傣族自治县志》《顺宁县志》《凤庆县志》《镇康县志》等。尤其《保山地区志》中“滇西抗战”篇章以中国第二历史档案馆馆藏档案为原始材料，用 5 万余字篇幅详细记述了滇西抗战全过程，属滇西抗战研究权威史料。此外，由云南省政协和滇西各地政协史志委、史志办等部门编撰的大批反映滇西抗战的文史资料辑（集）如《云南文史资料选辑》第 39 辑、《保山地区史志文辑》、《保山市文史资料之滇西

① 包括中国远征军各级指挥系统作战计划、部署和命令；中美英联合反攻缅甸作战计划与方案；美国总统罗斯福商请中国远征军出击与蒋介石来往文电；中国远征军各级参战部队报告敌情、战况文电；中国远征军各级参战部队阵中日记、战斗详报及统计表；中国远征军绘制的敌我态势图和作战地图；兵站设施、后勤保障、医疗救护等相关史料。

抗战专辑:溅血岁月》、《天地正气、血肉丰碑:保山隆阳区抗战历史文选》、《大理文史资料选编》第2辑、《大理市文史资料第5辑:抗战专辑》、《龙陵县文史资料选辑》第1辑、《腾冲文史资料选集》第1辑、《民族光辉:腾冲抗战史料钩沉》、《施甸县文史2:滇西抗日专辑》、《德宏史志资料》、《大理州文史资料特辑:大理抗战》等,在不同层面填补了日本侵略和统治滇西沦陷区研究的诸多史料空白。

3. 调查报告

从2004年10月开始,中共中央党史研究室组织全国党史部门和其他有关部门,围绕"抗日战争时期中国人口伤亡和财产损失"这一课题进行大规模的调研工作。调研的方式主要是查阅和搜集各种档案文献、当年的报刊资料及多年研究形成的成果。云南省各地相关部门对此积极响应,在广泛调研的基础上,按照统一的规范和体例,编纂成《云南省保山市抗战时期人口伤亡和财产损失》《云南省抗战时期人口伤亡和财产损失调研成果选辑》《保山市抗战时期人口伤亡和财产损失调研报告》《大理州抗战时期人口伤亡和财产损失调研报告》《德宏州抗战时期人口伤亡和财产损失调研报告》《怒江州抗战时期人口伤亡和财产损失调研报告》《临沧市抗战时期人口伤亡和财产损失调研报告》《腾冲县抗战时期人口伤亡和财产损失调研报告》《凤庆县抗战时期人口伤亡和财产损失调研报告》《保山市抗战时期人口伤亡和财产损失调研报告》《抗日战争时期云南省隆阳区人口伤亡和财产损失调研报告》《抗日战争时期云南省腾冲县人口伤亡和财产损失调研报告》《抗日战争时期云南省龙陵县人口伤亡和财产损失调研报告》《抗日战争时期云南省昌宁县人口伤亡和财产损失调研报告》《抗日战争时期云南省施甸县人口伤亡和财产损失调研报告》《侵华日军细菌战所致云南人民受害与死亡情况调研报告》《日军在滇西实施慰安妇制度的调研报告》《抗日战争时期保山“五四、五五”被炸研究报告》等，成为研究日军侵占和统治滇西时期实施无差别轰炸、细菌战、推行“慰安妇”制度、“三光”作战等战争罪行的重要史料来源。

4. 报纸杂志

报纸杂志作为近现代史的重要史料之一，具有其独特的史料价值。抗战时期的报纸、杂志是反映中华民族反抗外来侵略的重要媒介之一。报刊所载战况评论、新闻报道(通讯)、记者采访录等有其丰富的历史意义和深刻的学术价值。《新华日报》是抗战时期和解放战争初期(1938 年 1 月 11 日—1947 年 2 月 28 日)中国共产党在国民党统治区唯一公开出版发行的大型机关报，其中，1939—1945 年关于滇缅战区抗战报道的文章有 870 多篇，所载史料极为珍贵。除此之外，以日本无差别战略轰炸滇西为例，中国国民党的中央机关报《中央日报》以及我国发行时间最长、社会影响也最大的《申报》等报刊对此都多有报道。国民党军事系统的报纸《扫荡报》是研究国民党军事的重要资料，其中不乏滇西抗战相关内容。战时《云南日报》也对滇西抗战作了大量的报道，内容涉及军事、政治、经济、外交等多个方面。《大战画集》是抗战时期在后方不定期出版的画报，从 1943 年 6 月 10 日创刊到 1945 年 6 月 25 日共出了 5 辑，它的特点是带有史料性质，刊用照片以中国为主，兼及世界各大战场。还有《大公报》《滇缅铁路月刊》《抗战建国大画史》《中国抗战画史》《教育通讯(汉口)》等报刊关于滇西抗战的报道多反映以下史实：中国远征军第一次出国抗日失利，缅甸全境和滇西大部分沦陷；中国军队炸毁滇缅公路惠通桥，阻敌于怒江西岸，开展人民抗日战争；中国政府重组远征军并在美英盟军和滇西各族人民支持下全面反攻，把侵略者驱出国门等。再如，以“中国远征军”

为标题的新闻报道中,《中美文摘》《国际画集》载有 11 篇,《联合周报》载有 7 篇,《半月文萃》载有 4 篇,《中国青年(重庆)》载有 3 篇,《胜利画报》《文摘月报》各载有 2 篇报道。上述报道与通讯为考证日军侵略及统治滇西的具体过程提供了翔实资料。

5. “三亲者”口述资料

口述史是目前历史学领域引人注目的新趋势和重要前沿,它分为口述史学和口述史料。口述史料是通过口述方式收集的史料,一般有录音和文字两种形式。① 作为口述史料的一种类型,口述文献是对人们特殊回忆和生活经历的一种记录,就是将储存在当事人记忆中的各个时期、各个历史事件、自己或他人的各种表达方式,通过笔录、录音、录影等现代技术手段的采访,记述人们口述所得的具有保存价值的原始资料。② 战后,国内关于滇西抗战的研究形成了丰富的史料学意义上的口述文献,其形式可分为三种:国民党参战官兵回忆录、个人或团体对亲历者的采访实录(又分为独自撰述或汇编成册)以及散见于地方史志、文史资料中的滇西抗战口述文献。这些口述文献记录了中国远征军出国抗战的历史背景、第一批远征军的抗日失利、缅甸全境与滇西沦陷的过程、中国军队炸毁惠通桥、怒江对峙局面的形成、滇西抗战的爆发、中国政府重组远征军、滇西各族人民同仇敌忾抗击日军、滇西反攻战役的打响、滇西抗战的全面胜利等史实。

其中有以国民党参战人员回忆录为主的口述文献。《古来征战几人回:亲历滇缅抗战》(团结出版社 2010 年版)是一本集合多位印缅抗战亲历者回忆文章的汇编作品。其收录的作者当中,有

① 岳庆平:《关于口述史的五个问题》,《中国高校社会科学》2013 年第 5 期,第 81 页。

② 丁海英:《口述文献及其价值》,《群文天地》2012 年第 19 期,第 123 页。

国民党著名将领杜聿明、郑洞国、覃异之、宋希濂等人，他们不仅是“中印缅”战场的亲历者，更是战斗的指挥者。借助他们的亲身经历，读者可以从新的视角、不同层面来了解滇西抗战。除了部分高级将领的回忆，编者还收录了一些远赴异国为国杀敌的普通士兵、随军人士、翻译的回忆文章。《远征印缅抗战》（中国文史出版社 2013 年版）是《正面战场：原国民党将领抗日战争亲历记（套装共 12 册）》中的一部。除了其中极少部分依然收录了上述《古来征战几人回：亲历滇缅抗战》中的内容，更多是全面反映缅甸战场、印度战场、滇西反攻的作战情况的内容，战争的亲历者述议了“同古会战”“棠吉会战”“过野人山”“胡康河谷反攻战”“八莫之役”等著名战役的经过，尤其是收录了反映中国战场滇西反攻的文章（如第 53 军作战课长夏时的口述回忆文章《滇西纵谷地带的反攻战》、第 53 军第 130 师师长王理寰的口述回忆文章《卫立煌率师反攻滇西》、中国远征军工兵集训处教育组副组长周鑫的口述回忆文章《强渡怒江的工程准备和取胜经过》、第 8 军第 103 师第 307 团副团长陈一匡的口述回忆文章《松山攻坚战》、第 6 军预备第 2 师第 6 团团长方诚的口述回忆文章《巧取来凤山强攻腾冲城》等），有助于全面了解滇西抗战的情况。《中国远征军：滇印缅参战将士口述全纪录》（中国大百科全书出版社 2012 年版）由台湾问题专家、作家李立编著。全书口述者多为第一次参加远征缅甸作战的参战将士，他们的口述内容使我们对中国远征军出国作战这段历史的认识更加丰富。《亲历中印缅抗日战场》（中国文联出版社 2005 年版）作者罗达仁，1944 年 3 月—1945 年 9 月应征分配到“中缅印”抗日战场做美军译员，亲历过以艰苦卓绝闻名于世的“中缅印”抗日战场的种种事件。该书以作者战时所写日记为线索，全书由“国难当头，奔赴抗日战场”“初识战场烽烟”“第十四医院”“二十医院”“赤胆忠心孙立人”“史迪威兵败野人山转移印度”“英国统治下的印度”“碧血凝成中印路”“俘虏营”“重踏胡康河谷——沿中印公路探索前进”“业余生活”“中华英豪血洒异乡魂绕云天”“战场大转移”13 个篇章内容组成，追忆了作者战时所见、所闻及所思。《血鉴：一个远征军抗战老兵的回忆录》（团结出版社 2011 年版）的作者是尤广才，山东台儿庄人。作为黄埔军校第 16 期学员的他，随中国远征军远赴印缅战场参加密支那战役和西保战斗等对日作战。该书分为抗日救国、东北内战、人生磨难、起死回生 4 个部分，主要内容如“中国驻印军反攻缅甸纪实”“密支那战役和西保战斗亲历记”“中国人民的朋友史迪威将军”等是作者回忆参加远征军印缅抗战的历史，被称为“一部印缅抗战历史的教科书”。《中国远征军缅甸荡寇志》（辽宁教育出版社 2005 年版）的作者孙克刚是孙立人将军之侄，1942 年任孙立人部队新 38 师政治部副主任并全程随军远征缅甸。他整合了战斗记录和实地作战中官兵的谈话，将亲身见闻的战斗实况缕述成书。全书内容以孙立人将军率领的驻印军主力新 38 师作战历程为主线，包括与日军激战之惊心动魄，关山丛莽之险阻万难以及印缅风土史故、侨民鱼水之情。《抗战时期滇印缅作战》是由台湾“国防部史政编译局”在 1999 年和 2000 年出版的全四册丛书。其中，前三册记录了参加缅甸作战的中国远征军将领和士兵的口述回忆，披露了许多鲜为人知的战争细节。

还有后人访谈滇西抗战历史亲历者形成的口述文献，如《回望硝烟：滇西抗战施甸参战军民访谈录》（云南省施甸县委员会文史资料委员会 2011 年编印）。1942 年 5 月—1945 年 1 月滇西抗战胜利时，施甸有 209 平方公里的土地，9.4 万民众，为 10 万驻军和战争反攻组织民夫 158 万人次，调用骡马驮牛 52.8 万匹，征集粮食

1 400多万公斤，肉7万公斤，投工50万个，修滇缅公路过境段65公里。战争直接或间接造成死亡、失踪1万多人，战争结束时，施甸人口锐减至8.1万人。该文献内容包括“筑路”篇口述资料26条、“参战”篇口述资料33条、“支前”篇口述资料10条、“驻军”篇口述资料12条、“轶事”篇口述资料14条，从施甸参战军民的角度反映了施甸人民之巨大牺牲，彰显了当年战争之艰苦卓绝。《横戈怒江——滇西抗战施甸江防纪实》（施甸县文化产业发展领导小组2015年编印）以实录的笔法，通过寻访亲历者，实地考察，真实阐明了施甸县在滇西抗日战争中的重要地位与贡献。该书包括“阻敌对峙”“挥戈反击”“盟军助战”“民众支前”“军民情谊”“解甲归田”“烽火遗痕”7个部分，共收录口述文章90多篇、图片50多幅，生动地再现了施甸军民扼守怒江、抗击日军、支援前线的历史。《民族光辉：腾冲抗战史料钩沉》（云南人民出版社2011年版）是腾冲县国殇墓园管理所整理出版的一本抗战史料汇编，一共收集了20篇文章，大多是历史亲历者的口述回忆。书中既收录了腾冲沦陷后当地人的口述资料，也收录了国民党中下级军官参加抗战后所写的回忆录。如腾冲荷花池人尹家令的《腾冲沦陷纪略》，描绘了日军攻占腾冲后的种种暴行；时任腾冲城立两等小学校长、县立第一实验小学校长的周从锡所著《避寇日记》，抒发了腾冲沦陷后自身的感受，从侧面反映了当时农村生活的艰苦和战争带来的苦难；时任第198师第592团团长的陶达纲的《滇西抗战回忆录》、曾是远征军指挥官的孙剑锋的《我参加过抗日战争滇西反攻胜利战斗》2篇长文都是比较珍贵的口述资料。《见证历史：滇西抗战见闻实录》（德宏民族出版社2004年版）由保山市委史志委编辑出版。该书访谈抗战老兵、战争受害人、亲历者，将其对战争的回忆记录成书，再现了滇西抗战的悲壮场面，歌颂了活跃在敌占区的龙潞抗日游击队的英勇事迹，也揭露了日军在滇西烧、杀、淫、掠之暴行，再现了战争给人类和平带来的惨痛记忆。《松山作证》（云南美术出版社 2005 年版）①由政协云南省龙陵县委员会编著，内容由 4 个部分组成：第一部分“战略反攻篇”，主要转载了当年在松山、龙陵反攻战中几位师（团）长的战斗经历回忆文章；第二部分“敌后抗日篇”，主要收录了龙潞游击队几位大、中队长在龙陵敌后抗日的经历回忆文章，可让读者更丰富全面地了解其真实情况；第三部分“民众受害篇”，收录了反映龙陵沦陷两年多民众遭受各种残害的回忆文章，从中可看到做亡国奴的悲惨命运，特别是松山、龙陵、镇安、平达一带民众在日军铁蹄下流离失所、任人宰割的非人遭遇；第四部分“综合篇”，收录了几位健在老兵的回忆录等，这些都是日军侵略龙陵的历史佐证，是爱国主义教育的活教材。《在同一面战旗下——中国二战老兵回忆录》（五洲传播出版社 2005 年版）的作者邓贤以中国远征军老兵口述实录的形式，再现了当年的中缅印战场史。该书由“印度从军”“军训岁月”“激战印缅”“盟军友谊”“战区杂记”5 个篇章组成。其记述了中国抗战历史上著名的“十万学生十万军”的爱国学生大从军运动，也记述了中国远征军印缅作战的激烈战况，并认为“盟军友谊”这种战争中特殊的文化交流增加了中美双方军人对于彼此的了解，改善了合作关系，也是中美友好交流的源头之一。《记忆的伤痕：日军慰安妇滇西大揭秘》（晨光出版社 2006 年版）是一部数位战争亲历者的回忆录，其内容基于作者多年在腾冲和龙陵松山采访被日军强掳为性奴隶老人的实地调查。作者见证了幸存的朝鲜籍原日军“慰安妇”朴永心亲至滇西指

① 同年出版的《松山作证》姊妹篇《龙陵烽烟》（云南美术出版社 2005 年版），也收录了健在老兵、知情者的回忆文章，在此不单独介绍。

证的全过程，也多次采访幸存的滇西当地原日军“慰安妇”李连春老人，并倾听滇西数位历史见证人的回忆和讲述。这些口述文献表明，日军在滇西的性暴行既包括“慰安妇”制度的广泛实施，亦包括对滇西沦陷区普通妇女的各种惨无人道的性暴行。《老兵口述抗战系列 3：远征缅甸》（华文出版社 2015 年版）的作者李幺傻是抗战老兵后代，十余年来自费寻找抗战老兵数百人，积累了大量的第一手资料。这本书通过黄学文（第 5 军第 200 师参谋）、龙英（第 5 军新 22 师连长）、刘桂英（唯一活着走出野人山的女兵）、李文才（新 38 师第 113 团军人）、吴作勇（新 1 军谍报队员）、潘中岳（新 1 军第 50 师军需官）以及刘华（第 8 军荣誉第 1 师高级参谋）等亲历印缅战场的老兵的讲述和回忆，再现了战争的进程。《飞虎新传：中美混合团口述历史》（“国防部史政编译室”2009 年编印）中的中美混合团（Chinese American Composite Wing，简称 CACW），又称中美空军混合联队或中美联合空军，是抗战时期由中国与美国人员联合编组的一支空军部队，由 2 个驱逐（战机）大队和 1 个轰炸大队编成，简称混合团。全书主体以口述历史的方式编成，内容由“概述”“访谈记录”“附录”三部分组成。核心内容“访谈记录”共访问了 17 位当年服务于混合团的中美人员（中方人士 10 位，美籍人士 7 位），包括当年第 14 航空队指挥官陈纳德将军的夫人陈香梅，以及第 14 航空队协会会长罗伯特·李（Robert Lee），记录了飞虎队英雄当年的参战经过。《中国远征军——滇缅战争拼图与老战士口述历史》（香港红出版社 2015 年版）的作者袁梅芳是中国香港的一名中学历史老师，他带领学生访谈了 13 位不同背景但都参加过滇缅抗战的老战士：菲律宾及缅甸的华侨子弟、家境不俗的富家子弟以及投笔从戎的大、中学生。全书分为历史篇——“可歌可泣滇缅战争”及人物篇——“可尊可敬老战士”两部分。前半部分全面记录了战前的国内外局势、逾十场艰险战役的实况、第一次远征失败及反攻获胜的关键因素，为人物篇口述事迹提供了详细的历史背景和清晰的脉络；后半部分写了 13 位老战士在沙场鏖战的经历以及烽火硝烟下的人生轨迹，完成了远征军历史最人性化、最有血有肉的具体呈现，让读者更能体会战争的全貌。《龙潞抗日游击队》（云南民族出版社 2008 年版）的作者苏泽锦多年来遍至德宏州、临沧、文山、建水、大理、洱源、邓川、保山各县区甚至缅甸，采访了许多抗战老兵，龙潞抗日游击队员，当年身披蓑衣、口嚼生米运送弹药、军需物资和伤员的民工们，以及当年的一些“三亲”老者。这些被采访者中，有许多是和龙潞游击队司令朱嘉锡一起战斗的队员，譬如朱嘉锡的警卫朱凤儒、第 1 大队大队长马仲义、“智勇”政工队队长陆迟，以及在朱嘉锡建水殉难后亲自处理他后事的朱秉文等。作者将历史亲历者的口述内容诉诸文字，展现关于龙潞游击队鲜为人知的史实、情节、人物，再现了当年的军民抗战史，使世人看到了龙潞游击队更本真的面貌以及不少为国争光、为民献身的志士、英雄。此外，该书还使游击队内各部之间、龙潞游击队和中国远征军以及其他游击队和土司之间错综复杂的历史关系更加清晰。总之，这部口述文献对丰富滇西抗战文化和滇西抗战史的研究均有诸多裨益。

最后还有散见于地方史志、文史资料中的滇西抗战口述文献。人民政协自 1959 年开展文史资料搜集整理工作以来，已征集了大量历史当事人口述或撰写的第一手“三亲”史料。其中，德宏、保山与大理出版的滇西抗战相关文史资料最为丰富，均有滇西抗战专辑出版。临沧和怒江州等地也有相关文献的搜集、整理与出版。在这些丰富的地方史志与文史资料中，多章篇目从不同角度论述了日军在滇西的战争罪行，这种历史当事人“多说并存”的鲜活史料为历史研究提供了大量丰富的新“证词”①，对本书的研究起到了非常重要的借鉴和参考作用。如《腾冲文史资料选集》第1辑，其中口述史料共11则，涉及日军与远征军在腾冲作战过程、战时见闻等内容；《云南文史资料选辑》第39辑，其中口述史料共20则，涉及作战、日军暴行、干部培训、龙潞游击队、人民抗日、远征军情报工作及南侨机工等内容；《腾冲文史资料选辑》第2辑，其中口述史料共6则，涉及腾冲对日军作战、“怒江剧团”、腾冲抗争中兄弟民族女护士队以及腾冲抗日救亡志愿团等内容；《德宏州文史资料选辑》第8辑，其中口述史料共48则，涉及修筑滇缅公路和飞机场、对日作战过程、德宏民众抗日活动以及日军暴行等内容；《大理市文史资料》第5辑，其中口述史料共9则，涉及滇缅公路修筑、滇西霍乱和战时民生等内容；《龙陵县文史资料选辑》第1辑，其中口述史料共11则，涉及远征军作战、龙潞抗日游击队、军门合作站、日军强征民夫、抗战时期缅甸大东公司、日军罪行等内容；《凤庆文史资料》第6集，其中口述史料共21则，涉及远征军在凤庆作战、日机轰炸凤庆、凤庆人民抗战支前、战时凤庆社会、日军暴行等内容；《保山市文史资料之滇西抗战专辑：溅血岁月》，其中口述史料共23则，涉及日军罪行、远征军战略反攻以及民众支前等内容；《大理文史资料选编》第2辑，其中口述史料共24则，涉及中英两国合作在缅甸敌后开展军事情报工作、滇西抗战时期的报刊、战时瘟疫、大理人民抗战支前、战时见闻等内容；《松山抗战历史文化资源普查资料汇编》，其中口述史料共105则，涉及日军在龙陵“三光”作战、强抓劳工、设置“慰安所”、建立伪政权和实施奴化教育等罪行以及

---

① 方兆麟：《政协文史资料的学术价值》，《郑州大学学报（哲学社会科学版）》2014年第3期，第135页。

百姓抗战支前等内容;《龙陵县文史资料选辑》第 1 辑,其中口述史料共 14 则,涉及日军在龙陵罪行以及战时当地民众的艰难生活等内容。

6. 战难日记(志)

日记文献作为文献宝库中一种珍稀的史学资源,是考订史实、补正历史的重要依据。其中,战难日记一般写于战争年代,作者或是战争的参加者,或是战争的受难者。这些日记以一种特殊的形式见证了战难,有助于今人了解当时战争的整个过程和战争所带来的后果,有着非常高的史料价值。像轰动一时的《拉贝日记》《魏特琳日记》以及《东史郎战地日记》等都是典型的战难日记。笔者调研及整理抗战时期侵华日军滇西罪行相关文献史料时,发现了极其重要的史料——《马力生日记 1940—1943》。这本关于滇西抗战的战难日记不同于现有相关史料,它并没有记录战场上的殊死搏斗,而是以平民的视角、独特的体裁及朴实的笔触记录了那场万分惨烈的战争下动乱的滇西社会,原汁原味地展现了平民百姓在战乱中的平凡琐事和他们在极端特殊的处境之下的惶恐与挣扎。极其重要的是,《马力生日记 1940—1943》记录了战时日军飞机轰炸保山、实施细菌战以及其对保山文化、教育、物价的影响,可与现有文献史料相互印证,是揭露侵华日军滇西罪行的珍贵资料。腾冲人周从锡的《避寇日记》(1943 年 3 月 25 日—1943 年 8 月 19 日的 125 篇日记),记载了日军占领腾冲后,作者全家人逃往邵家营避难的所历、所见、所闻,其中多篇日记记载了日军在滇西的暴行,如:日军路过腾冲固东镇时,将此地凡是曾驻过国民党军队的民房都予以烧毁(1943 年 3 月 28 日篇);日军进攻碗窑导致当地民众举家搬入山中崖洞,过着饥寒交迫的生活(1943 年 4 月 9 日篇);日军占据南方各练地及各土司地,封锁所有粮食,导致附近城区各乡难民粮食断绝，唯赖西练接济（1943 年 4 月 24 日篇）。1946 年 7 月，腾冲县参议会副议长熊建玺奉前云贵监察使李根源嘱托，并应腾冲县县长李乐山函托，陪同行政院善后救济总署滇西办事处处长徐颂九前往腾冲西北各地视察灾情。行程 8 日，途经明龙、瑞滇、三益、东坪、兴华、上北、曲石、宝华、风瑞 9 个乡镇。他将身经、目历、耳闻之日记，印制成册，以《腾冲西北九乡镇被日军烧杀灾情视察日志》（1946 年 5 月 22—29 日）留世。其记载了日军在腾冲西北各地杀害当地民众、抢掠物资、烧毁房屋与粮食、强征民夫等罪行。

上述口述史料有其他任何档案、文献资料无法替代的价值。这些史料除了能弥补官方档案的不足，还有补史、证史的功能和价值，是研究日军侵占和统治滇西的重要史料。

（三）美英等国所存滇西抗战史料

战争关联方美国国家档案馆馆藏上万张中缅印（CBI）战区历史图片和上百小时影像资料，滇西抗战的史料亦在其中。战后，美国陆军军史研究中心（CMH）开展“二战中的美国陆军”研究项目，其成果为一系列战史绿皮书，其中有 CBI 系列三本著作，《史迪威的中国使命》[①]《史迪威的指挥问题》[②]《即将谢幕的 CBI 战区》[③]，它们被称为 CBI 战史的“扛鼎巨著”。此外，美国中缅印战

① Charles F. Romanus，Riley Sunderland，*Stilwell's Mission to China* （Washington D. C. ：Office of the Chief of Military History Department of the Army，1953）.

② Charles F. Romanus，Riley Sunderland，*Stillwell's Command Problems* （Washington D. C. ：Office of the Chief of Military History Department of the Army，1956）.

③ Charles F. Romanus，Riley Sunderland，*Time Runs Out in CBI* （Washington D. C. ：Office of the Chief of Military History Department of the Army，1959）.

场历史处的官员撰有《中缅印战场史》，在美国国家档案馆和国会图书馆均可查阅。关于滇西战场战史人物的研究，史迪威的副官弗兰克·多恩出版了《随史迪威走出缅甸》[①]。这部回忆录从1941年年底美国政府决定派史迪威出使中国，一直写到1942年5月盟军在缅甸惨败后史迪威率部从缅甸到印度的经过。查尔顿·奥格本所著《掠夺者》[②]、查尔斯·牛顿·亨特所著《加拉哈德》[③]，以及被誉为"缅甸医生"的戈登·西雷格夫著述的《缅甸医生》[④]和《缅甸医生归来》[⑤]也都是此领域的代表作。滇西抗战胜利后，美国军队以昆明收容所为对象撰写的《联合军询问报告书》，对全军覆没之后日军俘虏和"慰安妇"的名册、询问内容以及日本兵的精神教化都有所记载。[⑥] 英国关于滇西战场的核心史料主要是官方战史《对日战争》。英国在战时云南地区实施了谍报活动，昆明的英国领事馆每月都向伦敦传达一次军事情报，其中不少是对日军联队战事的记载。英国对战史人物研究也颇为重视，出版了时任东南亚战区司令的陆军元帅韦维尔的官方传记《最高司令官韦维尔1941—1943》[⑦]，还有约翰·康奈尔的《韦维尔：学者和军人》[⑧]、菲

① Frank Dorn, *Walkout with Stilwell in Burma* (New York: Thomas Y. Crowell Co., 1971).

② Ogburn, *The Marauders* (London: Hodder and Stoughton, 1960).

③ Hunter, *Galahad* (Texas: Naylor, 1963).

④ Seagrave, *Burma Surgeon* (New York: W. W. Norton and Company, Inc., 1943).

⑤ Seagrave, *Burma Surgeon Returns* (New York: W. W. Norton and Company, Inc., 1946).

⑥ 遠藤美幸「戦場の社会史：ビルマ戦線と拉孟守備隊1944年6月—9月(前編)」、『三田学会雑誌』第10期、2009年、104頁。

⑦ John Connell, *Wavell: Supreme Commander (1941 –1943)* (London: Collins, 1989).

⑧ John Connell, *Wavell: Scholar and Soldier* (New York: Harcourt, Brace & World, Inc., 1965).

利普·齐格勒的《蒙巴顿传》①、斯利姆将军的回忆录《反败为胜》②、弗格森准将的《超越钦敦江》③以及卡尔弗特准将的《怀着希望的囚徒》④等著述。

海外所存滇西抗战相关英文史料体现了滇西抗战在战争"第三方"眼中的图景，具有一定的参考价值。然而，目前国内滇西抗战的研究鲜有对日本所存相关历史文献的整理与利用。因此，侵华战争发动者——日本方面的史料，是深化滇西抗战研究应该系统整理与利用的基本素材。日本学界史料工作、学术研究的方法与发展成就，也值得借鉴与思考。

（三）日本所存滇西抗战史料

1. 日本官方档案及战史文献中的"滇西抗战"

日本投降前夕，曾有组织地销毁大量机密文件，加上其军事要地和军政指挥机关受到盟军的猛烈轰炸，不少侵华重要文献化为灰烬。不过，经战后日本各界数十年的发掘与整理，相当数量的副本、抄件或其他类型日本侵华重要史料重新面世。滇西抗战相关的日文档案资料主要由日本官方机构储存，按种类可分为日军入侵滇西的战时记录，如电报、命令、计划书、会议记录等；战时或战后日军幸存官兵的追记，如日记、手记和阵中日志等；战时或战后的总结和报告书类，如侵滇日军第 56 师团的战斗详报、调查报告、统计表等门类。通过对日本所存史料的分析，我们可从战争发动

① Philip Ziegler, *Mountbatten* (New York: Knopf, 1985).

② William Slim, *Defeat Into Victory* (London: Cassell, 1956).

③ Bernard Fergusson, *Beyond the Chindwin* (London: Pen and Sword, 2009).

④ Brigadier Michael Calvert, *Prisoners of Hope* (New York: Random House, 1994).

者的角度明确滇西抗战发生的时间、地点和内容,这对掌握滇西抗战地点、过程和结果都非常有用。上述史料大多馆藏于日本国立公文书馆亚洲历史资料中心、日本国立国会图书馆及其近代数字馆、日本福冈县久留米市图书馆和日本防卫省防卫研究所等机构。

(1) 日本国立公文书馆亚洲历史资料中心

日本国立公文书馆是日本国家级档案馆,成立于 2001 年的亚洲历史资料中心是其附属机构。中心负责运营的同名网站(アジア歴史資料センター,Japan Centre for Asian Historical Records [JACAR])以数字化的形式,通过互联网向公众免费提供近现代日本内阁与外务省、陆军与海军的公文档案等历史资料——即记录近现代日本与亚洲近邻各国关系的公文档案(原件)等资料的影印版,当中包含大批首次面世的珍贵档案,为研究者提供了极大便利。目前,JACAR 所存二战中缅印战区日军联队史档案文献已得到初步整理,其中包含大量关于日军第 56 师团在滇西作战的第一手史料。其主要形式包括新近公开的电子化的原日军电报、文件和战史资料等,如《云南省兵要地志概说》①《第 56 师团战时旬报(1942 年 4—5 月)》②《第 56 师团战时月报(1942 年 6 月 1 日—6 月 30 日)》③《滇缅

① 『雲南省兵要地誌概説』昭和 15 年 7 月 20 日、JACAR(アジア歴史資料センター)Ref. C13032681000、兵要地誌/支那/陸軍一般史料(防衛省防衛研究所)。

② 『第 56 師団戦時旬報甲』昭和 17 年 5 月 21 日—昭和 17 年 5 月 31 日、JACAR(アジア歴史資料センター)Ref. C14060430700、ビルマ/南西/陸軍一般史料(防衛省防衛研究所)。

③ 『第 56 師団戦時月報甲』昭和 17 年 6 月 1 日—昭和 17 年 6 月 30 日、JACAR(アジア歴史資料センター)Ref. C14060432100、ビルマ/南西/陸軍一般史料(防衛省防衛研究所)。

公路关系资料》[①]《惠通桥攻击战斗详报》[②]《第 33 军编成之前云南方面的战况》[③]《云南作战》[④]《断作战》[⑤]等。

（2）日本国立国会图书馆及其近代数字馆

日本国立国会图书馆（NDL）是日本唯一有权收藏国内全部出版物的法定呈缴本图书馆，馆藏明治、大正、昭和时期的图书及期刊资料。在 NDL 检索主页[⑥]以“云南战线”“龙陵松山”“腾冲”“日军第 56 师团”“龙兵团”“滇缅公路”“怒江作战”“远征军”“史迪威”“中印公路”“切断中印公路的作战”“驼峰航线”“军政”[⑦]等为关键词搜索，会有上千条滇缅战场相关文献出现。随着日本图书馆业的发展，NDL“近代数字图书馆”[⑧]专题网站于 2002 年上线，为读者提供浏览、检索、复印等服务，成为研究中国近现代史尤其是抗日

---

① 『滇緬公路関係資料』昭和 16 年 1 月 9 日、JACAR（アジア歴史資料センター）Ref. C14060193900、ビルマ/南西/陸軍一般史料（防衛省防衛研究所）。

② 『高雄航空隊戦斗詳報（パクセ、サラヴァン偵察等）』昭和 16 年 2 月—昭和 16 年 3 月、JACAR（アジア歴史資料センター）Ref. C14120478300、支那事変/戦史/海軍一般史料（防衛省防衛研究所）。

③ 『缅甸作戦記録、北緬方面第 33 軍の作戦』、JACAR（アジア歴史資料センター）Ref. C14060402400、ビルマ/南西/陸軍一般史料（防衛省防衛研究所）。

④ 『缅甸作戦記録第 2 期（防衛省防衛研究所）』、JACAR（アジア歴史資料センター）Ref. C14060383600、ビルマ/南西/陸軍一般史料（防衛省防衛研究所）。

⑤ 『第 56 師団作戦実施の概況』昭和 18 年 2 月上—昭和 19 年 12 月中、JACAR（アジア歴史資料センター）Ref. C14060383600、ビルマ/南西/陸軍一般史料（防衛省防衛研究所）。

⑥ 国立国会図書館サーチ：http://iss. ndl. go. jp。

⑦ 注意此处要用日文原文作为关键词搜索，具体对应内容为“雲南戦線（云南战线）”“拉孟（龙陵松山）”“騰越（腾冲）”“日軍第 56 師団（日军第 56 师团）”“龍（竜）兵団（日军第 56 师团的代号）”“ビルマ公路（或‘援蔣ルート’，均指滇缅公路）”“怒江作戦（怒江作战）”“遠征軍（远征军）”“スチルウエル（史迪威）”“レド公路（中印公路）”“断作戦（切断中印公路的作战）”“ハンプ（驼峰航线）”“軍政（军政）”等。

⑧ 国立国会図書館デジタルコレクション：http://dl. ndl. go. jp。

战争史不可忽视的资料来源。

（3）久留米市图书馆及防卫省防卫研究所

滇西作战中，代号为“龙兵团”的日军第 56 师团组建于日本北九州的久留米市，它主要的兵源地是福冈、佐贺、长崎等县。太平洋战争爆发后，日军第 56 师团主力于 1941 年 11 月被动员编入第 25 军，先是对马来亚作战，不久又在 1942 年被编入第 15 军参加对缅战役，随后在侵滇作战和隔断缅甸路线（“援蒋路线”）上立下不少战功。从 1942 年 5 月起，第 56 师团负责缅甸东北部和中国云南省（滇西）的国境警备，其下属步兵第 113 联队的主力负责拉孟地区，同联队的第 3 大队负责龙陵地区，步兵第 148 联队负责腾越地区。1944 年中国远征军反攻战役打响后，日军第 56 师团自同年 6 月初开始在拉孟、腾越的战役中节节败退，最终全军覆没，仅少数日军逃回日本或被俘后遣送回国。因第 56 师团组建于日本久留米市，久留米市图书馆关于本地各“乡土部队”战史的藏书非常丰富，作为其中一支的第 56 师团的战记资料保存较多，可供读者免费公开检索。① 这些史料对研究“龙兵团”的来源与背景具有非常重要的价值。

此外，还要特别关注防卫省防卫研究所，它的战史史料检索系统②也存有大量第 56 师团在滇西作战的相关史料：“第 56 师团战史资料（1941 年 12 月 15 日—1945 年 7 月 22 日）”“第 56 师团作战实施的概况（1943 年 2 月—1944 年 1 月）”“第 56 师团步兵第 146 联队死伤一览表（1941 年 10 月 23 日—1946 年 5 月 12 日）”“第 56

① 久留米市立図書館：https://www.library-city.kurume.fukuoka.jp/winj/opac/top.do?lang=ja。

② 防衛省防衛研究所公開史料目錄：http://www.nids.mod.go.jp/military_archives/catalog.html。

师团战时旬报”“第56师团作战实施的概要(附录·战功奖状)”“第56师团将校职员表”“缅甸作战记录附录(1944年的怒江作战记)”“云南龙陵附近要图”“步兵第113联队怒江方面作战手记(1944年4月3日—1944年9月14日)”“滇缅公路关系资料(1941年1月9日)”等。它们都是研究日军滇西作战的珍贵史料,目前被利用的情况一般,仅在少数日本研究者的成果中有所体现。

(4) 日本官方所修战史文献记载的日军滇西作战

官方所修战史属于史学研究专著,严格意义上说不应列入史料之中。但日本官方所修战史,是“官方机构或作为官方人员的官方史学家(以及享有官方档案利用权特惠的准官方史学家)撰写和发表的史著。其一般特征和长处,首先是能够使用尚未对民间史学家解密的大量档案文件,从而展示尚不为后者所知、或者所知远非其详的历史事态和过程,因而拥有后者尚无从达到的历史理解便利和深度”①。因此,本书将日本官方所修战史文献归类于日文史料之一种。在日本侵华战争指导与军事战略领域,史料长编类型的《战史丛书》(又称《大东亚战争丛书》《太平洋战史丛书》,后简称为《战史丛书》,日本一般称为《公刊战史》)无疑是最重要的资料之一。它是1966—1980年由日本防卫研修所战史室(今日本防卫省防卫研究所战史部的前身)编纂,朝云新闻社出版的第二次世界大战官方战史,由陆军68卷、海军32卷、共通年表1卷、全102卷构成(含附录、图表等)。《战史丛书》直接记载日军滇西作战的部分有:《战史丛书》第15卷《英帕尔作战与缅甸的防卫》②第2编“英

① 时殷弘:《国际关系史料基本分类和主要类别史料例解》,《国际政治研究》2005年第3期,第117—118页。

② 防衛庁防衛研修所戦史室『インパール作戦:ビルマの防衛』、朝雲新聞社、1968年。

帕尔作战的发动和防卫作战”，包含怒江作战全面经过、腾越北方的作战（甲号作战）和平戛[1]地区的作战等内容。《战史丛书》第 25 卷《伊洛瓦底会战缅甸防卫的失败》[2]第 1 编“英帕尔作战的失败和北缅的失陷”的第 3 章对中国远征军反攻作战的战略意图、作战准备、兵力及反攻经过都有详细记载；第 6 章用大量篇幅叙述了日军为阻断中国驻印军与中国远征军地面部队之联络实行的“断作战”之来龙去脉，包括日军第 33 军“断作战”计划的出笼，以及日军欲解拉孟、腾越之围，却“玉碎”拉孟、腾越的作战过程。第 2 编记载了伊洛瓦底会战的战斗过程。

《大东亚战争全史》是日本前陆军大佐、大本营陆军部作战科科长服部卓四郎在战后编写的战史专著，约 170 万字。该文献详细记载了太平洋战争时期日本国内的政治、经济、军事、外交状况，以及太平洋战场各战役日军作战方案的决策内幕。尤其是包含大量日本指挥战争中枢——“大本营御前会议”等方面的第一手资料，比较全面地揭示出当年日本帝国主义发动“大东亚战争”从开始到溃败的全貌，对深入研究日本侵华史、太平洋战争史、第二次世界大战东方战场的战争史和日本现代史都有较高的参考价值。这部战史巨著中第 3 篇第 4 章第 3 节的“缅甸作战”，介绍了大本营进攻缅甸和云南西部的作战设想及攻占过程；第 7 篇第 2 章“云南及北缅战役”记载了中国远征军 1944 年发起反攻后，粉碎了日军“断”字号作战，并使日军在腾越、拉孟全军覆灭。

日方整理的战争决策类史料代表性成果，首推美竹书房

---

① 平戛位于松山以南，是由怒江边三河坝至芒市、龙陵的必经之地，今平达。

② 防衛庁防衛研修所戦史室『イラワジ会戦：ビルマ防衛の破綻』、朝雲新聞社、1969 年。

1962—1980 年出版的《现代史资料》①(全 45 卷,别卷 1)及《续・现代史资料》②(全 12 卷)。其中,《现代史资料》第 9 册《日中战争》记载了滇缅公路通车不到 2 个月,日本就制定出《昭和十三年秋季以后对华处理办法》,明确把切断中国赖以输入武器的对外联络线作为日军的重要作战任务。③

《走向太平洋战争之路》④是日本国际政治学会主编、朝日新闻社出版的著名历史研究图书。包括资料篇的别卷在内,它共由 8 卷构成。这套史料长编的第 6 卷《向南方进军》主要记述日本"南进"政策的历史背景、出台、部署及实施等。其第 1 编《南方政策外交的展开(1937—1941 年)》和第 2 编《进驻法属印度支那和"南进"政策(1940—1941 年)》,记载了日本对滇缅公路运输情况的掌握以及封锁滇缅公路策略的制定等内容。

此外,由日本陆战史研究普及会编纂的《云南正面的作战和缅甸东北部的血战》⑤,虽然宣传鼓动色彩浓厚,极度乏味,但对日军进攻缅甸、滇西的作战过程所作的描述颇为细致,是读者了解日军滇西作战的通史类文献。

2. 侵华日军老兵滇西作战回忆录类文献

战后,根据日本厚生省救援局的调查,在缅甸、印度及云南省(怒江西面)的陆军兵力总计 303 501 人,其中战死者 185 149 人,回

① 『現代史資料』(オンデマンド版):https://www.msz.co.jp/book/series/list_34.html。

② 『続・現代史資料』(オンデマンド版):https://www.msz.co.jp/book/series/list_42.html。

③ 臼井勝美、稲田正夫『現代史資料(9)日中戦争(二)』、みすず書房、1964 年、553—554 頁。

④ 日本国際政治学会、太平洋戦争原因研究部『太平洋戦争への道・第 6 巻:南方進出』、朝日新聞社、1963 年。

⑤ 陸戦史研究普及会『雲南正面の作戦・ビルマ北東部の血戦』、原書房、1970 年。

国者 118 352 人。[①] 战时日军官兵教育程度较高，因此战后能将个人的战争记忆保留下来，并以建制部队为单元组建日本老兵“战友会”。“战友会”由在军队中属于同一战场或同一部队的人员组成，战后自发成立，在 1965—1969 年达到数千个。[②] 战后成立的“全缅甸战友团体协议会”（约 230 个战友会，15 万会员）是日本最庞大的“战友团体”之一。其中，仅参加云南方面作战的日军第 56 师团成员就成立有“龙兵团战友会”“龙兵团战友会联合会”“龙卫会”“龙一会”“兴龙会”“云龙会”等几十个团体。[③] 他们最开始制造花名册和战友录进行信息采集，进而组织“慰灵祭”以纪念战争“牺牲者”，维系老兵遗族间的和睦，后来编写联队史。在这些参加过 CBI 战区作战的日军中，很大一部分日军军官（包括师团长、参谋长、联队长、情报军官、下水官等）、士兵、战地记者、军医等人，以记述集体事件的联队、大队、中队级的战斗详报以及记录个人体验的阵中日志、手记、日记、随笔、报告等为素材，汇编集成大量联队史文献。从史料学视角分析，这些联队史文献中的资料部分属于同时代资料（第一手史料）范畴，极具珍稀性与重要性。

（1）日军滇西作战师团或联队战记

目前发现战后最早描写日军滇西作战的文字记录是《拉孟—腾越：玉碎的真相》[④]，它是日本佐贺县第 56 师团旧战友会——“云龙会”于战争结束 10 年后出版的内部刊物。其主要内容根据日军

---

① 防衛庁防衛研修所戦史室『シッタン・明号作戦—ビルマ戦線の崩壊と泰・仏印の防衛』、朝雲新聞社、1969 年、502 頁。

② 遠藤美幸『「戦友会」の変容と世代交代戦場体験の継承をめぐる葛藤と可能性』、日本オーラル・ヒストリー研究第 14 号、2018 年 9 月、9 頁。

③ 戦友会データベース：http://www.senyuken.jp/static/。

④ 石井皎『拉孟騰越：玉砕の実相』、雲竜会、1954 年。

第56师团通讯系统记录下的电报资料汇集而成，作者石井皎是当时日军第56师团司令部的译电员。此外，书中还加进了野炮56联队陆军大尉木下昌巳的战时日志、《公刊战史》以及著者的采访记录，大致勾勒出驻扎于松山、腾冲的日军战况。

日军第56师团步兵第113联队作为兵团的主力部队，在联队长松井秀治的指挥下始终驻守拉孟，活动于滇缅公路沿线。战后，日军第56师团第113联队成员组织成立了“兴龙会”，并收集、整理和编辑出版了第113联队的“自传”——《啊！滇缅公路》①。相比《拉孟—腾越：玉碎的真相》，这本联队战记内容更为厚实。它是一部日军第56师团第113联队的集体回忆录，记载了日军第113联队1940—1945年从日本一路进军东南亚以及滇西的历程。其中，关于日军在怒江作战、占领龙陵松山等地以及拉孟守备队的活动情况所占笔墨最多。因此，这部战记既是日军第113联队的一部回想集，也是第56师团及日军侵略滇西的一个缩影。而日军第56师团另一支主力部队步兵第146联队的联队志《回忆》②，由140余名日军官兵的个人撰述构成，翔实记述了1942年5月—1945年1月侵占滇西最后战败撤退的全过程。其内容与《啊！滇缅公路》互为补充，当中也不乏该联队驻扎畹町、平达、芒市、遮放、勐戛等地时警备方面的内容。值得一提的是，日军第56师团下属第148联队由于联队长藏重康美及其主要干部全部死于腾冲，战后未能组建起“战友会”，也未留下联队史。

另外，还有多部反映日军在滇西作战的战记和回想集。它们

---

① 興竜会編集委員会『ああビルマ公路——ビルマ従軍』、興竜会、1983年。

② 歩一四六戦友会聯隊誌編集委員会『想い出』、歩一四六戦友会、1989年。

记录的战史虽然重复但各有侧重，如《龙兵团》[①]记载了日军第56师团全部战死官兵的名簿，包括士兵的出生地、所属部、战死年月日、战死地点等信息；日军“安”步兵第128联队的作战回忆录《我们的缅甸战记》[②]不仅叙写了日军在云南作战的详细战况，还记录了日军滇缅战场失败后成为俘虏在收容所的经历。占领龙陵镇安街的日军归国者所撰写的《镇安街守备队：埋没在缅甸和云南的战史》[③]包含大量日军第56师团的战斗详报，可与亚洲史料中心的战斗详报互为参照。其他战记集还有《云南的山缅甸的河：龙兵团卫生队战记》[④]《龙兵团第11中队惨烈战斗：菲律宾群岛—东印度群岛—缅甸—云南战线》[⑤]《兵旅的赋：北九州乡土部队70年的足迹》[⑥]《菊步兵第56联队战记》[⑦]《菊与龙：向祖国的荣光作战》[⑧]《炮声》[⑨]

---

① 龍兵団編集委員会『龍兵団』、風土舎、1962年。

② “私たちの戦記”編集委员会『私たちのビルマ戦記：“安”歩兵第一二八連隊回想録』、一二八ビルマ会、1980年。

③ ビルマ従軍歩兵第百十三連隊(竜六七三四部隊)『鎮安街守備隊：ビルマ雲南に埋もれた戦史』、二ッ木留次、1990年。

④ 龍六七四四会部隊史編集委員会『雲南の山ビルマの河：龍兵団衛生隊戦記』、竜六七四四会部隊史編集委員会、1987年。

⑤ 富崎勝次『龍兵団第十一中隊斯く戦えり：比島・蘭印諸島・ビルマ・雲南戦線』、1982年。

⑥ 北部九州郷土部隊史料保存会『兵旅の賦：北部九州郷土部隊70年の足跡第2巻』、西日本新聞社、1976年。

⑦ 菊歩兵第五十六聯隊戦記編集委員会『菊歩兵第五十六聯隊戦記』、菊歩兵第五十六聯隊戦記編集委員会、1984年。

⑧ 相良俊輔『菊と竜：祖国への栄光の戦い』、光人社、1972年。

⑨ 野砲兵第十二聯隊、山砲兵第十八聯隊聯隊史編集委員会『砲声』、野砲兵第十二聯隊、山砲兵第十八聯隊聯隊史編集委員会、1978年。

《炮烟:龙野炮兵第56联队战记》[①]等。

(2)日军滇西作战官兵个人战记或回忆录

除联队集体回忆录外,一些曾在滇西作战的日军老兵自发执笔,陆续出版了多部私人回忆录。日军第56师团第113联队队长松井秀治战败后回到日本,于1957年发表了他的战地回忆录《缅甸从军波乱回顾》[②],主要内容包括日军占领拉孟以及拉孟、镇安街、龙陵各守备队在占领地的治安肃正、通信、教育和"慰安所"设立等情况。书中穿插日军在拉孟、芒市、畹町、龙陵作战的详细地图,文末还附有"大南方军歌""龙兵团之歌""怒江进军歌"等内容。日军第56师团卫生兵吉野孝公的《腾越覆灭记》[③],回忆了日军腾冲守备队在高黎贡山的作战过程及全军覆灭的下场,披露了日军在最后突围战中的作战细节,以及战争结束他本人被俘、被遣送回国的经历。日军第56师团第113联队补充兵、每日新闻社记者品野实采访了原日军第113联队幸存的8个知情人,再结合著者的亲身经历和体会,著有《异域的阴魂:通往拉孟全军覆没之路》[④],记录了松山战役日军覆灭的经过。与侵滇其他日军回忆录有所区别的是,此书内容还涉及日军在占领地设立"慰安所"、屠杀当地民众、实施细菌战、进行人体实验等暴行。日军野炮第56联队(团)第1中队(连)观测员太田毅的《拉孟——全军覆灭战场的证言》[⑤],也是

① 龍野砲兵第五十六連隊史編集委員会『砲煙:龍野砲兵第五十六連隊戦記』、龍野砲兵第五十六連隊史編集委員会、1983年。

② 松井秀治『ビルマ従軍波乱回顧』、興竜会本部、1957年。

③ 吉野孝公『騰越玉砕記』、1979年。

④ 品野実『異域の鬼——拉孟全滅への道』、谷沢書房、1981年。

⑤ 太田毅『拉孟——玉砕戦場の証言』、昭和出版、1984年。

著者战后通过采访11位松山战役的日军官兵依据共同回忆而著成[①]，揭示了1942年5月5日—1944年9月7日，日军松山守备队在松山上鲜为人知的情况以及全军覆灭的结局。拉孟守备队士兵森本谢的《玉碎！啊！拉孟守备队》[②]收录了从拉孟战场返回的乌饲久和早见正则的日记，他们从小兵的视角记述了自己的战争体验。

上述文献是直接记载日军滇西作战的个人回忆录，在缅甸战役日军参战者的个人回忆录中，同样能看见日军侵略滇西的种种行迹。例如，第113联队士兵药师丸章的《我的缅甸云南之战》[③]记载了日军缅甸作战的历程，亦对日军进攻云南和龙陵守备队的活动有所记录。日军缅甸战役参战者前田郑雄的《菊兵团缅甸死战记——从光荣的马来之战到地狱战场》[④]回忆了著者在缅甸最北部的胡康河谷等地作战的经过，凸显了缅北、滇西热带战场的特殊性。小田敦巳的《缅甸最前线——白骨街道生死之境》[⑤]记述了日军在缅甸各地转战的经过及"备受折磨并落魄"的战争体验。日军第18师团第55联队步兵通信下士官吉田悟的《缅甸补充兵》[⑥]记录了日军旨在阻断中国驻印军和中国远征军地面部队联络的"断"

---

① 如日军原松山金光大队的准尉神崎博、原野炮第2中队第1大队本部和联队本部曹长村田博幸、原步兵第113联队补充兵品野实、原步兵第113联队上等兵早见正则和森本谢、会计军曹谷裕介、卫生兵兵长石田富夫和乌饲久、原第33军所属飞行班班长小林宪一、原野炮第56联队某连大尉木下昌巳、某部军曹太田觉和小笠原光雄等。

② 森本謝『玉砕・あぁ拉孟守備隊』、青柳工業株式会社、1981年。

③ 薬師丸章『我が雲南、ビルマ戦』、海鳥社、1989年。

④ 前田正雄『菊兵団ビルマ死闘記——栄光のマレー戦から地獄の戦場へ』、光人社、2007年。

⑤ 小田敦巳『ビルマ最前線——白骨街道生死の境』、光人社、2010年。

⑥ 吉田悟『ビルマ戦補充兵』、光人社、2007年。

字号作战，同时较为详尽地描写了日军“菊”兵团的战斗。黑岩正幸的《英帕尔兵队战记——不能走的士兵应该死》①、平久保正男的《真实的英帕尔——印度缅甸作战从军记》②、深泽卓男的《祭兵团英帕尔战记：身经百战的大尉所见之地域战场》③，均回忆了日军在印缅作战的情况，内容以描绘日军在滇缅印战场的惨状为主基调。此外，野口省己以日军第33军参谋的身份著有《回想缅甸作战》④，三岛四郎从日军军医的角度著有《缅甸军医战记：地狱战场狼兵团的战斗》⑤，丸山静雄则从战地记者的视角著有《英帕尔作战从军记：一个新闻记者的回忆》⑥，都为更立体地了解滇缅战场的多面性提供了素材。

就目前所见日方滇西抗战史料而言，这里所作的梳理仅是择要记之，遗漏在所难免。从滇西抗战日文史料利用的现状来看，更有深度的挖掘、整理、翻译与评估等诸多方面的工作亟待加强。这些工作的价值主要在于：首先，补阙拾遗。对日本所存滇西抗战史料进行梳理与利用，可以从这些历史亲历者的记忆中建构出历史的“整体感”。由于撰写日军滇西作战回忆录的作者是当时战争的参与者或相关者，他们可为滇西抗战史研究提供详细的情节、过程和背景等方面的重要信息，这既弥补了档案资料不能充分开放的缺憾，更使隐藏在文字背后的历史实况得以彰显，进而赋予滇西抗战史书写以丰富性与生动性。其次，互为佐证。单从史料内容来

① 黒岩正幸『インパール兵隊戦記——歩けない兵は死すべし』、光人社、2004年。
② 平久保正男『真実のインパール——印度ビルマ作戦従軍記』、光人社、2006年。
③ 深沢卓男『祭兵団インパール戦記：歴戦大尉の見た地獄の戦場』、光人社、2004年。
④ 野口省己『回想ビルマ作戦：第三十三軍参謀痛恨の手記』、光人社、2000年。
⑤ 三島四郎『ビルマ軍医戦記：地獄の戦場狼兵団の戦い』、光人社、2005年。
⑥ 丸山静雄『インパール作戦従軍記：一新聞記者の回想』、岩波書店、1984年。

考察，日方档案类文献所涉及的层面就极为博杂。其中不仅有大量关于日本在滇缅战场军事战略、策略的规划，也有详密的战役、战术制定过程，还有日军在滇缅战场的军事建设与具体入微的战场战事描述。这些史料，其记录视角虽然各有侧重，但均能从不同维度为滇西抗战研究提供翔实而立体的佐证史料。再者，纠正讹误。目前国内关于滇西抗战的研究成果丰硕，这为后续的深入研究奠定了坚实基础，但不足也很明显。尤其很多研究大量采用、信用的是事后，甚至是时隔半世纪以上的当事人口述、回顾或实地调查采访资料，极少使用甚至未使用日军的官方史料，导致某些战事记载出现讹误。若将中国与日本的史料互参、互考、互证，有助于纠正讹误。然而，囿于立场与历史观的局限，日本有关滇西抗战部分史料的记载、评论和表述方式不够正确，尤其是侵滇日军回忆录之类的文献因受到作者身份、立场、动机、认知或情感等因素影响，存在“误、伪、隐”等较为突出的问题。这也要求国内研究者在利用时务必明辨真伪，多方考证，谨慎为用。

四、研究思路与方法

根据研究对象的特征，本书在研究方法的选择上既重视原始文献的挖掘与甄选，也进行了大量田野调查，着重运用“二重证据法”考证日本统治滇西的历史原貌。

第一，采用实证研究法，即依据史料取证的实证研究法。本书以唯物史观作指导，在借鉴以往研究成果的基础上，采用历史学的方法，依据大量可靠的新史料，尤其是日方资料，力图复原日本对滇西统治的本来面目，并对其进行客观的分析，从而提出自己的观点。在写法上采用宏观考察与微观实证相结合的方法，着重研究日军在滇西所推行的统治政策以及相关的具体措施。为保持历史语境感，在必要的地方，本书翻译和引用中外文献时保留了原语。

第二，采用田野调查法。为更好地完成本书写作，笔者进行了为期3个月的田野调查，遍访云南省保山市的隆阳区、腾冲市、龙陵县、施甸县、德宏州的梁河县、盈江县、陇川县，以及大理州、临沧市、怒江州等相关地方，考察战时侵华日军侵略并统治滇西地区的遗址遗迹。田野调查期间，恰逢龙陵日军"军政班"（中国史料多称"行政班"）本部旧址修缮，笔者与此处遗址的相关历史有了近距离的接触，更感受到本书研究的现实意义所在。另外，本书对日军侵入滇西时的战场遗址以及日军在沦陷区进行统治的罪证遗址等也有考察，具体分布及保护现状见附录。

本书以时间为序，以史实为本，以重大历史事件为基本线索，以侵华日军在滇西沦陷区的统治为主题，利用各方、各类翔实的史料，通过具体而微的考证，勾勒出日军统治滇西沦陷区的历史全貌，尽可能地还原日本入侵—占领—统治滇西沦陷区的历史真相，并以更宏阔的视角对日本在滇西的统治做出阐释与研究。同时，本书借鉴政治学、军事学等学科的分析方法对日本在滇西沦陷区的统治进行多视角的审视，以期尽可能地还原历史真相，探寻日本对滇西统治的特征，揭露侵华战争对滇西社会发展造成的深重灾难。

五、创新与不足

如上所述，在以往研究成果中，笔者尚未发现对战时日本统治滇西沦陷区做系统性研究的论著，这使本书的研究具有一定的前沿性和创新性。具体表现为以下三方面。

其一，新方法。在研究对象上，首次系统、深入地考证了侵华日军对滇西进行统治的全过程，包括战略图谋、统治形式、统治手段和统治后果等。主要体现在对日军占领滇西及各地伪政权的建立进行了比较深入的调查与研究，汇集并利用了日军统治滇西的一些重要数据，较为清晰地界定出日军统治滇西的空间范畴和发展阶段。写作方法相较已有的滇西抗战研究成果也有所创新，如对“档案文件”“史志记载”“报纸旧闻”“口述史料”“图片写真”“日军自述”等表述方法多样的滇西抗战史料进行语法上的统一。在时间表述上，统一使用公元纪年，1949 年前的纪年“中华民国××年”只在极少的引文中保持。滇西抗战中，中方军队（主要指远征军）有时称中国军队、我军、中国远征军；日方军队，通称日军（论述其罪行或暴行时，或称日本侵略军），极少用日寇、日本鬼子、倭寇等称呼。滇西作战中的战斗序列、番号，中方主要指国民党第 11 集团军等，日方军队主要指日军第 56 师团等。蒋介石一直担任国民政府军事委员会委员长，但不称蒋委员长，而称委员长蒋介石；不称蒋总裁，而称总裁蒋介石；不称蒋主席，而称国民政府主席蒋介石。引用台湾“国史馆”收藏的档案史料，注释中除注明档案文件名称外，收藏单位如“国史馆”“中研院”和“台湾总督府”等表述做特殊标注。由于本书字数较多，为避免混乱，在涉及数字方面，统一使用阿拉伯数字，如年月日、军队序列、部队番号、伤亡数字、人口数字、工农业产品等。至于引文中的数字写法，一律照原文加以引用。而关于日文史料，由于日本中央标准时间，比中国时间早 1 小时，比缅甸时间早 2.5 小时，这为战史史料中时间的统一带来了很多问题，使用史料时经常需要一一“对表”，得出准确时间。

其二，新史料。在已有的抗战史研究成果中，往往“知己”而不“知彼”，研究中国抗战的成果很多，但研究日本如何侵略的著作相对较少，也较少会引用日文和英文史料，这是研究的一大缺憾。在研究资料上，需要从浩如烟海的中外文献中发掘出新的相关资料。中国方面主要对先行研究遗漏的国内档案和地方志资料进行补充。除了中国第二历史档案馆和云南省档案馆的档案文献，笔者还查阅了保山市、临沧市等市级及其所属县级档案馆的相关文献；在云南省省志和市志文献以外，增加了区志和乡镇志的利用；专门志除了史志和军事志，内容扩充到卫生志、金融志、交通志和少数民族志等（各类史志文献近百种）。日本方面主要对日本国立国会图书馆、外务省史料馆、日本书店等处新近公开的电子化的日军电报、文件、战史资料及滇缅作战日军联（连）队史等原始史料进行挖掘。这些日方资料大多尚未在国内发掘利用，为本书的写作奠定了牢固的史料基础，有助于为相关研究提供新的资料补充。

其三，新观点。本书通过对日本侵占并统治滇西沦陷区的全面调查考证与研究，阐明了日本统治滇西沦陷区的手段和特征，其深度与广度都较以前的研究成果有很大的扩展与深化。本书指出，与当时的朝鲜、台湾等殖民地和中国华北、华东等长期占领地相比，滇西沦陷区属于第三种状态的火线地区。占领环境的紧张造成了日本对当地统治政策与手段的不稳定性。其最突出特点是日本将缅甸军政统治模式移植到滇西沦陷区，同时“因地制宜”创建了各级伪政权实施统治，使日本在滇西沦陷区的统治呈现出时间虽短却十分复杂的面相。同时，本书以翔实的历史资料，全面揭露了日军在滇西地区疯狂施暴、荼毒无辜的种种罪行，向世人展示了不堪回首的一页痛史，希望能为当年远东国际军事法庭在东京审判中认定的日本在侵华战争期间所犯“违反战争法规的犯罪”即反人类罪提供新的佐证。

本书主要研究的是日本侵华时期在滇西沦陷区的统治问题，囿于个人学术能力与视野，疏漏与错误在所难免。此外，本书的研究由于涉及面广，对一些相关问题的探讨无法作过多展开，有些问题目前只能点到为止，更深入的探究交付将来。总体而言，不足之处主要有两方面。

一是对相关资料的搜集利用尚未穷尽。本书所用资料以日本和中国保存的档案等史料为主，虽然也引用了台湾"国史馆"、"中研院"近代史研究所、"台湾总督府"等部门收藏的部分档案资料，但与日军入侵并统治滇西沦陷区有关的国民政府文件如《云南龙陵县府财产损失》①《云南腾冲县各地财产损失》②《云南腾冲县中和乡农会财产损失》③等，因为档案文献的部分缺失，无法获取详细的档案原件阅读利用。此外，缅甸所藏相关资料、中国馆藏日本在滇西"伪政权"的相关资料也有进一步挖掘整理的必要。上述资料在本书定稿前未能充分搜集利用，实属不足之一。

二是研究内容未能面面俱到。本专题的研究面较宽，一些问题没有展开论述，个别问题的分析还有待加强。譬如日本在滇西沦陷区实施统治的重要历史人物——日军"军政班"班长田岛寿嗣战后去向成谜，与其相关的史料非常有限，本书的研究不得不止步于此；再如日本统治下的伪政权是一个非常复杂的历史问题，由于篇幅所限，且本书研究所侧重的是日本侵略并统治滇西沦陷区的

---

①《云南龙陵县府财产损失》(1946/00/00—1946/00/00)，台北："国史馆"藏，赔偿委员会/损失调查统计/地方机关/华南地区档案，121/020202/0245。

②《云南腾冲县各地财产损失》(1947/00/00—1947/00/00)，台北："国史馆"藏，赔偿委员会/损失调查统计/地方机关/华南地区档案，121/020202/0248。

③《云南腾冲县中和乡农会财产损失》(1946/00/00—1946/00/00)，台北："国史馆"藏，赔偿委员会/损失调查统计/地方机关/华南地区档案，121/020202/0247。

考察，故在研究内容上有所取舍，有待笔者在今后的研究中做进一步的丰富和延伸。

此外，笔者对史料的分析、运用和提炼功底尚浅，对研究方法和工具的使用还需深入把握和领会。以上种种不足，既是本书的缺憾，也是笔者以后进一步努力攻克的方向。

第一章　日本对滇西的占领

1941年初，日本趁欧洲各国忙于战事无暇东顾之机积极谋求“南进”，亚洲形势发生巨大变化。此时美国虽名为中立，然实则加强了对中国的援助以期消耗日本的力量。在与英美矛盾日益尖锐的时期，日本希望依靠夺取东南亚的战略物资以摆脱困境，因此早在谋求“南进”之初，就制定了在太平洋及整个南洋地区的战争计划。及至珍珠港事变爆发，日本对英美宣战，随即入侵东南亚各国。他们出兵缅甸，打算包抄中国西南大门，实行窒息政策，妄图扼住中国西南的国际交通咽喉，以达成全面封锁中国之目的。由于中国远征军第一次入缅作战失利，日本侵略野心得以膨胀，战火进一步向云南方向蔓延。1942年5月3日，日军第56师团突入云南，以装甲部队为前驱，沿滇缅公路直驱滇西腹地，连陷德宏、畹町、遮放、芒市、龙陵、腾冲等地。

第一节　日军侵占滇西的筹谋及其行动

中国抗日战争的局势转入战略相持后，日军大肆“南进”，剑指滇省。对日本而言，切断滇缅公路这条战时中国最重要的“输血线”有一举两得之效:既是相持阶段加紧围攻国民政府的重要军事部署之一,又与日本军队在东南亚战场的战略行动相辅相成,遥相呼应。①

一、"南进"与"断"字号作战

第二次世界大战前和大战期间,日本最高统治集团内部在军事侵略路线选择上有所谓的"北进"和"南进"两种倾向。前者主张侵占中国后北攻苏联,以制霸整个亚洲;后者则主张侵华后向东南亚扩张,将西南太平洋收入囊中。无论是"北进"还是"南进",都以占领中国为前提,即中国战场的发展态势对日本全局战略的实施具有重要的制约作用。

1937 年全面侵华战争爆发之时,裕仁天皇曾询问时任日本陆军大臣的杉山元,如果全面侵略中国,多久可以结束战事。杉山元给出的答案是:"一个月解决中国事变。"②但是中国人民的顽强抗战使日本深陷持久战的泥潭。日本统治集团清楚,要想粉碎中国的抗战意志使其屈服,必须彻底斩断国际援华通道,由此便产生了是先"北进"进攻苏联,还是先"南进"占领美英荷在东南亚及西太平洋地区殖民地的战略选择难题。③ 1938 年武汉沦陷后,抗日战争进入战略相持阶段。日本不得不将准备用于"北进"的兵力投入中国战场,从而导致了日本"北进"政策的动摇。1940 年 4—6 月,德国发动了闪电战,在东南亚有殖民地的荷兰和法国向德国投降,英国也面临危机。德意法西斯于 1940 年夏胜利席卷欧洲,深刻地刺激了日本军国主义

---

① 朱海嘉:《封锁与毁灭:抗战时期侵华日军轰炸滇缅公路述论》,《云南民族大学学报(哲学社会科学版)》2017 年第 3 期,第 131 页。

② 中尾裕次『昭和天皇発言記録集成』、芙蓉書房、2003 年、61—62 頁。

③ 杨栋梁等:《近代以来日本对华认识及其行动选择研究》,北京:经济科学出版社 2015 年版,第 277 页。

者。日本考虑，如果能利用这种情况，在东南亚扩张自己的势力，确立日本国防资源自给自足的态势，充分加强国力，然后根本稳妥地解决“中国事变”，那么就可以从现在的危机中脱身。至此，日本国策中的“北进”政策逐渐降为次要地位，“南进”政策的地位迅速上升。

在此过程中，日本利用情报机关摸清中国的外援通道。满铁调查部 1939 年 6 月组成“中国抗战力调查委员会”，翌年 6 月完成 10 册《中国抗战力调查报告》。报告强调：重庆的力量来源在于外来援助，只有切断其南方补给线方能迫使中国投降。基于上述设想，1940 年 7 月，第二届近卫内阁成立后不久，日本大本营、政府联席会议制定了《基本国策纲要》及其实施计划《适应世界形势演变的时局处理纲要》，决定下一步行动以“南方政策”为重点，并认为在“转变以南方施策为重点的态势时”，倘若“中国事变”仍未解决，就须集中政治和战争的综合力量，“尤须采取一切手段杜绝第三国的援华行为，迫使重庆政权迅速屈服”。①

当中国的抗日战争进入 1941 年时，日本陷于进退维谷的窘境：要迫使中国屈服就必须控制东南亚和滇缅公路，切断中国的主要外援通道，这就意味着日本必须拉长战线、延长时间。1941 年 1 月中旬，日军制定《对华长期作战指导计划》：“维持在华兵力在 50 万人；作战将以治安维持、占据地域之整饬为主要目的，不实施大规模之进攻；持续对华政经中枢，施以战略轰炸；加强自陆上、海上及空中的封锁，并由海军对海上、陆军兵力之对海港封锁作战，以加强对华经济之压迫。”②1941 年 7 月，美国宣布停止对日本的经

① 防衛庁防衛研修所戦史室『大本營陸軍部〈2〉昭和十六年十二月まで』、朝雲新聞社、1968 年、58 頁。

② 防衛庁防衛研修所戦史室『大本營陸軍部〈2〉昭和十六年十二月まで』、209 頁。

济贸易,并对日本实施石油禁运。这对日本而言无疑是个不利消息,因为要继续侵华,必须做好长期作战的准备,而要进行长期作战,就必须夺取南亚的战略物资。面对这样的态势,1941 年 11 月,日本御前会议批准了陆军"南进"作战计划,意图侵占美英荷在东南亚的主要根据地,掠夺东南亚的战略资源来补充国力以适应战争需要,达到"以战养战"的目的。

由此可见,日本为了打破长期消耗的不利局面,最终选择扩大侵略,趁机实施"南进"(抑或先南后北)的战略。此举的根本目的有二:一是截断国际援华路线,使中国无法持久抗日;二是攫取南洋资源,威胁英美在远东的经济安全,实际亦是为了劫夺英美的战略资源。所以日本"南进"战略即是截断战略。① 正基于此,日本制定出包括占领广州湾在内的法属印支策略,以彻底断绝援华的印支路线,并使用其飞机场对滇越、滇缅通道进行航空截断作战;同时以封锁"香港须结合彻底截断滇缅公路的援华路线"为作战行动方针。

1940 年 9 月下旬,日本军队进驻法属印度支那北部,一举切断了滇越铁路运输线。然而,国际援华物资依然可以转道由香港及华东、华南沿海或西北通道进入内地。对此,日本如鲠在喉,必欲阻断。1941 年 2 月 26 日,日本下达第 488 号令,要求"从现在起,中国派遣军总司令官应对浙江省以北的中国沿海、华南方面军应对福建省以南的中国沿海,分别以一部兵力,随时进行以封锁为目的的作战"②。据此,参谋本部和军令部签署了《陆海军中央关于对

---

① 张家德:《中国抗日远征史》第 1 卷,昆明:云南人民出版社 1994 年版,第 38 页。

② 防衛庁防衛研修所戦史室『支那事変陸軍作戦 3:昭和 16 年 12 月まで』、朝雲新聞社、1975 年、338 頁。

华沿海封锁作战的协定》，明确规定封锁作战位列中国派遣军总司令官 1941 年各项任务之首，旨在封锁中国东部沿海的一系列“断”字号作战由此展开。这一时期日本主要进行了香部路切断作战（1941 年 2 月 3—12 日）①、雷州方面切断作战（1941 年 3 月 3—15 日）②、汕尾方面切断作战（1941 年 3 月 23 日—4 月 10 日）③、浙东作战（1941 年 4 月 16 日—5 月 25 日）④、福州作战（1941 年 4 月 19 日—5 月 4 日）⑤以及甲子附近切断作战（1941 年 5 月 1—6 日）等战争。

据统计，为了切断华南沿海的援华通道，日本在一系列“断”字号作战中共投入了 87 个大队（含后备兵力 23 个大队）、约 7 个师团的兵力。其后又为保住切断作战的成果，派出 23 个大队、约 2.5 个师团的兵力在占领地驻守，从而削弱了一线作战的能力。

---

①『香部路遮断作戦自昭和 16 年 2 月 3 日至昭和 16 年 2 月 12 日』、JACAR（アジア歴史資料センター）Ref. C11110447500、支那事変に於ける主要作戦の梗概　昭和 16 年/全般/支那事変/支那/陸軍一般史料（防衛省防衛研究所）。

②『雷州方面遮断作戦　自昭和 16 年 3 月 3 日至昭和 16 年 3 月 15 日』、JACAR（アジア歴史資料センター）Ref. C11110447700、支那事変に於ける主要作戦の梗概　昭和 16 年/全般/支那事変/支那/陸軍一般史料（防衛省防衛研究所）。

③『汕尾方面遮断作戦　自昭和 16 年 3 月 23 日至昭和 16 年 4 月 10 日』、JACAR（アジア歴史資料センター）Ref. C11110447800、支那事変に於ける主要作戦の梗概　昭和 16 年/全般/支那事変/支那/陸軍一般史料（防衛省防衛研究所）。

④『浙東作戦　自昭和 16 年 4 月 16 日至昭和 16 年 5 月 25 日』、JACAR（アジア歴史資料センター）Ref. C11110446800、支那事変に於ける主要作戦の梗概　昭和 16 年/全般/支那事変/支那/陸軍一般史料（防衛省防衛研究所）。

⑤『支那事変に於ける主要作戦の梗概』昭和 16 年、JACAR（アジア歴史資料センター）Ref. C11110447900、全般/支那事変/支那/陸軍一般史料（防衛省防衛研究所）。

表 1.1　日军担任切断补给线并确保占领的兵力概况

作战名称	开始日期	作战兵力	后备兵力	中国军队
香韶路切断作战	1941 年 2 月 3 日	步兵 7 个大队	步兵 4 个大队	1 000 人
雷州方面切断作战	1941 年 3 月 3 日	步兵 18 个大队	——	3 300 人
汕尾方面切断作战	1941 年 3 月 23 日	步兵 4 个大队	步兵 4 个大队	1 800 人
浙东作战	1941 年 4 月 16 日	步兵 21 个大队	步兵 6 个大队	100 000 人
福州作战	1941 年 4 月 19 日	步兵 14 个大队	步兵 8 个大队	11 000 人

资料来源：防衛庁防衛研修所戦史室『大本營陸軍部〈2〉昭和十六年十二月まで』、232 頁。

二、切断滇缅国际通道的计划

滇缅公路即中国云南省通缅甸的公路，自昆明至腊戍全程为 1 146.1公里，由国内外两段相连接。昆明至畹町的国内段（云南段）长 959.4 公里，畹町至腊戍的国外段（缅境段）长 186.7 公里。国内段又分东西两段相连：昆明至下关为东段，长 411.6 公里；下关至畹町为西段，长 547.8 公里。

1937 年 8 月，国民政府根据云南省政府“为防止日军对我国实行经济封锁，应速修滇缅公路西段，开通大西南出海的国际交通线”的建议，决定将原属省道的滇缅公路改为国道，由云南省主席龙云筹修。① 滇缅公路东段的修建，只需在原已筑成的昆明至下关毛坯公路的基础上修整便可。而下关至畹町的西段为全新筑路工程，穿越

① 滇缅公路缅境段由缅甸负责修筑。

横断山脉之怒山、云岭、高黎贡山，跨越漾濞江、澜沧江、怒江，沿途多急流大川，悬崖陡壁，又为瘴疠之区。其工程之艰，堪称世界之最。

由于滇缅公路事关国防军事及抗战前途，云南省政府通令沿途各分区包干里程和各县、设治局①应征民工数 11.5 万人；加上一些艰巨工程段另招石工、铁工、木工及重大桥涵工程的承包工等，西段每天上工总数约 14 万人，东段改建整修上工总数约 6 万人。滇缅公路全线每天上工人数达 20 万人。民工有汉、傣（通称摆夷）、白（旧称民家）、回、傈僳、彝（旧称倮倮）、阿昌等 10 余种民族，不分男女老少，自带口粮、行李、工具，昼夜奋战。由于劳动强度大、缺医少药、安全无保障，加之时间紧、任务重、上路民工多，爆破、土石坍方等受伤死人现象每天都有发生。②

1938 年 8 月 31 日，滇缅公路全线通车。经过 9 个月的施工，完成土石方 1 233 万立方米，筑大中桥梁 7 座、小桥 522 座、涵洞 1 443座，铺路面 800 余公里。云南人民为此作出了巨大牺牲。滇缅公路西段修建过程中民工和技术人员伤亡万人，死于坠岩、坠江、爆破、坍压、瘴疠者有 3 000 多人，死亡率为 1.5%。

对中国而言，滇缅公路的建成通车不仅支撑着云南省社会建设，还满足了后方战略物资需求。作为国际大通道的滇缅公路与西南公路、川滇公路、滇黔公路对接，不仅完善了战时云南公路网，也发挥出积极的经济效应。而就当时的战局来看，1940 年夏，中国的华东、华中、华南沦陷于日本之手，沿海港口多被封锁。同年 9 月 29 日，日军在越南海防登陆后，切断了滇越铁路，滇缅公路遂成为当时中国至关重要的国际通道，是抗日急需物资的唯一运输路线。当时滇缅公路

---

① 边疆少数民族地区相当于县一级的政权机构。

② 龙陵县交通局编：《龙陵县交通志》，昆明：云南民族出版社 2001 年版，第 60 页。

的月运输量在万吨以上，对中国抗日战争的胜利起着重要作用。这条公路可运进中国抗战急需的军火、汽油、车辆和兵工器材；运出用以换取外援的钨砂、桐油、猪鬃等农矿产品，同时运送出国远征军部队和滇缅前线作战部队所需要的大宗给养、弹药等①，堪称中国抗战的“生命线”和“输血管”②。日本的一份调查资料显示，在1940年6月的国际援华物资中，滇缅公路运输量约占1/3。更重要的是，与前一年相比，该线路的运输量竟增长了5倍之多。据统计，仅1941年，通过滇缅公路运入中国的军用和民用物资达13.2万吨，其中汽油约占1/3，其他为汽车、医疗用品等。③

表1.2 第二次世界大战时期援华路线状况表

援华路线名	路线(—表示公路 ＝＝表示铁路)	欧洲大战前月均运输量	1940年6月运输量	比率
西北路线	苏联—新疆—甘肃	200吨	500吨	2%
法属印支路线	海防＝＝滇越线＝＝昆明海防—谅山—南宁、百色	12 500吨	15 000吨	48%
缅甸路线(1938年秋开通)	仰光＝＝腊戌—昆明	2 000吨	10 000吨	31%
沿海路线	华中、华南沿岸	——	5 000吨	16%
	广州湾、香港	——	1 000吨	3%

资料来源：日本国際政治学会、太平洋戦争原因研究部『太平洋戦争への道 第6卷：南方進出』、朝日新聞社、1963年、187頁。

① 黄恒蛟主编：《云南公路运输史》第1册，北京：人民交通出版社1995年版，第124页。

② 河北新報社東亜調查室『大東亜戦争戦况解説：シンガポール陥落まで』、河北新報社出版部、1942年、42頁。

③《云南近代史》编写组编：《云南近代史》，昆明：云南人民出版社1993年版，第467页。

从战略趋向看，日本欲截断并封锁滇缅公路这条中国唯一的国际交通“大动脉”，目的在于“经济封锁，使我援助断绝，促成谈判胜利，企图解〈决〉所谓‘中国事件’”①，本质是“遂其大东亚新秩序建设之妄念”②。

要达成这一目的，日本深知“适应侵华战争需要，封闭滇缅公路很快就变成一种战略要求”③。滇缅公路通车不到 2 个月，日本就制定出《昭和十三年秋季以后对华处理办法》，明确把切断中国赖以输入武器的对外联络线作为日军的重要作战任务。④1941 年 1 月 16 日，日军大本营陆军部会议制定《对华长期作战指导计划》，提出："力图从地面、海面及空中加强封锁。切断法属印度支那线，破坏滇缅公路，兼用以海军封锁海面、陆军封锁海港作战等方法，加强对华经济压迫。"⑤1941 年 9 月 6 日，日本御前会议颁布《帝国国策施行要点》，明确提出："封闭滇缅公路，不使通过它对蒋政权作军事上、经济上的援助。"⑥至此，随着滇缅公路战略地位的凸显，日军将滇缅公路视为封锁、轰炸、破坏的重点军

---

①《龙烽垣为加强滇缅路之战备请调一大队扩充整训电》(1941 年 10 月 1 日)，云南省档案局(馆)编：《抗战时期的云南——档案史料汇编》上册，重庆：重庆出版社 2015 年版，第 354 页。

②《蒋介石分析国际形势变化与我国抗战关系电》(1940 年 9 月 29 日)，《滇军抗战密电集》，云南省档案馆 1995 年编印，第 334 页。

③［英］弗兰克·麦克林恩著，章启骅译：《缅甸战役——从灾难走向胜利(1942—1945)》，上海：上海三联书店 2013 年版，第 7 页。

④「昭和十三年秋季以降対支処理方策(昭和十三年十二月六日省部決定)」、臼井勝美、稲田正夫『現代史資料(9)日中戦争(二)』、553—554 頁。

⑤ 防衛庁防衛研修所戦史室『大本營陸軍部〈2〉昭和十六年十二月まで』、209 頁。

⑥『帝国国策遂行要領　御前会議議事録』昭和 16 年 9 月 6 日、JACAR(アジア歴史資料センター)Ref. C12120185100、重要国策文書/戦争指導/中央/陸軍一般史料(防衛省防衛研究所)。

事目标。

表 1.3　日军对滇缅公路的侦察计划(1941 年 2 月)

轰炸计划制定时间	侦察航线	侦察目标	侦察方法
1941 年 2 月 7 日	201 基地→惠通桥→保山→功果桥→下关→祥云→201 基地	惠通桥、保山、功果桥、下关、祥云	(1) 实施 4 000 米以上高度的侦察 (2) 对惠通桥实施拍照侦察 (3) 对攻击队航路上各地的天气条件进行侦察,并通报给各个攻击队
1941 年 2 月 9 日	201 基地→惠通桥→保山→功果桥→下关→祥云	惠通桥、保山、功果桥、下关、祥云	(1) 实施 4 000 米以上高度的侦察 (2) 对功果桥实施拍照侦察 (3) 对攻击队航路上各地的天气条件进行侦察,并通报给各个攻击队
1941 年 2 月 12 日	(1) 第 1 班机:201 基地→功果桥→201 基地　(2) 第 2 和第 3 班机:201 基地→惠通桥→保山→功果桥→下关→祥云→201 基地	(1) 第 1 班机:功果桥 (2) 第 2 和第 3 班机:惠通桥、保山、功果桥、下关、祥云	(1) 实施 4 000 米以上高度的侦察 (2) 对功果桥实施拍照侦察 (3) 对攻击队航路上各地的天气条件进行侦察,并通报给各个攻击队

续表

轰炸计划制定时间	侦察航线	侦察目标	侦察方法
1941 年 2 月 12 日	(1) 第 1 侦察队：201 基地→惠通桥→保山→功果桥→下关→祥云→201 基地 (2) 第 2 侦察队：201 基地→功果桥→201 基地	(1) 第 1 侦察队：保山、祥云飞机场；惠通桥和功果桥；保山、下关、祥云及滇缅公路汽车的交通状况 (2) 第 2 侦察队：功果桥	(1) 实施 4 000 米以上高度的侦察 (2) 对惠通桥和功果桥实施拍照侦察 (3) 对攻击队航路上各地的天气条件进行侦察，并通报给各个攻击队

资料来源：『高空機密第 13 号の7・滇緬公路偵察戦闘詳報・高雄海軍航空隊　昭和 16 年 2 月 7 日/2. 計画』、JACAR(アジア歴史資料センター)Ref. C14120469900、支那事変/②戦史/海軍一般史料(防衛省防衛研究所)；『高空機密第 13 号の3　滇緬公路偵察戦闘詳報　高雄海軍航空隊　昭和 16 年 2 月 9 日/2. 計画』、JACAR(アジア歴史資料センター)Ref. C14120471300、支那事変/②戦史/海軍一般史料(防衛省防衛研究所)；『高空機密第 13 号の2　滇緬公路偵察戦闘詳報　高雄海軍航空隊　昭和 16 年 2 月 12 日/2. 計画』、JACAR(アジア歴史資料センター)Ref. C14120472700、支那事変/②戦史/海軍一般史料(防衛省防衛研究所)；『高空機密第 13 号の2　滇緬公路偵察戦闘詳報　高雄海軍航空隊　昭和 16 年 2 月 12 日/2. 計画』、JACAR(アジア歴史資料センター)Ref. C14120472700、支那事変/②戦史/海軍一般史料(防衛省防衛研究所)。

三、对滇缅公路的战略封锁

滇缅公路的建成通车粉碎了日本企图封锁并困死中国的战略计划。为此，日本先后采取禁运和轰炸等手段，妄图从源头上彻底掐断这条国际援华物资补给线。

（一）外交施压对滇缅公路禁运

滇缅公路甫一建成，日本驻仰光外交官立即向英缅殖民政府提出威胁，企图对滇缅公路实行禁运。1940 年 6 月 19 日，日军参谋本部情报部部长土桥勇逸以战争相威胁，向英国驻日武官提出关闭滇缅公路的系列要求，具体为："1. 关闭滇缅公路；2. 关闭香港边界；3. 英军从上海撤退。"①翌日，日本外相有田八郎将土桥的要求公开化，并强调"如果滇缅公路不被封闭，他将不能控制日本的极端派"②。6 月 24 日，日本外务省通过正式外交途径要求英国政府采取措施，停止通过滇缅公路向中国运送战争物资和某些其他物资，同时对香港方面也提出了类似的要求。日本政府声称，如继续让这些物资过境运输，将对英日关系产生严重的影响。为了加重这种威胁的分量，日本还在毗连九龙租借地的边界上集结了 5 000 名日军。③ 形势一度变得非常危急。最终，英国在日本的威胁和对日奉行绥靖政策的背景下，做出了关闭滇缅公路的决定。

1940 年 7 月 18 日，英国当局在东京与日本签订《英日关于封闭滇缅公路的协定》(亦称"克莱琪—有田协定")。协定规定"英国政府从 1940 年 7 月 18 日起 3 个月内，禁止武器、弹药并铁道材料等通过缅甸输送至中国。上述禁止经缅甸输出之货物，在香港亦同样禁止输出"④。至此，日本以外交施压手段封锁滇缅公路的图谋暂时奏效。英国同日本签订的关于封闭滇缅公路的协定是"中日战争爆发以来英国对日本所采取的一系列绥靖行动中的最后一

---

① 日本国際政治学会、太平洋戦争原因研究部『太平洋戦争への道　第 6 巻：南方進出』、37 頁。

② E. L. Woodward, *British Foreign Policy in the Second World War*, *Vol*. 2 (London: Her Majestys Stationery Office, 1971), p. 93.

③ [英]阿诺德·托因比、[英]维罗尼卡·M. 托因比编，许步曾等译：《国际事务概览(1939—1946 年)——轴心国的初期胜利》下册，上海：上海译文出版社 1983 年版，第 931 页。

④《英日关于封闭滇缅公路的协定》(1940 年 7 月 18 日)，复旦大学历史系中国近代史教研组编：《中国近代对外关系史资料选辑(1840—1949)》下卷·第二分册，上海：上海人民出版社 1977 年版，第 145 页。

次，但却更使日本蔑视英国，加快了‘南进’的步伐”①。

然而，由于日本侵华严重损害了英国在华及其在远东的利益，加之中国的强烈抗议②、国际舆论的压力、美国的强硬态度等，英国终于在1940年10月18日重新开放滇缅公路③，这也意味着日本企图通过外交施压封锁滇缅路的计划宣告失败。

（二）轰炸滇缅路

滇缅公路再次开通后，日本转而采取以战略轰炸阻断援华路线的军事行动。

想要轰炸昆明和滇缅公路，必须有最佳的空军基地，法属印度支那北部遂成为日本战略中的理想选择。1940年10月7日，日本成立“滇缅路封锁委员会”，任命侵华海军总司令部参谋长大川内传七少将为指挥官，从河内空军基地派出飞机④，开始对昆明、滇缅公路及沿线的桥梁、机场、城镇和乡村实施无差别战略轰炸。

1940年10月—1941年2月，日军先后出动飞机400架次，重点轰炸滇缅公路2座关键性的桥梁——澜沧江上的功果桥和怒江上的惠通桥。前者被炸16次，后者被炸6次。2座桥建造得隐蔽

---

① 徐蓝：《行走在历史中：徐蓝自选集》，北京：首都师范大学出版社2015年版，第135页。

② 朱世明：《抗议英国违法封锁滇缅路》，《时事月报》第23卷第2期，1940年8月，第48—49页。

③『明日開放的滇緬公路星報 1940年10月17日』、JACAR（アジア歴史資料センー）Ref. C13032364000、重慶側資料第233号「特種読物」（地方概況）昭和18年/参考資料/支那/陸軍一般史料（防衛省防衛研究所）。

④『B再開後の滇緬公路　（チャイナ・ウィークリー・レビュウ　12月7日号）』、JACAR（アジア歴史資料センー）Ref. C14060194100、滇緬公路関係資料　昭和16. 1. 9/ビルマ/南西/陸軍一般史料（防衛省防衛研究所）。

巧妙，日军虽多次轰炸，命中率却不高，仅在 1940 年 10 月 28 日和 1941 年 1 月 6 日先后成功轰炸。在日机轰炸功果桥、惠通桥期间，中国路桥技术人员和滇西民工顶着随时被日军轰炸的危险，同仇敌忾，随炸随修。由于中国抢修员工英勇顽强，加之稳妥可靠而又简便的渡运方法，两地始终保持“桥断路仍通”。虽然 2 座桥被炸总计 20 多次，但直至 1942 年 5 月滇西沦陷，除被英国封锁的 3 个月外，滇缅公路无法通车的时间仅有 13 天。因此，该路被誉为“炸不断的滇缅公路”。

第二节　日军攻占滇西的进程

由于外交与轰炸手段不能达成预期战略目标，日本决定通过作战从根本上掐断滇缅公路补给线，隔绝中国与南方的对外联系。1942 年春，为切断滇缅公路这条战时中国重要的“输血线”，以及攻占印度与德军会师，日军入侵缅甸，并向缅北快速推进。中国应美英要求组建中国远征军入缅支援作战。因战机贻误，中国远征军第一次入缅作战失利，后退守滇西，依怒江天险拒敌，但怒江西岸芒市、龙陵、腾冲等多地沦陷。

一、日军侵缅与中英联军的败退

日本的轰炸虽然使滇缅公路设施严重毁坏，但只要公路掌握在中英两国之手，国际援华物资依然可以沿着这条路线源源不断地进入中国。1941 年 12 月 7 日，日本偷袭珍珠港，同时向美国、英国、荷兰统治的东南亚地区发起全面进攻，开始了“大东亚战争”的疯狂军事冒险。在日本大本营宏大的南方作战计划中，缅甸属于日本非常明确的攻占目标。从宏观上看，攻占缅甸可以“一、保障马来半岛作战的侧背安全;二、切断援蒋路线;三、加大对印度和中国的压力”①。更具体来讲,“缅甸作为南方重要地区的北翼据点,不仅具有必须确保的战略地位,而且具有对中国方面来说切断援蒋公路,对印度方面来说促进其脱离英国的重大战略意义”②。为此,日本在缅甸的作战计划是:“第一期和第二期,相机夺取缅甸南部的航空基地,第三期是确保占领地域,如有可能,则实施处理缅甸的作战。”③

缅甸位于中南半岛西部,南部面对印度洋,北部和西北部与中国云南、西藏毗邻,当时和印度一样,是英国的殖民地。滇缅公路南端起自缅甸境内的腊戍,北端终于中国云南的昆明,而腊戍经曼德勒至仰光则由铁路连接。因此,日本侵占缅甸不仅是要直接剥夺英国的殖民成果,也是要釜底抽薪地切断国际援华通道。对此中英两国当然不能坐以待毙。1941 年 12 月 23 日,两国代表在重庆签署《中英共同防御滇缅路协定》,成立中英军事同盟,中国派出 10 万远征军入缅与英军协同作战。

中国远征军入缅作战后,日本认为要完成所谓“大东亚战争”,无论如何,在战略上,确有非攻占缅甸不可的理由:“第一理由,是英美与中国的联军,已经盘踞缅甸,作为逆袭日军、驱出南海的陆上基地。第二理由,是法属越南与中国的陆路交通切断之后,英美援助重庆国府的物资悉经缅甸公路自由输入;而且美军将领与战斗单位,亦经缅甸进入中国,以协助建立近代化的中国部队。第三

① 防衛庁防衛研修所戦史『ビルマ攻略作戦』、朝雲新聞社、1967 年、74 頁。

② 服部卓四郎『大东亜戦争全史』、原書房、1965 年、266 頁。

③『第 3 期ラシオ攻略及シパウ附近滇緬公路の遮断』、JACAR(アジア歴史資料センター)Ref. C14060235200、マン作戦経過概要(第 56 師団)昭和 3 月 28 日—5 月 14 日/ビルマ/南西/陸軍一般史料(防衛省防衛研究所)。

理由，是要伺机破坏英印关系，以减弱英国的战力；同时，要倡导大东亚有色人种大结合，以笼络印度。所以在地理上，自有进攻缅甸的必要。于是，攻击缅甸，以断绝与中国、英国之间交通的缅甸战争，遂与夺取英国的远东基地马来亚、毁灭美国的远东基地菲律宾及攻取印尼的石油等三大战争，合并成为当时大战略的最高命令。”①

1942 年 1 月 4 日，日军第 55、33 师团自泰国方向出发，分别对缅甸南部的土瓦和毛淡棉发起进攻。1 月 31 日，日军占领缅甸第二大海港毛淡棉及其以南地区。2 月 11 日，日军第 33 师团突破英军萨尔温江②及米邻河防线。2 月 23 日，日军第 55 师团突破锡当河防线，3 月 8 日占领缅甸首都仰光。之后日军大举北上，中英联军虽在同古阻击战、棠吉进攻战、东吁保卫战、斯瓦阻击战、仁安羌解围战、腊戍保卫战中顽强抵抗，终未能阻止日军的侵略步伐。1942 年 4 月底，日军占领腊戍，中英军队被迫撤往印度和中国境内。5 月底，日军占领缅甸全境，滇缅公路被彻底切断。

二、日军占领滇西各地

“滇西”从古至今是一个动态的地理概念。本书所论述作为沦陷区的“滇西”属于民国时期的空间概念，其地理范围、行政区划、居民人口、民族构成等以 20 世纪 30—40 年代的数据为准。

（一）滇西兵要地志考

滇西为山岳地带，位于我国西南边陲，南与泰国接壤，东南毗连越南，西南界接缅甸，西北通达印度，地势高耸，北高而南渐低。怒山、高黎贡山诸脉内均自北而南横断全境，入于中南半岛。而澜

①《日军东南亚战史》，昆明军区司令部二部 1980 年编印，第 139 页。

② 该河在中国境内称“怒江”。

沧江、怒江、龙川江、恩梅开江奔流其间，水流湍急，波涛汹涌，雨季水涨，横渡艰难，形成军事上的自然天险。

滇西气候虽四季温和，春冬经常晴朗，但秋夏之交雨季（6、7、8、9 月）届临时，通常数日或数十日阴雨连绵，浓雾弥漫，给空军活动、部队运输、观测、射击等均造成极大不便。又因雨季期间阳光缺乏，到处阴湿，所以滇西蚊虫繁殖快，瘟疫细菌传播种类尤多。且深谷内动物的排泄，植物的腐烂，很长时间不能充分地分解蒸发，形成“瘴气”，侵入辄病。瘴毒最频发之地为怒江坝及芒市坝，故每届雨季，坝内居民多相率迁居高山以避之。此际平原低注之处亘数十百里，人烟绝迹，大军至此，迨如入无人之境。

国民政府军令部 1943 年的调查资料显示，滇西地区共有 42 县局，即宁洱、思茅、六顺、镇越、江城、车里、佛海、南峤、澜沧、双江、镇康、昌宁、顺宁、缅宁、云县、保山、云龙、龙陵、腾冲、永平、漾濞、大理、凤仪、蒙化、弥渡、祥云、镇南、景谷、景东、镇沅、新平、元江、墨江、双柏、禄丰、广通、姚安、楚雄 38 个县及宁江、沧源、耿马、潞西 4 个设治局。① 但从日军入侵后沦陷区的范围来看，“滇西”的地域范围以德宏、腾龙两地及保山部分地区为主，面积约 4.2 万平方公里。

滇西边陲重地，首推腾冲与龙陵，因腾冲为密支那及新街（又称八莫）之锁钥，龙陵则为新街及腊戍之咽喉，扼滇缅公路。腾龙

---

① 宁洱、思茅、六顺、江城、澜沧、景谷、景东、镇沅、墨江和宁江属今普洱市；镇越（勐腊）、车里（景洪）、佛海（勐海）和南峤（勐遮）属今西双版纳傣族自治州；双江、镇康、云县、顺宁（凤庆）、缅宁（临沧县）、沧源和耿马属今临沧市；昌宁、保山、龙陵和腾冲属今保山市；云龙、永平、漾濞、弥渡、祥云、大理、凤仪和蒙化（巍山）属今大理白族自治州；新平和元江属今玉溪市；双柏、禄丰、广通、姚安、楚雄和镇南（南华）属今楚雄彝族自治州；潞西属今德宏傣族景颇族自治州。

公路之交会点，皆为自古以来军事所必争之地。日军侵入滇西后，即以腾龙两地作为进窥云南内部之据地。

腾龙两地均为崇山峻岭，山岳绵亘。高黎贡山横贯南北，与怒江平行，雄踞西岸，海拔在 4 000 米以上，山巅常年见雪，气候剧变无定。且山内丛林茂密，古树参天。松山扼惠通桥西岸，为控制滇缅公路的咽喉地带，形势高峻险要。大雪山在苏帕河之北，峭壁断岸，峰峦起伏。其间道路狭窄倾曲，人马通行困难，大军运动作战均不利。惠通桥以西，除滇缅公路直通缅甸外，其余骡马大道绝少，羊肠小径悉随山脉之形势而曲折倾斜急峻，攀登不易。且复越山岭，跨深谷，穿密林，涉山溪，一至雨季，则洪水陡涨，到处不能徒涉；山路湿滑，平地泥泞，部队运动及骡马驮载，如一不慎，则坠入深崖或陷入泥淖，人马伤亡，在夜间行军尤甚。

战前的滇西，人口约有 76 万，汉夷杂居。怒江西岸是少数民族的聚居地，世居这里的有傣族、景颇族、傈僳族、德昂族、阿昌族和彝族等。① 除腾冲、龙陵县汉族居多外，其他泸水、潞西、畹町、瑞丽、陇川、盈江、莲山、梁河等县主要是少数民族。腾冲士善民良，地方殷富，居民率多汉籍，皆长江南北经商游宦、从军屯垦而至者，人口有 20 余万。该地耕读文化兴盛，百姓从商为业，气候温平，人情和顺，声教所及，文化开通，人才代有。龙陵县属镇安所、勐冒、龙陵城区及象达系小盆地，略产大米，经济稍富裕，其内居民较多且聚居；其余地方均系高山丛林地带，地质硗薄，食物不足，村落零散，住民极少，均为摆夷、倮倮、傈僳等少数民族，他们以砍柴种山

① 此处少数民族名称属现代称谓，战时日本统治下的滇西沦陷区世居民族有汉族、汉摆夷、水摆夷、大小蒲蛮、阿昌、民家、怒子、崩嚣、卡瓦、山头（景颇族旧称）、图土俚、茶山、汉倮倮、黑倮倮、老亢、倮黑、浪速、戞拉、花倮倮、傈僳等 21 种之多。参见狄超白主编：《中国经济年鉴：1947》，香港：太平洋经济研究社 1947 年版，第 134 页。

为业，知识落后，思想保守。① 龙陵附近均系汉族，芒市、遮放、畹町等处尽属摆夷。遮放以西山地山头人居多，畹町四周则是山头、利索（傈僳旧称）、汉人杂居处。总之，沦陷之前的滇西，历史悠久，物产丰富，以腾冲为代表的商业重镇经济发达，由永昌古郡发展而来的保山文化繁荣昌盛，整个滇西地区民族众多且和平相处。

（二）日军攻占滇西各地

日军第 56 师团是第二次世界大战期间入侵缅甸和中国滇西的日军主力作战部队。自 1940 年起，日军 8 个常设师团开始在中国东北地区永久驻扎。以留守师团为基础，设立新师团来替代常设师团。其中的第 56 师团是以留守久留米的第 12 军团为基础组建的，以福冈、佐贺、长崎作为征兵区。其管辖区从 1941 年起改名为久留米师管区。1945 年负责管辖区域补充任务等军政的留守师团司令部变成了独立的久留米师管区司令部。师团编成后，虽然隶属于当初在久留米的西部军，但伴随着太平洋战争爆发，师团主力于 1941 年 11 月被动员编入第 25 军，对马来亚作战。由于达成了早期的协同作战，1942 年又被编入第 15 军加入对缅战役。中国远征军入缅作战失利后，日军尾随溃败的中国军队一路疾进，以第 56 师团 6 个联队及第 2、18 师团各一部，进犯西南国门。1942 年 4 月 27 日，日军攻陷腊戍后，乘胜东入滇西。同年 4 月 28 日，日泰联军之一部，由泰北进占景栋及猛马、猛信地区（中国、越南、泰国、缅甸国境交界之三角地带），以掩护其右侧翼，随后犯畹町，占芒市，陷龙腾，狂炸保山。

保山县位于云南省西部，抗日战争时期属云南省腾龙边区行

① 《陆军第七十一军滇西攻势作战战斗详报》（1944 年 5 月 11 日—1945 年 2 月 1 日），《龙陵会战》，云南省龙陵县政协委员会、云南省社科院保山分院滇西抗战文化研究基地 2016 年编印，第 42 页。

政监督辖区，县治（即今保山市人民政府驻地）距省会昆明市 498 公里。辖 10 个分区、2 个助理区，共有 105 个乡镇，县境包括今云南省保山市隆阳区和施甸县。保山是云南最早开发的地区之一，是南方古丝绸之路上的商业重镇，历史上的永昌郡、永昌府就是保山市的前身。保山土地肥沃，雨量充沛，自给自足的农业经济较为发达，农作物产量较高，有“一年耕三年食”之说。其资本主义工商业也有一定规模，是滇西最重要的商品集散地。中国著名历史学家方国瑜曾对民国时期保山城的繁荣予以记述：“城内大街，自昔宽宏整洁，气概大方，意必为明初规划。后渐繁盛，有 72 条街，82 条巷之称。”保山县在日军侵滇期间并未沦陷，但遭到日军飞机的无差别轰炸。

畹町系傣语，即“太阳当顶”之意，又名勐回，傣语意为“大山洼子寨”。畹町在明清时期就是滇西边关要隘，与缅甸隔河相望，是云南省的对外口岸和贸易窗口。1932 年始设畹町镇，隶属于潞西设治局，由遮放土司代管。1938 年 8 月滇缅公路建成通车后，畹町成为抗日战争时期西南大后方通往国际的交通要冲。作为滇缅公路在国境内的终点，畹町进出口物资月吞吐量在万吨以上。从此，畹町由原来仅有六七户人家的边关驿站一跃成为举世闻名的边关繁荣小城镇。1942 年 4 月，当腊戍战局吃紧时，入缅远征军纷纷向国内溃退。1942 年 5 月 2 日，国民党交通部部长俞飞鹏派 1 个宪兵连将畹町未能运走的 8 万桶准备出口的桐油及汽油、棉花等物资烧毁。5 月 3 日，日军第 56 师团派出快速部队 3 000 人，以 148 联队 1 个中队 200 余人为先导，沿滇缅公路长驱直入。1942 年 5 月 3 日，日军占领畹町，畹町沦陷。

潞西，西汉属哀牢地，东汉属永昌郡，蜀汉、晋、刘宋、南朝齐均为哀牢县地，唐南诏为永昌节度地，宋为金齿部地，元为金齿宣抚司地，明为芒市长官司，清为芒市安抚司、遮放副宣抚司、勐板土千总，属永昌府。1915 年划芒市、遮放、勐板为芒遮板行政委员辖地。1932 年置潞西设治局，滇缅路穿境而过。1942 年 5 月 3 日，日军占领遮放，遮放沦陷。同年 5 月 4 日，日军占领芒市，芒市沦陷。

龙陵县是中国古代南方丝绸之路上的一个古镇。先秦时期，龙陵属“濮”部，西汉为“百越”部落，宋时属软化府地，元代属大理管辖，1390 年，在境内勐设守御所，1585 年改守御所为千户所，1770 年始建龙陵厅，把潞江、芒市、遮放 3 个土司地划归龙陵厅管辖。1899 年勐板土千总划归龙陵厅管辖。1913 年改厅建龙陵县，1932 年将龙陵所辖的芒市、遮放、勐板 3 个土司地析出新置设治局。1938 年滇缅公路正式通车，县城中央、省机关林立，南来北往车辆云集。是年，国民政府派员统计，县城人口由 2 670 人剧增到27 500余人，县城车水马龙，热闹非凡。日军陆续侵占缅甸各地之际，国民政府在龙陵未驻有守备部队，当缅甸情况紧急时，才于 1942 年 3 月 20 日将驻守惠通桥的交通警备中队 200 余人调至龙陵与芒市之间的南天门设防。5 月 4 日中午，该中队获悉日军已进抵芒市坝头木康寨，遂不战而退；龙陵县政府则打开监狱释放犯人，县长杨立声携印鉴及政警 10 余人逃至象达，后退至平安乡的乌孟村，老百姓则向乡间疏散。下午 6 时 30 分，当日军侵入龙陵县城时，城内机关早已撤退，绅民逃避一空。1942 年 5 月 4 日，龙陵沦陷。

腾冲是中国西南毗邻缅甸的一个边疆县，位于中国、缅甸、印度传统商道上。腾冲历史悠久，西汉时称滇越，东汉属永昌郡，为滇缅古道上的重镇，唐置羁縻州，元置腾冲府，明设腾越卫（州），清设腾越厅，民国设腾冲县。1942 年 4 月缅甸腊戍失守后，腾冲驻军未警惕日军侵犯。5月4日，日军突进龙陵的消息传至腾冲，全城顿时慌乱。5月7日，腾冲县县长邱天培召集临时会议，宣布县府与各机关联合撤退之意，到会士绅建议拆毁腾龙、龙安2座桥，派兵沿龙川江防御，设递兵哨以通情报。邱天培不顾众绅请求，于当日午夜携家眷逃出县城，所属自卫队及警察也跟随逃至三练。其余机关主管人员纷纷逃散，驻防腾城的护路营，由营长李从善率领，撤退至城西15公里外的龍山，仅留少数士兵在城内维护秩序。5月8日，腾冲地方一片混乱，从缅甸退回的伤兵和难民蜂拥而至，到处人心惶惶。地方士绅一面致函请邱县长回城主政，一面集议维持秩序。9日，邱天培接士绅函请刚从曲石返回腾城，得知日军已进抵腾城南20公里的勐连街，又连夜逃出县城。顿时官绅相泣，一筹莫展，全城民众四处逃散。10日午后14时许，由日军第56师团第146、148联队各一部组成的“黑风”部队共292人，不费一枪一弹，直入腾城。此时，各机关门户洞开，杳无一人，居民已逃散一空。城内所布公私财物全被日军所占。1942年5月10日，腾冲沦陷。

瑞丽市，东汉属永昌郡，唐南诏归金齿部，宋归腾冲府，元置麓川路，明改麓川平缅宣慰司，清为勐卯安抚司，1911年后设弹压委员、行政委员，1932年置瑞丽设治局。1942年5月上旬，日军占领瑞丽，瑞丽沦陷。

梁河，古名南宋，东汉属哀牢县，元初置南甸路军民总管府，明置南甸宣抚司，清沿明制，1912年设八撮县丞、县佐，1932年置梁河设治局。1942年12月26日，日军占领梁河，梁河县沦陷。

陇川县，东汉归永昌郡，唐南诏时属永昌节度，宋属金齿地。1276年置平缅路，1330年置麓川路军民总管府，1355年置麓川平缅宣慰使司。1446年，析麓川宣慰使司地设陇川宣抚司。清沿明制。1913 年设弹压委员，兼并户撒、腊撒 2 个土司地；1916 年改弹压委员为行政委员，户撒归干崖，腊撒归勐卯；1932 年改置陇川设置局。1943 年 2 月，日军占领陇川，陇川县沦陷。

盈江，东汉、蜀汉、晋时期属永昌郡哀牢县，南诏为永昌节度软化府辖的押西城，宋大理时期为腾冲府的乞兰部，元代设镇西路军民总管府。1403 年改为干崖长官司，1444 年升宣抚司，1449 年析干崖地新置盏达副长官司，1659 年盏达升为副宣抚司。1912 年设干崖、盏达弹压委员，1916 年改弹压委员为行政委员。1932 年改干崖、盏达行政委员为盈江、莲山 2 个设治局。1943 年 2 月 24 日，日军入侵盈江，盈江县沦陷。

三、怒江对峙局面的形成

1942 年 5 月初，日军连陷畹町、遮放、芒市、龙陵后，迅速向怒江西岸推进，大有攻占保山、直取昆明之势。云南背靠大西南，面向东南亚，地势居高临下，在东北拱卫川康黔桂 4 个省，在西南控制缅甸、泰国、老挝、越南。滇西是云南西陲的重要屏障。如果滇西失陷，昆明必然危急，中国通往印度洋与盟国联系的国际通道将被阻断，整个大西南势必受到严重威胁。因此，日军兵临怒江之际，滇西立即从抗战大后方变为最前线。霎时间，滇西局势震动了昆明、重庆乃至全国。

1942 年 5 月 5 日晨，日军第 56 师团派出以坂口静夫少将为旅团长的支队由龙陵向惠通桥疾进。惠通桥位于滇缅公路保山和龙陵之间的怒江峡谷上，是古代南方丝绸之路西越怒江的交通孔道，由此渡江后经龙陵、芒市即可通向东南亚。日军侵华期间，惠通桥是滇缅公路上最重要的咽喉桥梁之一，盟国援华战略物资由此源源不断地运往中国内地。日军若占领了惠通桥，就可以直捣昆明，继而攻占重庆。5 日上午 9 时左右，在飞机掩护下的日军占领了位于怒江西岸松山山麓的腊戍，同时开炮轰击东岸老农田公路上的汽车。此时桥面上和东西两岸的公路上挤满了各式各样的公私车辆。日军军车潜械伪装，混在华侨难民的公私商车中，企图越过惠通桥。当天 10 时，从龙陵撤至惠通桥的工兵总指挥马崇六奉第 11 集团军总司令宋希濂令，指挥守桥工兵在桥上安放炸药，待机炸桥。11 时，龙陵县镇安镇商人何树鹏从保山返回龙陵，当他驱车过惠通桥后，迎面的乘车熟人告诉他："龙陵已被日军占领。"何急转车头返回保山，此时一车欲从旁抢道而行，因加速过猛，机械损坏，横道阻车。后车无法东进，守桥宪兵出来维持秩序，阻车驾驶员口出恶言，宪兵开枪将其射死。距桥头几米混入商车的日军听到枪声，误认为被发觉，便向桥头扫射。在千钧一发之际，马崇六于 12 时 15 分奉命炸毁惠通桥，具体执行人为张祖武，点火人为王思露。不多时，日军快速部队共 500 余人乘坦克、装甲车赶到桥头，与龙奎垣"息烽"部队 1 个连、宪兵 10 余人及少数工兵隔江激战。日军轻视中国军队人少势单，在炮火掩护下，乘橡皮船泅水渡江。中国军队奋力阻击，激战 8 小时后，中国官兵死亡殆尽，后第 36 师先头部队第 106 团赶到，击退敌人。入夜，日军 1 000 余人趁黑偷渡怒江，占领东岸孩婆山，第 106 团进行阻击，随后第 107 团赶到加入战斗。5 月 6 日下午，日军仅剩 200 多人，仍负隅顽抗。5 月 7 日宋希濂部赶到，令第 36 师所有迫击炮集中射击。5 月 8 日除被歼灭者外，数十名敌人泅水逃回西岸，暂时形成隔江对峙的格局。

日军被中国远征军阻于怒江西岸后，开始炮击怒江东岸村落，从空中轰炸滇缅公路向东的路段和下关、保山、祥云、昆明等城市。1942 年 6 月 10 日后，怒江两岸对峙局面大体稳定。退据怒江右岸的日军，依托怒江、高黎贡山以及滇缅公路线，构成腾冲、松山、龙陵、平戛、畹町、滚弄[①]六大据点，改攻为守，构筑半永久工事，形成坚固阵线，阻击中国军队西进。至此，驻扎滇西的日军乃第56师团之大部，第2、18、53师团各一部，其军事长官分别为南洋派遣军司令官寺内寿一、缅甸派遣军司令官河边正三、第33军司令官本多政材、第56师团师团长松山佑三等。日军第56师团所部有第113联队、第146联队、第148联队、野炮兵第56联队、工兵联队、搜索联队及相关的医疗、运输、供水、化学战部队，为一个加强型的独立作战单元，总兵力有2万余人。从1942年5月起，日军第56师团便负责缅甸东北部中国云南省的国境警备。步兵第113联队的主力负责拉孟地区，同联队的第3大队负责龙陵地区，步兵第148联队负责腾越地区。当日军基本控制了滇西后，第146联队本部被安排在畹町，下辖兵力散布在龙陵的平戛及芒市、遮放、勐戛等广阔地域。

表1.4　日军第56师团(龙兵团)通称番号、战略预备部队所在地一览表

部队号	师团代号	通称番号	战略预备部队所在地
师团司令部	龙	6703	久留米
步兵团司令部	龙	6733	久留米
步兵第113联队	龙	6734	福冈
步兵第146联队	龙	6735	大村
步兵第148联队	龙	6736	久留米
搜索第56联队	龙	6737	福冈

① 滚弄是缅甸掸邦下辖的一个镇，此地有一座跨过萨尔温江的滚弄桥，是腊戍与果敢之间的交通咽喉。

续表

部队号	师团代号	通称番号	战略预备部队所在地
野炮兵第 56 联队	龙	6739	久留米
工兵第 56 联队	龙	6740	久留米
第 56 师团通信队	龙	6741	久留米
辎重兵第 56 联队	龙	6742	久留米
第 56 师团兵器勤务队	龙	6743	福冈
第 56 师团卫生队	龙	6744	久留米
第 56 师团第 1 野战病院	龙	6745	久留米
第 56 师团第 2 野战病院	龙	6746	久留米
第 56 师团第 4 野战病院	龙	6748	久留米
第 56 师团病马厂	龙	6749	久留米
第 56 师团防疫给水部	龙	6747	久留米

资料来源：防衛庁防衛研修所戦史室『インパール作戦：ビルマの防衛』、附表 1。

占领滇西期间，第 56 师团先后在沦陷区组织“维持会”、伪政府等机构对滇西各族人民进行残酷统治。同时又不断派兵四出清乡扫荡，烧杀抢掠，制造了大量骇人听闻的血腥暴行。其具体兵力部署如下：

第 18 师团步兵第 114 联队，分据腾冲片马①、拖角②、明光③、

① 片马位于滇西北“三江并流”地区高黎贡山西麓，西、南、北三面与缅甸接壤，是中国南通缅甸、西达印度、北连西藏的咽喉，为印缅通云南的陆路捷径。现片马镇为云南省怒江傈僳族自治州泸水市下辖镇。

② 拖角位于云南省泸水设治局西、滚马河东岸、小江南岸。东通片马，南通茨竹、派赖，西经罗孔通石灰卡，由此西入江西坡，南下缅甸密支那，为云南省西部交通咽喉及军事中心。

③ 明光位于腾冲北部、姊妹山以东、大战岭以南的河谷中。东接界头，西连瑞滇，北部与缅甸接壤，是腾冲北部粮油产区。

固东[①]一带。

第56师团步兵第148联队,分据腾冲及其迤北之桥头[②]、马面关[③]、瓦甸[④]、江苴[⑤]、大塘子[⑥]一带;步兵第113联队,附第56炮兵联队一部,分据腊勐[⑦]、松山、黄草坝[⑧]一带;步兵第146联队第1大队,分据平戛及象达[⑨]一带,其他2个大队,则于3月中,调赴缅北印道、卡罗一带,严防英印军降落伞部队,而后未见归还建制;该师团工兵联队,主力据龙陵附近,搜索联队在滚弄附近,师团部在芒市。芒市是滇西地区面积较大的平坝之一,也是滇缅公路在我国边境地区最大的物资集散地。1942年5月日军占领芒市后,曾利用该地地广物丰、交通便捷的条件,设第56师团司令部于芒市街,屯集大量粮秣军火,作为东进北扰的大本营。

第2师团步兵第16联队、步兵第29联队及第53师团步兵第119联队,则分据遮放[⑩]至腊戍一带。[⑪]

1942年5月初占领云南怒江以西地区后,日军第56师团一直

① 腾冲北部重镇。

② 腾冲北部重镇。

③ 马面关位于高黎贡山北麓、腾冲县界头镇黄家寨村后山。属腾冲县元代古四关(马面关、镇夷关、猛连关、古永关)之一。

④ 腾冲北部重镇、粮仓。

⑤ 江苴位于高黎贡山西麓,是保腾古道上的一个重要驿站。其他史料多见"江苴"。

⑥ 大塘子位于高黎贡山腹地,是保山至腾冲之间的要冲。

⑦ 腊勐位于松山主峰的西南侧,滇缅公路从畹町经过龙陵,从松山盘旋而下,经过腊勐后直达惠通桥,指向保山和昆明。

⑧ 黄草坝位于龙陵城北,距离龙陵城区10多公里。它是龙陵县城的第二屏障。

⑨ 象达位于龙陵县西南部。

⑩ 遮放是位于云南德宏芒市中缅边境的一个农业古镇。

⑪《抗日战史:缅北及滇西之作战》,"国防部史政编译局"1981年编印,第5页。

留驻在该地而未换防，他们将 2 个联队布防在怒江的西岸，另将 1 个联队布防在畹町地区。这个师团最初的任务是封锁滇西的通道，阻止中国军队由该地进入缅甸。1943 年 9 月，日军大本营批准进攻英帕尔。作为备战的一部分，怒江前线的第 56 师团在 1943 年夏开始巩固其防御工事，阻止中国从云南干预攻印行动。若中国军队最终决定渡江作战，他们将采取行动。① 日军第 56 师团在滇西的兵力分布如下表所示。

表 1.5　第 56 师团滇西兵力分布

部队名称	主官姓名	兵力驻地	番号代字	分布情形
第 56 师团	团长松山佑三	800 余人	龙字 6703	芒市
第 113 联队	联队长松井秀治	700 余人	龙字 6734	畹町
1 大队	队长钳野文心	1 000 余人	——	独家寨、勐戛一带
2 大队	队长入郎兼康	1 000 余人	——	大青树、永门一带
3 大队	队长青男木广	1 000 余人	——	新城、西滚弄、蛮屋、班过、东滚弄
第 146 联队	联队长金冈宗四	400 余人	龙字 6735	龙陵
1 大队	队长阿部少佐	1 000 余人	——	腊勐、镇安街一带
2 大队	队长锡山少佐	1 000 余人	——	尖山寺、平戛、扣寨、亭口田
3 大队	队长长地少佐	1 000 余人	——	猛堆、大青树
第 148 联队	联队长板荻口夫	600 余人	龙字 6736	腾冲
1 大队	黑风队长	1 000 余人	——	观音塘、缅菁街
2 大队	江藤队长	1 000 余人	——	界头、明光、固东、大塘子

① Charles F. Romanus, Riley Sunderland, *Stilwell's Mission to China*, p. 354.

续表

部队名称	主官姓名	兵力驻地	番号代字	分布情形
3 大队	斋藤队长	1 000 余人	——	猛连、红木桥及惠通桥对岸
炮兵 56 联队	联队长菊池大佐	100 余人	龙字 6739	缅菁街
工兵 56 联队	联队长江岛长雄	700 余人	龙字 6738	猛又、瓦甸、江苴街
搜索联队	联队长柳川明	800 余人	龙字 6737	腾冲附近、高黎贡山各道
辎重联队	联队长大石良郎	1 000 余人	龙字 6740	腾冲城
通信联队	联队长	400 余人	龙字 6724	腾冲城一部、瓦甸
警卫队	队长井胜夫	1 000 余人	——	腾冲、瓦甸、猛连
宪兵队	队长间仲贞	40 余人	——	腾冲左新街
行政班	班长田岛大尉	100 余人	——	瓦甸
便衣队	队长杨吉品	300 余人	——	腾冲
野战仓库	长官荒木大尉	——	——	腾冲东门外
野战医院	长官井上猛宪	50 余人	——	驻腾冲商会

资料来源:《卫立煌电蒋中正何应钦远征军谍报员侦得敌五六师团主官姓名兵力驻地番号代字及分布情形》(1944/03/03—1944/03/03),台北:“国史馆”藏,蒋中正“总统”文物/特交文电/领袖事功/对日抗战档案,002/090105/00009/333。

可以说,从 1941 年起,日军武力封锁中国东部沿海及占领中国滇西的一系列“断”字号作战都是日军统帅部做出的东西策应、同时推进的行动安排。为了达到“切断”的目的,日军小则出动师团级兵力,大则发动战役,对国际援华运输线区域采取了狂轰滥炸、武力清剿乃至直接军事占领等各种手段,并于 1942 年 5 月基本切断了国际援华物资的中国东部沿海通道,完全切断了中国至关紧要的滇缅及中缅印国际陆上联系通道,一度实现了其预期作战目标。伴随着怒江以西大片国土沦丧,云南西部门户至此敞开于敌,无论从地理位置上或是从军事战区上看,云南已由大后方变成抗日前线，滇西—缅北战场至此完全形成。日本开始了在滇西沦陷区两年零八个月的统治。

第三节 日本占领滇西期间统治政策的演变

如前所述，1942 年 5 月攻占滇西后，日军一方面建立守备区，成立“军政班”，组织“维持会”，拼凑伪政府，准备长期控制滇西；一方面四处扫荡，烧杀抢掠，无恶不作。总体而言，日本在滇西沦陷区的统治政策根据占领初期、统治中期及战争末期三阶段的划分，表现出不同的特征。

一、占领初期的“肆意妄为”

日本占领滇西之初，任性杀戮，肆意淫掠，到处毁坏。日军所至，庐墓为墟，人民外逃山箐，日军犹追踪劫掠，致使滇西沦陷区四乡惶惧，人人自危。

（一）日军对滇西人民大肆屠杀，以武力征服建立统治

1942 年 5 月开始，从缅甸北上的日军窜入滇西，攻进畹町、龙陵、腾冲等城。因事出仓促，城市居民尽行逃遁。而日军仍骋虎豹之威，对逃遁之难民追踪杀戮，无情劫掠，不论老幼男女，遇之者，辄迎刀而死。日本在占领滇西初期，肆意妄为，先后在滇西制造了“德宏州惨案”“保山县城惨案”“保山县松山乡铁丝穿锁骨惨案”“泸水县栗柴坝渡口机枪扫射惨案”“泸水县蛮云乡惨案”“腾冲县碗窑乡惨案”“龙陵县头顶灌水银惨案”等惨剧①，其杀人手段之疯

① 彭明生：《倭戮略：侵华日军制造的大屠杀事件罪行辑录》，广州：中山大学出版社 2015 年版，第 349—352 页。

狂与残忍、野蛮与恶毒，惨不忍闻。日本企图用此种野蛮武力建立起在滇西沦陷区的统治。

（二）日军毁烧建筑及民用财产、财物，妄图使滇西人民屈服

日军每占据滇西一地，便准许士兵自由活动，放纵淫掠，毫不限制。所有民间商店里的花纱布匹、珠玉珍贵、银钱什物、食品用具，悉遭劫掠。居民损失不下数千万，十室九空，器物即使埋藏地下、远匿山中，亦被日军搜掘殆尽。富有之家，罔不立为饿殍。日军所到城镇乡村，尚须宿营，不宜焚烧者，必大肆破坏，将屋内一切什物如数破坏，有柴不烧，将上好光漆桌椅、板架、木器砍斫代薪；瓷器瓦缸、腌腊罐头抛碎遍地；家堂祖位、棉絮被褥，取以铺桥、垫路，置于泥淖之中；木石砖瓦，拆之修建防空工事，构筑营垒，用者取之，不用者毁之，一无所留而后已。总之，滇西城内街道之房屋，炊烟万户，皆栋折榱崩，无一完整者。

（三）日军强制抓捕民夫劳工，对妇女施以性暴行

1942 年 5 月，日军占领松山后，为适应对滇西地区作战需要，日军从中国滇西地区和缅甸、印度等国强征民夫 1 670 余名，命其昼夜施工，将松山建成永久性要塞式堡垒防御体系。民夫劳工被强迫从事挖土、抬石等苦力。工事完成后，为严格保密，日军将抓来的民夫以打防疫针为名，全部秘密注射处死并焚尸掩埋进“千人坑”里。日军在占领滇西之初，“慰安所”尚未广泛建立，他们遂对滇西当地妇女施以性暴行，主要存在有组织、有计划地强征妇女为“慰安妇”和纵容士兵随意地抓捕、强奸或奸杀当地妇女两种形态。这两种形态的性暴行皆具有强征性、蔑视性和残虐性等特征，其手段之无耻恶劣、行为之极端残忍是世界战争史上所罕见的。

二、统治中期的“怀柔同化”

正因为日军在占领滇西初期实施暴行，滇西当地人民大多躲避至乡间、山林。占领滇西的日军第56师团为达到“以战养战”的目的，待怒江对峙局面稳定后，开始调整占领政策。据日军第56师团史料记载，日军在滇西沦陷区“为令皇国之尊严、大东亚战争之意义得到认识，任何时候都将皇军之威武铭记于心，在严格军规之同时，实施扫荡和讨伐，令其感触皇军威仪。另，利用酋长、土司、村长等召开之会议或驻地附近小学之日语教育，对其进行宣传”①。由此可见，日本在滇西沦陷区的统治政策已由施“威”向施“恩”转变。日本企图通过某种程度和形式的“安抚”与“休整”恢复民力，为侵略战争提供物质资源，同时又在一定程度上欺骗滇西民众，达到维持和巩固统治的目的。

日本滇西行政部部长田岛寿嗣原为日军第56师团第113联队机枪中队长，是一名“中国通”。他到任后，改变了原本的政治方针，采用羁縻政策之类的攻心手段。日军先是让当地无良乡绅、流氓地痞组成“维持会”，利用他们将躲避在乡间的群众强行追回，颁发“良民证”，令百姓凭证领取大米、食盐等生活必需品；同时指派难民代表，安抚民心，实行控制。日军“行政班”设立后，开始策划建立伪县政府。

占领龙陵后，田岛寿嗣在当地难民村设医院，举办日语培训班，宣传“日中亲善、东亚共荣”等政策，后改任龙陵“行政班”班长，

① 『第4.治安状況』、JACAR(アジア歴史資料センター)Ref. C14060433900、第56師団戦時月報　甲昭17.6.1—17.6.30/ビルマ/南西/陸軍一般史料(防衛省防衛研究所)。

因“政绩”不错而晋升为滇西日军“行政班”本部长。田岛寿嗣着眼于“心理征服”以达成“长治久安”，认为要征服中国人不能光靠杀戮，首先要征服中国人的心，因此采取“亲善”伎俩，推行怀柔政策。

田岛寿嗣的怀柔政策，一方面体现在对于查获的与中国军政府有联络通讯来往的乡镇保甲、士绅、民众，仅管押、拷打、毒化、告诫而不杀戮。此举恩威并进，欲使其真心归顺。对被俘中国官军，亦少杀戮，并给衣物、钱米、手枪，随军听用。其良心不死者，趁便逃脱，亦所在有之；而甘心降服，听其驱使者，亦不无其人。另一方面，对滇西沦陷地方之绅商富户、硕儒先生及赋闲居家或隐避乡村之文武军政人员，每有所闻，田岛寿嗣则亲自前往拜会，慰以甘言，送以厚礼如银钱、花纱、布匹等物。

田岛寿嗣还致力于和民间“打成一片”。他调任腾冲后，将国票分给难民，饬令回家，甚至穿着仿效腾民装饰的衣服。此外，他效仿腾民吸食鸦片，每日约需 3 两烟油，随到一处，必陈设烟具，与商绅首望横枕受用，畅谈一切。田岛寿嗣还和腾冲本地人蔡兰惠联姻，企图更好融入当地，增加信任，以有利于统治管理。日军还把腾冲周边的乡长（村长）召集到旧英国领事馆，对他们进行宣抚，同时设立“军政班”及治安“维持会”并说明其目的。另外，要求他们协助向日本驻军供应大米。为了准备会后的“军民会餐”，“军政班”还专门找了几个厨师，准备了很多食材。后来，乡长们与“军政班”的会餐在平和的氛围中结束了。日军认为这是宣抚工作的一个环节。①

---

①《侵占滇缅的“急先锋”——日军第 56 师团第 146 联队志》，云南省龙陵县政协委员会、云南省社科院保山分院滇西抗战文化研究基地 2019 年编印，第 17 页。

田岛寿嗣的政治手段，不止用于民间，更用于腾冲抗日政府张问德县长身上。他以甘言美词之书信，奉请相见，商讨双方政治，救济难民。虽遭严词拒绝，但可见其政治手段恶毒之一斑。与此同时，日军在滇西沦陷区推行奴化教育，将复兴教科书以及宣传抗日的书籍一律取消，妄图从文本上消弭滇西人民的抗日意识。此外，他们还对滇西百姓实行愚民政策，以“中日共荣共存、亲仁善邻、反对英美”之一片言词，惑乱人民。

三、战争末期的“歇斯底里”

虽然日本在滇西沦陷区的统治政策不断调整，各项统治机制逐步完善与成熟，但随着局势的变化，日本在滇西沦陷区的统治逐步走上了末路。早在 1943 年 10 月，为打通和修筑中印公路，中国驻印军新编从印度东北边境的雷多（又译为“利多”）出发，向驻守胡康、孟拱河谷的日军发起进攻，拉开了大反攻的序幕。此后，新编军队奇袭密支那，攻占八莫、腊戍等，收复缅甸国土 18 万平方公里，协助盟军迫使日军退出缅甸。为策应中国驻印军缅北反攻，打通中印公路，保障物资供应，1944 年 5 月 11 日起，中国远征军先后强渡怒江，发起滇西反攻作战。

依据当时文件，滇西反攻作战分为 4 个时期，即强渡怒江、围攻据点、攻克腾龙和会师芒友。作战中的 3 场重要战役包括腾冲攻城战、松山争夺战与龙陵拉锯战。1944 年 5 月 11 日，负责反攻滇西之右翼第 20 集团军成功渡过怒江，随后向腾冲推进并达成预期作战目标。准备向龙陵进攻的左翼第 11 集团军亦在此时渡怒江向龙陵推进。其起先进展颇速，于 6 月 10 日先后攻克腊勐、镇安及龙陵县城。嗣后日军由腾冲、芒市集结残余兵力进行反扑，而松山为日军据守，亦未攻下，加之后路补给不继，6 月中旬，左翼各军放弃龙陵县城，与日军鏖战于松山、象达、平戛等处。宋希濂以第8军主力并其他部队经过2个月的苦战，方于9月间将日军全部歼灭，克复松山。9月14日腾冲收复后，又抽调一部军队加入龙陵作战，11月3日，乃将龙陵再度克复。而后继复向西攻击，11月20日克复芒市，12月1日克复遮放，次年1月20日克复畹町，残余日军逃向缅甸。1945年1月27日远征军与驻印军进攻缅北的部队在畹町附近的芒友会师，标志着滇西抗战取得完全胜利。在日本欲“断”与中国欲“通”的生死博弈中，中印公路建成通车，中国西南重要的陆上国际交通通道恢复，滇西沦陷区4万多平方公里国土全部收复。

表1.6　滇西边区重要城镇和主要阵地沦陷及收复日期

地名	沦陷日期	收复日期
畹町	1942年5月3日	1945年1月20日
遮放	1942年5月3日	1944年12月1日
芒市	1942年5月4日	1944年11月20日
龙陵	1942年5月4日	1944年11月3日
松山	1942年5月5日	1944年9月7日
腾冲	1942年5月10日	1944年9月14日

资料来源:《电报・口号・统计表》,德宏州史志编委办公室编:《德宏史志资料》第8集,潞西:德宏州民族出版社1986年版,第104页。

伴随着中国远征军的反攻作战，日本在滇西沦陷区的统治摇摇欲坠。在末日将临之际，日本军队愈加歇斯底里。滇西战场是侵华日军少有的“玉碎”之战，他们烧掉了2面联队军旗，还用毒药、刺刀甚至火焰喷射器将“慰安妇”残忍杀害。日本在滇西沦陷区的行政长官田岛寿嗣不知所踪，其苦心经营的滇西伪政权机构随之不复存在，相关汉奸人员受到审判。滇西国土逐一收复后，日军残余兵力溃逃缅甸，这宣告了日本对滇西沦陷区近3年统治的终结。

第二章 日本在滇西沦陷区的政治统治

日本发动侵华战争期间，为达到控制占领区的目的，通过各种社会组织使其统治力量不断向基层渗透。日军每攻下一地，即建立各种统治政权和奴化机关，采用警察镇压、机关管控、欺骗宣传等措施，实施“以华制华”的统治政策。日军占领滇西后，实施军政统治，对滇西沦陷区民众施以武力强制支配，同时又对当地头面人物恩威并施，根据地域的不同组织“维持会”和伪政府等傀儡政权，建立起一整套完善的统治机制。而且，为有效控制少数民族较多的德宏一带，日军施以民族分裂伎俩，非常重视与少数民族社会中的封建领主——土司的关系，对其采取特殊统治方式。

第一节 日本在滇西沦陷区的军政统治

日本成功将英国、美国、荷兰等殖民势力逐出东南亚后，日军各军陆续进入占领阶段，展开不同程度的军政统治。日军在南方作战过程中，每占领一地，便开始实行军政统治，设置“军政班”。在东南亚国家中，南方军政的主要对象是马来亚、新加坡、文莱、菲律宾、缅甸等国家或地区。因为缅北—滇西战场的特殊关联性，日本占领滇西后，将其在缅甸的军政统治模式有选择地移至此地，设立了“军政班”这一具有典型军政统治特征的机构，实施更具灵活性的军政统治政策。他们采取军事占领、大肆屠杀、烧杀奸淫、资源掠夺、利用军警宪特进行恐吓威慑、建立伪政权和基层统治机构等手段，将统治力量渗透到社会基层，通过欺骗宣传、奴化教育、奴化训练等进行社会控制，企图从肉体和精神上彻底奴役滇西沦陷区人民，实现长期占据滇西的险恶目的。

一、军政统治的建立

“军政”一词一般有两种含义。第一种是军事行政的略语，它的意思是建设、维持、管理一国之军。在日本陆海军方面，陆军省和海军省是军政统辖机关。另一种含义可解释为占领军对占领地进行限定的、临时性的统治，称为占领地“军政”（简称“军政”）或占领地“行政”。陆军和占领地的“军政”作为统帅系统所属的部分，负责下达作战军的任务，并且对参谋总长进行指示。1941 年 11 月 15 日，其根据大陆命第 564 号，对南方军总司令官下达了“迅速占领南方要地，对占领地区，暂且实行军事管制，以资恢复治安，迅速获得重要国防资源及确保作战部队的给养”的任务。另外，他们平时就进行研究准备，军令《战时高等司令部勤务令》（1929 年 2 月 15 日，军令陆乙第一号）中规定了军司令官统监军队作战地域方面的行政，而且参谋本部制定的《兵站纲要》（1930 年 3 月 31 日）中专设了“占领地行政”一节。①

因此，可以将占领地“军政”理解为占领军指挥官掌握行政、司法两权，对占领地进行临时性统治。这是在战时国际法《关于陆战

① 防衛庁防衛研究所戦史部『史料集南方の軍政』、朝雲新聞社、1985 年、13 頁。

的法规惯例的条约》附属书《关于陆战的法规惯例的规制》中得到承认的占领军的权利和义务。之所以出现这种统治形态，是因为由军队进行直接统治来维持治安并征调物资，对此后的作战的执行来说是不可或缺的条件，而治安维持的保障则是军队对占领地居民的义务。军队本来是执行作战的组织，而并非是执行行政和司法的组织，因而统治行为相对于作战行为来说优先度更低，是军队本来不擅长的行为。对占领国政府来说，"军政"要以军队为媒介，因而在外交上必要或是有利的策略很难贯彻实施于占领地的行政中；对被占领国政府来说，在他国军队的支配之下很难贯彻居民的愿望。因此，这是一种令各方都不会满意的统治方式。那么，既然如此不尽人意，为何还要实行占领地"军政"？直接说来，是因为有这样的必要。近代军队需要大量的补给品，而大量的补给品与其依靠本国运输，还不如在当地进行筹调更为便利。一方面，占领国政府即便想对占领地进行行政渗透，若不能通过军事力量恢复治安便无法办到。另一方面，被占领国的政府和居民，为了减少战争伤害也不愿看到无政府状态。也就是说，即便占领地"军政"是不受期待的，但比起无政府这种最坏的状态来说要好得多。①

日本发动太平洋战争占领东南亚伊始，迅速建立起由日本侵略军进行各地行政管理的"军政"统治，基本方针由大本营政府联络会议决定。陆军在陆军省内设南方政务部，军务局长兼任部长，掌管军政事务。当地的军政机构情况是：最初，南方军各军司令部内设立了军政部，1942 年 7 月 25 日，又决定在昭南（即新加坡）的南方军总司令部中设军政总监部（军政总监由南方军总参谋长兼

① 野村佳正『「大東亜共栄圏」の形成過程とその構造：陸軍の占領地軍政と軍事作戦の葛藤』、錦正社、2016 年、6—7 頁。

任），同时在第14军（马尼拉）、第15军（仰光）、第16军（雅加达）和第25军（昭南）各司令部内设军政监部（军政监由军参谋长兼任）。海军在海军省内设立了南方政务部，当地则在舰队司令长官监督下的特别根据地设民政部，实行军政。[①] 具体占领政策依据是制定于开战前（1941年11月20日）的《南方占领地行政实施要领》（以下简称《要领》）。其基本的方针是“迅速稳定治安，巩固统治秩序，迅速获取日本进行战争所需的国防资源，为日益扩大的战事提供更多的支持，日本在占领地必须暂时推行军政管理”。由此可见军政主要有“维持治安、供给重要国防资源、保证当地自给自足”三大目的。细加分析这一基本方针，有多处值得推敲，但最值得注意的莫过于“迅速获取日本进行战争所需的国防资源”这个表述，据此，“只要是有利于作战的需要，占领军务必立即获取或开发各种有助于作战的国防资源，并制定有效的相应措施，对开发或获取的各种有助于作战的国防资源，必须详细地编入中央物资调动计划当中”（第二条）。迅速获取重要国防资源是日本发动这场战争的主要目的之一。日本尽管在侵华战争中处于军事和政治进退两难的窘境，还是要确保侵略中国的猎取物。因此，太平洋战争虽然被宣传为大日本帝国的“自存自卫”和“建设大东亚新秩序”，其实质却是攫取战略物资，企图把东南亚纳入排他性势力范围的帝国主义侵略战争。[②] 还需注意的是，日本政府还有便宜行事的绥靖政策，目的是有助于缓解过分的军政负担。《要领》居心叵测地提出，“推行军政之时，应善加利用原有的统治力量，绝不要轻易触碰过去的组

---

① ［日］江口圭一著，杨栋梁译：《日本十五年侵略战争史（1931—1945）》，南京：江苏人民出版社2016年版，第174页。

② ［日］江口圭一：《日本十五年侵略战争史（1931—1945）》，第173页。

织及民族习惯”,尤其是“对美、英、荷兰人,最好是引导他们与军政当局协作……对于旅居东南亚的华侨则引诱他们反对国民党政府的统治,站在日本这一边”。这些表述非常明显地体现了日本狡诈的统治伎俩。另外,该《要领》欲盖弥彰地提醒日本占领军,“因为要获取重要的国防资源和维持当地军队的生计,肯定会导致当地居民的压力增大,要让他们忍住重压”,“要指导当地土著居民信赖皇军,防止过早地诱发独立运动”(第八条)。其暗示占领军要尽量在不激发冲突的前提下将大部分负担压到当地居民头上。①

在《要领》的精神指导下,出于不激化矛盾、避免引起占领区居民群起反抗的考虑,日本一般不会从根本上改变原殖民地长久以来形成的基本治理方式,而是结合各地实际,通过灵活变通的方式设立日本人控制的军政统治体系。日本各地占领军实施军政有一套惯用的程序:先是各地驻军公开贴出要推行军政统治的布告,之后着手组建负责行政的部门军政部,再由各军拟定出能具体执行的《军政实施要领》,最后在军政官员到各地赴任后,军政统治即告建立。总的看来,在东南亚各占领区,日本因地制宜地推行了军政统治,其表现形式虽然有些不同,但基本上是大同小异,譬如都公开颁布管理地方治安维护统治秩序的相关法令,严禁私藏武器,限制广播收听的内容,取缔集会、结社及言论的自由等。另外,为牢牢控制占领区的经济,便利掠夺与盘剥,日本基本上关闭了占领区的所有金融机构,而直接发行军票以取代原来流通的货币。据日军第 56 师团第 146 联队第 1 中队森龙郎回忆:当时腾冲老百姓的生活与战争结束时候日本人的生活完全相同,“军政班”保管者将

---

① 安達宏昭『「大東亜共栄圏」論』、『岩波講座日本歴史第 18 巻・近現代 4』、岩波書店、2015 年、141—176 頁。

从婆罗洲、爪哇和菲律宾运过来的布匹、盐、鸦片等物资用在宣抚工作中；还负责向怒江左岸派遣密探搜集敌情，收集粮食，征调作战用的马匹及人力，做宣抚工作，为当地人发放通行证等。而且对当地人来说，“军政班”是他们向日军陈情的唯一窗口。①

在南方占领地区中，菲律宾、英属马来亚、苏门答腊、爪哇、英属加里曼丹、缅甸及中国香港等为陆军管辖区域，海军管辖区域是荷属加里曼丹、西里伯斯、摩鹿加群岛、小巽他群岛、新几内亚、俾斯麦群岛、关岛等。这些地区全部实施了军政。1942 年 8 月 7 日，《军政总监指示》就军政问题作了如下阐述：“普遍给予帝国臣民以发展机会，确立其坚实基础，昂扬领导民族之资质，以大和民族之永远发展为基本理念。”同时又指示说：“当地居民生活一时艰苦，可以想见，然当时其人受之。”②换言之，日本赶走了欧美各国，随后自己又以新的统治者身份“君临”这些地区。③ 1942 年 6 月，也就是在日军迅速击溃英军夺取缅甸之后，当时担任驻缅甸日军司令官的饭田祥二郎将军就立即贴出布告，堂而皇之地公告要推行军政。日本军政机构随即在缅甸建立，各级行政机构的工作由日军司令部负责监督，军事殖民政权由此建立。④ 关于“是否要在云南省实行军政当时还存在着不确定性，最终日本决定日军第 56 师团以治安维持之程度对占领地进行行政管理”⑤。这种管理由日军司令官掌握一切最高权力，军队在执行军事任务之外，还需对滇西沦

① 《侵占滇缅的“急先锋”——日军第 56 师团第 146 联队志》，云南省龙陵县政协委员会、云南省社科院保山分院滇西文化研究基地 2019 年编印，第 16 页。

② 防衛庁防衛研究所戦史部『史料集南方の軍政』、294 頁。

③ [日]江口圭一：《日本十五年侵略战争史(1931—1945)》，第 173 页。

④ 太田常蔵『ビルマにおける日本軍政史の研究』、吉川弘文館、1967 年、1—2 頁。

⑤ 防衛庁防衛研修所戦史『ビルマ攻略作戦』、504 頁。

陷区军民实施必要的非军事职能。

二、军政统治的实施

如前所述，日军于1942年5月3日入侵滇西地区，占领了从畹町至惠通桥的滇缅公路沿线的主要节点，并在芒市、龙陵、腾冲等地构筑军事基地，以防备中国军队的反攻。与此相适应的是，日军对滇西沦陷区的占领体制也随之紧锣密鼓地筹谋开来。战时日本军方文件《第56师团战时月报甲第八号》显示日军对滇西占领最初的考虑是“地方行政暂且先以恢复至原有状态为目标，只有在不可能复原时，方令其结成治安维持会”①。据日本驻缅甸占领军司令饭田祥二郎回忆：“中国在战场上是敌国，住民就是敌国人。因此驱逐中国政府之权力是根本，自然会在中国设置治安维持会。通常在占领之后，采取尽可能地不动用现有的组织，而采用日本军理想的人物，使其按照日本军的想法工作的方法。”②

因此，日军第56师团认为军政实施的重点在于利用、恢复旧制，要以遵从旧习为第一要义。故基于本方针，其决定实施如下政策：

> 1. 允许各酋长、土司、地方团体征收前所未有的税务，然对其他如同利用我等之施政当严加管束。
>
> 2. 眼下对居民而言，最重要的问题是因交通及运输机关的工作停滞而导致的物资交流的停止。故须着手令以牛马、

---

① 『第4.治安状况』、JACAR(アジア歴史資料センター)Ref. C14060433900、第56師団戦時月報 甲昭17.6.1—17.6.30/ビルマ/南西/陸軍一般史料(防衛省防衛研究所)。

② 防衛庁防衛研修所戦史『ビルマ攻略作戦』、507頁。

车辆等为主的地方小型运输机关复活，从而进一步促进物资的圆满输送。

3. 将农产物资作为主要产业，尤其是为军队驻屯考虑，恒久性的增产非常必要，必须尽可能地收集调配农产物资，命酋长和土司负责。另一方面，还须指导农作，防止作为重要生产要素的劳力外流。对于苦力的征用亦须顾虑到生产力而进行严格调整。

4. 各酋长土司如于远隔之地遇意外之事，倘有联络网，其传达速度定能极为迅速，故其有责搜集有关敌军之情报。

5. 如发生鼠疫、霍乱等传染病或猪牛马等兽疫之际，须指导各地区相关处置措施。

6. 缅甸的产业复兴，其重点在于保持南渡制炼工厂及包德温矿山。全力支援治安维持会的行动，对生活必需物资和劳力供给必须充分考虑调配。①

循此谋略，日军在控制滇西沦陷区居民方面，首先推行了设立“维持会”的政策。“维持会”是伪政权的雏形，作为伪政府成立前的过渡机构，以搜刮物资供应日军军需为第一要务。日军先后成立了潞西“维持会”、腾冲“维持会”，龙陵则是首先设立了以村为单位的“难民村”，最后在“难民村”中设立了“维持会”。

随着滇西战场怒江两岸对峙格局的逐渐稳定，“维持会”已不能满足日军统治滇西沦陷区的需要。日军田岛寿嗣大尉进驻龙陵后，建立了对占领区实施军事统治的机构“行政班”。它的主要

---

①『第 4. 治安状況』、JACAR(アジア歴史資料センター)Ref. C14060433900、第 56 師団戦時月報　甲昭 17. 6. 1—17. 6. 30/ビルマ/南西/陸軍一般史料(防衛省防衛研究所)。

任务是秉承日本军部的命令，招降纳叛，网罗汉奸，筹建伪政权，建立统治秩序。日军在滇西各地的日军“行政班”均由设在腾冲的“行政班”本部指导。时机成熟后，日军“行政班”一手扶植建立龙陵、腾冲等地伪政府，从上到下组成一张推行强制奴化的政治网络。

首先，扶持成立伪政权组织。日军先后在滇西沦陷区成立了“军政班”“维持会”，最后建立龙陵县伪政府和腾冲县伪政府。伪政府的建制包括军、警机构以及政权下属机构、外围组织、临时性机构。这些机构是日军在滇西沦陷区进行统治的行政机构主体。

其次，扶持建立伪经济机构。伴随着日军的军事占领，日本在滇西沦陷区陆续建立起经济掠夺组织，如伪大东亚低利银行、伪商工会、伪新华公司、伪东亚公司、伪协新公司、伪日兴公司等，相互配合强制发行和流通日本军票，进行肆意的金融掠夺，以达到其“以战养战”的目的。

再其次，扶持建立伪文化教育组织。日本军政统治同样需要实行文教相关的政策，因此在军政逐步展开后，《要领》中虽未明言的“日语普及”也呼之欲出。1942 年 1 月，南方军发出指令，要求以“八纮一宇”精神为指导，将南方各民族文化融入日本文化之中，重视学习产业技术，普及作为“大东亚共荣圈”通用语的日语等；半年后，“中央”也提出了彻底普及日语的指示。① 8 月，南方军在“军政总指示”中向各军命令道，“忍耐或多或少的不便，彻底贯彻使用日语的指示，迅速学习并彻底普及日语”②。命令一出，南方占领地便紧锣密鼓地将日语普及政策付诸行动。各类日语

① 安達宏昭『「大東亜共栄圏」論』、『岩波講座日本歴史第 18 卷・近现代 4』、152 頁。

② 防衛庁防衛研究所戦史部『史料集南方の軍政』、297 頁。

培训学校、培训班随即在滇西德宏、龙陵和腾冲等地开办。

最后，建立其他伪机构。日本《军政指导方策》中明确提出“为方便与加强当地进攻，设立并完善慰安妇等制度”①。因此，在滇西沦陷区，“慰安妇”制度逐渐建立起来，田岛寿嗣的“行政班”本部负责管理“慰安所”。为更好地实施“慰安妇”制度，田岛寿嗣命令伪县长钟镜秋、“维持会”会长李子盛等人强拉当地汉族、傣族妇女充当“慰安妇”。“慰安妇”制度在滇西沦陷区建立起来。

第二节　日本在滇西沦陷区扶植伪政权

1942 年侵入龙陵后，日军强行占用龙陵县城西北白塔村后山的赵氏宗祠，将其设为驻军司令部及侵滇第 56 师团前线指挥所驻地。此后 2 年多的时间里，日军第 56 师团坂口少将、师团长松山祐三中将、参谋长水上源藏少将等轮番指挥，调度腾龙一带驻军与中国远征军周旋作战。日军第 56 师师团长官掌控当地军政大权，发号施令，将滇西沦陷区纳入其军政统治之下。在军政统治的总前提下，日军公开挂牌招降纳叛，先后在龙陵、腾冲等地设立“维持会”和“县政府”等政权。这些伪政权建有门类齐全的工作机构，包括民政、司法、财政、内务、警事等科局。各类机构“各司其职”，协助日军在滇西沦陷区开展征粮征款、抓丁派夫、逮捕抗日人员以及推行奴化教育等殖民活动。

---

① 『軍政指導方策』、JACAR（アジア歴史資料センター）Ref. C14060029700、南方軍作戦関係資料綴昭 16. 11. 25—18. 2. 21/全般/南西/陸軍一般史料（防衛省防衛研究所）。

一、建立伪政权

“军政班”是第二次世界大战期间日军在占领区实行殖民统治的主要形式之一。这个机构的核心职位一般由日本占领军的中高级军官担任，他们大多都有丰富的行政经验。“军政班”的主要任务是在占领区建立汉奸政府，利用伪政权在占领区抓丁派夫、征粮收税、审理司法以及实行奴化教育等，即负责殖民统治事务。日军占领龙陵期间所设的“军政班”本部，由当时的驻龙日军大尉田岛寿嗣负责相关的军政事务。龙陵“行政班”的工作目的“在于开展宣抚工作以及情报收集工作”，“需要做的工作，大概为维持云南省居民的密切交往，以争取他们支持日军的活动，购买中国当地所产马匹粮食等”。① 龙陵“行政班”最初由田岛寿嗣及8名各级军官组成。具体编制为：田岛寿嗣为大尉部长，继任江口志男“行政班”班长；下领谷藤为中尉警长，继任尾原中尉警长，继任人崎中尉警长、赤松先锋队中村小队长；小田国夫为宪兵队中尉队长，继任土吾木一中尉队长，继任力本龙四郎中尉队长；粤川为宪兵队长，继任尚田齐吉宪兵队长，竹下青山伍长，林田伍长。②

“军政班”的日军长官深谙“以华制华”的套路，最先在滇西沦陷区组建了“维持会”这一汉奸组织，继而又扶持龙陵和腾冲2个伪县政府，利用伪政权对滇西民众实行残酷的殖民统治。日军手段凶残，对滇西各族人民犯下了不可饶恕的罪行。

---

① 興竜会編集委員会『ああビルマ公路——ビルマ従軍』、319頁。

② 张组成：《龙陵沦陷》，云南省政协文史资料研究委员会编：《云南文史资料选辑》第39辑，昆明：云南人民出版社1990年版，第108页。

（一）成立“维持会”

“维持会”全称“治安维持会”，是1937年日本全面侵华战争爆发后，国民政府机关及官员撤离西迁，伪政权尚未正式建立之前，由各沦陷区声名显赫的当地人出面组织维持地方秩序，或为日军供应军需的过渡性政权组织。“维持会”人员大多由日军物色挑选，基本具备与日本人合作的条件。“维持会”成员身份复杂多样，其动机也各异。想保住自己财产者有之，想借此发迹者有之，基于维持地方秩序考虑者有之，在日军胁迫之下出面组织“维持会”者有之。总体而言，“维持会”从本质上说是日本侵略者实施“以华制华”政策的帮凶。

“维持会”的职能应以维持地方秩序为首要，而事实上，则是主要负责召开各乡保代表会议，委任乡保长，派夫马送肉、菜、鸡、猪、牛、羊、蛋、糖、酒、粮秣等供应日军的军需和日常生活。日军占领滇西初期，为实施“以华制华”政策，在滇西各占领地成立了县“维持会”和各乡（镇）“维持会”。县“维持会”专为日军安抚难民，强抓民女供日军淫乐，同时还派夫马为日军服务，强迫民众使用军票。5月10日，龙陵“军政班”网罗了部分地方绅首，组织了“维持会”，成员有杨秉衡、刘向东、赵廷栋、尹松年、黄肇基、张朝品、姚守黎等人，负责维持地方秩序。① 腾冲县“维持会”成立于9月，李曰琪、李子盛先后任会长，李某某、张某某先后任副会长。县“维持会”成立后，日军又强迫各乡镇成立“维持会”，由一部分投机分子出面组织。各级“维持会”完全按日军司令部的要求行事，在县城附近的小西、大董、绮罗、中和、清水、东华、和顺、明朗、河西等乡（镇）征派

① 张组成:《龙陵沦陷》,云南省政协文史资料研究委员会编:《云南文史资料选辑》第39辑,第108页。

粮秣、物资、夫马以供日军使用。为笼络人心，日军将其掠夺的绸缎、布匹、花纱、食盐等低价出售给群众，或用来换马草、水果、鸡蛋、肉菜等物。

（二）对滇西沦陷区进行社会调查

日军占领腾冲后，在腾冲设立“行政班”本部，由田岛寿嗣大尉及早赖大尉负责，并向所到各乡镇、村寨随军派出“行政班”。“行政班”先后在腾冲里仁村和董官村等地驻扎。

长驻于龙陵、腾冲地区的日军除在怒江西岸进行线式防守，不时向以北地区扫荡，进行正常训练以及修建简易营房外，还在“行政班”的指导下对其驻区进行社会与资源调查。其中一份调查资料对滇西各沦陷区的社会情况有比较全面的记载：

属于社会方面：

（一）芒市土司龚正，原就读于日本明治大学。

（二）腾冲城外东方医院院长张德辉氏，系日丰长崎医专毕业，能讲极其流利的九州口音日本语（原注：56 师团的士兵，全为九州北部的福冈市、大村、久留米人），其夫人为产科医生。

（三）通过调查及了解邮局往来信件，这一带在国外的留学生有 60 人以上。该地在国外经商者甚多。

（四）腾冲近郊的和顺乡山明水秀，建筑典雅，该乡竟有一所大型图书馆，藏书极多，古籍勿论，即现代之鲁迅小说，蒋介石所著的“中国之命运”等亦均有所藏。

（五）“新腾冲”杂志，系本地人在北京出版，目的是加强联系，增进友谊，该杂志的民国 15 年 8 月号，载有：片马与英国边境纠纷之专论（原注：片马在腾冲县以北的泸水县境）。还登有该杂志同人履历。

（六）偏僻之腾冲有一所电影院、两所印刷厂、一所天主教堂。

（七）腾冲城内有英国领事馆。

（八）本地人均住于高山，系因山谷有瘴气，易染疾病，故居于高处。在腾冲南门，立有云南省主席龙云将军之铜像。

（九）龙陵郊外，立有滇缅公路建成纪念碑，在其后方立有因筑路而牺牲的两千多人之纪念塔。

（十）本地文化往来、交通运输、全赖马帮，因此可称为“马背文化”。

属于资源物产方面：

（十一）该地区盛产砂糖。

（十二）遮放附近有温泉。

（十三）怒江附近盛产沙金。

（十四）毛竹是本地主要之建筑和制作家具的材料。

（十五）该地有豹及大猩猩，夜间开灯行车，常可见到。①

在对滇西的社会资源调查后，“行政班”每到一地，首先对辖区人口进行调查管理。指令各保长对各户户主姓名、家族成员进行登记；要求各户户主随时向保长汇报婚姻状况变动、死亡及外出亲属；并由各保长向“行政班”班长汇报，由“行政班”核实后，发放“良民证”，凡12岁以上男子，外出均须携带“良民证”，否则不得在各乡镇来往。其次，对粮食产量、辖区粮食消费量、辖区粮食进口数量、地主人数、地主粮食数量、每年地主收租数量，以及每户人家所存棉纱、棉花、棉布及石油做详细调查，以此作为向地方强征物资的依据。1943年1月18日，日军在腾冲发布不得转移隐藏货物的第三号行政命令，令各地商民住户将所存物资、布匹、花纱报告登记，

① 王辅：《日军侵华战争(1931—1945)》，沈阳：辽宁人民出版社1990年版，第1965—1966页。

并派员彻查、核验数目，货品相符者，在货物上打上印验，仍由物主保存，不得私自买卖。甚至骡马也要被逼打火印，以备日军征用。

日寇于1943年在腾冲发布的第三号行政命令

行政命令第三号　一月十八日

一、凡存有棉纱、棉花、棉布、石油之家，统限于昭和十八年一月三十一日止，来行政班登记；

二、存有前项货品者，欲须转卖或须搬出时，必须取得警备司令官之许可；

三、前项之申告不彻底，或隐藏，或未经许可而转卖与他人，或搬移出境者，除将货物没外，依其情状将本人驱逐出境。

腾越日本军司令官（章）

在德宏，日军还专门对盈江县盏西乡的粮食产量情况进行调查。统计内容十分详细，包括当地人口数量、粮食产量与消费总量以及地主的居住地等信息，以便日军征粮时能有的放矢。

日寇给盏西乡代表调查基本情况的命令

命令　盏西乡代表殿。左记快调查到阳历十二月二十八日报告罢。

左记：

一、一年生产粮子量；

二、全乡人口概数；

三、全乡人口一年消费粮子量；

四、在乡地主的粮子量；

五、在乡自作米（粮子）量；

六、地主的住居地方和顺名、绮罗名、大董名，别的地方；

七、从来送到地主的粮子量；

八、总不足置及从来的处置。

荷花地军政班长江腾队长(印)①

（三）扶植伪政权

日本侵略者在滇西沦陷区扶植各个伪政权，是日本实施"以华制华"政策的典型表现。日军先后在滇西沦陷区建立了龙陵和腾冲 2 个伪县政府。

日军占领龙陵后，先后收买城乡一批地痞，利用地痞、汉奸将躲在深山密林中的民众诱回，并在白塔、云山、镇安、大垭口等处组织"难民村"，发放"良民证"。凭"良民证"给日军干苦力者，发给米、盐、日货等。日军用各种手段安抚民心，实行控制。1942 年 6 月后，日军司令部派田岛寿嗣大尉到白塔村设"军政班"本部(遗址现存用房 2 幢，为赵世召私宅)，宣传"日中亲善，东亚共荣"，并开设新华公司(经理李少卿)、东隆公司(经理吴隙生)、皮革厂(经理李泽)、宏济医院(院长张五聚)、日文小学、日语华语互译班等。6 月，正式成立龙陵县伪政府，取消县"维持会"，保留乡(镇)"维持会"。县伪政府由赵鹏程任县长，驻白塔村。赵鹏程为办公需要，将赵姓清朝时期所建民宅强占后作为伪政府办公处(现存旧瓦房 4 幢)。县政府下设内务局、财政科、司法科、教育科、行政科、秘书科、警察局，警察局下置政警队。各科(局)办公地多数在自己家中。伪政府在乡(镇)所设机构为"维持会"和自警团，自警团为最下层组织。当时在龙山、龙新、平达、象达、镇安、凤岭(今邦迈)等地都设有"维持会"和自警团。伪县政府的主要工作职责如下：一是安抚难民，宣传日军的"亲善"政策；二是发展汉奸，控制民众；三

① 《抗日战争时期盏西沦陷后日军的一些文件》，德宏州史志编委办公室编：《德宏史志资料》第 11 集，潞西：德宏民族出版社 1988 年版，第 245 页。

是帮助日军抓夫派粮，准备牛、猪、鸡等供日军食用；四是物色姑娘供日军淫乐；五是实行奴化教育。1942年，日军向群众宣传：难民回县者可栽种鸦片，免费供给烟种。伪县政府也效仿日军，允许大烟公开交易，用糖、盐向当地群众换取大烟，并规定吸大烟的免抽壮丁。这致使大烟一再泛滥，吸食者众。

在龙陵沦陷期间，伪政府组成人员最多时达550人，其中日军有13人，公务员有126人，警察局有65人，乡(镇)"维持会"有35人，自警团有276人，宪兵有35人。

1943年6月，驻腾冲日军"行政班"本部部长田岛寿嗣取消了县"维持会"，但保留乡(镇)"维持会"，继续在乡(镇)办公。组建伪腾越县政府，命原龙陵县伪警察局局长钟镜秋为县长，下设有民政、财政、教育、建设、军粮、司法等科及秘书、承审员、警察局、政警队、商工会、自卫队等，下层组织仍有乡(镇)"维持会"等。腾冲伪县政府成立后，一是委任伪乡、保长；二是征派夫马，修筑公路桥梁，构筑工事，输送粮秣弹药，开辟菜圃；三是征收落地税、牲畜税、耕地税、烟酒税、田亩税等，摊派猪、牛、羊、鸡、蛋、粮、菜、糖、酒等各种主副食品供应日军。据统计，伪政府在全县范围内为日军囤粮2 560万公斤，其中仅凤瑞一乡即被通知囤粮15万箩(约300万公斤)，致使米价上涨至每公斤达国币48元。除粮食之外，责令各乡(镇)"维持会"按日供应牛、猪、鸡、蛋、蔬菜等各若干，每日正午12时送到，如有延误，处罚1倍，如再不送，则烧杀随之。仅耕地税一项，1943年就征收国币2 000多万元。日军为加强对怒江以西地带的控制，又将南甸、干崖、盏达等土司地全部纳入控制范围，组织了伪土司监督厅，设在中绮罗观音寺，并拟成立伪腾冲省。日军还成立了东亚公司、协新公司、日新公司、低利银行，发行了日本军票。这些组织多以当地宵小充任，为奸作恶，趁火打劫，各拥有数千万乃至数亿元国币的财产。日军为达到长期统治腾冲的目的，命伪教育局局长钟镜秋删改中小学教科书，进行“大东亚共荣圈、中日亲善、王道乐土”等奴化教育。钟镜秋等还秉承日军旨意，强迫腾冲人民广种鸦片，并按亩征收烟亩税，每亩征收大烟 2—4 两。

在基层，日军还建立了伪乡保政权：腾冲界头委汉奸张增朝、黄维刚为“正乱乡长”，下设保、甲，实行连保、连坐，发“良民证”，强迫各村寨轮流送给“行政班”粮米、猪、鸡、牛、羊、肉、鸡蛋、豆腐、蔬菜等物资，供应日军。规定的数量、质量稍有不足，送去的人即被扣押，待送齐后，方才放回。①

表 2.1　日本在滇西沦陷区伪政权统治机构

<table>
<tr><td colspan="2">龙陵县伪政府</td><td colspan="2">腾冲县伪政府</td><td colspan="2">德宏土司伪政权</td></tr>
<tr><td>内务局</td><td>警察局</td><td>民政科</td><td>警察局</td><td>干崖“维持会”</td><td>自卫队</td></tr>
<tr><td>财政科</td><td>宪兵工作组</td><td>财政科</td><td>政警队</td><td>盏达“维持会”</td><td>自卫军</td></tr>
<tr><td>司法科</td><td>自卫团</td><td>教育科</td><td>自卫队</td><td>太平街“维持会”</td><td rowspan="2">爱乡青年队</td></tr>
<tr><td>教育科</td><td rowspan="3">保警总队</td><td>建设科</td><td>宪兵队</td><td>芒允“维持会”</td></tr>
<tr><td>行政科</td><td>军粮科</td><td>公安队</td><td colspan="2" rowspan="5">三司监督厅</td></tr>
<tr><td>秘书科</td><td>司法科</td><td>便衣队</td></tr>
<tr><td colspan="2">乡镇“维持会”</td><td>秘书科</td><td></td></tr>
<tr><td colspan="2">自警团(基层组织)</td><td colspan="2">乡镇公所</td></tr>
<tr><td colspan="2"></td><td colspan="2">保甲</td></tr>
</table>

资料来源：《龙陵县文史资料选辑》第 6 辑，云南省龙陵县政协委员会 2008 年编印，第 59—61 页；刀安禄：《盈江维持会及日寇罪行》，德宏州志编委办公室编：《德宏史志资料》第 2 集，潞西：德宏州民族出版社 1985 年版，第 161 页；瑞丽市志编纂委员会编：《瑞丽市志》，成都：四川辞书出版社 1996 年版，第 753 页。

① 熊文定：《腾冲军民抗战片断》，云南省政协文史资料研究委员会编：《云南文史资料选辑》第 39 辑，第 138 页。

（四）寻求与抗日政府“合作”

1942年5月10日腾冲沦陷时，在任县长邱天培弃职逃跑，手无寸铁的百姓纷纷舍家逃难。占领腾冲的日军扶植伪政府，无恶不作。当地爱国志士随即组成了腾冲临时县务委员会，公推刘楚湘为主任委员、张问德等为副主任委员，发动和组织腾冲各族人民抗战。7月2日，云南省政府主席龙云正式任命张问德为腾冲县县长。已经63岁的张问德临危受命，六渡怒江，八越高黎贡山，手拄一根藤条拐杖，随身携带一面中国国旗，走到哪里就在哪里办公。他发动人民群众，把抗日的县政府一直牢牢钉在敌后。由于日军大规模扫荡腾北抗日根据地，张问德的抗日县政府办公地点曾数次迁移，辗转于腾北、潞江、保山等地，后期迁至瓦甸北面高黎贡山深处的三元宫。

面对腾冲抗日政府和各族人民的抗日斗争，日本侵略者心惊胆战，多次劝降张问德，但均被他拒绝。田岛寿嗣就任驻腾越“行政班”本部部长后，更加紧了对张问德的劝降活动。1943年8月31日，为离间军政双方的团结，动摇滇西人民抗战的信心，田岛寿嗣向身处三元宫的张问德发出诱降函件。内容如下：

崇仁①县长勋鉴：

久钦教范，觌晤无缘。引领西北，倍增神驰。启者：岛此次奉檄来腾，职司行政，深羡此地之民殷物阜，气象雍和，虽经事变，而士循民良，风俗醇厚之美德，依然具在，诚西南之第一乐园，大足有为之乡也。惟以军事未靖，流亡未集，交通梗阻，生活高昂，彼此若不谋进展方法，坐视不为之，所固恐将来此间之不利，其在贵境亦未见为幸福，徒重困双方人民，饥寒冻

① 腾冲县县长张问德的字。

馁坐以待毙而已，有何益哉？职是之故，岛甚愿与台端择地相晤，作一度长日聚谈，共同解决双方民生之困难问题，台端其有意乎？如不我遐弃，而表示同情，则岛兹先拟出会晤办法数事，征求台端同意解决。

一、会晤地点定在小西乡董官村之董氏宗祠；二、谈话范围绝不许有一语涉及双方之军事问题；三、为保证第二项之确实起见，双方可用监事员一人在场监视谈话。右列三事，如台端具有同情予以同意时，请先期示复。会集日期，可由台端决定示之，以便岛先时候驾。至台端到达此本境以后，生命名誉之安全，由岛负完全责任。最妥请不带兵卫，不携武器为好。如万一必须带武装兵士侍卫时，亦无有不可，则兵数若干？枪械子弹若干？请予先示之，以免发生误会。总之，兹事双方系以诚恳信义为前提，请不须少有疑虑。岛生平为人，百无一长，惟不欺不诈推诚接物八字，则常用以自励。凡事只要出岛之心中而出诸口者，虽刀锯在后，鼎镬在前，亦不致有一字之改移。苍苍在上，言出至诚，台端其有意乎？临颖神驰，不胜依依，伫盼回玉。

大日本腾越行政班本部长上
昭和十八年八月三十一日具

田岛寿嗣的这封诱降函件正如李根源所评价："荒唐田岛书，光怪可迷人。县君有正气，字字史家珍。"[①]张问德在收到田岛寿嗣的邀请函后，9 月 12 日在三元宫复函《答田岛书》，严词拒绝了田岛寿嗣"会晤"与"长谈"的邀请，并历数日军在腾冲烧杀掠抢之暴行，表达了腾冲人民的抗日决心，充溢凛然正气，尽显民族气节。内容如下：

① 张志芳主编：《李根源〈曲石诗录〉选集》，昆明：云南人民出版社 2010 年版，第 125 页。

田岛阁下：

来函以腾冲人民痛苦为言，欲借会晤长谈而谋解除。苟我中国犹未遭受侵凌，且与日本能保持正常国交关系时，则余必将予以同情之考虑，然事态之演变，已使余将可以同情考虑之基础扫除无余。

诚如阁下来书所言，腾冲士循民良，风俗醇厚，实西南第一乐园，大足有为之乡。然自事态演变以来，腾冲人民死于枪刺之下，暴尸露骨于荒野者已逾二千人，房屋毁于兵火者已逾五万幢，骡马遗失达三千匹，谷物损失达百万石，财产被劫掠者近五十亿。遂使人民父失其子，妻失其夫，居则无以遮蔽风雨，行则无以图谋生活，啼饥号寒，坐以待毙；甚者为阁下及其同僚之所奴役，横被鞭笞，或已被送往密支那行将充当炮灰。而尤使余不忍言者，则为妇女遭受侮辱之一事。凡此均属腾冲人民之痛苦，余愿坦直向阁下说明此种痛苦，均系阁下及其同僚所赐予，此种赐予均属罪行。由于人民之尊严生命，余仅能对此种罪行予以谴责，而于遭受痛苦之人民予以衷心之同情。

阁下既欲解除腾冲人民之痛苦，余虽不知阁下解除之计划究将如何，然以余为中国之一公民，且为腾冲地方政府之一官吏，由于余之责任与良心，对于阁下所将提出之任何计划，均无考虑之必要与可能。然余为使阁下解除腾冲人民痛苦之善意能以伸张，则余所能贡献于阁下者，仅有请阁下及其同僚全部返东京，使腾冲人民永离枪刺胁迫之痛苦，而自漂泊之地返回故乡，于断井残垣之上重建其乐园。

一如阁下所要求于今日者，余不谈任何军事问题，亦不带携有武器之兵士，以与阁下及其同僚相会晤，以致谢腾冲人民痛苦之解除，且必将前往靖国神社，为在腾冲战死之近万日本官兵祈求冥福，并愿在上者苍苍赦其罪行。苟腾冲仍为阁下及其同僚所盘踞，所以罪行依然继续发生，余仅能竭其精力以尽其责任，他日阁下对腾冲将不复有循良醇厚之感，由于道德及正义之压力，将使阁下及其同僚终有一日屈服于余及我腾冲人民之前。

故余拒绝阁下所要求择地会晤以作长谈，而将从事于人类之尊严生命更为有益之事，痛苦之腾冲人民将深切明了彼等应如何动作，以解除其自身所遭受之痛苦。故余关切于阁下及其同僚即将到来之悲惨末日命运，特敢要求阁下作缜密之长思。

大中华民国云南省腾冲县县长　张问德

大中华民国三十二年九月十二日①

劝降不成，恼羞成怒的日军便对腾北抗日县政府进行了规模最大的冬季扫荡，10 月 12 日，张问德的抗日县政府被迫撤离三元宫，迁往怒江东岸漕涧办公。此外，日军还派员对滇西地区一些民族的土司头领送信劝降。日本滇西宪兵队队长曾 3 次致函潞西设治局局长常绍群，寻求“合作”。

二、日伪政权警察机构

日本是世界上少有的“警察国家”。它依靠警察力量推行法西斯恐怖政策，镇压劳动人民的反抗。日本占领滇西后，又把这一套制度推行到滇西沦陷区，以建立所谓“稳定”的殖民统治秩序。盘踞滇西的日军为了减轻自身的防卫负担，实现“以华制华”，巩固其

---

①《张问德严词驳斥田岛信》，腾冲县政协文史资料委员会编：《腾冲文史资料选集》第 1 辑，昆明：云南人民出版社 1988 年版，第 159—160 页。

军政统治，利用伪政权先后建立宪兵队和警保队等伪军警武装，使其充当奴役、镇压滇西沦陷区民众、辅助日军扫荡国统区和龙潞游击队的爪牙和工具。

日军宪兵队这一军事组织，名义上是日军的最高执法机构，可以统管日军所有的军政人员，但实质上是镇压抗日运动，残杀抗日军民，专门从事搜捕、杀害中国军队情报人员、游击队伤病员和抗日人员的反动武装组织。日军在腾冲设有宪兵队特务大队，由汉奸杨吉品任队长，队员多由地痞、流氓、无赖组成，从事谍报侦察及捕杀抗日军民的秘密活动。

在宪兵队之外，日军还在滇西沦陷区设有便衣队，专门制造恐敌情绪，散布谣言，煽动抗日士兵逃跑，瓦解中国军队的斗志。便衣队成员利用其熟悉滇西情况和当地地理人文的有利条件，充当日本侵略者的鹰犬。在腾冲，“前由汉奸杨吉品组织之第一便衣队（后归敌宪兵队指挥）亦易以伪维新社之名义出现，伪维持会之组织实为杨吉品平素所领导之帮会之一种变相组织，其基本任务由敌人所付与者，则为搜寻我方便衣及官兵。彼等于工作可谓竭尽能力以赴，而同时各乡镇子〔于〕敌人压迫及在杨吉品号召之下，均成立伪维新分社，所有伪维新分社均以工作队之名义成立，受各地“行政班”之监督与指导，彼等搜寻我方便衣及官兵时，特别注意其潜藏之地点。于是，从而百端索诈，此种潜藏地点之百姓更益以一般”①。杨吉品组织的便衣队，“人数从未超过一百人，每人每月给予国币八千元，如在出发搜探我方情报期间，每日每人发给一千

①《张问德关于反攻腾冲前后各种情形报告书》（1944 年 8 月 28 日），德宏州史志办公室编：《德宏历史资料——抗日战争卷》，潞西：德宏民族出版社 2012 年版，第 283 页。

元，其经费支出如是之巨，于是一般流痞趋之若鹜”①。在杨吉品之便衣队改归驻腾“行政班”本部指挥时，日军成立了另一便衣队，由宪兵队指挥。此便衣队之构成分子，全系被日军俘虏未加杀害的士兵，由逃官杨楚英任队长。此便衣队地位不如前者之高，专门劝诱中国士兵潜逃，以造成中国军队士兵恐敌意识，同时散布谣言，以期减低中国军队战斗意志。除便衣队外，日军还另设有自卫队、公安队等组织。日军第56师团第146联队第1中队驻扎在云南省猛遮板行政区蛮牛坝（今芒市勐戛镇芒牛坝村）的时候，从当地人中募集了二十几名17—23岁的年轻人，让他们接受与日本兵一样的教育。这些年轻人被称为“兵补”。②

保山市档案馆现存的一份档案文件揭示了为滇西日军服务的便衣队组织的八宗罪：

> 汉奸董立富勾结日军，及怂恿一般无知人民黌夜往来擅抢逃难者之财货，罪一也；代日军私立侦探队，兵三十名。日军之军政部部长委该董立富为队长，黌夜横行，侦探我大中华之三大师预备二师等，之便衣队兵被黑杀者数十名，罪二也；继假队长之威，率领侦探逼迫难民、壮丁，逼派难民、骡马助同日军作战，壮丁骡马被死者三分之二，罪三也；串谋煽乱联络，成立维持会，该董立富自兼会长之职，派侦探兵数名到达龙江乡常二贡爷家中、刘大老爷家中、陈兴华老板家中，恶索大洋数千元，大烟数百两，毛呢布十八匹，茶饭稍平，脸即变色，将

①《腾冲县政府1943年度工作报告书》(1942年7月2日至1943年12月底)，保山地区行政公署史志办公室编：《保山地区史志文辑》第3辑，保山报社印刷厂1990年印，第298页。

②《侵占滇缅的“急先锋”——日军第56师团第146联队志》，云南省龙陵县政协委员会、云南省社科院保山分院滇西文化研究基地2019年编印，第90页。

常二贡爷弟兄绑锁解交维持会。该董立富会同日军以便恶搕，罪四也；密商日军，会派侦探名曰岳朝光到达蒲川乡谷□长、赵□首、吴教官三君家中，逼迫云粽骑骡一头，价值大洋六百，黑骑马一匹，值价大洋三百元，黄菜牛一条，值价大洋八十元，罪五也；借会长之权，手出条谕，士庶等之各村中绅持尹有藩、罗发定、李生湘、王大启、袁大泽等，每人速交大洋三百元，大烟一百两，如不照数清交，以串同中华便衣兵论罪，该尹有藩等五人见条□，即由万难当中，设法清交。士庶等现存手出之条谕为凭，罪六也；□广纳良女为姬妾，将及大人，张某黄某韩某三人皆女学生，复串日军设立之报鼓吹，颠倒黑白，破坏我大中华，罪七也；串同日军设各村之小学，举行开学典礼，该董立富当众演说日军之声威几乎算全世界之第一，我中国之人力物力根本不能与大日本相比，中国之地盘大日军已占得十分之八，我中国之希望实在不可再有了。士庶等闻听演说之言摇动国本，骇人听，听之可伤，罪八也。以上八罪，或档案俱在，或实地可查。①

日军伪政权所属警察机构还有另一种组织形式——警保队。1942 年 6 月，日军在遮放和芒市设有警保队，人数分别为 130 名和 72 名。其建制与缅甸腊戍、南渡、兴威、贵概等地警保队一致，用以维护地方治安。

警保机关与地方团体整饬及协作情况

1）警保机关

在云南方面，鉴于眼下状况，非常需要建立警保机关，而

---

①《告董立富勾结日军抢逃难者财物等呈》，保山市档案馆藏，BS/M3/A/05/284/92。

不再承认其他警保团体的存在。现在芒市、遮放2个土司拥有的保卫队主要是防卫土匪及重庆方对土司和居民的恐怖行为，警保机关的设置，与上述机关一同合作，防止重庆一方的密探潜入，并已取得了相当成果。

在缅甸方面，承认防谍除害的警保机关的恢复。当地敌人业已消失，所以警察仅用维护地方治安。

现在获得许可的警保机关云南、遮放警保队130名；芒市警保队72名；缅甸方面新腊戌警察23名；旧腊戌警察14名；南渡警察14名；兴威警察40名；贵概警察20名。

2）地方团体

地方行政暂且先以恢复至原有状态为目标，只有在不可能复原时，方令其结成治安维持会。下为截至7月末治安维持会的所在地：

云南地区——腾越

缅甸地区——新腊戌（旧直辖地区）、南渡（旧直辖地区）

云南占领地区大部分为旧来即行使独立施政权的数个土司领地，其中对现时我军采取合作态度的为芒市、遮放、勐板3个土司。他们负责交纳物资劳力、获取情报，治下治安情况良好。上述3个土司共同结成的潞西地区治安维持会预定于8月3日结成。另外，以龙陵为中心的二镇四乡之治安维持会亦将于近日设立组建。

兵团治下的缅甸地区大部在战前为兴威酋长施令之地，现今在其管理指示下，治安情况良好。南渡治安维持会在我警备队援助之下，对南渡矿山和包德温矿山设施的重建贡献卓著。

3）针对警保机关和地方团体的指导

之前于7月5日发布的《军政指导要领》及关于军政实施

的细节指示，规定了兵团的军政事务，之后又于7月26日召集了所辖各守备地区的军政相关将校于芒市集会，就这些指示的运用，将其精神贯彻于将校之中。

注：且再次期间，军政班于腊戌召开针对地方指导的恳谈会，对军直辖部队各代表就军政实施相关事务进行说明。①

同年12月，日军在龙陵县象达云坡下寨成立警保总队，直接由驻芒市第56师团部控制，由师团部派遣1名伍长驻警保总队，先为程山青利，后为敖川。日军还从守备队中抽调1个班驻警保总队，以防谋反。警保总队下辖2个中队，分驻象达、平达两地。每个中队下设3个分队。1942年12月，扩充后的警保总队称为"腾、龙、镇、耿警保总队"，司令为蒋三元（龙陵县平达乡荆竹园人），参谋长为董俊宏，副官为杨正朝，有各种日伪武装警察人员一二千人。这个组织一成立，便尽心尽职服务于日军。概括其投敌行为有：一是配合日军进行远征军情报员和龙潞游击队员等抗日力量的侦察与搜捕，杀害无辜百姓；二是拉拢地痞扩大队伍，与人民为敌，抢劫骡马、粮食为日军服务；三是强抓民夫为日军修筑工事；四是奸污妇女，抓当地妇女送给日军做"慰安妇"。

三、强征民夫

日本对滇西沦陷区的统治是与残暴掠夺互为表里的。这种掠夺既包括贪得无厌的财力、物力掠夺，还包括对滇西社会惨无人道的人力掠夺，主要体现为在滇西沦陷区强征民夫。日军为掠夺沦陷区资源，于滇西境内大抓劳工与强征民夫，强迫滇西沦陷区劳苦

① 『第4.治安状况』、JACAR（アジア歴史資料センター）Ref. C14060433900、第56師団戦時月報 甲昭17.6.1—17.6.30/ビルマ/南西/陸軍一般史料（防衛省防衛研究所）。

民众为其殖民统治和侵略战争服劳役。被抓去的人无偿为日本侵略者干活，而且吃不饱，住集中营，活计特别累。他们受尽折磨和苦难，侥幸未死的，也多留下了终身残疾。

日军在滇西建立伪政权后，对沦陷区进行基层控制的一个重要手段就是继续实行滇西社会原本的保甲制度。但这种保甲制带有浓厚的日本法西斯性质，完全被纳入日军对滇西沦陷区的军政统治体制中。这一点在日军强征民夫方面表现得尤为明显。战时腾冲有 138 保、1 569 甲、22 740 户、155 053 人（其中男性 78 812 人，女性 76 241 人）；龙陵有 81 保（龙山镇辖 14 保、镇安镇辖 10 保、象达镇辖 6 保、平达乡辖 15 保、龙江乡辖 6 保、潞江乡辖 15 保、腊勐乡辖 7 保、邦迈乡辖 8 保）、759 甲、9 444 户、48 132 人（其中男性 23 095 人，女性 25 037 人）。① 日军为了达到长期侵略的目的，利用先后成立的县乡（镇）“维持会”、伪政府等组织，对各区人口进行统计，从保到甲再到户。他们在短期内安排民夫，把任务层层下分，一般派夫为 10 天，特殊时为 1—2 月，任务重时上工数达 1 万人。② 而强征民夫的方法，“则常系每户 1 人，倘有因并无男丁可出，只有出钱雇替，因物价高涨之故，每日一夫之雇价常在新币 2—3 千元之间”③。日军强征民夫劳作的工种主要有三方面：修筑腾（冲）八（莫）、腾（冲）龙（陵）、腾冲至班瓦垭口、腾冲至桥头等公路；在这些道路要口、各战略要地修建坚固的据点和防御工事；为日军输送粮秣、弹药或开辟菜圃等。

---

①《收复区腾冲、龙陵保甲户口统计数》，《云南民政月刊》第 1 卷第 2 期，1946 年，第 16 页。

② 刘景山主编：《侵华日军大屠杀暴行》，北京：人民日报出版社 2005 年版，第 340 页。

③《腾冲敌情报告书》（1944 年 4 月 20 日），中国第二历史档案馆藏，787/11593。

表 2.2 日军在滇西强征强派民夫简况表(1943 年 6—10 月)

时间	来源	内容
6 月 12 日	畹町讯	日军在缅滇边境一带大批征调夷民壮丁。据可靠消息,木邦征 150 名,南坎征 200 名,猛纪征 60 名,猛牙征 50 名,其他如猛古、棒线等地均有征调,但未获确息
6 月 16 日	遮放讯	遮放日军宪兵队连日派民夫在遮放至勐板沿路栽置电话木桩
6 月 22 日	龙陵讯	象达日军召集民众开会,派夫 20 余名,马 20 余匹,往芒市运输弹药
6 月 23 日	遮放讯	日军在各地大派夫马,遮放土司派 200 匹,人夫相当,其他各司未详,并限 23 日午后出发,动向未详
6 月 27 日	畹町讯	日军实施以华制华政策,全缅甸大举征调壮丁
6 月 28 日	芒市讯	日军在芒市开始征调第一批夷民壮丁训练,人数 1 500 名。芒市现有敌兵 300 余名,每日疏散四郊,每村限筑防空洞一个,已开始派民夫工作
7 月 2 日	龙陵讯	7 月 1 日由芒市增到象达日军 10 余名,当即召开各保甲长会议,大派驮鞍,计象达全镇派 100 套,龙陵 600 套,镇安 400 套,似又有蠢动模样
7 月 3 日	芒市讯	芒市之日军窜入猛戛百余名,到后,连日派民夫数百构筑防御工事,似有久驻该地之模样
7 月 6 日	勐板讯	勐板现有日军伪军兵五六十名,敌酋段志武每日派民夫六七十人,加工添筑战壕及一切防御工事甚忙。香果林、蒿枝坝各要隘路口均派民夫防守
7 月 6 日	芒市讯	日军近日又派邓忠、党连各地民夫修筑芒市至猛旺之马路云
7 月 7 日	芒市讯	日军近在芒市附近挑选精干夷民壮丁,深夜载车驶往后方去
7 月 21 日	芒市讯	日军在猛戛征调壮丁组织保乡团,原定 150 名,刻实办足 120 名,并连日积极强派民夫妇女工作
9 月 14 日	勐板讯	敌派摆夷 800 余人,赶修飞机场

续表

时间	来源	内容
9月14日	龙陵讯	黄草坝公路附近之日军，较前约增3/4，刻向外五寨派马100匹、夫80名，似有出动模样
9月16日	芒市讯	兵力不详之日军，在芒市大香树、龙潭、葫芦口等地，大派夫500名，马500匹，有蠢动之模样。芒市敌大派夫500名，马500匹，拟分九路窜入平戛抢劫谷米之举动
9月16日	象达讯	① 象达敌百余名，每日派夫20名构筑工事。② 象达日军于18日派马50匹，似有出动模样
9月17日	芒市讯	芒市日军有800余名，驻等高寨、街坡、松树寨、灰窑等处，刻在该地派马500匹，摆夷夫每户1名，黄牛500条，似有出动模样
9月19日	勐板讯	(遮放日军)近在该地派马250匹，限克日交齐。又收买草鞋，并派民夫籽修由濂放至蛮牛土贝之马路，刻已修至新塞云
9月22日	龙陵讯	象达敌每日派夫80余名建筑工事
10月3日	猛戛讯	芒日军近来出动甚忙，队长高岛、摆夷队队长方正茂近来大派民夫构筑防空洞
10月6日	龙陵讯	由芒增象之日军，在囊洒、象达所派夫均于昨日开芒，并称到芒驮运械弹，企图扰平。近敌在芒市及公路附近拉派夫马
10月14日	龙陵讯	蚌渺日军有60余人，在蚌渺一带所派夫马均到猛连运粮至腾
10月23日	龙陵讯	象达日军派夫40余名，马40余匹，至油菜地驮米至象
10月24日	龙陵讯	由芒至油菜地一段，日军派民夫修筑公路，正加紧工作
10月25日	龙陵讯	日军派民夫200余名赶修由芒市至象之公路，并驮来手榴弹
10月28日	龙陵讯	象达日军派马40匹开芒，运米及其他军用品
10月31日	龙陵讯	蚌渺日军派夫20余名，马20余匹，企图不明

资料来源：《潞西设治局常绍群呈抗日活动日报》(1943年6—10月)，德宏州史志编委办公室编：《德宏史志资料》第8集，第52—60页。

（一）强征民夫修筑公路

龙陵、腾冲未沦陷前，国民政府曾2次组织修筑龙腾公路，后因修滇缅公路和其他原因，被迫停修。1942年5月，迫于军事需要，日军组织军工、机械等，强迫龙陵和腾冲人民修成龙腾便道，在龙川江上架起木便桥，是年可通吉普车和卡车。龙陵县县长杨立声于1942年6月28日电呈省民政厅道："因龙陵为潞（怒）江及龙川江境地包围，形成绝路，在境内之人民运动不便，迁移较难，故能逃过潞（怒）江者十无一二。敌人已积极赶修龙腾公路，强征两县（即龙陵县、腾冲县）民工二万人左右，不久即可完工。"①1944年1月21日，第六区行政督察专员李国清给省民政厅呈电道："敌盘踞腾北四、五两区积极活动，勒派民夫修筑公路。现在敌之卡车已驶至第四区之固东，第五区桥头，但桥涵工程均系临时建筑，其路基概系毛路，未曾铺石，迨至雨季，桥梁定遭冲毁，路基必致倒塌。"②日军侵占龙陵、腾冲后，即赶修腾龙公路（92公里），强征当地及潞西设治局民工筑路。自此，畹町至腾冲，沿途镇市均有敌兵驻守。龙陵全城东至腊勐、南到平戛、西至河头、北至潞江3 459平方公里的土地均成日军军事势力范围。其边远山区虽无日军盘踞，但时遭其"扫荡"，所到之处，即行杀光、烧光、抢光的"三光"政策，为状至惨。③

① 《龙陵县长杨立声报龙陵沦陷后敌我双方活动情况及省民政厅对该县的指示电》（1942年5—10月），云南省档案局（馆）编：《抗战时期的云南——档案史料汇编》上册，第389页。

② 德宏州史志编委办公室编：《德宏史志资料》第8集，第14页。

③ 德宏州史志编委办公室编：《德宏史志资料》第8集，第14页。

据战后统计，日军在滇西强征民夫修筑的公路主要有：

1. 腾龙路。由腾冲至龙陵之车路，早已于三十一年底敌军修筑成功，通行汽车，其间经过猛连、黄泥坎、腾龙桥而达龙陵。

2. 腾北路。由腾城东门外，过富义村、海口、向阳桥，经曲石、江苴、瓦甸、界头、桥头街而达明光之茶山河，此路于去年十月后修筑，十一月通车，闻将修通片马与密支那衔接。

3. 腾西路。由腾南门外，顺城街经新桥河，过小西乡、侍郎坝、上哨坡，经顺江、固东而达明光之茶山河，与腾北路交会。

4. 西北岔路。由腾西路之哨坡以上修一线。经过胡家湾、公坡、深沟，横贯腾西路与腾北路中间，而达向阳桥附近之白象河，与腾北路接。

5. 腾北路。由城南东街起，经绮罗乡背后、坡上之交椅凹，过和顺乡背后，历镇夷关、小河底、南甸、遮岛、下干崖（即盈江设治局）、莲山而达八募。此路最近，方方通车，但曾否修通八募，尚未详悉。

6. 腾缅路。由遮岛背后岔进杨柳河，经萝葡坝进木姐而达缅甸，此路正在修筑中。

7. 腾东路。由腾城东门外饮马水河经娘娘庙，进罗坞塘、龙江，过窜龙而达红木树，此路正在修筑中。①

① 德宏州史志办公室编：《德宏历史资料——抗日战争卷》，第472页。

表 2.3 腾冲县所属各乡镇被敌征用民工统计表(1937 年 6 月)

乡镇	征用工人总数(人)	调遣至国外总数(人)	其苛待伤亡总数		服役期间因苛待损失总值数	备考
			伤(人)	亡(人)		
小西乡	219	0	0	38	国币 1 280 000 元	
明朗乡	177	46	10	144	国币 9 371 023 元,骡马 122 匹,田 119 亩 6 分,猪 59 口,牛 23 条,被盖 7 套	内残废者 7 人
中和乡	3 700	24	41	41	国币 570 000 元	
绮罗乡	88	0	14	16	——	
古永乡	66	0	0	0	国币 600 000 元	
鹤麟乡	7	0	0	3	国币 376 000 元	
清水乡	41	23	0	0	骡马 20 余匹,牛 10 余条,谷 500 余箩,米 100 余斗	
和顺乡	1 500	1	0	19	国币 22 874 500 元	
宝华乡	191	90	66	125	国币 2 250 000 000 元	
河西乡	78	0	44	34	国币 63 310 000 元	
清水乡	100	0	7	93	国币 8 000 000 元	
勐连镇	124	0	35	15	国币 15 000 000 元	
附记	右列各乡镇因所报细册烦冗,邮寄不便,除原细册存府备查外,谨就各乡镇所报详汇统计,谨此声明					

资料来源:云南省档案馆编:《日军侵华罪行实录云南部分》,昆明:云南人民出版社 2005 年版,第 574—575 页。

日军占领龙陵后,就派民夫 2 万余人修腾龙公路,后又修芒市到象达的公路。每天都有数百人在服劳役、做苦力,凡有住家人口的几乎家家户户都被派去当过民夫。黄草坝公路前抵松山,后接县城，对侵龙日军具有十分重要的战略意义。但经战火破坏，路面坑坑洼洼，坍塌堵塞之处较多，车辆很难行驶。据百姓回忆，日军到处抓丁拉夫，并安排稍会讲几句中国话的日军当监工，强迫他们修路。当时正值炎夏，烈日似火，民夫们稍不尽力，便遭监工鞭打脚踢。一个 40 多岁的汉子已累得筋疲力尽，才直起身子站了一下，就被监工没头没脑几鞭子劈了下来。大家不敢怒也不敢言，只能默默忍受，看在眼里，恨在心里。除修补干道公路以外，日军还强迫民工修了一条由公路至小松树、靛地、大坪子坡脚再至公路的便道公路，民夫们不知流了多少血汗。

据镇康县县长杨世英给省政府的敌情报告，日军于 1942 年阴历七月二十七日到达南伞后，“所到之处，派粮米、派猪牛、派夫役，沿途蹂躏，凄惨万状”，他们“由老街分两路完全退却，一部分由原路转回滚弄，一部分由大水井过山头寨出孟定”，“在山头寨时，勒令民众修回破坏之公路，以利通行坦克车，如违，即行剿办”。①

日军占领期间，于德宏境内征用民夫修建了腾梁、梁盈、梁河河西至募福段，瑞畹（勐戛至雷允）、允太（芒允至太平）、盈梁等便道，续修了原芒市机场及沦陷区内各设治局署至其主要据点的公路。这些工程耗用了大量劳力，给各族群众带来无法统计的损失。1942 年 6 月后，日军强征民工修筑 27 公里长的畹町至瑞丽单行道，修成后一直沿用至 1945 年，其间不时征用民夫维修。② 盈江、莲山两县山、坝区，特别是芒允到户勐和芒线到浑水沟一带的各族人民，受尽了国民党反动派和日军的欺压迫害，多灾多难。1941

① 《日军在南伞、孟定等地蹂躏情形》（1942 年 9 月 16 日—1943 年 3 月 11 日电），云南省档案馆编：《日军侵华罪行实录云南部分》，第 442 页。

② 芒市公路管理总段编：《德宏傣族景颇族自治州公路管理志》，昆明：云南民族出版社 2000 年版，第 52 页。

年，国民政府强逼这一带的老百姓去修滇缅公路，各族人民已饱受苦难。德宏沦陷后，日军又派这里的老百姓修腾盈公路，把民工当牛马对待，使得民穷财尽，百姓家破人亡。他们还强迫民工抬大木料架桥，民夫抬不动，稍事休息就挨棍打脚踢，有的被打死，有的被打得终身残疾。1985 年，盈江尚有数十名腰弓背驼的致残民工在世。①

（二）强征民夫修筑工事

自 1942 年 5 月以来，由缅北先后侵入滇西之日军第 56 师团全部，第 2 师团的第 16、29 联队以及第 53 师团的第 119 联队之各一部，于怒江以西，沿滇缅公路线上要点，以腾冲、松山、龙陵、平戛为核心，构筑半永久之野战工事，扼要固守，企图长期封锁滇缅公路。而这些工事是由日军在滇西强征的民夫所筑。

1942 年日军侵占龙陵后，为确保龙陵军事重地的安全，决定以老东坡②为核心修筑防御工事，派重兵驻守。以小室中佐率领的工兵为基干，征派大量民夫和缅印军战俘为苦力，层层修筑工事，将交通壕与龙陵县城的工事相连，构成一个珠网状的强大防御体系。除日军第 56 师师团长松山祐三设司令部于城内外，师团工兵联队驻城郊，第 113 联队分驻于松山、镇安、黄草坝、蚌渺一带，第 146 联队进驻平戛、象达。龙陵全境大多在日军控制之下。从 1942 年 5 月起，日军在龙陵县境内修筑了大量半永久性进攻和防守工事，概括起来主要有三大片。

第一大片工事，是以松山为主的前沿工事。其范围包括镇安

---

① 云南省课题组编：《云南省抗战时期人口伤亡和财产损失调研成果选辑》，北京：中共党史出版社 2010 年版，第 248 页。

② 龙陵县城东南面的制高点，自东北向东南延伸，环绕龙陵坝子 10 余公里，是县城的主要外围屏障。

镇的大坝、怒江坝、碧寨乡的怒江以西防线，核心工事为松山、滚龙坡、大垭口、长岭岗。核心工事的每个据点的制高点都构筑一两个主堡，主堡四侧构筑若干个子堡，用战壕、交通壕相互连接，各堡既能独立作战，又能相互支援。各峰周围用铁丝网护防。每个核心据点都布在密林之中，让人难以观察到。日军母堡建筑较为隐蔽、复杂。大致为两三层，上层用于观察、射击，中层用于休整，下层储存粮食、弹药，并有通道同子堡群联系。堡垒顶部叠楞 20—70 厘米，圆木 4—5 层，上铺钢板数层，再放土约 1 米，堡垒四周排列内装沙石的大汽油桶 3 层，中间夹放钢板数层，桶外再堆土伪装，堡内层间用 2—3 层 50 厘米的圆木楞成。虽受山炮、留弹炮轰击，堡垒不会被破坏，即使上层坍陷，亦不影响下层工作。松山祐三视察松山阵地后十分满意，狂言说：中国军队不死 10 万人，休想攻取。现存工事有松山主峰阵地被远征军炸陷的 3 个母堡遗址，松山周围的交通壕、战壕等，松山脚下的黄家水井及腊勐乡境内的 2 个隧洞；碧寨乡境内，日军沿怒江一带修筑的交通壕、战壕；镇安镇大坝村的部分山坡中的交通壕、战壕等。

第二大片工事，是龙山镇、龙新乡工事，其核心工事主要在县城。外围工事主要为黄草坝、空印坡、勐淋坡、文笔坡、横山、白露坡、篱笆坡、双坡、大垴子坡、矿洞坡、老东坡。县城内主要为白塔赵家宗祠脚下洞中的日军指挥中心、云龙寺观测站、黄土坡碉堡、西山坡碉堡、东卡碉堡、董家沟碉堡，以及城内网状形的交通壕、战壕、掩体。日军工事的特点是在城四周山顶利用森林密集之优势，巧布炮兵阵地。在城内，各据点之间布有交通壕、战壕，既可各守据点，又可集中兵力顽抗死守。董家沟和东卡一带共修建一两层碉堡 5 个，全部用水泥碎石浇灌而成。东卡碉堡修成六边形，一层堡，高 1.8 米，壁厚 0.2 米，西、南、北 3 面均有枪眼射孔，东西为入口，占地10平方米。堡四周用钢板、木料护围。现工事遗址有老东坡、大垴子坡、矿洞坡、篱笆坡以及白露坡的交通壕、战壕；城中的东卡碉堡、白塔村的赵家宗祠脚下的日军指挥中心（原洞被远征军炸毁）及云龙寺南半腰一石洞，是当时日军为防空和狙击滇缅公路而修。

第三大片工事，是平达、象达两乡工事。平达东南面濒临怒江，象达与潞西接壤，距芒市20余公里。日军为阻止怒江东岸远征军西渡，在平达的三村、马鹿塘、杞木林、张寨、东山、平达坝等地和象达乡的甘寨、梨树坪、象达街子及四面坡顶上修筑工事。现存象达街澡池1个和部分山坡上的掩体、战壕等。日军侵占平达后，见男人就抓去当马夫、做下人，让这些人帮他们修碉堡、挖战壕、修公路，不从者杀。被日军无辜杀害的有张富顺、赵重贵、张有喜、朱祖八、杨三木匠、陈二、李春芳、周连兴、高二等50多人。①

被日军强征修筑工事的民夫受尽凌辱，苦不堪言。1943年1月，日军为修建平达的战壕、交通壕、掩体及碉堡，从黄草坝强派民工20余人。这些民工在工地上受尽了吊、打、踢等虐待，他们趁夜逃跑，不幸被日军全部抓回，在平达被打死6人，其余人员全部被吊、打、踢致残。日军为修建县城机场、松山机场及平达、象达机场的碉堡、战壕、交通壕、地下室及公路，还从印度抓来劳工50—60人，令其从事地下室及地道修筑。由于印度曾是英国殖民地，这部分人懂碎石、钢筋、水泥混合浇灌的技术。他们在龙陵城浇灌过水泥碉堡，支砌过防空隧道和重要战壕等。这些劳工驻在县城赵家宗祠，由日军早晚用卡车运送，途中用黑布裹住双眼，受尽人间苦，

① 《龙陵县文史资料选辑》第3辑，云南省龙陵县政协委员会2004年编印，第192页。

到工程结束后全部被杀死在缅甸。[1] 1943 年 9 月 14 日,龙陵有日军 1 000 余人;黄草坝公路附近日军较前增 3/4,并向外五寨派马 100 匹、夫 80 人;10 日后,镇安日军 100 余人窜杨梅田、滥坝寨一带,搜拉民夫。[2]

日军占领腾冲城后,留少数驻扎城内,其余分驻腾冲城附近的英国领事馆和新桥河、五保街、松园、龙光台、老草坡等处,并派巡查队每日巡查。他们强征民夫,日夜劳作,凡道路要口,皆令其构筑坚固防御工事,甚至在二街、三街要冲之处,深掘堑壕,遍设障碍物。日军在腾冲的外围工事有猪头山、大小尖山、长箐坡、红木树、瓦甸、北斋公房、明光、江苴、唐习山、大颠山、大塘子、南斋公房等工事。县城内,以来凤山为核心修建了大量工事。来凤山位于县城南边,紧连城南的六保街,山顶分为营盘坡、文笔塔 2 个据点。山北面高低起伏,地形复杂,在每个突出的高点,日军都布下独立战斗的工事据点;山南边是倾斜坡,山上无树木,很难靠近,大炮可控制整个县城坝区。从营盘坡到文笔塔,日军挖有 1 条总交通壕,宽 1.5 米,高 1.7 米,连贯各个散兵坑。交通壕四通八达,共布母堡 15 个,其中有几个为水泥、碎石、钢筋浇灌而成。此外,日军还在城区的飞凤山、宝峰山、上下城西南仓库等修建了很多据点。可以说,城区到处都设有日军据点。日军还将原街巷道路作为他们的交通要道,使电话线路相互连接,并在各据点周围布满岗哨和铁丝网。腾冲成了易守难攻之地。

芒市是日军师团部驻地(置于芒市街),因此工事较坚固。一是

---

① 刘景山主编:《侵华日军大屠杀暴行》,第 340 页。

②《龙陵县文史资料选辑》第 4 辑,云南省龙陵县政协委员会 2004 年编印,第 48 页。

外围工事。在东北山地的张金山、南天门、桐果园、山头寨、木康后山、红岩山、放马桥建有地堡、掩体、交通壕、战壕；在东南山地的大拱山、大白坟、大坡头、沈井包、老营盘等地修筑了地堡、掩体、交通壕、战壕。二是在新塘房到芒市约10公里处的滇缅公路两侧修筑工事，用钢铸成几个活动堡，即木康山、锡盖石、青树坡、蛮燕后山、湾东山、大洞坡、诸葛营、五凤山等。日军在潞西的工事特点如下：在地堡掩盖上使用数层钢条、钢轨、钢板；在榕树下修筑重机枪掩体，当作掩体部，炮火难以攻克，即使用飞机轰炸，也有树枝挡住，如炸弹过早爆炸，也难以摧毁掩体；活动碉堡高0.6米，下宽1米，上宽0.5米，上口有盖，固定一端，可自由封闭，两口间，前、左、右设3门，射门高、宽各0.12米，门外有枪眼盖，可自由关闭。其重约50公斤，可移动自如，置士兵坑上，可防轻重机枪子弹和炮弹破片，对外可四面射击。

在遮放修筑工事。日军在芒市西南的蛮江、三台山、囊佐寺、山头寨、尹线等地修筑大量工事；在芒市以南的白羊山、勐戛、户门、遮放、那线等地也筑有大量工事。遮放现存日军地堡1个(在市政府院内)，群山中还有交通壕、战壕、掩体遗址。

畹町北面，日军在马鞍山、金取山、大黑山、回龙山、黑山门、大尖山等地筑有工事；畹町东面有蛮棒工事；畹町南面，日军在蛮洁、衣吉山、卡帕那、卡力苦、董蛾、赖练(缅甸地)筑有工事；畹町西面，日军在瑞丽江北岸、龙川江东岸等地筑有工事。此外，日军在瑞丽、陇川、盈江、梁河等地也设有大量工事。

1943年10月，日军在泸水灰坡山建立据点后，常外出扫荡，把小横沟、大湾子、旧乃山、四岭岗等村全部烧光，并在这些村寨地基上建立练兵场、骡马场、空投场和机炮阵地。日军在灰坡山下的田野、路隘和阳坡上，到处挖筑交通掩、地堡及战壕，埋设地雷，拉铁丝网，将蛮英半山以上地带变成日军军事禁区，使禁区内的百户农民逃进深山老林，终年不敢露面。禁区周围村寨的百姓则成了日军抓捕、抢掠、烧杀、奸淫的对象。① 此外，日本侵略军自1943年秋季侵占片马、拖角、江心坡后，为了把片马建成侵略怒江的主要据点，从东南亚和缅甸抓来大批劳工，将其押到片马，强迫他们修复英国占领军在片马修建的直升机机场，修筑由缅甸大坝地河通向片马飞机场和片马丫口的摩托车路。日军在片马丫口筑起坚固的工事，派重兵据险扼守，并向片马运入大量军火武器。此后片马日军据点就不断派兵窜犯怒江，增援泸水西岸的盘踞之敌。②

表 2.4 莲山设治局人民被敌征服劳役调查表(1947年4月)

征集			征集地点	征集部队番号及主管姓名	服役种类	服役地点	服役时间	征集人数及工数		因被征服劳役损失工资数
年	月	日						人数	工数	
1933	2	1	莲山	未详	修筑工事、马路，挑担、带路等劳役	莲山境内	先后2年余	1 000余人	计70余万	损失工资计1 400余万

资料来源：云南省档案馆编：《日军侵华罪行实录云南部分》，第573页。

日军对于工事极为重视，不论攻防或驻军，莫不构筑工事，其构筑方法"概依日本筑城教范行之，一般之特点如：火网编成周密，侧防精到；巧于利用地形地物，善于伪装；能尽量利用当地现有器材；重要工事之强度，能抵抗山野炮或重炮"③。最为恶毒的是日军

① 泸水县志编纂委员会编：《泸水县志》，昆明：云南人民出版社1995年版，第378页。

② 云南省政协文史资料研究委员会编：《云南文史资料选辑》第39辑，第195页。

③《抗日战史：缅北及滇西之作战》，"国防部史政编译局"1981年编印，第323—326页。

在城内加固工事，并划为军事区，迫令当地住民迁徙出城。不言而喻，日本在滇西沦陷区如此这般苦心经营，积极修筑工事和筑路，充分暴露了日本试图把滇西和泰缅打成一片的阴险图谋，即进可以为侵扰云南西部埋下伏笔，退也可以控制泰缅北部以应对盟军方面的反击。

（三）强征民夫输送粮秣弹药

日军在滇西沦陷区强征的民夫除用于修筑公路桥梁及构筑工事外，还须承担输送粮秣、弹药或开辟菜圃等杂务。日军在进攻中国军队前5—7日，“必向陷区乡镇大派伕马，以备军用。又，凡到一地，必大掠民间骡马。每遇行军战斗时，每一兵员得用民夫一个或两个，骡马一匹。谁人拉获之夫马，即归谁人应用，并负其伙食费。战斗时，兵员向前，夫马多在后方森林中，战事完毕，民夫与抢得财物少许，遣归，所派之马亦发还，损失给价，惟拉来之马没收。平时先将陷区马匹登记，打火印，行军数日前，饬令各乡保派用，每马一夫”①。1942年夏秋，河头乡孔村榨地社张周云被伪县政府强派去为日军驮运弹药、粮草。马帮从白塔出发，将弹药驮运至腾冲。途径龙川江休整时，张趁起雾之机逃跑，几天后被日军抓回。日军对其先是吊打，接着在县城割断其脚筋，往其口中灌水。在他肚胀如鼓时日军又用木板压其腹，使其七孔流血。张后被同胞救出，膝行一生。②

德宏沦陷期间，日军强迫各民族青壮年当差出苦力，凡运输、修路架桥、挖战壕、建碉堡等苦活，全部强迫当地百姓去干，稍有不顺心者，非打即杀。直到20世纪六七十年代，德宏各地还有许多

① 《腾冲敌情报告书》(1944年4月20日)，中国第二历史档案馆藏，787/11593。

② 刘景山主编：《侵华日军大屠杀暴行》，第340页。

被日军打成终身残疾的人。芒市镇是日军第56师团司令部所在地，芒市坝子的百姓担负的日军强派的苦差非常繁重。1942年10月，芒核等寨的30多名青壮年被日军抓去当差，挑着沉重的军用品徒步运往腾冲城。1942年上半年日军入侵德宏州户拉寨，破坏了当地德昂族同胞的家园。当时，日军按"两丁抽一、三丁抽二"的规定，强迫抓人当差。户拉寨德昂族被派去当差的有13人，整个勐允坝子共70多人。同年8月，寨子头人把李腊排等13个村民带到勐允坝。勐允坝头人又把他们带到贵概，交给了日军。李腊排在日军营房里住了3天就逃跑回了家。日军命令寨子头人一定要把他抓回去，并说如抓不回去就把全寨人统统杀光。为了全寨子人的性命，李腊排的堂兄波月晃只好把李腊排送到驻扎在贵概的日本军营。李腊排堂兄刚到日军营房，就被宪兵抓去毒打，回家刚满3天就死去了。李腊排在军营里也被关了3天的禁闭。这批被抓去当差的有70多人，大部分是景颇族、德昂族人。他们先在贵概学日语，学了3个月后，就被派到了南岛的蚩烘寨。在蚩烘，他们练习捆驮子和驮运武器弹药等基本功。彼时，日军发给他们每人1套军服和1双重约5公斤的皮鞋，但没有配发枪支和领章。1943年上半年，当差的70多人从贵概出发到上江打仗，1个当差的由1个带枪的日本士兵监管着。日军规定：在行军中，不准讲当地语、民族语，只准讲日本语，乱讲的要杀头。李腊排后辗转于腾冲、芒市等地，还被迫为日军做饭，最终在当地人的帮助下成功逃出日军魔掌。①

日军还将强征的滇西民夫用作其他苦力。日军占领龙陵镇安

① 潞西市政协文史资料研究委员会编：《潞西市文史资料》第3辑，德宏民族出版社印刷厂2001年印，第157—158页。

后，图谋把镇安建成长期占据的所谓“王道乐土”，曾强迫当地百姓为日军种茶，给各村寨每家都发放一些茶果，要求按时种下去。镇安街子的居民分别在东、西两山栽种，东山的象陡坡、王家大坪子和西边的鹅头山等地是栽茶的重点。但是百姓由于连饭都吃不饱，根本无心为他们种茶，所以上山以后只随便把草皮挖开，把茶果丢进去，简单地盖一下土。虽然几座山都种满了，但是大多数出不了苗，少量的出苗后也干死了。后来因中国军队开始反攻日本，这事也就不了了之。① 1942 年 6—7 月，日军命龙陵—腾越沿线地区连通两市道路周边的部落居民做苦力耕作水田。② 在龙陵的日军派农学专家土屋保一到“难民村”来搞土壤、气候等农事试验，为长期占领龙陵的军粮供应做准备。他们以上路杨氏宗祠为厂址，令赵振中任部长，把东卡外面的田当做试验田。1943 年 12 月，龙陵“行政班”受龙陵日军野战仓库的委托，决定利用当地的土地搞一个栽种蔬菜的农园。农园选在龙陵北门的北边，包括夹在中间的滇缅公路在内，面积为 25 町步③，北靠东山（勐林坡），东靠二山（三关坡）、三山（小垴子坡）山脚斜面坡地形的水田地带。农园主要耕种抗雨水强的菜类，如大韭菜（从 12 月开始种）、扁豆（从 3 月开始栽种）。冬季则考虑种甘蓝（洋白菜，从 12 月开始种）、马铃薯（从 1 月开始种）、南瓜，想在雨季前收取。还有其他的如香菜、白菜、萝卜、牛蒡、茼蒿菜、黄瓜等。日军为经营此园圃，专门派了农园勤务兵，包括“指挥员”今村嘉藏兵、“供给员”箕田盛登兵、“栽培

① 德宏州史志办公室编：《德宏历史资料——抗日战争卷》，第 534 页。

② 『第 4. 治安状况』、JACAR（アジア歴史資料センター）Ref. C14060433900、第 56 師団戦時月報　甲昭 17. 6. 1—17. 6. 30/ビルマ/南西/陸軍一般史料（防衛省防衛研究所）。

③ 1 町步约合 15 亩。

员”樋口重信兵长和禅院尚一伍长、“肥料员”吉中初次郎上等兵、“搬运员”吉永光男上等兵等。为确保种苗，日军从龙陵抓了350名当地人做苦工。这些民夫被集中在北门的寺院里，为日军种菜或修筑排水工程。日军在种植蔬菜的过程中，甚至抓妇女和儿童来撒种。①

滇西沦陷区各地被抓的民夫常遭受日军非人的折磨。他们多是被捆绑着，在日军的刺刀下挑运日军抢来的物资。每当他们跟不上队伍或是修工事时日军稍不满意，就要遭受拳脚、鞭抽、棍打、枪托、刺刀的折磨，甚至被枪杀。

表2.5　腾冲县鹤麟乡沦陷时期被敌强迫征用民工调查表

姓名	性别	年龄	住址	征用起止年月日期	被敌强征用及其苛待情形	曾否调遣至外国何地	服役期间有否损失其损失若干	备考
金光万	男	30岁	第一保遮坎村	1933年5月20日—6月9日	服役时棍打枪冲	——	合10余万元	——
杨大本	男	50岁	第二保关上村	1933年2月4日—4月8日	棍打枪冲刀戳，生殖器戳伤	——	合10余万元	已成残废
周以礼	男	55岁	第二保忠义村	1933年2月4日—4月8日	棍打枪冲	——	约合7.5万元	——
孟小买	男	40岁	第二保团坡村	1933年9月20—23日	服役时不知敌语，以致敌怒用枪打死于途	——	约合2.5万元	做工时被敌用枪打死

① 興竜会編集委員会『ああビルマ公路——ビルマ従軍』、186—189頁。

续表

姓名	性别	年龄	住址	征用起止年月日期	被敌强征用及其苛待情形	曾否调遣至外国何地	服役期间有否损失其损失若干	备考
曩以信	男	35岁	第二保旧城村	1933年5月14—17日	服役时不知敌语，以致敌怒用枪打死于途	——	约合3.2万元	做工时被敌用枪打死
孟波膀	男	51岁	止那隘	1933年7月16日—9月16日	服役时棍打枪冲	——	约合1.7万元	——
张有堂	男	46岁	止那隘	1933年7月16日—9月16日	服役时棍打枪冲	——	约合4.2万元	——

资料来源：云南省档案馆编：《日军侵华罪行实录云南部分》，第568页。

总体来看，1942年5月4日—1944年11月3日，龙陵县被日军强迫征调的服役人数约计20 032人，因苛待损失人数约计2 157人；腾冲沦陷期间，被日军强征强派民夫和外调民工有6 291人，其中调遣到缅甸的有184人，折磨致伤者有216人，苛待致死者有528人，服役期间因苛待损失总值为国币34 701 05万元（1947年6月币值），折合1937年7月币值为13 544 82元[①]；在德宏州莲山，日军强征民夫1 000余人，令其工作70余万日，损失国币1 400余万元；在陇川县，被日军强迫应征服役的有300余人，如以服役日

① 云南省课题组编：《云南省抗战时期人口伤亡和财产损失调研成果选辑》，第353—357页。

期计算，计合800余日，损失国币共计240万元左右。[①] 此外，日军还在潞西、瑞丽、畹町等地强征强派民夫，使很多人病死、饿死或被吊打踢死，伤残者不计其数。

第三节　日本对滇西沦陷区少数民族的统治

日军在滇西取得军事胜利后，一方面大肆宣传"泛泰主义"(Pan-Tai nationalism)，试图挑拨民族关系，并借此拉拢以土司、山官为代表的滇西沦陷区各少数民族；另一方面开始深入乡、镇、村、寨，并派驻"行政班"，通过武力威胁，扶持各地方少数民族上层人物建立"维持会"，进一步侵略并控制地方秩序，攫取战争资源。鉴于日军对滇西沦陷区少数民族政权统治策略的复杂性和特殊性，此处将日军统治滇西时期德宏州土司伪政权单独列为一节论述。

一、"泛泰主义"的利用

"泛泰主义"是20世纪前半期兴起于泰国的泛民族运动，它借用语言学对汉藏语系内部语族划分的研究，将其中使用"同一语族"语言的群体，如泰国的泰人，老挝的老人，英属缅甸的掸人，英属印度阿萨姆邦的阿洪姆人，法属印度支那的侬人，越南的岱依人、泰人和中国云南的摆夷人，中国广西、贵州、湖南的僮人、布依人、水人、侗人、仡佬人、毛南人，乃至海南岛上的黎人、临高人等一律视作"泛泰民族"；有些泛泰主义者还将历史上的南诏、大理国视为泰人国家。"泛泰主义"的政治目标是将一切"泛泰主义"及其居

① 《铁血丰碑：滇缅抗战史料》上册，保山市隆阳区政协委员会2013年编印，第234页。

住地“重新”纳入“泰人国家”的领土范围。① 1939年泰国批汶政府上台后，一直宣称“泛泰主义”，欲将“合并一切泰族”作为政纲，“谓居住中国云南、广西、贵州、四川之泰族有一千九百五十万人，唤醒泰族人对于自身之自由独立感到需要，并从合作使泰族臻于永远繁荣之境”。②

东南亚素有“文化人类学宝库”之称，20世纪40年代初，日本大肆“南进”，将战火燃烧至东南亚地区。这里作为世界民族分布最为复杂的区域之一，族群政治现象更为多元。中国与东南亚多国相邻，尤其是云南省与东南亚的老挝、越南及缅甸接壤。为了从西南方向进一步包围、裂解中国，日本利用位于中南半岛的泰国泰族（又称“傣泰民族”或“泰老民族”）与云南省傣族之间千丝万缕的联系，提出其盟友泰国的“泛泰主义”主张，质疑中国统治西南、华南非汉人聚居区域的合法性，为其入侵广西、云南等地的行动寻求政治支持。可见，“日本人的大陆政策，要想吞并整个中国，暹罗人的大汰（泰）主义，也未尝不想鼓动中国境内所有的汰族。大陆政策与大汰主义，名称虽是不同，实际没有什么区别，两者都是侵略的口号”③。

云南省少数民族众多，仅特有少数民族就有15个之多，滇西沦陷区则是云南少数民族最集中的地区之一。1942年5月，日军攻占滇西，沦陷地区恰是土司的主要辖区。滇西土司辖区以德宏傣族景颇族自治州为核心区域，这一地带多数居民分属傣、阿昌、

① 吕芳上：《中国抗日战争史新编 3——全民抗战》，台北：“国史馆”2015年版，第271页。

② 方国瑜：《抗日战争滇西战事篇》，昆明：云南大学出版社1994年版，第18页。

③ 陈序经：《暹罗与日本》，《今日评论》第2卷第17期，1939年，第260页。

彝、白、苗、哈尼、景颇、佤、怒、独龙、拉祜等 30 多个族群，人口有 100 多万，土官“世袭其职、世守其土、世长其民”。滇西土司制度[①]发端于元朝，明朝进一步完善。至清朝末期，清政府为加强对土司的控制，将南甸（今梁河）、干崖（今盈江）、陇川、勐卯、盏达、户撒、腊撒 7 个土司地划归腾越州管辖；芒市、遮放、勐板 3 个土司地划归龙陵厅管辖，合称“腾龙十司”。[②] 辛亥革命后，国民政府深感土司制度严重阻碍政令的推行，曾试图在德宏地区实行“改土归流”，以废除土司统治。但面对根深蒂固的土司制度，国民政府束手无策，遂在德宏各土司辖境内设立弹压委员、行政委员、设治局等机构。然而，所有政令不通过土司根本无法推行。至滇西沦陷前，土司机构与国民党行政机构一直同时存在，形成“土流并存”的局面。滇西各土司中，南甸土司辖区面积最大、人口最多，号称“十司领袖”；而干崖土司因第 23 任干崖土司刀安仁加入同盟会并参与发动腾越起义、建立滇西军政府而影响最大。

日军攻陷缅北、滇西后，面对滇西沦陷区的复杂民族关系，他们利用滇西的主要民族傣族与泰国主体民族泰族之间错综复杂的历史渊源大做文章，进一步加强“大东亚共荣”和“泛泰主义”的宣传，试图对以傣族为主体的缅北、滇西地区施加影响。在滇西占领区，日军“利用泰国人员，大做其宣传牢笼之工作，以期各司地之傣

① 土司制度是秦汉以来在少数民族地区推行的“羁縻”制度的基础上发展而来的对少数民族地区实行特殊统治的制度，是中央王朝处理边疆民族问题的一种特殊政治制度。这种制度的形式是以少数当地头人（或贵族）来管理和统治少数民族地区。中央王朝委予诰敕、印章、虎符、玺书、金牌等，对土官的任命、升迁、承袭、奖惩和应承担的义务、责任及与朝廷的关系都作了相应的规定。两者关系相辅相成。中央王朝赋予土司权利和义务，认可其世袭的统治权力，土司以维护边疆的稳定为中央王权尽忠。

② 马向东：《德宏民族文化艺术论》，潞西：德宏民族出版社 2006 年版，第 8 页。

族，永为彼之附庸”①。1942 年 5 月，日军占领畹町、勐卯（今瑞丽）后，即派留守勐卯司署属官送信给勐卯土司衎景泰，表示“皇军只杀汉人，不杀傣族人”。日军在占领滇西沦陷区近 3 年里，采取羁縻政策，对士兵和民众双方宣称“不杀戴包头、戴大耳环、嚼烟染牙齿、穿笼箕的，只杀‘支那’汉人”②，欲借此消弭滇西沦陷区各族人民的抵抗。在怒江泸水，“敌现用种种阴谋手段鼓吹宣传，不杀傈僳与茶山等人，故多数前往投降”③。侵华日军为了使侵略行为“合法性”，更是大量散发反动传单，其目的是奴化占领区人民，打击抵抗的军民士气。日军攻陷腾冲城 10 天后就发出布告，内容为“大日本皇军之来华，乃为解决‘支那’痛苦，殊不知蒋政权脑筋糊涂，不明事体，竟至勾引白种人，欺辱同种，故皇军作战目标乃为消灭蒋政权之个人军队，驱逐白种人在远东势力，完整我亚洲黄人之固有土地和利益，完成日支亲善，实现东亚自由平等，望一般人们速返家庭，各安生理……”④此为日军在滇西沦陷区进行欺骗宣传的前奏。据 1944 年《新华日报》报道：“腾冲敌军去年（1943 年）十一月间窜占界头后，就在那里开设伪维持会，派汉奸四出监视我同胞活动，勒令各乡保张运送粮食供其食用，并且召开所谓民众代表大会，大量散发荒谬传单，汉奸报等，以图欺骗沦陷区民众，供其利用。”⑤

---

①《龙陵县长杨立声报龙陵沦陷后敌我两方活动情况及省民政厅对该县的指示电》（1942 年 5—10 月），云南省档案局（馆）编：《抗战时期的云南——档案史料汇编》上册，第 389 页。

② 耿德铭：《滇西抗战史证》，昆明：云南人民出版社 2006 年版，第 5 页。

③《泸水设治局局长鲁正璜报日寇暴行致民政厅电》（1943 年 11 月 30 日 9—12 月 30 日），云南省档案馆编：《日军侵华罪行实录云南部分》，第 448 页。

④ 张传：《腾冲沦陷记——一份记录日军侵陷腾冲的珍贵文献》，林超民主编：《西南古籍研究》，昆明：云南大学出版社 2015 年版，第 476 页。

⑤《不堪敌寇的蹂躏　腾冲人民罢市反抗》，《新华日报》，1944 年 1 月 4 日，第 2 版。

二、笼络土司政权

伴随着“泛泰主义”思想的渗透，日军开始对滇西沦陷区各地土司、山官和士绅等头面人物进行诱降，企图建立并管理“维持会”，控制地方秩序。日军进入芒市、干崖、南甸、陇川各地后也优待土司亲属，以期拉拢各土司。

1942 年 5 月，日军占领畹町、瑞丽后，勐卯土司衎景泰全家及司署高级属官、卫队、勤杂人员仓皇逃离勐卯司署，到偏僻的南管景颇山寨躲避。侵华日军为了利用衎景泰，连发 4 封信要求他返回司署。信中扬言，若不依从，将另行委任勐卯新土司，皇军不需重兵，只 1 个小队就足以消灭勐卯土司武装。衎景泰全家权衡再三，最终还是回到了已被日军占领的勐卯城，由衎景泰以小土司身份替日军维持地方秩序。①

1942 年 5 月，日军让芒市、遮放、勐板 3 个土司联合组织“维持会”，挟逼方克光任会长，多英培任副会长，多英培的干爹（红笔师爷）主持日常事务，并要求多名汉奸成为内部管理人员。“维持会”成立后，苟安依附日军，又不能得罪远征军和抗日游击队，对于三方要粮要枪要猪、马、牛、羊的要求，都一一答应。

早在 1941 年日军攻占缅甸时，南甸龚绶（老土司）、龚统政（时任司）就做好了应付日军和远征军的两手策略。在日军未侵占边区时，龚绶召集乡（镇）长、士绅到遮岛开会，成立梁河“保安会”。他们当即选举陈世珍为会长，王灿其为副会长，驻会委员由每乡指派 1 人，共 8 人，另有财务管理 1 人，事务管理 3 人。1942 年 5 月 10 日，日军占领腾冲后，龚统政将“保安会”改为“维持会”。日军侵

① 瑞丽市志编纂委员会编：《瑞丽市志》，第 753 页。

占遮岛后，龚统政将小队长野口奉为上宾，命令“维持会”尽力招待，有求必应。野口小队长则不惊动龚统政家属，不毁坏其房屋。日本中央公论社的黑田秀俊 1943 年在参与云南战线的采访时得到了去某个土司的别墅访问的机会。据他记载，土司的家令①用流利的日语向黑田一行人讲述情况，指出“土司通过雇佣的人或佃户人向日军提供重庆方面的情报。但是，土司在暗地里知道雇佣的人是重庆方面的间谍，并默默地支持他们。日军也知道土司是两面派，也照样利用其对当地居民进行支配”②。

日军“行政班”班长田岛寿嗣在了解滇西沦陷区社会情况时，得知腾冲海关密查员王某某（腾冲人）懂外语，熟悉南甸、干崖、盏达土司情况。田岛寿嗣便任王为顾问，让其与土司联系，并决定成立“南甸、干崖、盏达三司监督厅”。③ 其人员由土司派属官担任，轮流任厅长，任期 3 个月。1943 年，“监督厅”正式成立，第一任厅长为龚月泉，干崖刀某某驻厅，盏达思某某驻厅，设秘书 1 人，科员 2 人，总务 1 人，主要职责是为日军派夫马及筹集军粮。首任厅长龚月泉还时常身骑大白马，得意忘形、耀武扬威地进出腾冲城。

三、建立土司“维持会”

1943 年 2 月 24 日，日军占领盈江新城，殴打百姓和刀征廷、线埔准等土司老办事员，其后成立盈江县“维持会”，选刀保固（刀完

---

① 毕业于明治大学。

② 黑田秀俊『軍政』、學風書院、1952 年、162 頁。

③ 德宏州史志办公室编：《德宏历史资料——土司 · 上官卷》，潞西：德宏民族出版社 2012 年版，第 326 页。

松)为“维持会”会长。在沦陷期间,盈江县先后组织了干崖(驻地土司署)、盏达(驻地土司署)、太平街、芒允街 4 个“维持会”。①1946 年 3 月 14 日,云南省政府主席卢汉关于滇西各土司情况给民政厅的训令细数了伪土司政权的作为:

一、三十一年五月,干崖新土司刀承钺,曾赴畹町参加敌方会议数次。九月间,干崖老土司刀保图(京版)等阻截中缅义勇军第四大队刘公敏部袭击由腊撒经干崖至腾冲之敌。

二、三十二年二月间,刀承钺、刀良生、思鸿升(盏达土司)、恩德邦等,率众夷民参加驻腾冲之敌五十六师团一一八联队田岛行政班工作,并在干崖新城附近芒抗刀保图家秘密开会,当时尚有刀保圉、刀保固参加等,内容之一,组织摆夷族王国,呈请日皇封刀承钺为皇子;二、协助敌军策划偷渡怒江,进攻保山;三、边区各土司不参加抗战工作。

三、刀保固、思鸿升等于三十二年间曾数次往腾冲参加敌方会议,由敌委刀保图为干崖伪行政厅长,恢复思鸿升已废土司地位,兼盏达伪行政厅长,另发电台一部,派情报员八人,住在刀保固家与思等经常将我军情况供给敌方。

四、三十二年三月十一日,刀保图、刀保固、刀承钺、思鸿升等,率夷兵四百余人,分别占据莲山、太平、芒允三镇,以当地粮食、马秣供给敌军,残杀汉人数十人。八月间又勾结敌军四五百人,围攻莲花山,杀害汉人百余、伤数十人,边民财务被

① 刀安禄:《盈江维持会及日寇罪行》,德宏州史志编委办公室编:《德宏史志资料》第 2 集,第 161 页。

劫一空。①

“维持会”的成立尽管暂时减少了日军的一些暴行，但其苟安依附日军，为日军征粮、征兵和征夫，使德宏少数民族深受其害。

（一）征粮

日军占领瑞丽后，勐卯土司衎景泰派出“维持会”人员法体准、法应勤、尚依摆等协助征集日军所需粮食和食品。为日军派收的牛、猪、粮食，全勐分 2 个渡口接送，下段送荣棒，再送往南坎；上段送到屯洪渡口（或棒蚌渡口）再运往木姐。因白天经常遭到飞机袭击，常常连夜送牛。② 日军占领梁河后，要求“维持会”每天中午 12 点以前要把日军所需柴、米、肉、菜等物资送到日军驻地。“维持会”下属 14 个保轮流供应，各保将物资送到“维持会”，再由“维持会”分送给各地日军。③

（一）日寇给盏西乡长摊派食品的命令

命令　盏西乡长孟××殿：

一、你们要组织自己保护的机关；

二、我们要三个人就用联络员，所以要会写字的人来到荷花池，阳历十二月二十日迄；

三、为送水的事你们总得送三千箩子的县，公米到荷花池，所以十天一回米一百二十斗，要送猪一头，阳历十二月十四日。

大日本军荷花池军政班江腾队长（印）

---

①《卢汉关于滇西各土司情况给民政厅的训令》（1946 年 3 月 14 日），德宏州史志编委办公室编：《德宏史志资料》第 5 集，潞西：德宏州民族出版社 1985 年版，第 100 页。

② 曼记：《日军在瑞丽的罪行》，瑞丽市政协文史资料研究委员会编：《瑞丽市文史资料选辑》第 1 辑，潞西：德宏民族出版社 1994 年版，第 78 页。

③ 德宏州史志办公室编：《德宏历史资料——抗日战争卷》，第 499 页。

(二) 日寇于1943年向盏西乡长催交食品的命令

皇军命令盏西乡乡长台前：我太田部队在荷花池要永久驻在了。因为要对以请乡，要求协力精力，很要信赖皇军罢。所以现在我们粮物不多了，天天难法的，我们没办法。我们要求很难，我知道。但是要二天内，驮来八十箩的白米和六十斤的猪肉，一百多斤的小菜，二百斤的烧酒罢。我们愿意很希望要服从皇军命令罢。请你们的乡里分量东西分随便。

昭和十八年四月二日

荷花池守备队长今里(章)

(三) 日寇于1943年给盏西维持会长的命令

皇军命令盏西治安维持会会长殿：

就要对以维持会派二个联络员罢，还要四天内驮来八十箩的白米，我们要永久驻在荷花池，守备大盈河一带罢。请你们要协力日军，信赖皇军。请你们要尊重日军命令，服从我们罢。

昭和十八年四月二日　荷花池守备队长代补官今里(章)①

日军在南甸也上演同样的戏码。日军向南甸土司“维持会”派大米2万包(每包100公斤)，并要求自备夫马日夜运送至腾冲。② 1943年日军派梁河军粮增至3万包大米。③ 日军在干崖、盏达、蛮允、太平向民众征派军粮5万包。④ 抗战胜利后，各县及设治局上报的抗

① 《抗日战争时期盏西沦陷后日军的一些文件》，德宏州史志编委办公室编：《德宏史志资料》第11集，潞西：德宏民族出版社1988年版，第246页。

② 德宏州史志办公室编：《德宏历史资料——土司·上官卷》，第326页。

③ 梁河县志编纂委员会编：《梁河县志》，昆明：云南人民出版社1993年版，第20页。

④ 德宏州史志编委办公室编：《德宏史志资料》第2集，第163页。

战期间滇西边区损失统计中，潞西损失粮食 128 990 斗，盈江损失 20 万箩。①

（二）征兵

日军占据缅甸后，利用缅甸各民族对英国殖民的反抗情绪，开始以反抗英国殖民为号召，训练缅甸各民族武装为日军所用。日军侵入缅北、滇西后又大肆挑拨民族矛盾，征发训练傣、佤、景颇等各民族壮丁。日军曾在缅滇边境一带大批征调夷民壮丁，其中，木邦征 150 名，南坎征 200 名，猛纪征 60 名，猛牙征 50 名，其他如猛古、棒线等地均有征调。日军占领龙陵后，即有"杂色部队"开赴龙陵，其中"戛拉(佤族对英军的称呼)、缅人、山头(景颇族)、汉奸均在其内"。1943 年 9 月增援腾冲的 4 000 多名日本兵中，"缅人及夷人甚多"②。

德宏州各处土司"维持会"成立后，日军指令他们组织武装力量，并通过土司强征各族青年以供调用，组织训练亲日武装"自卫队""自卫军"等。1943 年夏，勐卯土司衎景泰奉日军之命，召集了六七百名当地青年，由日军训练为"兵补"(即常备队或自卫队)，以协助日军的对华作战。最后由日军选定了 60 名青年，并派军事教官对他们进行军事训练。③ 干崖、南甸、盏达等部分土司武装也因土司成立"维持会"而变为亲日武装，并一度随日军行动。在 1944 年的一场战斗中，"复查缴获敌之文件，证明为五十六师团一〇六联队金刚宗四郎之高木营中队，官兵约百三十余。

① 《抗日战争期间滇西边区损失统计》，德宏州史志编委办公室编：《德宏史志资料》第 8 集，第 252 页。

② 《梁河设治局报告敌情及反攻情况》(1943 年 10 月 3 日电)，德宏州史志编委办公室编：《德宏史志资料》第 8 集，第 53、9、85 页。

③ 瑞丽市志编纂委员会编：《瑞丽市志》，第 753 页。

此次进犯大陇川、户撒、腊撒之敌总兵力，共约八百多人（包括干崖、盏达两土司伪军在内）”①。

日军在滇西地区除征兵外，还炮制所谓“爱乡青年队”。1942年7月，日军宪兵队队长高岛带领100余名士兵进驻勐戛，宣称他们是来“保卫老百姓”的。3个月后，日军令勐戛刘镇长召集各保甲长，商定组织一支“爱乡青年队”，当地士绅谁也不敢违抗，只得一一照办。镇公所立开民众大会，把100余名青年组织起来，由日军当教官，每天下午6点开始训练，8点回家。日军打着保护家乡的幌子，让这些人为他们卖命。后来部分青年就加入了日军队伍。

（三）征夫

如前所述，在梁河“维持会”的安排下，梁河县人民每年向日军送大米2万包，后增到3万包。大米每包重100公斤，均由乡保长组织骡马和人力运送，因此，大量民工来回奔波在腾冲至梁河的运粮路上。为了对梁河县进行控制，日军遂修筑从腾冲至遮岛的公路。他们要几千名百姓天天赶修公路。有些百姓不堪其重，寻机逃跑。对逃跑民夫，日军规定乡保长在几天之内如果不能将其按时送到工地，就烧毁乡保所辖村寨。1944年4月公路开始通车，由于修路未填沙石（仅铲平），雨季来临后，日军便又抓民夫维修公路，民众苦不堪言。

潞西镇公所办理驮马、食米等日军军需品

（1943年8月16日—1944年正月19日）

1943年8月16日命令②　卅二年八月十六日。案奉芒市

---

①《反攻腾龙前后的滇西敌后游击队》，德宏州史志编委办公室编：《德宏史志资料》第8集，第98页。

② 此命令盖有“潞西第一区潞西镇公所图记”印章。

司署顷准日军部通知："潞西镇应代雇驮马 100 匹，马伕 100 名，准于 8 月 17 日备齐送署验收勿悮为要。此令。"等因。奉此，自应遵办。除分令外，合行令仰该保长照养马者尽量派送驼〔驮〕马 24 匹、鞍架全套、马伕 24 名，遵期送往。事关军用急须，勿得延宕时刻为要。此令第二保长刘广荣遵照。

代镇长张觐北〔伯〕①

在遮放，当地维持会受日军指派雇佣民夫，并且对民夫的年龄、身体状况有明确要求。

遮放治安维持会办理日军军需

（1943 年 11 月 19 日—25 日）

1943 年 12 月 12 日命令② 卅二、十二、十二于芒市司署。令潞西镇代镇长张觐伯、副镇长刘广荣。为令遵事。顷准日军部通知谓："于本月 14 日需用马伕数百名，于芒市附近使用，希即代向各村雇用，按期送交。"等语，自应照办。除分令坝区及各乡派送外，合行令仰该镇长遵照，派送马伕 50 名，各应携带行李锅具，限阴历冬月十八日派送来署。事关军用，勿得借故推延为要。切切此令。

1944 年 3 月 29 日紧急命令 卅三、三、廿九于芒市司署。令潞西镇代镇长张觐伯、副镇长刘广荣。顷准日军通知："兹需用常工千余名，年在 15 岁以上、45 岁以下精壮无疾者，限于本月 31 日送芒应用，请代按期派送。"等语，自应照办。兹按旧例成数，分派该镇（勐戛、勐旺）共应派送民伕

---

①《潞西镇公所办理驮马、食米等日军军需品》（1943 年 8 月 16 日—1944 年正月 19 日），德宏州档案馆藏，2/1/17/132。

② 此处盖有"芒市安抚司署"之章。

140 名。除分令外，合行令仰该镇长遵照，即刻派妥，遵期送署。事关军用，勿得借故推延短少，有误军需，致干提究不贷。切速！此令。

代办方克光①

1943 年 1 月，日军在盈江成立“维持会”后，在干崖、盏达 2 个土司地征调军粮 7 万包，其中干崖 5 万包、盏达 2 万包，每包重 100 公斤。这些军粮完全靠骡马、人力运送到腾冲县城。为了修筑从南甸、干崖、莲山至缅甸八莫的公路，“维持会”到处抓捕民夫，为日军修路。1947 年 4 月，莲山设治局局长刘培元呈文：在沦陷期间日军共征莲山 1 000 余人，耗时 70 余万工日，损失国币 1 400 余万元。此报告并不含盈江设治局数据。

此外，德宏州的陇川、潞西、瑞丽、畹町也未能幸免。被征民夫很多病死、饿死或被日军吊打踢死，受尽虐待者难以计数。除了征粮、征兵和征夫，“维持会”还向百姓摊派日军所需的生活用品和夫马，并要求向日本教官学习日语、日本礼仪和《古文观止》。②

日本侵华期间在中国各地扶植成立的大大小小、名称各异、性质相同的伪政权，表面上也具有一般政府的组织形式，如有自己的政府机构与行政系统，有自己的官员队伍与军队、警察，也占有一定的土地，统治着一定数量的人民。但是这些“政府”的根源与本质在于，它的产生和存在都是基于日本的武装入侵与军事占领，它的成员与组织都唯日本当局之命是从，它的最主要功能是竭尽所能服务于日本“以华制华”的政策与利益，它必须事事、时时听命于

① 《遮放治安维持会办理日军军需》(1943 年 11 月 19—25 日)，云南省档案馆编：《日军侵华罪行实录云南部分》，第 432—436 页。

② 瑞丽市志编纂委员会编：《瑞丽市志》，第 753 页。

日本而不能有任何实质上的反对,也不能有任何自己的主见。一旦日本当局改变主意或日本当局垮台,这些“政府”也会立即消失或垮台。这些伪政权在日军刺刀的监控下,只是日本军国主义的傀儡和工具,始终奉行亲日、卖国的方针与政策。

第三章　日本在滇西沦陷区的经济统制与掠夺

日本发动全面侵华战争初期，一方面企图通过“以战养战”的战略方针，缓解国内对侵略部队军事供应不足的矛盾；另一方面，妄想通过战争手段在中国掠夺大量战备物资，以弥补国内军工业原材料的不足。但旷日持久的战争导致日本军国主义快速征服中国的希望破灭。面对这一严峻的战争形势，日本军部法西斯铤而走险，将战争的规模进一步扩大，悍然发动了太平洋战争。其直接军事目的就是掠夺东南亚地区丰富的战略资源，为国内后继乏力的军工生产和军备供应输血。[1] 为此，他们在实施军事占领的同时，对中国大肆进行经济掠夺，使沦陷区经济完全殖民地化，成为日本战时经济得以运转的重要基地。

第一节　日本控制和破坏滇西沦陷区工商业

日军在盘踞滇西的 2 年多时间里，除明目张胆地抢掠滇西沦

---

① 朱冬生编著：《论日本军国主义的侵略战争》，北京：解放军出版社 2008 年版，第 100 页。

陷区人民的生产、生活资料，强征强派各种税收和物资外，还设立了伪大东亚低利银行、伪商工会、伪新华公司、伪东亚公司、伪协新公司、伪日兴公司等，强制发行和流通日本军票，进行疯狂的金融掠夺，以达成“以战养战”的目的。

一、日本对云南省经济情势的调查

国土狭小、资源贫乏是日本地缘政治中最显著的特征，而东南亚地区地广人稀、资源丰富，与日本形成鲜明对比。随着资本主义工业的发展，日本一直希望将东南亚变成自己的原料供给地和商品市场，同时把与越南、老挝、缅甸接壤的云南省纳入自己的东南亚战略中。早在1911年出版的《云南事情》的《云南省视察报告》一文中，日本外务省通商局便对云南省的经济价值、物资供给力、面积地势、制造业和工业现状、采矿现状、出口贸易、物资购买力，以及云南省人口、城市和交通等情况都做了详细调查。① 第一次世界大战爆发期间，日本参谋本部继而对云南省的农业、工业、林业、矿业、海外贸易、国内贸易等情况也进行了调查，于1916年出版了《云南事情》，其中附有云南省各地面积表、秋季作物耕地面积表、矿业和农牧产品表等。②

第一次世界大战结束后，由于台湾在日本地缘战略中所处的特殊地位，以及台湾与东南亚之间的地缘关系，台湾总督府开始了对东南亚资源的大规模调查活动。日据时期台湾总督府殖产局于

① 外務省通商局『雲南事情』、外務省通商局、1911年。

② 小野浩毅『雲南事情』、參謀本部、1916年。

1918年任命冈新六[1]、辻胜治郎[2]、大村信夫[3]等人对云南地方矿产物、农事等方面进行调查，后于1921—1926年委托藤村俊房[4]、乡间正平[5]、粕谷廉二[6]、小谷淡云[7]、中野勇吉[8]等人进行云南地方调查工作，并支付经费。在最终形成的系列调查报告中，台湾总督府总督官房调查课的书面材料设有“云南专辑”，分别为第88辑《云南省事情其1》、第89辑《云南省事情其2》和第90辑《云南省事情其3》。其中，《云南省事情其1》包含云南省行政区划、地势面积、人口、商业及市场等内容，尤其分析了云南省城、河口、蒙自、思茅、腾越、下关和昭通等城市的经济情势；《云南省事情其2》则对云南经济进行了详细分析，细致到工业（织布业、电灯业、水道业、制革业、烟草制造业、印刷业、制纸业、陶器业等）、矿业、农业（包含畜牧业、渔猎业等）、金融业、交通通信业等行业。[9]

---

① 『岡新六殖産局勤務ヲ命ス、雲南地方ニ於ケル鑛物調査事務囑託』、“台湾総督府”、2887/27、1918-05-01、第5卷、第141頁。

② 『辻勝治郎殖産局勤務ヲ命ス、雲南地方ニ於ケル鑛物調査事務囑託』、“台湾総督府”、2887/27、1918-05-01、第5卷、第141頁。

③ 『大村信夫殖産局勤務ヲ命ス、雲南地方ニ於ケル農事調査事務囑託』、“台湾総督府”、2887/28、1918-05-01、第5卷、第146頁。

④ 『藤村俊房雲南地方調査事務ヲ囑託』、“台湾総督府”、3207/75、1921-05-01、第5卷2、接續3206冊、本冊文號自41開始、第256頁。

⑤ 『鄉間正平雲南省ニ於ケル殖產調查事務囑託』、“台湾総督府”、3453/61、1922-03-01、第2卷、第344頁。

⑥ 『粕谷廉二雲南地方調査事務ヲ囑託ス』“台湾総督府”、3749/34、1923-03-01、第2卷、第170頁。

⑦ 『小谷淡雲南洋制度經濟調查事務囑託、手當』、“台湾総督府”、4012/62、1925-12-01、第5卷、第350頁。

⑧ 『中野勇吉雲南地方調査事務ヲ囑託ス、勤務』、“台湾総督府”、4055/21、1926-07-01。

⑨ “台湾総督府総督官房調査課”『南支那及南洋調査』、“台湾総督府”、1924年。

20世纪30年代中期,"南进"被纳入日本国策后,为了准备军事"南进",日本法西斯更加觊觎东南亚的热带资源,渴望从中取得日本急需的战争物资。在进入"国策'南进'期"后,总督府资源调查的重点又转向对战略资源的调查,为日本军事"南进"东南亚做准备。[①] 东京商工会议所调查部对云南省最新的经济形势、农产品、矿业、工业、商业贸易、货币金融等情况进行了调查分析。[②]

经过长期处心积虑的云南省情调查,日本对云南省西部城镇尤其是腾冲的经济资源和发展了如指掌。腾冲自古就是我国西南丝绸之路上的重镇。作为西南丝绸之路通往南亚和东南亚的重要节点,腾冲在云南沿边贸易的地位和作用举足轻重,它不仅为来往不绝的各路马帮提供中转休憩之所,促进了云南各地人、财、物的流通,还带动了本地工商业、加工业对外市场的发展。在近代资本主义列强环伺,尤其是英法两国觊觎已久的情势下,腾冲得时代机遇之先,成为滇西与外部世界联结的窗口,逐渐发展成云南近代工商业较为繁华的地区之一。缅甸的珠宝、玉器、棉花等多由腾冲进口,转运国内各地;内地所产丝、茶、绸缎及腾冲的土特产棕、麻、纸、毛毡等,也由腾冲出口,运销印度、缅甸及东南亚各国。滇缅贸易路线在当时有百条以上,基本都从永昌(今保山)、腾越出境。[③] 由于腾冲在商贸和涉外方面的地位日益重要,为便利经济往来和加强控制,英国方面在1899年决定于腾冲设置领事馆,并在3年后

---

① 陈艳云:《日本"南进"东南亚与台湾总督府关系研究(1895—1945)》,北京:中国言实出版社2007年版,第155页。

② 東京商工会議所調査部『支那経済年報・昭和12年版』、改造社、1936年。

③ 李涛:《早期经济全球化视野下的滇缅贸易(1644—1949)》,博士学位论文,云南大学,2012年,第38页。

即1902年设立腾冲海关。民国时期，腾冲为云南省3个对外贸易口岸之一，对外贸易货值始终占全省总值的10%以上，1919年更达23%之多。1931—1939年是腾冲商业的鼎盛时期，1939年腾冲有私营商业1 239户，出现"雄商大贾多，著名商号多，经营进出口多"的繁荣局面。1931—1940年腾越海关进出口总值年平均为5 268 983海关两，进口商品有160多种，以棉花、棉纱、棉布、煤油、珠宝和玉石为主，来自5个大洲30多个国家和地区；出口商品80多种，以黄丝、石磺为主，占出口额的80%以上，其次是本地的土特产品。① 日本占领滇西后，主要在腾冲一带实施经济统治的各项政策。

二、经济统治机构及其措施

仰光失陷时，中国军队沿滇缅路抢运进出口物资，仍损失钨铁厂之电冶炉，中央钢铁厂之钢椿及车辆等重要物资。② 日军相继攻占东南亚各国时，腾冲商人在东南亚和缅甸的财物亦遭受巨大损失，部分物资被抢运到腾冲。1942年5月腾冲沦陷，大量物资被日军掠夺。大商贾逃迁至保山、下关、昆明等地，小商贩逃散到边远农村，对外贸易和城区商业活动停止，农村商业深受战争影响，不少集市被烧毁，腾冲商业遭到毁灭性破坏。1942—1944年腾冲被日军占领，其间腾冲的农业、工业、手工业和商业都遭到严重破坏。

伪县政府成立以后，日军在缅甸的商业株式会社代表川田之

---

① 腾冲县志编纂委员会编：《腾冲县志》，北京：中华书局1995年版，第368页。

②《资源委员会滇缅沿线物资抢运及积存数量与损失等情形》(1942/05/05—1945/11/13)，台北："国史馆"藏，003/010309/0240。

义来腾冲视察。他认为腾冲是日货倾销的最佳市场，也是向云南怒江东岸实施走私活动的最佳据点，遂授意驻腾“行政班”本部组织伪商工会，在抢掠所得的棉纱中提出一两驮作为启动基金，其后更代以商股。① 另因田岛寿嗣认为滇缅一带战事尚有 5 年，在此 5 年当中，印缅交通断绝，印度产品及舶来布匹在此时期无法运输。若仍由中方抢运，则腾冲、龙陵、缅甸将来必物资缺乏，而兵民有冻冷之虞。因此要组织伪商工会，第一要封锁物资，第二要经营商务，以通无有，而备应用。在田岛寿嗣授意下，伪县长钟镜秋及李家昌勾结投机商人何世隆（“维持会”成员）、杨聪林、董根发、瞿思恩等，于 1943 年 8 月 1 日成立伪商工会，李家昌任伪商工会会长，实权由何世隆把持。从伪商工会的会议记录、敌“行政班”本部的行事预定表以及各种信函账册及记事册等分析，伪商工会实为一个庞大的组织。伪商工会的最高机关为股东会会议及董事会，会内设总务、营业、财务三股及货仓一所；会下设伪协新公司、伪日新公司、伪低利银行、农具工厂、草标（肥皂）工厂、铁锅工厂、陶器工厂、纺织工厂、制药厂及制革厂；会外设缅甸总分会及木姐新街两分会与滇滩分栈，另外纺织业者、制纸业者、陶器业者、商工业者、铁工业者五小组会同；此外，还设有经济情报局。

伪商工会的主要职能如下：

封锁物资。日军令各地商民住户将所存物资、布匹、花纱报告登记，并派员彻查、核验数目，货品相符者，打一印验于货上，仍由物主保存，不得私自买卖。必须售用时，须申请伪商工会核准，得卖若干，1 驮或 2 驮，然后将物资交给伪商工会，照规定之低价，于

① 云南省政协文史资料研究委员会编：《云南文史资料选辑》第 25 辑，昆明：云南人民出版社 1985 年版，第 153 页。

有存款时，给付物主具领，若无款，仍须听候，不得卖与他人。伪商工会另照规定的高价，出售与民间应用，但卖零不卖趸，若有隐匿、私卖私买者，一经查获，货物没物，人并罚处受押。

经营商务。日军令由各商民富户筹款集资及收没民间货品为基金，派员往沦陷区各属，如缅甸一带，经营商务，购买海盐、干鱼等来腾售卖，又将腾冲存蓄之洋纱、棉花、布匹等运往缅甸、木姐各处售卖。从腾冲将物资倒运至缅甸，可见缅属物资缺乏之一斑，因而腾冲将来仍有物资缺乏之虞。当时腾冲洋纱，已至国币一驮 40 万元以上。封锁专卖二项所得及经商红利，除伪商工会本身开销外，所有余利概供给日军军需。①

由伪商工会筹组的低利银行是日军从所劫掠的腾商大批物资内提出一小部分作为基金开办而来。具体操作为："其法宣传民间，欢迎借贷，每人得以清丈执照为抵押或请担保，各借国币 1 万元，4 分行息，10 月本息还清。第一月还本息 1 400 元，第二月还本息口 60 元，第三月还本息 1 320 元，第四月还本息 1 280 元，以下递减息本类推，借行小惠，以弄愚民。"②为顺利推行，伪商工会会长李子盛及何世隆还曾向日军筹办国币百万，招抚难民回家。伪商工会与伪新华公司、伪东亚公司（专门供应日军之副食品）、伪协新公司（负责日货之经营）、伪日兴公司合称"一会、一行、四公司"，主要通过经济渠道推销日货，推行日本军票，为日军筹集物资，实施经济侵略。

从伪商工会 1933 年 12 月 18 日的会议记录分析，其组织可谓

①《腾冲敌情报告书》（1944 年 4 月 20 日），中国第二历史档案馆藏，787/11593。
②《腾冲敌情报告书》（1944 年 4 月 20 日），中国第二历史档案馆藏，787/11593。

腾冲残余商业资本及工业制造之结合。出席会议的人物有日军军政代表田岛寿嗣(出席会议9次),有伪政权代表李子盛(出席会议9次)、钟镜秋及徐某(出席会议8次)等。而加入伪商工会的会员有183家。以上体现了日伪经济与政治相互勾结的事实。因此,正如腾冲抗日县政府张问德县长分析:“虽腾冲仅为日军之密支那及龙陵两要点侧防上之支撑点,而实为敌在政治及经济上与中国从事斗争之重点。腾冲与松山、龙陵、芒市同为敌在中国怒江西岸国境以内之四重要据点,然敌于腾冲之据点所以负固至于如此之极者,除其军事上应有之原因而外,而较之松山、龙陵与芒市,实更益以政治及经济上之原因。”①一言以蔽之,腾冲是日军统治滇西沦陷区的政治及经济中心。

三、对工商业的破坏

日本在盘踞滇西沦陷区近3年时间里,利用各种卑鄙的手段打击、破坏、摧残滇西民族工商业。滇西的民族工商业几乎被破坏殆尽,剩者寥寥。

(一)日军对滇西手工业的破坏

腾冲的手工业在清末就比较发达,在民国时期进一步发展,个体手工业作坊很多,并兴办了一些私营的矿冶、火柴、制革、纺织行业。1931—1941年,腾冲的工业、手工业发展到70多家,产品有近300种,火柴、造纸、藤编、饵丝等手工制品亦很受欢迎。

① 腾冲县政协文史资料委员会编:《腾冲文史资料选辑》第2辑,昆明:云南人民出版社1990年版,第240—242页。

表 3.1　腾冲县 1939 年县城工业、手工业兼商业户数统计表

单位：户

行业名称	户数	行业名称	户数	行业名称	户数
琥珀行	2	洗染行	8	锡匠行	16
象牙行	1	星卜行	4	皮鞋行	5
瓷器行	5	乐器行	1	干粉行	4
土陶行	7	爆竹行	5	刺绣行	2
金石行	6	鞍架行	7	蜡烛行	1
揭裱行	15	戥称行	5	小公益行	4
印刷行	4	纸扎行	14	饵丝行	5
银匠行	16	木器行	19	米线行	4
铜匠行	10	油蜡行	4	皮革行	5
铁匠行	8	酱菜行	6	解玉行	33
洋铁行	3	镟匠行	6	玉拱眼匠行	27
修枪行	2	木材行	8	玉细花匠行	23
修表行	6	棺材行	7	玉光工匠行	25
成衣行	44	烟斗行	7	玉大货匠行	31
便帽行	12	酿酒行	14	玉小货匠行	37
便鞋行	45	糕饼行	19	皮鞋行	22
纸巾厂	4	箱子行	9	织布厂	1
制革行	12	织袜厂	2	油染行	5
火柴厂	1	胶帽行	4	肥皂厂	2
皮杂行	13	细花铜匠	9		

资料来源：腾冲县志编纂委员会编：《腾冲县志》，第 380 页。

缅甸的勐拱、勐密等地产玉石翡翠，由于产地邻近腾冲，便于运输，腾冲遂发展成中国历史最为久远的珠宝玉石集散中心。在众多久负盛名的传统工艺品中，玉雕及琥珀雕名声最盛，拥有500多年的发展历史。尤其是在清朝的中后期到民国早期，腾冲的玉雕业可谓闻名遐迩，繁盛一时。由于得地缘之便，在1937年，有一定规模且较为正规的加工玉石的作坊在腾冲达到了173家，雇佣工匠近3 000人，经营的玉石交易额占当时世界份额的90%。玉石交易如此流行，以致在腾冲民间几乎无人不晓基本的玉石鉴赏知识，也培育出许多闻名国内外的“翡翠大王”，如著名的张宝廷、寸如东等人。腾冲自然而然地发展为当时全球翡翠加工的最大集散地，“翡翠城”的称号也由此传扬天下。[①] 时至今日，珠宝玉石行业仍是腾冲市场繁荣的重要支柱。腾冲沦陷时期，百业停顿，珠宝玉石产业受到严重冲击，损失30多亿元。

表3.2 人民团体机关私人通用财产直接损失汇报表(珠宝行业)

分类	损失时价值(国币元)	重要物品项目及其价值
会馆厂房及店房	188 400 000元	会馆全院厂房店房约共102间
工作架	5 000 000元	约计500副，每副1万元
各色玉石	3 000 000 000元	约计600驮，每计50万元
宝砂	45 000 000元	约计300驮，每计15万元
琥珀	8 000 000元	约计20驮，每计40万元
铁丝铜皮	40 000 000元	约计5 000斤，每斤8 000元
木器桌椅	1 200 000元	圆方桌及椅凳约30套，每套4万元

① 李光信主编：《腾越文化研究》，昆明：云南教育出版社2001年版，第102页。

续表

分类	损失时价值(国币元)	重要物品项目及其价值
其他	920 000 元	铜器铁锅约 12 件,绣花品 2 件及零物等
合计	3 288 520 000 元	——
备注	事件:日军进攻占据及飞机轰炸 日期:1942 年 5 月 10 日至 1944 年光复时为止 地点:腾冲县城区 填报者:腾冲县珠宝同同业公会 填报日期:1946 年 6 月 16 日	

资料来源:《人民团体机关私人通用财产直接损失汇报表》(1942 年 5 月 10 日至 1944 年光复时止),云南省档案馆藏,1011/014/00008/015。

沦陷前,腾冲共有 3 家火柴厂,主要产品有“白象”“鹿牌”“飞机”“雄狮”“地球”“慈佛”等诸多品牌。“鹿牌”为硫化磷火柴,“白象牌”规格质量好,供不应求。其产品主要销往梁河、盈江、莲山、龙陵、芒市、保山及本县,平均有 30%外销缅甸。创办于 20 世纪 30 年代初的腾冲火柴厂,以“慈佛牌”和“白象牌”等为商标,销量甚巨。[①] 1934—1939 年,其年产火柴 4 000 件,产值达 72 000 元。腾冲县被日军占据后,火柴厂的厂房被剥夺,制成品、原料、机械及工具等来不及搬运,悉数被日军掠夺,火柴厂的生产也随之停顿。“慈佛牌”最高年产量曾达 7 200 件(每件 100 包,每包 10 小盒),占缅甸销售额的 50%。收复后,年产量有限,销缅甸的额度也降至 30%。[②]

① 林文勋主编:《民国时期云南边疆开发方案汇编》,昆明:云南人民出版社 2013 年版,第536 页。

② 腾冲县轻工业局编:《腾冲县轻手工业志》,腾冲县印刷厂 1985 年印,第 64—65 页。

表 3.3　工业同业工会之会员(公司行号)商会直辖之工业公司行号及工业生产合作社用民营工业财产直接损失汇报表

分类	损失时价值(国币元)
共计	8 910 万元
厂房	拆去装围 17 间,850 万元
现款	无
制成品	"慈佛牌"安全火柴 375 听,2 625 万元
原料	氯酸钾 2 000 公斤,赤磷 200 公斤,杂药 6 000 公斤,巴腊 1 500 公斤,商标 3 000 箱,条胶 800 公斤,共 4 640 万元
机械及工具	全场用具约 1 780 件,720 万元
运输工具	无
其他	消防救火水龙大 2 架、小 2 架,水桶 40 个,共 75 万元
备注	事件:腾冲县被敌占据事前不及搬运全数被敌夺取 日期:1942 年 5 月 10 日 地点:腾冲县五保全仁街 填报者:腾冲火柴厂股份有限公司 填报日期:1946 年 7 月 29 日

资料来源:《工业同业工会之会员(公司行号)商会直辖之工业公司行号及工业生产合作社用民营工业财产直接损失汇报表》(1942 年 5 月 10 日),云南省档案馆藏,1011/014/00008/015。

腾冲纸张业、衣冠业、丝绵业等手工业同样难逃此劫,损失巨大。腾冲光复后,手工业虽有所恢复,并新建了造纸、火柴、皮革、发电等工厂,但规模小,设备简陋,生产水平低,一般日常生活用品均需依赖外地供应。[①]

日军对龙陵的侵占使原本脆弱的手工业更加举步维艰。战前

① 腾冲县志编纂委员会编:《腾冲县志》,第 271 页。

龙陵的手工业主要有：小铁农具、马蹄铁、翻砂、铜器、银器、棉、毛纺织、毛毡、染布、缝纫、皮革、土纸、陶瓷、纸伞、火炮、刻字印刷、牛马鞍、木盆、木桶、棺材、竹木农具、榨油、榨糖、豆腐、豆粉、酱油、锡箔、钱纸、草鞋、布鞋、石瓦、石灰、矿业等。这些手工业多为农兼工的家庭副业，是以户为单位的小手工业生产。龙陵沦陷后，手工业者流离失所，百业废弛。①

表 3.4　商业同业公会之会员（公司行号）商业直辖之商业公司行号及消费合作社用民营商业及交通运输业财产损失汇报表

分类	纸张业损失时价值（国币元）	衣冠业损失时价值（国币元）	丝绵业损失时价值（国币元）
共计	50 500 000 元	28 410 000 元	351 300 000 元
店房	30 幢，6 000 000 元	50 幢，1 500 000 元	95 幢，20 000 000 元
器具	77 000 000 元	500 件，12 000 000 元	3 000 000 元
现款	12 000 000 元	7 500 000 元	8 000 000 元
存货	1 500 000 元	呢、缎、布 1 200 匹，3 750 000 元	丝花 26 000 余件，305 130 000元
运输工具	——	——	——
其他	——	缝帽机 33 架，3 210 000 元小帽，450 000 元	卢比 900 000 元，合法币 13 500 000 元
备注	事件：日军入侵掠夺 日期：1942 年 5 月以后 地点：腾冲城区、各乡 填报者：腾冲县纸印业同业公会、衣冠业同业公会、丝织业同业公会 填报日期：1946 年 7 月		

资料来源：《商业同业公会之会员（公司行号）商业直辖之商业公司行号及消费合作社用民营商业及交通运输业财产损失汇报表》（1942 年 5 月以后），云南省档案馆藏，1011/014/00008/015。

① 龙陵县委党史地方志工作办公室编：《龙陵县志》，北京：中华书局 2000 年版，第 197 页。

（二）日军对滇西商业的破坏

在日军铁蹄未曾践踏腾冲城以前，即 1942 年之前的腾冲，可谓云南极边第一城。近代以来，这个面向南亚、东南亚，有着悠久对外商业贸易史的滇西重镇，重新焕发出生机与活力，其进出口贸易之盛，珠宝玉石交易规模之大以及琳琅满目、品种丰富的手工业品贸易之广泛，使整座腾冲城“内外商人云集，大小店铺林立”，呈现出一片繁华景象。翻看民国《腾冲县志稿》对 1937 年腾冲的记录，有这样一组数据：该年在腾冲县城和主要的集镇里，共有各类商行 18 个，858 户；到处都有小商贩和半农商户；分布各乡的初级市场有 48 个；民间从事加工业者众多。腾冲与缅甸接壤，历来是滇缅贸易的枢纽，手工业较为发达，产品甚多。民国时期，其是今德宏、保山地区政治、经济、文化的中心，又是云南省 3 个对外贸易口岸之一，因而“商贾丛集”，“店市甚盛”。

据《云南通志》商务资料记载，在 1931 年前后，腾冲县私人出资专门经商的纯商业户有 306 户，有 77 户经营花纱布（含丝），占 25.2%；有 34 户经营珠宝玉石（含加工），占 11.1%；有 43 户经营百货（含纸），占 14.1%；有 28 户从事屠宰业，占 9.2%；有 59 户经营理发、茶馆、酒馆、旅栈、轿夫等服务业，占 19.2%。①

表 3.5　腾冲县 1939 年县城座商行业（纯商业）户数统计表

单位：户

行业名称	户数	行业名称	户数	行业名称	户数
百货行（批发）	10	洋杂行	52	笔墨行	1
		山货行	15	牛屠行	9

① 腾冲县志编纂委员会编：《腾冲县志》，第 379 页。

续表

行业名称	户数	行业名称	户数	行业名称	户数
花纱行	27	纸张行	22	羊屠行	2
匹条行	5	中药行	12	猪屠行	26
绸缎行	26	西药行	5	油行	17
土布行	8	宝货行	14	化妆品	1
棉絮行	6	盐商	1	纸烟行	4
书业行	4	米商	4	丝线行	8
		土杂行	218	古董行	5

资料来源:腾冲县志编纂委员会:《腾冲县志》,第380页。

具有敏锐生意头脑的腾冲人并不只是将目光停留在传统的生意上,他们顺应时代的发展,开始将投资方向转向了新的工业门类,诸如纺织、采矿、冶金、制革、火柴、印刷、水电、化工等产业。"腾冲帮"商号洪盛祥在下关开办了"洪记石磺有限公司",在普洱设"洪记普茶有限公司",在下关设制革厂和茶叶加工厂。"茂恒"商号在昆明兴建"云茂纱厂";商人王绍武从香港购进卷烟机,在腾冲创办"名扬烟草公司";董信成在腾冲创办织布厂;还有人办火柴厂、印刷厂、火力发电厂、电池厂、肥皂厂等。但在日军的侵入与统治下,腾冲数额巨大的公私财物被日军掳掠、破坏,对外贸易中断,工商业严重受挫。

表3.6　腾冲县抗战时期商业损失调查表(腾冲县建设局1948年1月1日)

序号	种类	数量	价值(国币元)
子	花纱布匹、洋襟	9 302 驮	715 151 800 元
丑	药品	87 驮	13 498 500 元
寅	瓷器、文具	33 驮	13 498 500 元

续表

序号	种类	数量	价值(国币元)
卯	印刷机件、纸张用具	101 驮	636 000 元
辰	襟货	790 驮	43 360 000 元
巳	书籍	48 驮	15 600 000 元
午	铁器	33 驮	150 000 元
未	玉石	30 驮	10 240 000 元
申	皮箱、襟货	24 驮	2 300 000 元
总计		10 448 驮	814 434 800 元(依照 1946 年度调查时之物价计算)

资料来源:《腾冲县抗战时期商业损失调查表》(1948 年 1 月 1 日),云南省档案馆藏,1077/001/06396/128。

日军对腾冲的经济侵略使腾冲的内外贸易被迫中断,大批从事内外贸易的商民破产、失业。商民损失的惨重性从腾冲县城保镇五保街张南溟的个人损失数据中可窥一斑。

表 3.7 人民团体公司行号合作社及私人通用财产间接损失汇报表(商民损失)

分类	实际价值(国币元)	摘要说明
共计	189 430 000 元	花木 280 盆,1 400 万元
迁移费	450 000 元	房屋炸毁 5 间,拆去装围 6 间,墙垣尽损,1 400 万元
防空设备费	800 000 元	用具保险箱 4 支,江西瓷碗 40 杯,陈设品,共 800 万元
疏散费	300 000 元	衣物 12 箱,420 万元
救济费	——	粮食谷子 300 箩,90 万元
抚恤费	——	埋于地内现洋 3 500 元,纹银 4 800 刀,共 129 400 000 元

续表

分类	实际价值共计	摘要说明
生产减少	——	书籍6箱，38万元
盈利减少	——	商货线纱80件，水火油10箱，铁丝钉6箱，玻璃8箱，锑器4箱，土布800件，大白新闻纸40件，共1 700万元
备注	事件：本人所有房屋由沦陷悉被敌军据住至复城前止 日期：1942年5月10日—1944年6月25日 填表者：腾冲县城保镇五保街商民张南溟 填报日期：1946年7月29日	

资料来源：《人民团体公司行号合作社及私人通用财产间接损失汇报表（商民损失）》（1946年7月29日），云南省档案馆藏，1011/014/00008/015。

在日军对腾冲商业的致命冲击下，腾冲作为“极边第一城”的城市繁荣景象消失无踪。战后，腾冲城更是化作一片焦土，社会经济严重倒退；腾冲人民用数百年时间创造的商业奇迹毁于一旦，曾经闻名于世的“翡翠城”变得黯淡无华。

表3.8　腾冲县商会造报市街各商沦陷损失货品价值数目一览表

号名或姓名	货品名	数量	单位	价值（国币元）	损失地点
万茂和	花纱布匹、洋杂	213	驮	29 060 000元	腾冲
信记	花纱布匹、洋杂、卡车、轿车	415，卡车7，轿车2	驮辆	24 700 000元	腾冲、龙陵
万发祥	布匹洋杂、棉纱用具	52	驮	4 464 300元	腾冲
云裳记	布匹洋杂、花纱用具	45	驮	1 263 900元	腾冲、龙陵
体天堂	药品	12	驮	6 863 500元	腾冲
富华美	花纱疋条、洋杂	32	驮	2 430 000元	同上

续表

号名或姓名	货品名	数量	单位	价值(国币元)	损失地点
广利	棉纱、棉花	29	驮	110 000 元	同上
梁森泰	磁器	14	驮	280 000 元	同上
宏文印社	印刷机件、纸张用具	35	驮	5 250 000 元	同上
元春号	棉纱、杂货用具	153	驮	8 950 000 元	同上
云盛和	杂货	37	驮	4 760 000 元	同上
荣华昌	花纱、杂货、马	53 1	驮 匹	777 700 元	同上
天永工厂	机器用具、汽车	42 1	驮 辆	3 860 000 元	同上
蘐记书社	文具、磁器、杂物	19	驮	356 000 元	同上
茂恒	花纱布匹、杂货、车辆	1 212,卡车 5,轿车 5	驮 辆	77 550 000 元	腾冲、龙陵
永生源	花纱布匹、杂货	153	驮	9 730 000 元	腾冲
永利	花纱布匹、杂货	165	驮	12 710 000 元	同上
文瑞记	花纱布匹、杂货、车辆	127,卡车 3,轿车 1	驮 辆	13 140 000 元	腾冲、龙陵
瑞美和	花纱杂货	25	驮	350 000 元	腾冲
锦瑞和	花纱杂货	32	驮	50 000 元	同上
徐友蕃	花纱布匹、杂货	225	驮	15 180 000 元	同上
洪盛祥	花纱布匹、杂货	351	驮	28 510 000 元	同上
万胜昌	花纱布匹、杂货	147	驮	11 740 000 元	同上
新生商店	洋杂布匹	27	驮	270 000 元	同上
正茂兴	杂货	15	驮	150 000 元	同上
泰兴隆	杂货	13	驮	130 000 元	同上
赵殿侯	布匹	17	驮	310 000 元	同上
睿丰祥	布匹	9	驮	18 000 元	同上

续表

号名或姓名	货品名	数量	单位	价值(国币元)	损失地点
陈子久	花纱布匹、杂货	32	驮	2 510 000 元	同上
富昌隆	花纱布匹、杂货	25	驮	2 100 000 元	同上
致和兴	花纱布匹、杂货	54	驮	5 270 000 元	同上
永康隆	杂货	7	驮	110 000 元	同上
生华昌	杂货布匹	61	驮	8 120 000 元	同上
广兴祥	花纱布匹	57	驮	6 310 000 元	同上
富茂祥	杂货	31	驮	570 000 元	同上
立兴祥	杂货	27	驮	410 000 元	同上
广茂祥	花纱布匹、杂货	72	驮	9 250 000 元	同上
李国贤	花纱	12	驮	240 000 元	同上
佩元勋	杂货	15	驮	300 000 元	同上
心斋记	花纱布匹、杂货	52	驮	5 440 000 元	同上
杨春帆	花纱杂货	25	驮	550 000 元	同上
杨锦帆	花纱杂货	31	驮	720 000 元	同上
春茂和	花纱布匹、杂货	158	驮	13 550 000 元	同上
宏达	布匹杂货	52	驮	2 540 000 元	同上
元顺号	杂货	47	驮	4 200 000 元	同上
德庆昌	杂货	5	驮	100 000 元	同上
大昌号	杂货	35	驮	750 000 元	同上
翰臣记	纸张	4	驮	40 000 元	同上
锡茂号	布匹杂货	13	驮	430 000 元	同上
杨任馨	花纱	27	驮	270 000 元	同上
吴少生	花纱布匹	55	驮	1 590 000 元	同上
福茂兴	花纱布匹	21	驮	520 000 元	同上
美粹兴	纸张	12	驮	120 000 元	同上
建三记	纸张	8	驮	80 000 元	同上

续表

号名或姓名	货品名	数量	单位	价值(国币元)	损失地点
万春堂	药品	6	驮	120 000 元	同上
徐仲儒	杂货	24	驮	480 000 元	同上
潘东升	杂货	9	驮	180 000 元	同上
富华公司	铁器	33	驮	150 000 元	同上
国胜号	杂货	7	驮	140 000 元	同上
立胜昌	杂货	11	驮	220 000 元	同上
茂生源	杂货	9	驮	180 000 元	同上
义生	花纱布匹、杂货	124	驮	10 280 000 元	同上
汇来	杂货	37	驮	1 850 000 元	同上
黄槐荫	布匹杂货	55	驮	5 630 000 元	同上
张子衡	玉石	15	件	5 120 000 元	同上
新文化	书籍杂货	48	驮	7 850 000 元	同上
杨新斋	花纱布匹	34	驮	3 250 000 元	同上
甘从龙	布匹杂货	25	驮	2 510 000 元	同上
崇仁药房	花纱布匹、药品	85	驮	21 250 000 元	同上
张楚墟	杂货	35	驮	6 310 000 元	同上
黄美和	皮箱杂货	12	驮	1 150 000 元	同上
普仁药房	药品	15	驮	550 000 元	同上
大同医院	药品	54	驮	6 460 000 元	同上
黄锡九	杂货	31	驮	840 000 元	同上
华裕昌	花纱布匹、杂货	62	驮	4 120 000 元	同上
利贞	花纱布匹、杂货	37	驮	3 150 000 元	同上
合计	物品、汽车、玉石、马匹	5360、24、15、1	驮辆件匹	411 505 400 元	

注:此表日期不详,约为 1947 年。

资料来源:《腾冲县商会造报市街各商沦陷损失货品价值数目一览表》(1947 年),云南省档案馆编:《日军侵华罪行实录云南部分》,第 578—581 页。

滇缅公路通车后，大批商界转入滇缅公路沿线经商，畹町对面的九谷（缅境）是中缅两国边界的重要物资集散市场。畹町成为滇缅公路的咽喉，由原来只有1户人卖茶水的小寨子，发展为有数百户人家的商业集镇。日军侵占德宏后，畹町几乎成了无人区。因滇缅公路通车带动发展起来的德宏汽车修理业也受到重创。远在芒市的由西南运输处牵头组建的“第五汽车修理厂”，其厂长张代华与当地土司代办方克光共同投资创办的“光华汽车修理厂”，以及当地公私合营、民营企业及各县市（区）内大量各类手工作坊被迫倒闭，多家商贸商号严重受损，民族工业惨遭重创，德宏工商业发展被严重阻滞。

（三）日军对滇西金融业、服务业等行业的破坏

随着腾冲边贸的繁荣兴旺，中缅边境一带出现了一批以边贸为根基发展起来的跨国经营的大商号，如“福春恒”“永茂和”“永昌祥”“茂恒”“永茂”等。它们不仅拥有雄厚资本，从事多种买卖，还多在仰光、曼德勒、八莫、腊戍等城市开设分号。一些外国公司，如美国烟草公司、南洋烟草公司等也纷纷参与中缅边境商贸。参与中缅边贸的商业资本开始流向生产和金融领域，带动了金融业的发展。民国初年，腾冲出现银钱兑换、汇兑等金融业，据统计1921年全县有典当行4家，银钱兑换业6家，汇兑业7家。在此基础上，1916—1945年，云南富滇银行、云南兴文银行、国民党中央银行、交通银行、农业银行以及云南地方的矿业银行、实业银行、侨民银行等金融机构亦纷纷在腾冲设立分支机构，从事信贷业务。所谓“昔日繁华百宝街，雄商大贾挟赀来”就是当时腾冲市场繁荣景象的真实写照。一时间，人口近30万的腾冲成为边陲金融重镇。

以云南本土的富滇银行为例。在响应辛亥革命发动“重九起

义”后，云南摆脱清朝统治，宣告独立，来自清政府的财政支持遂告断绝，南京临时政府自顾不暇，远水解不了近渴。为此，云南军都督府立即推出一个解决财政问题的对策，就是在1912年成立省立富滇银行，属官办，史称“富滇银行”。该银行既具有一般银行所有的职能，又被赋予特殊权限，它可以发行纸币，也可以代行省政府制定本省金融政策，还可以统一管理外汇业务，是名副其实的“滇省金融机关之中心”。1916年，富滇银行在腾冲开设了第一家分行，刚开始派陈漱泉担任总办，后面又委任唐伯庄出任总办。1926年，分行在腾冲爆出了“大包头”丑闻，停办了一段时间。1932年，新富滇银行成立，在上海、香港及云南各地设有分行和办事处。1937年，经过一番调整之后，用了新名的富滇新银行在腾冲重设分行，李敏生、周金、董天一相继任经理，富滇新银行仍然承担着新滇币的发行兑换及日常的存贷、汇款等金融服务。不过在日军占领腾冲之后，富滇新银行业务中止，从腾冲撤回了昆明。据战后富滇银行填报的损失数据分析，滇西沦陷区金融业被破坏的程度可见一斑。

表3.9 富滇银行财产直接损失报告表

损失分类	价值(国币元)	
共计	4 315 945.82元	机关名称：昆明总行及所属保山、芒市、龙陵、畹町等分行处 资料日期：1937年7月7日—1942年12月31日 填送日期：1943年12月
建筑物	341 253.12元	
器具	37 425.91元	
现款	3 874 687.32元	
其他	62 579.47元	

资料来源：《呈报昆明总行及所属保山、芒市、龙陵、畹町等分行抗战损失财产报告表》(富滇银行1943年1月1日)，云南省档案馆藏，1011/007/00018/059。

表 3.10　富滇银行财产间接损失报告表

损失分类	价值(国币元)	
共计	1 415 228.57 元	机关名称:昆明总行及所属保山、芒市、腾冲、个旧、昭通、佛海、龙陵等分行处 资料日期:1937 年 7 月 7 日—1942 年 12 月 31 日 填送日期:1943 年 12 月
迁移费	70 697.50 元	
防空设备费	615 767.60 元	
疏散费	697 073.25 元	
救济费	31 690.22 元	

资料来源:《呈报昆明总行及所属保山、芒市、龙陵、畹町等分行抗战损失财产报告表》(富滇银行 1943 年 1 月 1 日),云南省档案馆藏,1011/007/00018/059。

再以云南兴文银行为例。该行成立于 1939 年 5 月 1 日,是在一个原来叫"兴文官"银号的基础上重新改组成立的。新成立的兴文银行在 1939 年 10 月到腾冲开设了一个办事处,聘请旃德荣兼任经理,此人还同时担任腾冲消费税局的局长。银行在他主管下从事税款收解业务。当日军占据腾冲后,该行也不得不停办并撤回昆明。腾冲沦陷期间,金融行业全面停顿,日本侵略者指使汉奸何世隆等设立"大东亚低利银行",其"乃敌人于所掠腾商大批物资内提出一小部为基金开办者。其法宣传民间欢迎借贷。万元,四分行息,十月本息还清。每得以清丈执照为抵。第一月或请担保,各借国币还本息一千四百元,第二月还本息千三百六十元,第三月还本息一千三百二十元,第四月还本息一千二百八十元,以下递减,息本类推。借行小惠,以弄愚民,闻亦少有借之者"①。

腾冲市场虽仍保持着本县及德宏州各县物资的供应集散角色,但不再像沦陷前那样繁荣。1947 年,县城商业、饮食服务从业户数下降为 301 户,资产较大的仅两三户,私营工业只有造纸、火

---

①《腾冲敌情报告书》(1944 年 4 月 20 日),中国第二历史档案馆藏,787/11593。

柴、皮革、发电等几个小工厂。腾冲光复后,一部分商贩集资在废墟上经营,但货源短缺,人民购买力低下,苛捐杂税繁多,商业萧条,对外贸易冷淡。1945 年,腾冲许多大商号开始东迁,它们沿滇缅公路来到保山、下关等地另谋出路。从此,腾冲商业一蹶不振。根据 1946 年 8 月 31 日腾冲县商会上报给县政府的文件内容,当时情况可见一斑。呈文说:"光复后,屋宇摧毁,瓦砾遍野,繁荣之区成为荒凉之地,创痛巨深,满目疮痍,号寒啼饥者比比皆是。生活所迫,岂能坐困待毙?一般素业工商业之人,或典田卖地,或合数人、十数人之力,集资经营,借觅蚝头,以维衣食。讵意去岁日寇投降,又遭物价之惨跌,折本亏累,一蹶不振。光复两载,尚有多数待留在外,无法迁回。城内则一片焦土,无家可归,大半于城外租房住,小本营生。然商场冷淡,元气未复,印缅交易尚未畅通。贸迁无货,出口无物,腾冲商场成为死市,频日以忧,难以经营,折本之号更多。凡营工商业者,皆困惑不堪,欲罢不能,挣扎无方。各同业公会虽迭奉县府会催,始于最近先后成立。本年间各处又遭鼠疫及水灾之患,全县人民叫苦连天,所受痛苦,罄竹难书。"①

表 3.11 腾冲县 1939 年县城服务业户数统计表

单位:户

行业名称	户数	行业名称	户数	行业名称	户数
牛菜馆	9	堆栈	9	旅栈	11
摄影航	13	理发行	13	羊菜馆	2
轿夫行	9	汤菜馆	20	茶馆	22

资料来源:腾冲县志编纂委员会:《腾冲县志》,第 380 页。

① 腾冲县志编纂委员会编:《腾冲县志》,第 368 页。

日军攻进腾冲，腾冲人民事前并不得知，各号货物仓促未能疏散，日军占据后已抢运不及。所有牲畜均被宰食，汤馆茶铺亦损失奇重，腾冲的服务业也陷入了停顿状态中。

表 3.12　商业同业公会之会员(公司行号)商业直辖之商业公司行号及消费暨合作社用民营商业及交通运输业财产损失汇报表(服务业)

分类	屠商汤茶业损失时值(国币元)	理发业损失时值(国币元)	足头百货业损失时值(国币元)
店房	50 幢，9 500 000 元	350 幢，252 000 000 元	115 幢，9 140 000 元
器具	6 000 000 元	600 件，1 600 000 元	1 350 件，3 390 000 元
现款	25 000 000 元	400 000 元	法币，11 500 000 元
存货	250 000 元	——	108 000 匹，276 650 000 元
运输工具	——	——	——
其他	6 340 000 元	——	卢比 32 万 5 千盾，合法币 4 875 000 元

资料来源：《商业同业公会之会员(公司行号)商业直辖之商业公司行号及消费暨合作社用民营商业及交通运输业财产损失汇报表(服务业)》(1942 年 5 月 10 日以后)，云南省档案馆藏，1011/014/00008/015。

腾越海关是在清末中国国门被打开、外强群起入侵的背景下于 1902 年成立的。它的成立与列强尤其是英国对中缅边境日趋深入的侵略紧密相关，是清政府所签订的不平等条约在云南边境的具体实施。为了达到“增开商埠，门户洞开”的目的，腾越海关应时而生。它一设立，其重要性便日益凸显，成为云南乃至中国通达缅甸、印度的重要门户。凡是在海关监管范围的进出口货物，都要经过报关、验货、放行等一系列严格的流程，还要按货检缴纳相应的海关税。1912—1942 年，是腾越海关监管进出口货物最盛时期。1942—1944 年，腾冲沦陷，腾越海关移驻昆明，因市场停滞，大商号纷纷将资产转移内地，进出口贸易及货检全部停止，滇缅贸易一落千丈。以1939年腾冲海关进出口总值7 083 714海关两计，3年进出口贸易合计损失21 251 142海关两。因3年关税停征，以1940年腾冲海关关税征收1 817 540元法币计，折合1937年国币值308 580.65元，腾冲海关1942—1945年间损失关税国币1 234 322.6元。[①] 腾冲光复后，由于战争的破坏，商道交通受到严重破坏，进出口货物数量很少。1945年，世界反法西斯战争处于反攻阶段，腾冲关区与缅甸边境之贸易颇受限制；日本投降后，对外贸易恢复。1946年，腾冲关区货检才有所回升。这从侧面反映出这一时期滇缅贸易的衰落。

表3.13 腾越海关历年监管货值表(1941—1946年)

单位：海关两

年份	进口货值	出口货值	合计
1941	8 850 000	7 000 000	15 850 000
1942(腾冲沦陷)	——	——	——
1943(腾冲沦陷)	——	——	——
1944(腾冲沦陷)	——	——	——
1945	39 000	3 083	42 083
1946	2 835 780	551 429	3 387 209

资料来源：吕文超：《腾越海关简述》，腾冲县政协文史资料委员会：《腾冲文史资料选辑》第3辑，昆明：云南人民出版社1991年版，第147页。

日据腾冲期间，就滇缅进出口贸易总量来看，它的大幅下降是非常明显的，仅用棉纱、棉花、汽油等的统计数据就能说明这一点：

① 云南省课题组编：《云南省抗战时期人口伤亡和财产损失调研成果选辑》，第353—355页。

1939 年腾越关棉纱进口为 20 511 公担，1946 年降为 1 760 公担；当年棉花进口为 7 875 公担，1946 年减少至 5 721 公担；1940 年汽油进口为 1 398 161 公升，1946 年减为 152 475 公升。另外，像煤油、烧碱等货物进口数量在这一时期也是急剧减少。①

自 1942 年 5 月 10 日沦陷，至 1944 年 9 月 14 日收复，经日军 2 年多的蹂躏和近 2 个月激烈战火的破坏，腾冲这座历史悠久、商贸兴旺、富甲一方的边陲古城，几乎被夷为平地。全城已无一间完好的房屋，处处都是断壁残垣，昔日的繁华景象荡然无存。此外，日军的侵略也使滇西保山、腾冲、龙陵等重要城镇变成一片废墟，给滇西地区带来了难以计数的财产损失。作为南方丝绸之路的重要节点，滇西千百年来积累的物质财富灰飞烟灭，商业更是遭受自古未有的惨重破坏，经济基础几被破坏殆尽。抗战结束后，滇西经济稍有复苏，但社会发展受到极大制约。

第二节　日本在滇西沦陷区强制发行军票

日本政府为了将战争支出转嫁给占领国家和地区的人民，实现所谓的"大东亚共荣圈"，在金融体制上打造了一个庞大的"日本帝国集团"经济网，以便在更大范围内进行经济渗透和侵略。在侵华战争期间，日本强制沦陷区民众兑换军票作为流通货币。日军所到之处，都以大日本帝国政府的名义发行"军用手票"，强制当地人民使用军票。日军在滇西成立日伪银行和公司发行军票，规定限期兑换日本军票，严禁国民政府发行的法币、金银及印缅两国的货币在占领地区流通使用；垄断食盐的开采售卖权，以"掐断供应"

① 李涛：《早期经济全球化视野下的滇缅贸易(1644—1949)》，第 86 页。

"高价出售"等非经济手段相要挟,逼迫滇西民众兑换并使用日军发行的军票,以此掠夺了占领区的大量财富。现存大量日军作废军票是日军侵占和掠夺滇西地区的重要罪证,带有极其鲜明的殖民统治色彩。

一、发行军票的背景

日军发行的所谓军票,是"军用手票"这种特殊货币的简称。它的发行是出于战争需要,是日军专门用于为军队进行作战采购所需物资,或为控制占领区经济命脉而临时发行的一种特殊货币。如果在占领区使用本国货币,则会随着军费的增长而增加本国货币的发行量,从而使本国面临通货膨胀的风险。为此,在占领区发行和使用军票,具有将占领区经济和本国经济隔离开来的效果。① 总体而言,日本于战时或事变之际,在财政上发行军票的理由如下:一是"节约正货和外汇";二是"筹措及支付军费方便";三是"维持本国通货制度之必要,如防止增加发行本国通货(银行券)等";四是"打击敌人的抗战力量"。而军票的发行是没有储备的,"在这一点上,与日银券等银行券(兑换券)有很大的不同,是属于一种不兑换纸币。因此在使用军票时,政府没有任何资金(如租税、国债收入等现实岁入),只靠印刷军票券就可以支出"②。在中国战场,日本自 1937 年起在华中和华南地区发行军票。经过长期的占领,日本军票经济得以养成。为了维持军票的价值,日本开始实施种种物资和资金上的政策。

---

① 小林英夫『日本軍政下のアジア:「大東亜共栄圏」と軍票』、岩波書店、1993 年、4—5 頁。
② 清水善俊『支那事変軍票史』、三好印刷株式会社、1971 年、5 頁。

（一）初期

1. 使用军票，用军票来表示各地区目前使用的货币。

2. 为实现军票与现地流通货币等价使用而需要建立强制措施。

3. 考虑整备中央及地方有资格处理军票的机构。

4. 为了获得及开发当地资源而产生的费用，可以依规定划入军事预算。

（二）占领地掌控阶段的对应

1. 努力地，尽可能迅速地掌握现地发券制度的运作事宜，调整军票制度的机能，逐次统一的推进，根据现地通货情况回收已经发放的军票。

2. 依照右面的原则伴随着统一乃至回收的决算，原则上应该依照下面的方式处理：

(1) 使用发券银行的借款、债券等手段。

(2) 利用应当没收的敌方资产。

(3) 利用政府机关及公共团体等的国防费分担金。

3. 使用其他方法确定主要的现地资源获得及开发资金的调用。

为了促进军票能够与现地货币等价流通，顺利地利用军票购买物质，应该采取适当措施。努力在预算的编制上考虑，军票与日元按照 1∶1 的比例，并考虑当地物价的实际状况，在各占领区分别计划、实施。①

日本占领东南亚期间，在北部法属印度支那发行了一部分军票，但由于并没有全面占领，且无高额军事支出，因此转变政策为

① 太田常蔵『ビルマにおける日本軍政史の研究』、485—486 頁。

筹集当地货币。然而，日本陆军决策层认为南方的开战意味着全面战争，遂作出了在南方不可避免地要发行军票的判断。1940 年 12 月 27 日，陆军内部计划进行的状况是，南方作战用军票图案已经确定，原版已经在制作中，预计翌年 2 月可以完成。此后日本对占领地统治方针不断地检讨，总结出占领后总括性经济政策，并在 1941 年 11 月 20 日出台了《南方经济对策要纲》，其中就有各个地域中外币军票发行的规定。实际上，早在 1941 年 10 月 31 日，《军用手票发行要领》（总理、大藏、陆军、海军各大臣间决定）已经出台，文件表明“南洋方面”的作战要发行外币军票。同日，大藏大臣们发布了《南方外币表示军用手票办理手续》的训令，明确表示为了支付南方作战地域的军费，要在预算范围内发行外币军票。关于外币单位，有荷兰盾、美元、比索、卢比以及英镑等。作为发行制度，日本银行将大藏省理财局交给日本银行的军票，按照特别账户存款对待，并设立军票发行额的账目。从《南方外币表示军用手票办理手续》的附表中可以得知，荷属印度支那是“は”号军票（荷兰盾、分），英属马来亚、英属婆罗洲和泰国是“に”号军票（美元、美分），菲律宾是“ほ”号军票（比索、分），缅甸是“へ”号军票（卢比），英属外南洋及澳洲（包含委任统治地）是“と”号军票（英镑、先令）。这些军票在特别账户中的接收价格是，1 英镑＝10 日元，1 先令＝50 钱，1 荷兰盾＝1 美元＝1 比索＝1 卢比＝ 1 日元。这样的换算率，参考 1941 年 2 月的 1 日元＝0.437 5 荷兰盾＝0.496 27 叻币①＝0.469 48 比索＝0.777 5 卢比＝0.072 91 先令（1/20 英镑），可见为了便于计算基本上设定成了等价。同时也能看出，相比起开战

① 叻币是马来亚、新加坡与文莱在英国殖民地时期，由英殖民地政府所发行的货币，发行单位是叻屿呷政府。

前日元汇率水平，日元的价值提升了。①

日本在缅甸实行军政统治时，发行的“へ”号军票（卢比）以英文为面文，取当地常见的景物为图案，印制简单、粗糙。主币面额有 1 卢比、5 卢比、10 卢比、100 卢比 4 种；辅币券有 1/4 卢比、1/2 卢比、1 分、5 分、10 分、50 分以及 10 元、10 钱等。② 这种特殊纸币是为日军掠夺军需物资和控制占领区经济命脉服务的，且发行时根本就没有保证金作为兑换支持，它仅以日军的实际占领和政治军事力量作为发行的依据和保障，只能在日军占领区使用，不能在全国流通。1942 年 5 月，日军侵入中国云南瑞丽、陇川、德宏、腾冲、龙陵等大片地区，并在滇西沦陷区强行流通从缅甸带来的大量英文版军用票，肆意搜刮当地人民的资源与财富。

二、军票的发行与流通

日军进犯滇西后不久，除了抢劫掠夺和强制无偿摊派，又使用了新的掠夺手法——强制发行军票。日军在滇西沦陷区采取软硬兼施、多管齐下的方式来发行和流通军票，主要包括禁止当地原有货币流通、断供食盐以及名为购买实则变相掠夺等手段。

（一）“禁”——日伪银行发行日本军票，强行禁止法币等我国货币

1942 年 9 月，日军在腾冲县城原华盛荣商号旧址设立了伪大东亚低利银行，作为日军维持占领地的重要措施，掠夺经济资源，统制金融。该伪银行以汉奸何世隆为经理，翟思安、董银发为副经

① 疋田康行『南方共栄圈：戦時日本の東南アジア経済支配』、多賀出版、1995 年、242—243 頁。

② 池振南、林伟雄编著：《铁证：透过货币看日本侵华罪行》，广州：暨南大学出版社 2015 年版，第 103—104 页。

理，下设5个股室，与其所设立的日伪商工会、伪新华公司、伪东亚公司、伪日兴公司、伪协新公司等相互配合，由日本“行政班”和伪政府通过各种强制措施来保证日本军票的发行和流通。① 在滇西沦陷区发行和流通的日本军票有马来亚版和缅甸版2种。马来亚版印有英文字母“M”标志，缅甸版印有英文字母“B”标志，印制都很粗劣。在滇西地区，缅甸版的数量最多，该版日本军票有4张主币、5张辅币，总共是9张，以卢比、分作为单位，主币的面值分别是100、10、5和1卢比券，辅币的面值则有1/2卢比、1/4卢比、10分、5分和1分券，1卢比等于100分。票券均呈横式，用不同颜色、不同规格区分币值，无编号、无发行日期、无印章、无水印。在军票的正面，写着汉语的篆书“大日本帝国政府”，其对应的英文则是“THE JAPANESE GOVERNMENT”，且以英文注明是“卢比军票”，“币值”则以阿拉伯数字明确标出，纸币上都有红色的大写英语字母“B”（指代“缅甸”）和区别版别作用的红色英语字母。纸币上的图案也具有明显的缅甸特色，所有的主币和1/2卢比券，它们的正面都印着缅甸的标志性建筑——仰光大金塔与其他的秀丽景色，而一侧或两侧印有热带特有的果树，其中最常见的是椰树；至于4种辅币的正面，只是选用了花符，没有使用风景作为图案。此外，在全部主币和辅币反面还印有各种式样的花符与阿拉伯币值。②

日军在滇西沦陷区内，一方面强制发行和流通日本军票，一方面还制造和散布各种欺骗宣传，严重扰乱滇西沦陷区金融秩序。

---

① 中共保山市委党史地方志工作委员会编著：《滇西抗日战争史》，昆明：云南民族出版社2005年版，第74页。

② 董思聪：《滇西发现一套二战期间侵华日军发行的军票》，《思想战线》2001年第1期，第131页。

滇西当地居民一般使用云南省政府发行的滇币（云南票）、中央国民政府发行的国币（中央票）及中国硬币、银币、铜币、文钱，另外还有缅甸硬币（缅甸卢比）和纸币，高山地带的居民中甚至还有一直使用古时贝壳钱币的地方。[①] 但日军完全不顾这种历史上形成的货币杂用状况，强令当地居民在一定期限内将货币统统兑换成日本军票，国民党政府发行的法币、金银及印度、缅甸的货币都严禁使用。这致使原在滇西广泛流通的 1914 年版的国币（时称“老瓜黄”）及新富滇票不能流通使用，即使国币稍旧者亦不能流通使用。除日本军票外，只有最新的国币（时称“脆票”）和银元半开以及印度银卢比（小洋）可以流通。据潞西偏窝村张碧春、芒国村张士代、弄莫村方波练、怕底村石曼哏等群众口述：“当时日军出布告，禁止民间买卖黄金、白银；禁止我国货币及印、缅卢比流通。必须换日军票使用。”《德宏金融志》载，当年日军规定期限停用法币及印、缅卢比，强迫沦陷区人民使用军用券。在日军的高压统治下，群众对军用券不敢公开拒用。

最初发行日本军票时，日伪规定日本军票与各种货币的比率为：日本军票 1 卢比兑国币（脆票）26 元，以后渐次涨为日本军票 1 卢比兑国币 40 元，最后涨到日本军票 1 卢比兑国币 100 元或兑银半开、小洋 1 元。例如：1943 年 6 月，日军在腾冲县第五区强制向群众征购粮食 90 000 箩，每箩合 20 公斤，定价为日军军票 5 元，而当时第五区的实际粮价是每箩值国币 200 元。当百姓以日本军票向日军买食盐时，每元日本军票所得食盐的数量只值国币 15 元。一买一卖，百姓遭受双重的损失。

---

① 品野実『異域の鬼——拉孟全滅への道』、160 頁。

（二）“控”——控制食盐经营权，采取断供等手段推行军票

日本大本营1941年颁发的《南方经济对策要纲》明确规定：为了减少军票的过度发行，尽力没收敌国的一般财产，包括矿山资源、农场等，以及敌国个人的财物（除华侨之外的有反抗主义的人士）；努力掌握指导与货币业务有关的政府部门的财政；确保国防费分担金的标准，按照以往的国防费，包括本国支付给官员的俸禄、资本利息，以及其他各种负担等贸易外支付金额的实现。① 在滇西沦陷区，日军一方面由伪大东亚低利银行发行日本军票，一方面组织伪商工会和各日伪公司封锁登记商户物资，强迫商民、富户筹款集资，并没收民间货物，实行物资垄断与专卖，以此极力扩大日本军票的发行和流通。日军想要控制人民生活必需的食盐经营权，因此，对食盐的管理工作成为日军第56师团军政工作的重要内容之一。在腾冲城中心地带，有一座供给整个云南地区食盐的大盐库。随着日军进驻这里，各种物价暴涨。把岩盐粉碎之后可制成3—5公斤一块的白盐或黑盐。买一头40公斤的猪，需要用一箱中国纸币，但是如果用白盐，一块就够了。这里的盐通过缅甸国的铁路运到腊戌，然后再用卡车沿着腊戌—九谷、畹町—龙陵这条道路运送，从龙陵到腾冲，则要通过驮马沿着蜿蜒曲折的山路运送，这一过程的艰辛超乎人们的想象，因此盐才格外贵重。② 日军规定食盐只能由日伪公司专卖，严禁民间经营。滇西人民历来食用云南井盐，日军进犯滇西后，沦陷区原来的盐务机关被迫撤销，盐商裹足，民盐断绝，民间极度恐慌。日军便利用这种机会，派日

① 太田常蔵『ビルマにおける日本軍政史の研究』、486頁。

②《侵占滇缅的“急先锋”——日军第56师团第146联队志》，云南省龙陵县政协委员会、云南省社科院保山分院滇西文化研究基地2019年编印，第16页。

本在缅甸的商业株式会社代表川田之义来滇西视察，然后将被日军封锁的原来腾冲商户储存的大量洋沙、棉花、布匹等物资倒运往缅甸，又从缅甸运来海盐，实行食盐垄断专卖。一家独大之下，日军"断绝供应"和"高价出售"等狠毒手段频出，滇西沦陷区人民被迫使用军票。食盐由日伪公司垄断后，随意停供。那些被强迫拉去替日军服劳役的民工，日军一个月不给他们食盐，迫使其屈服，人民称之为"饿盐手段"。滇西民众向日伪公司购买食盐，必须使用军票且出以高价，日军规定 1 元军票购买 1 市两食盐。无军票的人民必须用农副产品来换盐，但农副产品价格被日军任意压低。如 1 市两食盐换芭蕉 1 砣(3 市斤)、1 市两食盐换 1 只大母鸡，每砣猪肉 2 元军票或 2 市两食盐。在"强卖压买"与"强买压卖"中，日军和伪政权人员获取暴利。

据梁河百姓回忆："自从沦陷后，食盐来源断绝。地方的食盐有两个来源，从保山来的乔后、一平浪盐，老百姓称之为官盐；从缅甸来的是私盐，大家叫海盐。因为战争，两种盐都无法输入，老百姓闹盐荒了，有钱也买不到。起初有些人家只得把腌蛋的水滤后再熬了食用，以后连腌蛋水、腌鱼水也吃光了，煮一锅菜只做一个蘸碟胡乱吃。日军运来的盐巴存在兵营里，老百姓也可以去买一点，但必须用他们发行的军用票。军票与国币的比值是 1∶20 或 1∶30。也就是二三十元国币才能兑换一元日本军票。"①无奈之下，滇西沦陷区人民只得将手中的国币、银半开、银卢比兑换成日本军票使用，日本军票因而得以发行和流通。除食盐外，日军还将民间物资抢来，由日伪公司专卖。日军侵入腾冲时，将全城民间商业物

① 江春昊：《梁河沦陷前后》，德宏州政协文史委编：《德宏州文史资料选辑》第 9 辑，潞西：德宏民族出版社 1994 年版，第 145 页。

资抢劫一空，总值达 8.23 亿多元，其中有花纱、布匹百货约9 302 驮，玉石 30 驮，药品 78 驮，土产杂货 1 029 驮。日军将大批物资囤积居奇，指定由日军的公司“卖”，规定只准用日本军票“买”，迫使人民使用军票。

（三）“买”——日军用军票支付的变相掠夺

日军利用控制盐、煤油的方法发行军票，遭到部分百姓抵制。他们为巩固在滇西沦陷区的政治、经济统治，变换伎俩，用军票美其名曰“买”百姓物资，其实质也是经济掠夺。

在龙陵，田岛寿嗣为了替军用票找出路，向“难民村”发了财的伪政权成员集资组织了“兴华”公司，由吴隅生、李少卿任正副经理，大做生意。首先，田岛寿嗣把“茂恒”存着的“杉月派”棉纱拿出一些来，交给兴华公司售卖，限定要用军用票支付。李少卿购买了七八十股“杉月牌”棉纱囤积着，后来纱价猛涨时售出，获了厚利。田岛寿嗣又向坂口请示，拨给公司 1 辆专用汽车，开给长期通行证，让公司到缅甸、腊戍一带去购买海盐干鱼等海味来龙陵售卖，也是限定要军用票支付。公司每月终结账分红，股东都获了厚利。据龙陵“维持会”会长李春彩战后供述，“兴华”公司资本就有日本军票 600 万元。①

日军在潞西、盈江、陇川、梁河、腾冲、龙陵等所收取的粮食、牛、骡马、猪等全部用军票支付。潞西帕底村线波岩团凹老夫妇说：日军派购黄牛，开始规定 5 户 5 天交 1 头牛，后来又规定 2 户 2 天交 1 头牛，必须送到潞西三棵树日军仓库。最后竟然撕下“派购”的外衣，见牛就开枪打死并拉走，然后丢下一堆军票。占领腾冲后，日军每年向梁河、盈江派购 8 万包大米（后期超出 8 万包），每

①《云南省政府关于依法处理龙陵县伪维持会长李春彩的训令》，保山地区行政公署史志办公室编：《保山地区史志文辑》第 4 辑，保山报社印刷厂 1990 年印，第 386 页。

包100公斤，完全用军票支付。在腾冲，日军“强迫人民作苦工，工毕每给以一元或五角之军用票，或夺取人民之食物后，其物主有大胆向其哀求者亦间或给与〔予〕数元之军用票。但一般交易，人民均拒绝使用。六月初，敌酋松岛曾召集开会宣布，每日元一元之比率为国币五十元，故人民每被其强迫接受军用票时，均自认晦气，视若废纸。同时敌酋松岛妙想天开，以所掠获之各种物品，开设商店于十字街口，用汉奸作店员，准许以军用票购物，但限制每人购买率不得超过五元……”①日军为在腾冲大量发行军票还有其他伎俩：“敌在第五区②强迫向富户征购粮食9万箩，每箩定价军用日票5元，每元抵合国币20元，每箩计国（币）100元。但目前第五区粮价每箩值国币200元，所得不过半数，而且人民以军票向敌买盐，则每元只合国币15元，人民又受一重损失。”③《德宏史志资料》载：“腾属明光之敌饬当地人民每日呈缴谷米20石，以石作价购买，每石给军票100元。”④盈江新城刀安济等10多位傣族老人回忆说：当年日军哄来不懂事的一群八九岁的孩子，要他们捉活老鼠卖（用于培养鼠疫杆菌），每只鼠给军票5—10元。后来盈江暴发鼠疫，死了几千人。⑤

据腾冲县人民银行提供的材料，1942—1944年日军侵占腾冲期间，军票只是日军向民间强购零星物品，或用于支付劳务费用

---

① 张传：《腾冲沦陷记——一份记录日军侵陷腾冲的珍贵文献》，林超民主编：《西南古籍研究》，第476页。

② 腾冲县和平乡、甸左乡、罗坪乡和爱国乡等乡。

③《云南省第六区行政督察专员李国清致民政厅代电》（1944年1月21日），云南省档案馆编：《日军侵华罪行实录云南部分》，第444页。

④《腾龙边区沦陷后的敌情报告》（1943年1—12月），德宏州史志编委办公室编：《德宏史志资料》第14集，潞西：德宏民族出版社1991年版，第195页。

⑤《侵华日军强制发行军票》，德宏州史志办公室编：《德宏历史资料——抗日战争卷》，第538页。

时,作为一种象征性的代价付给当事人,付多付少全凭日军决定,实质是一种变相的掠夺手段。当地人民在敌人的淫威下,对这种军用票,既不敢不收,亦不愿存留。取得之后,即向日伪商店换取一点物品,因而军票并未成为一种流通中的货币。再据当地亲历者回忆,凡是被日军侵占的地方,日军都采取发行军票的办法掠夺物资,缅甸亦如此。

日军在发行军票过程中,处心积虑,为防止物资流向抗日力量,一度将军票实施的重点指向军队驻屯地,尤其是"军票流通量巨大之地点,将宣抚用粮草之交付与义务诊疗全数有偿(限以军价)提供,而宣抚之恩惠仅限定向协助皇军之居民提供。以维持日军军票价值、快速回收军票及防止物资流向抗日分子"①。

三、发行军票的后果

日本军票在滇西沦陷区发行的数额巨大,虽然至今已时隔半个多世纪,但是仍然有大量日本军票残留在滇西人民手中,甚至成箱成捆地丢在家里,仅笔者在调查中发现的就有 100 多宗,累计面值达 2 000 多万卢比。据战后调查统计,日军占领滇西期间发行的军票总额应为 1 亿多卢比。日军以军票为手段掠夺消耗的军需物资,其价值以当时在云南通用的"半开"来折算的话,竟有 1 亿元之多。若将此数按照新中国成立以来人民银行收兑"半开"的平均比价,再累计 55 年来的复利计算,日本军票给滇西沦陷区民众造成的实际损失高达人民币 2 000 亿元。② 滇西收复后,日本军票顿成

---

① 『第 4. 治安状況』、JACAR(アジア歴史資料センター)Ref. C14060433900、第 56 師団戦時月報　甲昭 17. 6. 1—17. 6. 30/ビルマ/南西/陸軍一般史料(防衛省防衛研究所)。

② 余戈:《日本"军票":经济掠夺的罪证》,《军营文化天地》2004 年第 7 期,第 26 页。

一堆废纸，给当时被迫持有的滇西沦陷区人民造成了无法估量的财产损失。

第三节　日本在滇西沦陷区强制征税与资源掠夺

日本发动的侵华战争是极端野蛮的战争，日军所到之处，大肆屠杀中国人民，野蛮掠夺各种物资。由于战争中日军给养供应不足，于是其铁蹄践踏之处，抢掠就成为常态。日本帝国主义侵华的目的之一，就是掠夺中国的自然资源，以弥补本国自然资源的匮乏。进入相持阶段后，日本侵略者在经济上采取"以战养战"的策略，妄图把中国变成它进行太平洋战争的后方基地。为此，日本侵略者在军事上疯狂进攻敌后抗日根据地，在经济上就地取给，疯狂榨取沦陷区，掠夺中国的人力、物质资源，包括煤、铁、石油、贵金属、粮食、棉花、油料等。

一、伪政权的税收

日军发行军票并强迫兑换使用，已令滇西沦陷区的广大民众苦不堪言。雪上加霜的是，作为日军统治滇西沦陷区工具的各级伪乡镇公所，也常借口日军拨发经费不足，巧立名目，搜刮民众，除了向每户摊派一些固定的费用，还征收五花八门的税，主要有如下几种。

征收"落地税"。此税日军在各伪乡镇公所都要征收，腾冲各地街期传统上是 5 天 1 次。每至街期，来自各地的小摊小贩不管收入多少，都要上缴落地税国币 100—500 元。即便是来卖几个小菜也难逃此税。此税形式不是缴钱而是抽现，其抽现率从 1/10 到 1/5不等。即便非街期的时候，只要摆摊就要照常缴纳。这样林林总总算下来，各地伪乡镇公所每个月征收到的落地税平均大概有国币30万元左右。那些离腾冲城比较近的地方，如距腾冲15公里位于西北方向的猪心街、距腾冲7.5公里位于北边的草坝街、距腾冲15公里位于北面的缅箐街，贸易向来比较繁荣，被日军占领也相对更早，所以它们缴纳的落地税，每月要比其他的地方多1倍以上。

征收"牲屠税"。沦陷以前，腾北牲屠的税收不高，每杀1头猪仅交税国币40元。日军占领腾冲之后，各伪乡镇公所就把此项税收提高到国币500元，翻了10倍不止。除了牲屠税，民众还被迫向上缴纳烟酒，因此伪政府每月收缴数目非常可观。

征收"耕地税"。沦陷区民众除了受日军及伪乡镇公所盘剥，还要面对伪县政府为解决政府办公经费而打起耕地主意的问题。刚开始，伪县政府召开会议宣布耕地税应该不分耕地好坏，一律每亩收国币100元，但后面颁发的布告又按照国币55元、50元、45元3个等次征收。全县的耕地一共有40多万亩，算下来大约要被伪县政府征去耕地税国币2 000万元。但是，部分伪乡镇公所已经在伪县政府会议宣布以后、布告征收以前，按照国币100元每亩进行了征收，并每亩多收了国币10元作为手续费，所以人民因伪组织盘剥而上缴的1933年度耕地税实际上的总数大大超过了2 000万。①

二、资源掠夺

入室掠夺是日本军队在占领初期和不能完全控制的游击地区进行掠夺的主要方式。日军一般采取入户抢夺的方式解决军队的

---

①《腾冲县长张问德呈〈腾冲县政府反攻前后各种情形报告书〉致民政厅代电》(1944年8月28日)，云南省档案局(馆)编:《抗战时期的云南——档案史料汇编》上册，第548—549页。

给养，铁蹄所向，烧杀掳掠。凡是当地居民未来得及转移或藏匿的钱财、粮食、机器、牲畜、古玩、字画、图书、文物，莫不劫取。驻松山日军一边杀人放火，一边大肆抢掠财物。据摆达、连厂、团坡、松坡寨、田头寨、竹子坡 6 个寨子的不完全统计，这些地方被抢劫粮食 52 万公斤，猪 1 015 头，牛 664 头，耕牛 13 头，骡马 63 匹，山羊 142 只，半开（近代云南流通的一种货币）6 000 多元，鸡禽被抢劫殆尽。①

1942 年 5 月 10 日日军攻陷腾冲之时，在城内大肆搜索，城内公私财物全被日军所占。此前，腾冲商会恰由缅甸密支那运来大米 3 000 余驮，盐局囤积食盐亦多。据腾冲县政府 1946 年调查统计，当时各商号损失的物资有：花纱、布匹、洋杂约 9 302 驮，药品 87 驮，瓷器、文具约 33 驮，印刷机件、纸张、用具约 101 驮，杂货 790 驮，书箱约 48 驮，铁器约 33 驮，玉石约 30 驮，皮箱、皮件约 24 驮，合计约 1.05 万驮，折合 78 万余公斤，价值折合国币 8234.63 万元（当年物价）。② 日军同时利用城区流氓作探子和向导，分小队在各乡活动，纵掠四乡富户。日军掘地三尺，当地百姓多被抢掠，藏物尽被劫走。

驻滇西日军为解决生活所需米菜等食品的供应，手段百出。“腾冲各地，素乏食盐，沦陷前民间盐量，最多只敷半月之用，敌入城后既获四千余担，汉奸辈遂教其以盐易菜之法，贫民以淡食难堪，遂相率以菜向其易盐，于是敌军遂得丰富之蔬菜。米则由商会由八募运来之公米数千包，食完后则搜刮市区富户存谷，并向各乡苛派谷子，搬往叠水河碾成白米，至于鸡、猪、牛肉、鸡蛋则向四乡

① 梅学达：《日军在松山一带制造“无人示范区”》，中国人民政治协商会议云南省龙陵县委员会编：《松山作证》，昆明：云南美术出版社 2005 年版，第 153 页。

② 保山地区地方志编纂委员会编：《保山地区志》上卷，北京：中华书局 1999 年版，第 658—659 页。

纵掠。”①这一情况在日军第56师团在1942年6—7月的《战史月报》中也有相应记载:“在腾越,以食盐为首的食品粮货与以棉布为首的杂货虏获众多,这便于我军输出劳力,搜集生肉、野菜等操纵居民所行之事。”②1942年6月,日军初进腾冲中和乡,在蝙蝠洞将姜永福父子为全村放牧的300余头黄牛、水牛,80余匹骡马全部劫走。8月24日,日军对中和乡进行大扫荡。从战后中和乡上报的财产损失数据看,后果惨重。而事实上,由于战乱,日军在滇西沦陷区掠夺的许多财物根本无法统计。

表3.14 农会渔会之基层会员及农社生产合作社用民营农业渔业财产直接损失汇报表

分类	损失时价值(国币元)	重要物品项目及其价值
共计	24 420 000元	——
房屋	1 050 000元	查被敌进攻焚毁房屋210间
器具	133 000元	查被掠劫铁锄30把,斧子20把,大刀40把,大小镰12件,布袋500对
现款	24 000元	——
农产品	3 860 000元	查被征攫劫掠谷米2 620公石(每公石约值3 000元)
林产品	600 000元	查敌人掠去木材5 000件及柴薪9 000斤
牲畜	14 600 000元	查被敌攫夺劫掠水黄牛295头,骡马2 100匹,猪200口,鸡12 000只

资料来源:《农会渔会之基层会员及农社生产合作社用民营农业渔业财产直接损失汇报表》(1942年8月18日—1944年5月),云南省档案馆藏,1011/014/00008/015。

① 张传:《腾冲沦陷记——一份记录日军侵陷腾冲的珍贵文献》,林超民主编:《西南古籍研究》,第477页。

② 『第4.治安状况』、JACAR(アジア歴史資料センター)Ref. C14060433900、第56師団戦時月報　甲昭17.6.1—17.6.30/ビルマ/南西/陸軍一般史料(防衛省防衛研究所)。

腾冲县救济院是全县的一个慈善机构，以解决民间疾苦为主旨。它专门救济社会上的鳏寡孤独和贫苦市民。凡无人照顾的，每月可领救济金；生病无钱医治的，可免费治疗；死后无人料理的，可领棺木埋葬。腾冲沦陷后，民众为避免被敌人蹂躏，多退居腾北，救济事业亟须扩大，“乃由士绅及前之救济院组织战时难民救济委员会，从事筹集款物衣服药材等，并于界头成立难民送诊所，免费发给药物，同时组织医疗队巡回医疗。冬季举办冬赈、难民难侨受益不浅”①。腾冲被日军攻陷后，救济院财产被日军所夺，救济院被迫停止运作。

表 3.15 人民团体机关私人通用财产直接损失汇报表(救济院)

<table>
<tr><td>分类</td><td>损失时价值(国币元)</td><td rowspan="12">事件：日军犯腾不及运取悉被敌夺
日期：1942年5月10日
地点：腾冲县下西区
填报者：腾冲县救济院
填报日期：1946年7月29日</td></tr>
<tr><td>建筑物</td><td>——</td></tr>
<tr><td>器具</td><td>西医器具值 60 万元，院内设备用具值 250 万元</td></tr>
<tr><td>现款</td><td>87 000 元</td></tr>
<tr><td>图书</td><td>值 20 万元</td></tr>
<tr><td>仪器</td><td>贫民学校各用具值 150 万元</td></tr>
<tr><td>文券</td><td>失落一部分</td></tr>
<tr><td>医药用品</td><td>西药值 200 万元，中药值 70 万元</td></tr>
<tr><td>衣物</td><td>病人各种用具值 90 万元</td></tr>
<tr><td>食量</td><td>谷子 1 800 箩，值 540 万元</td></tr>
<tr><td>其他</td><td>沦陷 3 年被敌人汉奸共收去 3 年租谷 12 000 箩，共值 3 600 万元</td></tr>
</table>

资料来源：《人民团体机关私人通用财产直接损失汇报表(救济院)》(1942 年 5 月 10 日)，云南省档案馆藏，1011/014/00008/015。

① 王人龙：《腾冲龙陵的失守与收复》，云南省政协文史资料研究委员会编：《云南文史资料选辑》第 25 辑，第 167 页。

日军的侵略共造成德宏财产损失 140 922 233.9 元。这对于一直处于迟缓发展的边疆少数民族地区经济而言，损失是极为惨重的。

由于日军入侵，德宏各设治局和土司署应收的粮款 3 年未收，素以擅长种植水稻的德宏傣族稻谷业受到严重破坏；日军的抢掠、焚烧和强行征派，使德宏粮食市场极度萎缩，严重挫伤了农民生产积极性；日军对耕牛的毁灭性掠夺加之瘟疫流行，使耕牛几近绝迹，当地农民丧失了重要的生产工具。因而德宏光复后，大片耕地已成荒地。战后头几年，全州 29 个坝子 30 余万亩良田收成每年减少三成以上。德宏农业经济至少倒退了几十年。

由于日军的入侵，滇西沦陷区各族群众的家庭用具几乎被抢光、烧光，稻谷粮食悉数被掠，家禽和牲畜被搜刮殆尽，人民赖以生存的生产、生活资料大量丧失。消费品，特别是副食品、纺织品、煤油、火柴、药品等极为匮乏，物价飞涨，社会生产全面衰退，经济状况恶化，滇西各族人民贫困化程度进一步加剧。日军撤退时的肆意破坏，使道路千疮百孔，桥梁毁坏殆尽，交通运输陷于瘫痪。据国民政府战后统计，滇西战时金钱数字损失总额约 500 亿元。①

日军的上述经济管控，尤其是通过发行军票这一“炼金术”掠夺占领区居民的财产，人为制造通货膨胀，使滇西沦陷区居民的生活陷入困境。日本战败时，腾冲反攻战役是一场规模较大、战斗时间较长的焦土作战。战后的腾冲百业颓废，财枯力竭。收复后的腾冲县城，由于遭受飞机轰炸、炮击枪射，无一间完整房屋。公署、学校、城楼、牌坊、古迹、民宅和店铺全部毁坏，原本经济发达、市场繁荣的城镇，只留下残垣断壁、碎瓦烂屋。据 1947 年统计数据，滇

① 狄超白主编：《中国经济年鉴：1947》，第 134 页。

西人口比战前减少了26%以上，经济损失总额约达500亿元。概言之，日本在滇西沦陷区的经济统治以武力威胁和劫掠为主要手段，具有野蛮性；扶植并利用伪政权对滇西经济进行巧取豪夺，具有一定隐蔽性；炮制工商会等日伪组织，对滇西工商业、金融业等行业进行统制，具有严重破坏性。经过战争的破坏和日本的疯狂掠夺，滇西人口锐减，家舍变为废墟，田园化作焦土，经济基础遭到严重摧残，社会发展陷入停滞倒退，以至于战争结束后几十年内，滇西再难重现往昔的繁荣盛况。

第四章　日本在滇西沦陷区的奴化教育与社会控制

为有效控制地处火线、民族关系复杂的滇西占领区，日本侵略者对其采取了军事占领与思想控制相结合的统治策略。日军全面控制了滇西各级各类学校的教育主权，按照“皇化教育”的理念实施教学。日军除针对滇西青少年开办学校奴化教育，还推行社会奴化教育。日军强制推行日本语教育，以培养滇西民众的“亲日”情感。在对滇西沦陷区文化和教育大肆摧残和破坏的同时，日军还非常注重对滇西沦陷区人民的精神奴役。日军利用各种手段宣传“大东亚共荣圈”“东亚圣战”“建立东亚新秩序”“中日提携”“中日亲善”“和平救国”“反共救国”等法西斯和汉奸卖国谬论；以武力为后盾强行推广学校奴化教育，废除滇西沦陷区原有的教学秩序、教学内容和所用教材，代之以日伪的课程和教材，竭力宣传奴化主义的教育观点；运用名目繁多的各种地方伪教育团体和组织，协助日军贯彻各种反动教育措施，淡化进而泯灭滇西沦陷区民众的爱国思想和抗战意志，严密钳制滇西沦陷区民众的抗日思想与爱国言行；利用鸦片毒化，以达到从肉体上腐蚀、心灵上毒害、精神上奴役滇西人民的险恶目的。

第一节　日本在滇西沦陷区强制推行奴化教育

奴化教育是侵华日军对沦陷区人民进行奴化改造的惯用伎俩，此举妄图割裂中国人与祖国的感情联系，为日本培养臣服天皇和日军的“归化顺民”。占领滇西期间，日本以武力为后盾，在滇西极力推行奴化教育，掀开了滇西教育最黑暗的一幕。日本废除滇西原有的教学秩序、内容和教材，代之以日本设置的“新学制”以及奴化教育的“新教材”，通过开办奴化学校对滇西青少年进行奴化归附教育，同时对滇西民众灌输奴化思想和封建意识。

一、奴化教育政策及其内容

为了长期统治和奴役中国，日本一方面标榜“日本人化”会让殖民地人民走上“进步和幸福”的道路，另一方面坚信通过教育会使民族改造更容易被接受①，因此有计划、有步骤地在中国推行奴化教育政策。所谓奴化教育，是“日本侵略者通过教育、宣传等手段，企图在思想、精神方面消磨、摧残甚至泯灭中国人民的民族意识和反抗意志，实现使沦陷区人民心甘情愿做亡国奴的政治目的”②。其基本特质是“同化—皇民化”。“同化—皇民化”体现在日本奴化教育方面主要包括：其一，强制教授日本语。日本认为对于

---

① 小沢有作「日本植民地教育への視点」、『岩波講座現代教育学〈第 5 巻〉日本近代教育史』、岩波書店、1962 年、336—337 頁。

② 田苏苏主编：《日军镜头中的侵华战争：日军、随军记者未公开影像资料集》，石家庄：河北美术出版社 2015 年版，第 480 页。

南方诸地域日本语教育及日本语之普及，为建设东亚共荣圈首要之图。日本许多学者曾著书撰文，提出要把日本语作为“亚洲通用语言”或“亚洲第一语言”推行。为此，日本定例阁议通过了南方诸地域日本语教育普及案，明确提出普及日语的内涵是“指导大陆民族使之炼成纯正日本人，外延是青少年的教育和一般民众的教化”①。其具体对策为：

> （一）关于日本语教育及日本语普及诸方案须根据陆海军之要求，由文部省设计立案。依上述规定在文部省内设立日本语普及协议会从事审议有关上述方案之具体事项。（二）在南方诸地域之学校为施行日本语教育所使用之教科图书，须根据陆海军之要求由文部省编纂发行。（三）派遣至南方诸地域之日本语教育教员须根据陆海军之要求由文部省训练之。日本语普及协议会由陆海军企划院文部省、拓务省、外务省、情报局、兴亚院派员组成之。现在文务省方面已根据陆海军之要求而着手进行者，为教科书之编纂，系按照南方各地域分别编辑之，并拟定于今年（1942 年）内选拔中学毕业生五百人，施以三个月之训练，再派往南方各地充任日本语教员。②

其二，引进日本历史、文化、生活方式，也就是抹杀民族文化，培养“日本臣民”化的精神奴隶；其三，使之适应殖民地经营，教给近代生产技术（主要是农业）。从表面上看，这与英国统治殖民地的方法有所不同，那就是不仅破坏被统治民族的经济基础，而且

① 王向远：《日本对中国的文化侵略：学者文化人的侵华战争》，北京：昆仑出版社 2015 年版，第 322 页。

②《敌伪纪要·第四十五号（1942 年 11 月 30 日）》，“外交部亚东司”1942 年编印，第 100—101 页。

企图破坏(日占区)民众的文化精神传统、生活态度。①

在此背景下,日本侵略者对滇西沦陷区的奴化教育从领导体制、教育方针到教学内容、教学方法,统统都是"同化—皇民化"的。其主要从学校教育、思想教育和社会教育3个方面进行。在学校教育方面,日本在滇西沦陷区命令当地教育局办理日文学校及中小学,日语被定为"国语"课;删改中小学教科书,凡是易于激发中国学生爱国思想的内容都被剔除;取消复兴教科书与抗日宣传书籍,采用"共和"教材课本,竭力推行"日本文化""大东亚共荣圈""中日亲善""共存共荣""王道乐土"等奴化教育。在教育思想方面,向滇西青少年灌输日本的封建法西斯军国主义精神和附日卖国思想。为更彻底地达到目的,日军强迫滇西青少年学习日语,接受日本文化,妄图以此举淡化、削弱甚至泯灭滇西人民的国家观念,达到语言、思想和习惯上的"日本化",从而使其沦为日本二等臣民。在社会教育方面,利用各种信息媒体和宣传工具,宣扬封建伦理道德,并进行反共宣传,以破坏滇西人民的抗战意识。上述奴化教育往往伴随着残酷的镇压。

表 4.1　日本奴化教育教材的内容

教材的种类	卷 1	卷 2	卷 3	卷 4	卷 5
国体(国史、日本精神、日本道德等)	10%	15%	20%	20%	30%
生活(日本的家庭生活、社会生活等)	70%	30%	15%	10%	5%
地理(日本地理、自然、风物等)	5%	10%	10%	10%	5%
文学(日本的物语、纯文学作品等)	5%	15%	15%	10%	15%

① 小沢有作「日本植民地教育への視点」、『岩波講座現代教育学〈第5巻〉日本近代教育史』、336—337頁。

续表

教材的种类	卷 1	卷 2	卷 3	卷 4	卷 5
国防	5%	5%	10%	10%	10%
科学(科学、卫生、产业等)	——	5%	10%	10%	——
大东亚史(共荣圈的历史、西方的亚洲侵略史等)	——	——	——	10%	10%
共荣圈的地理、人文	——	5%	5%	5%	5%
大东亚战争、共荣圈的理念等	——	5%	5%	5%	10%
缅甸在共荣圈的地位(缅甸的历史、生活、自然、物语、文学等)	5%	10%	10%	10%	10%

注:由于滇缅战场的特殊关联性,日军在缅甸和滇西占领区的奴化教育方针、教材内容是一致的。

资料来源:「日本語及学校日本語教員養成所用教科書編纂要領」、太田常蔵『ビルマにおける日本軍政史の研究』,519 頁。

二、学校的奴化教育

日本为达到长期统治滇西沦陷区的目的,1943 年 6 月命令腾冲伪政府新置了教育科。为推行奴化教育,日军在腾冲县城开办日伪学校,令伍溪舟任教育科科长。1943 年 7 月,腾冲日伪县政府在大山脚下成立中心小学,其教授科目有国语、公民、常识、算数、习字。① 同年冬季,其亲赴缅甸,采购汪精卫汉奸政府所编教科书来腾教授,毒化青年。保山县县长李国清在给省民政厅的呈文中写道:"日军在腾组织教科书修改委员会,其主旨在废新取旧,以连合民众之心理,并加学日语,实行其文化侵略。"②腾冲县政府

① 《腾龙边区沦陷后的敌情报告》(1943 年 1—12 月),德宏州史志编委办公室编:《德宏史志资料》第 14 集,第 195 页。

② 《李国清转报怒江沿岸情报呈》(1944 年 3 月 30 日—4 月 20 日),云南省档案局(馆)编:《抗战时期的云南——档案史料汇编》上册,第 509 页。

1943年7月中旬上报的敌情旬报表记载“腾敌令附城各私塾每周授日语一次，由敌行政部派人教授”①。腾冲县民政科科长、县党部书记李嘉祐给省民政厅呈文：

敌最近又将实施毒化主义，办理日文学校及中小学等，取消复兴教科书与抗日宣传之书籍，采用共和教本，以图毒化青年思想。而民间于无可奈何之中，则多采读古文经史。日军除了在县城开办日文学校外，还在放电影、召开难民会议时，多次宣传日中共荣、共存等政策。②

现存2份档案文件揭示了日军占领腾冲后筹备伪中学的史实。1944年1月21日的报告记载：

部长命令：本月二十日须召集筹备委员讨论中学教科书问题，遵于十七日发出通知，如限召集，是日到会委员有张焕然、刘松年、李秋农、蒋云峰等四君，缺席委员钟镜秋、伍溪舟、陈虞唐、周镜铨，因到会人员未超过半数，又值部长、县长、科长因公外出，无法开会，仅于原则加以检讨，当经决定先设法购买旧中学教科书，全部呈部审核或需要再行开会，恳请另定日期，又为召集，谨此备文呈报。谨呈行政班本部长田（田岛寿嗣）钧鉴。③

3月21日的报告揭示了筹办伪中学的情况：

中学筹备瞬经两月招生广告贴出亦已月余，但各乡报名

① 《腾冲县政府七月中旬敌情旬报表》（1943年7月），中国第二历史档案馆藏，787/11588。

② 《腾冲敌情报告书》（1944年4月20日），中国第二历史档案馆藏，787/11593。

③ 《日军攻占腾冲后筹备伪中学的文件》，保山市档案馆藏，BS/M3/A/04/742/44，第138页。

者不满十人，如和顺一乡，报名生更属寥寥，经研究，结果无非因生活艰难，为父兄者困难，负担子弟学费；为子弟者，不能不废学帮助父兄，现象如此，学生既少，碍难成班，中学开学原定于三月十五日，拟请从缓办理，理合签请县长转请行政班本部部长官本钧核。①

日军攻陷龙陵后，在“军政班”的操作下开始推行奴化教育，宣传“日中亲善”“东亚共荣”“王道乐土”等强盗文化。日伪政府新置教育科，先后在龙陵县城、镇安、象达、平达等地建立日文学校，招收汉奸和当地民众的孩子学习日文，并配以日文教材，内容是一些日常用语，主要培养战时翻译员等。主要的校址有2处：1处是位于龙陵县城白塔村村民赵志广的住宅，该民宅占地300平方米，有房屋2幢（即一正一厢），共5间。日军将其占用为学校后，为扩大教室空间，将正房的2根柱子锯掉。学校设有校长刘向东，日文教师赵锡禄②，此外还有中文教师等，招收学生10余名。另外一处为镇安的日伪学校，校址在杨家宗祠（现镇安小学）。日军把战前读过书的儿童通知来读书，通知后不来的就派人去抓来读书。该学校中文由私塾教师负责，日文由翻译官负责，将国民政府的教材内容删改，凡是抗日的部分都删去，加入了“日中亲善”“东亚共荣”等内容，招收学生10余人，对象为13—15岁少年。对去读书的儿童日军还不时发放糖果给他们吃，以收买人心。③

---

①《日军攻占腾冲后筹备伪中学的文件》，保山市档案馆藏，BS/M3/A/04/742/44，第145页。

②《龙陵县文史资料选辑》第4辑，云南省龙陵县政协委员会2004年编印，第21页。

③ 张国龙：《在侵华日军铁蹄下的日子——镇安沦陷区回忆》，《龙陵县文史资料选辑》第3辑，云南省龙陵县政协委员会2004年编印，第179页。

三、社会的奴化教育

语言是一个民族文化的重要标志，日本侵略者将推行用日语教育取代汉语教育作为奴化教育的重要措施。奴化教育在滇西沦陷区实行一段时间后，日本奴化的对象已不再局限于以学生为主体，而是扩展到当地社会。无论是什么身份的人，只要具备学习日语的可能性，都是日军同化的对象。因为有当地伪政权的辅助，日军在滇西沦陷区的日语教学推广逐步开展。日军第113联队士兵高锅铁雄参与了“行政班”在龙陵的日语教育活动。据他回忆：“行政班”当时集中了当地30余名居民教日语。这些居民学历相对较高，相当于日本的中学水平。日军培训他们的目的在于让他们学成日语后为日军做翻译。不仅如此，空闲时，“行政班”的人员会穿上当地人的便衣，深入居民家中，跟居民们相互教学日本的流行歌曲以及中国的歌曲和舞蹈等。龙陵县县长及警察局局长也会参与日军的指导教育活动，他们很积极地支持日军的活动。① 此外，日军还在滇西沦陷区百姓中推广日本水稻“板秧”育苗、种菜技术等②，进一步渗透日本化的生活方式与信仰。

潞西沦陷后，日军在潞西的印金寨附近办了1所日语傣语互译学校，目的为培训翻译官，对象为当地傣族、汉族等。③ 日军在滇西沦陷区不遗余力地推行法西斯文化专制政策，将土司上层、属官和一些童工强送日语专科学校进行奴化教育。勐卯土司衎景泰生

① 興竜会編集委員会『ああビルマ公路——ビルマ従軍』、319頁。

② 興竜会編集委員会『ああビルマ公路——ビルマ従軍』、186頁。

③ 方向红：《二拱山日军药品仓库被盗始末》，潞西县政协文史资料研究委员会编：《潞西县文史资料》第2辑，潞西：德宏民族出版社1991年版，第115页。

前回忆,日军侵占勐卯期间,强迫他学日语达2年之久,并强招傣族青年60人进行训练。[1] 同时,日军强迫景颇族、德昂族群众70多人先学日语,再当差做苦役,并强迫他们在行军途中只准讲日语。日军还在芒别村(隶属潞西市风平镇)办了一个童工训练班,挑选10多个13—16岁的读过几年书的童工,由一名日本教师给他们上课。早上起床出早操,早操后上课。当时光平村的屈绍联、尹可学、尹可孝等都去读过。[2] 日本侵略者不择手段地对中国人强迫实施日语教育,其实质是一种强迫的语言同化行为,目的无非是想让日语吞噬掉汉语,让中国人民通过学习日本语言,潜移默化地接受日本文化和日本人的思想价值观念,最终认可和归顺"大日本帝国"。

由此可见,奴化教育是战时日本帝国主义灭亡中国的长期战略规划中的重要一环,是其对外侵略扩张罪行的一个重要组成部分。它的出现是日本民族侵略和压迫政策的产物,是比军事侵略更深层次、更恶毒的侵略现象。

第二节　日本破坏滇西沦陷区教育文化资源

日军侵占滇西以后,就将破坏滇西沦陷区文化教育设施作为重要作战目标之一。日本统治滇西期间,给滇西文教事业带来了致命打击。日军第56师团的官兵们,以抢掠、纵火、毁坏等暴虐手段肆意毁坏滇西各地文教设施。日军铁蹄所至滇西各处,学校

---

① 中共中央党史研究室科研管理部编:《日军侵华罪行纪实(1931—1945)》,北京:中共党史出版社1995年版,第171页。

② 江春昊:《梁河沦陷前后》,德宏州政协文史委编:《德宏州文史资料选辑》第9辑,第147页。

关闭,读书声绝,师生流散,资产尽失,滇西文化教育事业陷于极端困难之境地。

一、对教育机构的破坏

腾冲虽地处中国西南边陲,但历史悠久,商业繁荣,文化发达,教育事业源远流长。腾冲人民一向重视教育,社会贤达解囊办学历代迭见。民国初年,当地的文化教育事业出现了崭新气象,现代学校、图书馆和民众教育馆等文教机构逐步建立。由于日军的入侵,腾冲各地文教设施损失甚巨,以下部分统计数据清晰地描述出了这一情景。

表 4.2　腾冲县教育机关及各级学校损失调查表

机关名称	损失类别			合计估价(国币元)	损失年月及原因
	房屋	书籍	仪器标本及器具		
县图书馆	22 间	古今中外书籍共 35 276 册	器具 40 件	320 000 000 元	1942 年 6 月被日军折毁,书籍仪器被焚
木欣图书馆	——	古今中外书籍共 18 750 册	器具 21 件	23 990 000 元	1942 年 7 月被日军焚毁
绮罗图书馆	——	古今中外书籍共 12 500 册	小学仪器标本全 1 套、器具 22 件	5 280 000 元	1942 年 8 月被日军搬去
民众教育馆	19 间	古今中外书籍共 9 760 册	仪器标本全 1 套、器具 35 件	53 900 000 元	1944 年 6 月反攻被焚毁
省立中学	56 间	(教)科书及参考书共 1 400 余册	理化仪器标本 3 套、器具千余件	43 700 000 元	1942 年 6 月房屋被日军折毁,仪器书籍被焚

续表

机关名称	损失类别			合计估价（国币元）	损失年月及原因
	房屋	书籍	仪器标本及器具		
县立女中	24间	(教)科书及参考书共400余册	理化仪器标本1套、器具200余件	21 650 000元	1944年6月反攻被焚毁
城保镇中心学校	67间	(教)科书及参考书共800余册	小学仪器标本1套、器具千余件	173 950 000元	1942年6月被日军焚毁
小西乡中心学校	18间	(教)科书及参考书共百余册	器具80余件	15 000 000元	1942年8月被日军焚毁
凤瑞乡中心学校	35间	(教)科书及参考书400册	器具230件	11 950 000元	1942年10月日军攻界头被焚
宝华乡中心学校	20间	(教)科书及参考书120册	器具11件	5 330 000元	同上
曲石乡中心学校	14间	(教)科书及参考书100余册	器具40件	650 000元	同上
上北乡中心学校	15间	同上	器具50件	7 000 000元	1943年2月日军攻界头被焚
古永乡中心学校	17间	(教)科书及参考书200余册	同上	4 500 000元	1943年1月日军攻界头被焚
三益镇中心学校	17间	(教)科书及参考书250册	器具30件	8 500 000元	1942年10月日军攻界头被焚

续表

机关名称	损失类别			合计估价（国币元）	损失年月及原因
	房屋	书籍	仪器标本及器具		
城保镇第九保中心学校	12间	（教）科书及参考书80余册	器具12件	500 000元	同上
河西乡中心学校	12间	（教）科书及参考书200余册	器具80件	4 400 000元	1942年11月日军攻界头被焚
清水乡中心学校	——	（教）科书及参考书100余册	器具56件	2 300 000元	1943年3月被日军焚毁
洞山乡中心学校	14间	（教）科书及参考书200余册	器具10余件	1 310 000元	1942年12月被日军毁
龙江乡中心学校	12间	（教）科书及参考书200余册	器具10余件	1 210 000元	同上
蒲川乡中心学校	13间	（教）科书及参考书100余册	器具15件	1 500 000元	同上
新华乡中心学校	10间	（教）科书及参考书百余册	器具8件	610 000元	同上
勐连镇中心学校	28间	（教）科书及参考书200余册	器具100余件	16 810 000元	同上
和顺乡中心学校	——	（教）科书及参考书1 280本	器具18件、仪器1套	2 423 000元	同上

续表

机关名称	损失类别			合计估价（国币元）	损失年月及原因
	房屋	书籍	仪器标本及器具		
中和乡中心学校	9 间	（教）科书及参考书 80 余册	器具 20 余件	1 820 000 元	同上
鹤麟乡中心学校	——	（教）科书及参考书 120 册	器具 150 余件	19 000 000 元	1943 年 3 月被日军焚毁
明朗乡中心学校	3 间	（教）科书及参考书 125 册	器具 40 件	5 230 000 元	1942 年 10 月被日军焚毁
县立实验小学	45 间	（教）科书及参考书 554 本	标本 1 套、器具 300 余件	46 720 000 元	1942 年 6 月被日军焚毁
县立女子小学	38 间	（教）科书及参考书 480 余册	标本 1 套、器具 200 余件	38 540 000 元	——
合计	以上损失约共计 837 773 000 元				

资料来源：《腾冲县政府填报抗战期间各级学校及教育机关财产损失调查表呈》（1945 年 11 月 27 日），云南省档案馆藏，12/4/559/210。

1942—1944 年腾冲沦陷期间，县城学校全部关闭，农村大部分学校也相继停办。1942 年 7 月，抗日县政府在界头组建腾冲战时联合中学，收络县内各中学逃到界头的初中学生，设一、二、三年级各一班，学生 121 人，教职工 7 人。但上课仅半月，因日军扫荡，全校师生撤到保山，学生分送大理干训团、大理中学、大理国立师范就学。2 个月后日军撤退，学校恢复，返校学生仅 20 余人。8 月，敌占区城郊及农村照常上课的还有中心小学 15 所，保国民学校 123 所，但由于受战争影响，人心惶惶，加之经济困难，教学用品缺乏，大都时办时停。日伪县政府曾在县城内开办学校，培养“顺民”，皆因民心不向，师生誓死不入汉奸学校，不久即“夭折”。9 月以后，战争吃紧，日军疯狂扫荡，镇压民众反抗，各地学校大都相继停办，全县继续上课的仅有中心小学 8 所，保国民学校 56 所。① 至 1933 年春，日军再次侵犯界头，腾冲战时联合中学停办。在此期间，沦陷区中学全部停办。

1942 年日军侵占滇西后，沦陷区接近战区的学校被迫停办。据统计，澜沧、泸水、梁河、盈江、莲山、陇川、潞西、镇康等地停办后的省立边地小学教育情况如下表所示。

表 4.3　1940—1943 年云南省立边地小学情况简表

单位：个

时间	校数	小学班数	小学生数	师训班数	小学毕业生数
1940 年	34	165	6 783	9	394
1941 年	26	97	4 485	7	244
1942 年	16	57	2 573	7	235
1943 年	14	50	1 878	7	192

资料来源：蔡寿福主编：《云南教育史》，昆明：云南教育出版社 2001 年版，第 521 页。

1934 年，龙陵县拥有各类学校 100 所，在校学生达 5 642 人，学龄儿童入学率达 34.2%，成为龙陵教育的民国之最。龙陵沦陷前，其学校数量一直保持在 100 所左右。② 全县比较有名的是龙山小学、象达小学、镇安小学、龙陵中学等。1942 年 5 月 4 日，日军攻陷龙陵，学校横遭破坏，被迫停课，损失甚巨。即使龙陵光复后，政府

① 李家贤：《抗战时期的腾冲教育》，冯楠主编：《抗战时期西南的教育事业》，贵州黔欣印刷厂 1994 年印，第 18 页。

②《龙陵县文史资料选辑》第 2 辑，云南省龙陵县政协委员会 2002 年编印，第 19 页。

清理学校款产、充实设备，怎奈劫后恢复不易，故学校残破，多未复修。

事实证明，由于日军的入侵，德宏教育和文化遭到严重破坏，主要表现为教学设施损毁殆尽，教师队伍大量流失。原有的32所国立、私立小学，光复后只剩8所，校内一共只有20多名教师，学生总数不足700人。[①] 国民基础教育受到严重破坏，边疆民族文化教育再度走入低谷。

二、对图书资料的劫掠

在日本侵华战争中，由于日军的劫掠，中国损失图书1 500万册以上，损失数量和价值均居于二战中各国之首。[②] 无数珍贵典籍的损失，严重地影响了中国丰富文化遗产的保留和继承。据调查统计，被日军占领的滇西，遭遇了近代以来最惨重的一次"书厄"。

日军出于割断中国文化传承的血脉和扫除文化殖民障碍的双重目的，对滇西珍贵图书典籍等历史文化资源进行野蛮破坏和劫掠。以龙陵为例，民国时期境内所有藏书楼、图书室均为教育机构附属设施。1930年，龙陵县民众教育馆内曾有报刊阅览室。龙陵中学、晓东中学、龙山小学、镇安小学等学校曾设图书室。龙陵、晓东两所中学藏书较多，有《万有文库》《世界文库》《辞海》《辞源》等。日军入侵龙陵后，将大量图书劫掠运回日本，不能带走的将之焚毁。据战后调查报告可见龙陵图书损失之一斑。

> 窃龙陵沦陷，最后灾情綦重，30月铁蹄之下，数十万寇盗所经，险横一水，孤悬天外，为神州西南之屏障，作抗战胜利之

---

① 潞西市政协文史资料研究委员会编：《潞西市文史资料》第3辑，第138页。

② 杨杞：《侵华日军对中国图书的浩劫》，《文史杂志》1995年第4期，第14页。

> 长城，所有人民死亡、建筑摧毁以及财产损失、城郭丘墟各等情，先后均蒙钧府饬令各该乡镇保甲调查详报在案。兹复查得图书损失一项，以邑处极边，开辟较晚，公私图书收藏寥寥无几，最近30年来始有人注意及之。虽愧天禄石渠之丰富，然尚可以供给人士之观览，其有裨益地方文化良非浅鲜。乃自敌人闯入，任意摧残，并闻有敌宪兵队长小田国夫除尽力惨杀龙陵人民外，兼用心收集图书运回敌国，网罗一空，以故断简残编，绝无幸存……据此，查本县地处边陲，文化落后，收藏图书实不易得。讵料于31年5月沦入敌手，所有公私收藏图书均为敌寇摧毁无遗，影响文化言何能喻。①

龙陵县龙山镇以境内"龙山书院"移意而得名，是龙陵县政治、经济、文化中心。因1942年5月日军入侵，龙陵县龙山镇中心学校等藏书以及相关文化用品损失较巨。

表4.4　龙陵县图书损失报告单(1945年9月20日)

事件	损失	购置年月	单位	数量	价值	
					购置时价值	损失时价值（国币元）
1942年5月4日日军进攻龙陵县龙山镇	书籍	1801年、1912—1940年	部	265	纹银153两，大洋9 271元	1 940 700元
	刻版	1900年、1913年、1915年、1919年	面	488	纹银1 540两，大洋280元	1 581 000元

①《云南省政府为查核办理龙陵县图书损失赔偿事训令》(1945年12月6日)，云南省档案馆编：《日军侵华罪行实录云南部分》，第533页。

续表

事件	损失	购置年月	单位	数量	价值	
					购置时价值	损失时价值（国币元）
1942 年 5 月 4 日日军进攻龙陵县龙山镇	理科仪器	1932 年	橱	4	大洋 3 200 元	640 000 元
	挂图	1931 年	幅	66	纹银 15 两，大洋 134 元	34 800 元

资料来源：《龙陵县图书损失报告单》（1945 年 9 月 20 日），云南省档案馆藏，12/4/559/281。

龙陵人一直有读书、爱书、藏书的传统。民国时期龙陵名士李若曲（1899—1957），字怀谷，龙陵县龙山镇月望村人。其幼入私塾，所读经史多为亲手抄录。他 1912 年入师范养成所，毕业后历任两等小学教员、校长，教育局局长兼中学语文教员，有“满门桃李”的美誉。李若曲私人藏书量为龙陵第一位，人所共知。但在日军的浩劫中，李若曲的私家藏书遭到巨大损失。

表 4.5　李若曲藏书损失表

书籍名称	数量	购置时间	价值
聚珍本四部备要全集	1 部	1936 年	大洋 2 000 元
古今图书集成中华书局缩印本	1 部	1937 年	大洋 1 000 元
丛书集成商务印本	1 部（现存 10 册）	1936 年	大洋 3 000 元
渊鉴类函	1 部	1936 年	大洋 60 元
十三经注疏	1 部	1936 年	大洋 100 元
涵芬楼古今文钞简编商务本	1 部	1921 年	大洋 30 元
百子全书	1 部	1929 年	大洋 50 元
晚清簃诗汇天津徐氏原版本	1 部	1935 年	大洋 120 元
佩文韵府埽叶本	1 部	1935 年	大洋 100 元

续表

书籍名称	数量	购置时间	价值
全唐诗钞嘉庆木版印本	1部	1935年	大洋30元
宋诗钞影印本	1部	1933年	大洋20元
明诗综	1部	1921年	大洋20元
元诗选	1部	1921年	大洋20元
清史列传	1部	1930年	大洋30元
中山全书	1部	1930年	大洋3元
不匮室诗钞	1部	1936年	大洋5元
右任诗存	1部	1935年	大洋1元
双照阁诗词藁	1部	1935年	大洋2元
戴季陶全集	1部	1935年	大洋2元
曲石丛书	25种	1935年	大洋10元
说库	60种	1936年	大洋16元
小学生文库	1部	1935年	大洋70元
堪舆汇刊	1部	1935年	大洋8元
图书集成医部	1部	1932年	大洋30元
孙氏医学丛书	1部	1937年	大洋10元
大字医宗金鑑	1部	1933年	大洋10元
医学大辞典	1部	1932年	大洋12元
甲种辞源	1部	1931年	大洋20元
丁种辞源续编	1部	1934年	大洋5元
中华大字典	1部	1933年	大洋20元
中国人名大辞典	1部	1933年	大洋12元
中国地理大辞典	1部	1933年	大洋12元
甲种词海	1部	1939年	大洋20元
文艺辞典正续编	1部	1932年	大洋12元

续表

书籍名称	数量	购置时间	价值
康熙字典	1部	1922年	大洋10元
词通	1部	1932年	大洋15元
唐宋元明清名画大观	1部	1935年	大洋20元
科学大纲初印本	1部	1930年	大洋20元
中国大观	1部	1932年	大洋30元
详注曾文正公全集	1部	1935年	大洋60元
带经堂全集	1部	1932年	大洋15元
笺注钱牧斋全集	1部	1932年	大洋20元
乙丑重编饮水室全集	1部	1936年	大洋30元
张季子九录	1部	1936年	大洋30元
易顺鼎诗集	28种、文1种、小说1种	1931年	大洋70元
文选评注	1部	1931年	大洋10元
黎选古文辞类纂	1部	1937年	大洋10元
新古文辞类纂	1部	1937年	大洋15元
滇南诗文略	1部	1929年	大洋14元
采菽堂古诗选	1部	1921年	大洋10元
宝颜堂秘笈	1部	1921年	大洋30元
清朝全史	1部	1931年	大洋6元
中外地理大全	1部	1934年	大洋7元
中国新地图	1部	1936年	大洋25元
新中国人物志	1部	1936年	大洋8元
滇系	1部	1932年	大洋40元
云南备征志	1部	1932年	大洋30元
文学大纲	1部	1934年	大洋20元
三希堂法帖	1部	1934年	大洋30元

续表

淳化阁帖	1部	1934年	大洋30元
王羲之丛帖	1部	1936年	大洋10元
晋唐楷帖	40种1部	1936年	大洋30元
正续近代碑帖大观	1部	1936年	大洋20元
近代诗钞初印本	1部	1936年	大洋7元
历代诗话	1部	1932年	大洋6元
续历代诗话	1部	1932年	大洋8元
清诗话	1部	1932年	大洋8元
唐诗纪事	1部	1932年	大洋6元
宋诗纪事	1部	1932年	大洋8元
明诗纪事	1部	1932年	大洋30元

注：表格所列系大部书籍，其他零星小部数百种，因书目遗失尚未录入。

资料来源：《云南省政府为查核办理龙陵县图书馆损失赔偿事训令》(1945年12月6日)，云南省档案馆藏，12/4/559/266/280。

除李若曲外，龙陵还有高鸿昌私家藏书损失34部，价值大洋497元；康明德私家藏书损失4部，价值大洋129元；冷映明私家藏书损失2部，价值大洋77元；刘荣春私家藏书损失21部，价值大洋254元；赵世钿私家藏书损失19部，价值大洋236元。

腾冲人崇尚耕读传家，喜欢读书和藏书，县内和顺图书馆为中国最大的乡村图书馆之一。日军占领腾冲后，摧毁腾冲县图书馆古今中外书籍共35 276册、器具40件；腾冲绮罗木欣图书馆、民众教育馆、省立中学、县立女中等19个乡镇中心学校及县立实验小学、女子小学的房屋、仪器、书籍也被焚毁。① 除此之外，始建于

①《腾冲县政府填报抗战期间各级学校及教育机关财产损失调查表统计呈》(1945年11月27日)，云南省档案馆藏，12/4/559/210。

1919 年的腾冲绮罗图书馆，藏书 2 万余册，日军攻占腾冲后，该馆馆藏图书被洗劫一空，图书馆书籍、仪器标本、器具被日军搬去；腾冲城南图书馆曾被誉为“滇西收藏第一馆”，炮火过后已成废墟。民国元老李根源面对此种景象，认为日军的暴虐已经超过了当年的秦始皇，“城南图书馆，富比南北京，悉数遭摧毁，暴虐逾嬴秦”①。

民国初年至 20 世纪三四十年代初期，保山图书市场比较繁荣，有普民书局、成华书庄、四宝轩、新永书社、东方书店、大众书店、中华书局保山经销处、生华书报社、文建书局等经营图书的店铺。以销售近代读物为主的近代书店在保山的崛起，说明新文化、新思想在保山的传播和影响。1942 年因日军“五四”轰炸，许多书店毁于兵燹匪盗，业务由此转衰，甚至被迫停业，损失严重。

表 4.6　保山县教育人员财产损失(书籍类)汇报表

学校及机关类别	书籍数量	价值(国币元)
县市教育科(局)	200 册	10 000 元
县市立中等学校	8 150 册	45 000 元
小学计县市乡镇等立小学、私立小学	7 400 册	160 000 元
社会教育机关：县市乡镇等立社教机关、私立社会教育机关	3 000 册	290 000 元

资料来源：云南省档案馆编：《日军侵华罪行实录云南部分》，第 294 页。

三、对社会文化事业的冲击

1927 年成立的腾冲民众教育馆是当地民众的文化中心。馆内设有图书馆、阅览室、民众茶园、民众夜校、宣传栏等，藏书近万册，但日军侵腾后该馆被迫停办。1930 年龙陵县奉令成立民众教育

---

① 郑千：《李根源诗稿〈风里杂咏〉》，《云南日报》，2015 年 5 月 10 日，第 1 版。

馆，馆内设阅览、演讲、健康、教学、陈列五部分，也因日军入侵龙陵，房屋设备被毁而停办。

代表腾冲文化的历史建筑，如腾越厅署、迤西兵备道署、中军衙门、藩台衙门、实业局、腾冲女子中校、黉宫、武庙、节孝祠、文星阁、钟鼓楼、秀峰亭、考棚、学台衙门、来凤书院，还有很多的祠堂庙宇等皆因为日军侵略战争毁于一旦。创办于 1937 年的腾冲本土报纸——《腾越日报》，除在滇西边疆各县发行外，下关、昆明等地均有订户，甚至国外华侨也有订阅。日军侵占腾城后，张问德等人将腾越日报社移往界头，改为油印，继续出版发行。该报后因日军扫荡、战事频繁而停刊。

滇西边境地区沦陷后，许多从缅甸回国的华侨青年和从腾冲、龙陵等沦陷区逃跑出来的中学生既无家可归，又无钱到昆明等地继续求学，流落在保山一带，衣食无着。日军的侵略造成云南边疆地区人才培养中断与人才流失。

不难发现，日本对滇西沦陷区进行的种种文化教育侵略活动，无不服务于其伪善外表掩盖下的险恶用心和侵略本质。日军侵滇后，滇西的文化教育事业惨遭日军蓄意破坏，直接和间接损失难以估量：大量文化教育设施被毁，无数学校停办，学生被迫辍学，许多学龄儿童失去接受教育的机会，一大批文化人才亡命天涯，致使滇西社会在相当长的一段时间内元气大伤，教育发展停滞。

第三节　日本对滇西沦陷区的社会控制和毒化措施

文化是民族的灵魂，日本始终将文化毁灭作为征服中华民族的重要目标。在侵华战争中，日本鼓吹加强“皇国史观”（又称“国体史观”），将日本侵略战争定性为“自存自卫”和“解放亚洲”的“正义之战”，一切“反共荣圈思想”和“反东亚的文化”都被禁止和镇压。据此，日本领导层规定了一系列的文教和民族政策，旨在摧残中华民族文化。如前所述，日军以轰炸、纵火、劫掠等种种野蛮、暴虐手段，极力破坏和大肆掠夺滇西沦陷区的图书、文物以及中小学教育机构等，给滇西的文化教育事业造成了巨大的损失，同时在精神上对滇西民众进行奴化，企图彻底征服当地。“扼杀南方当地民族意识的觉醒”①是作为军政指导方策体现在日本文件当中的。在此要领指导下，日本侵略者对滇西民众进行欺骗和愚弄，鼓噪“中日亲善”“互相提携”，借以美化日本侵略者的罪恶面目。

一、奴化宣传与愚民措施

在对滇西沦陷区的经济政治有了一定的掌控之后，日本对当地的统治并未像预期那样稳固，当地人民的抗日活动此起彼伏，无时不在冲击日本的统治。日本便把思想控制和愚民措施作为军事进攻和经济掠夺的配合手段。具体措施为日本侵略者在滇西沦陷区指示伪政权组织竭力进行奴化宣传，叫卖“中日亲善”“东亚共荣”“建设东亚新秩序”等殖民侵略理论，配合日本在滇西沦陷区的奴化统治。日军企图通过一定的方式，使滇西沦陷区人民在无形之中或者被迫之下认同日本的价值观念，渐渐丧失掉家国意识和民族精神，此举较之武力镇压，无疑更加阴毒、更加有效。

（一）欺骗宣传，蛊惑人心

侵华日军为了使侵略行为“合法性”，大量散发反动传单，其目

① 『軍政指導方策』、JACAR（アジア歴史資料センター）Ref. C14060029700、南方軍作戦関係資料綴　昭16. 11. 25—18. 2. 21/全般/南西/陸軍一般史料（防衛省防衛研究所）。

的是奴化占领区人民，使其成为侵略者的顺民，打击抵抗的军民士气。日军攻陷腾冲城10天后，发出布告，内容为“大日本皇军之来华，乃为解决支那痛苦，殊不知蒋政权脑经〔筋〕糊涂，不明事体，竟至勾引白种人，欺辱同种，故皇军作战目标乃为消灭蒋政权之个人军队，驱逐白种人在远东之势力，完整我亚洲黄人之固有土地和利益，完成日支亲善，实现东亚自由平等，望一般人民速返家庭，各安生理……”[①]此为日军在滇西沦陷区进行欺骗宣传的前奏。腾冲现存有一份名为《大日本南方派遣军军部告云南省民众书》的日军宣传册，其内容对日军发动的大东亚侵略战争进行了极度粉饰。

大日本南方派遣军军部告云南省民众书

云南全体民众诸君公鉴：

此次日本对于渝方蒋政权的战争，已经过五年多了。究竟为的什么事？恐怕云南的民众，还一点都不知道。因为云南僻处一隅，交通不便，本来消息就很隔膜。加之又只听得重庆一方面的恶意宣传，更是莫明真相了。现在乘这大东亚战争开幕一周年的纪念日，且将此次战争的内容，详细说一说：

第一，是正名。孔子曰：“名不正则言不顺”。此次的战争，一般的人都随口的混说“中日之战”这个名词，是根本的错误。因为此次并非日本和中国全国打仗，乃是仅对于重庆蒋政权一小部分作战。日本决非想侵占中国的土地，乃是为讨伐破坏东亚大局的蒋介石，以及扰乱社会秩序的共产党。所以此次的战争，只可说“日渝之战”，决不能说是“中日之战”。并且中国的南北两京，以及冀、鲁、豫、晋、苏、浙、鄂、粤、长江

① 张传：《腾冲沦陷记——一份记录日军侵陷腾冲的珍贵文献》，林超民主编：《西南古籍研究》，第476页。

珠江两流域、中国腹部等地，早已成为和平区域。不但未有和日本为敌，且非常的同情。因为南北两京为中国的首都，政治文化的中心，一般的民众，智识眼光，尚然就高明得多。至于上海、江、浙一带，因抗战交通的便利，消息灵活，对于世界大势，易于明了，所以也就能够明了日本的宗旨，深知日本并非侵略，乃是为的东亚大局，保护我们亚洲民族利益，故能与日本一致，同声相应，协力合作。日本见其诚意，也就推心置腹，真正亲善，直以同文同种，兄弟之邦相待。不特无条件的，即将从前占领的地方，完全退还中国南京新国民政府。并且更从英美等外人手中，将中国前此已经丧失很久的土地权利等等，亦一概夺回，奉还中国。如以前汉口、天津、广东、江、浙等地的英美租界，以及工场、学校、大规模建筑物、军事据点等等，均已一一归还中国，仍归国民政府冶下。并又借贷巨款数万万元，以为中国整理财政，发展实业，加强海陆空军。俾中国的国力充实，日臻富强，共负东亚重任。现在和平区域以内，如南北两京，长江珠江等流域，中国腹部各省，均秩序安谧，商场繁盛，百物便易，生活裕馀，既无战祸，又无匪患。至于贪官污吏的压迫，苛捐重税的烦扰，更是绝迹。一般人民，真所谓“安居乐业”，度其熙熙皞皞，攸游太平之岁月。这样的和平幸福，恐怕云南的人民，不但闻所未闻，即梦想亦不能到。因为云南人所过的日子是：百物昂贵，生活困难，达于极点。兵灾匪祸，时常莅临。日不安席，夜不安枕。——这种境况，与和平区域相较，真有天堂地狱之别了。然而云南的人民，何以又独受这种的惨痛呢？这就是被破坏东亚大局的——蒋政权——所害。否则云南的人民，还不是享同样的幸福，过同样的快乐日子吗。我们真为云南人抱不平，真史为之痛恨！然而我们对于南京国民政府，怎样又竭力帮助；对于和平区域人民，怎样又竭为爱护呢？这是有大大的理由，并无丝毫伪言。就是要贯彻大东亚主义，确立东亚共荣圈。谋我们东亚民族永久的幸福。

怎么又叫做大东亚主义呢？就是东亚者，我东亚人之东亚也。我东亚民族，绝对的为东亚土地之主人翁也。——我们今且作一个最粗浅显明的比喻：譬如姓张的田地财产，是该姓张的子孙所有；姓王的田房财产，应该姓王的子孙所有。绝不能许他姓他人，来强占的道理。更不容外县外省的人，突然间来掠夺霸占的。然而今之英美等人，就丝毫不讲公理了，他们以欧美白种人，突来强占我们亚洲黄种人的土地，并且还要把我们亚洲人做他们纯粹的死奴隶，既霸占我们土地，又榨取我们的财富，更还要底降我们的人格，灭亡我们的国家种族。真正无天理，无公道极了。是可忍也，孰不可忍也！印度、缅甸、南洋、马来群岛，以及荷屈菲岛一带，数百万方里之土地，数千万以上之人民，都为彼欧美白色人所霸占，所奴隶。致偌大的亚洲，林林总总，数十国之中，其硕果仅存者，惟日本之与中国，与其他一二小国而已。然中国名虽尚未为彼所灭亡，实则较已灭亡者更惨，更酷，沦之为次殖民地。如印度、缅甸等人民，虽为英之附庸，然犹得占英籍，受其保护，得享其一部分奴隶之权利。而中国人，则只被其压榨，而不得享其丝毫利益。所谓："有义务而无权利。"又奴隶之不若矣。实在可悲可痛极了！——彼英美等对予中国之手段，亦残酷之至，无理已极。彼辈之侵略中国，向鸦片战役始。鸦片烟本为毒物，彼以之毒害中国人民。中国政府，取缔禁止，其理由极为正当。而英人则不讲公理，借此与中国开战，乘中国战败之后，乃威逼中国，割让香港，开放南京、上海、宁波等等五商埠之租界。此等地方，名为商埠租界，实则就是与割让地一样。且此等地方，又为军事要冲，一有战争，复可制中国之死命。自此以后，英美的势力，直达中国腹部，以及全国。而中国亦即门户洞开，险要尽失。彼时中国，实岌岌可危，瓜分之祸，即要莅临。幸值日俄之战。日俄之战，日本一仗，打败俄国。彼欧美等人，才不敢轻视我们亚洲无人，才把灭亡中国之心，暂时搁下。但是因此，对予日本，也就恨之刺骨，忌之特甚。所以才定下两虎相斗，从中取利之毒计。要想把中日两国，一概灭亡，一网打尽。故此数十年以来，中日之间，发生种种纷纠，弄出许多的风潮，都是彼英美从中作怪，故意使我中日两国不和，他们好从中取事。譬如此次战事，英国则时而开放滇缅路，以助中国；时而封闭滇缅路，以助日本。美国则一方面借给巨款与中国，一方面又卖给大批军火与日本。要之，彼辈并非真心帮助何方，即实施其两虎相斗之毒计，务使你两国尽力撕打，尽你两方打得筋疲力竭的时候，他就好收渔人之利，把中日两国，一下灭亡。以彼辈之独霸东亚，财物富源，任其掠夺榨取。吾人看清了此点，乃于去年十二月八日，毅然决然，宣布大东亚战争，联合全东亚民族，实行大东亚主义。尽驱彼英美白人出境，还我东亚河山，确立东亚共荣圈，创造我东亚民族之幸福。因为我亚洲地大物博，资产丰富，若不被彼欧美白人之掠夺榨取，只我东亚人民之享受，不特自给自足，且绰有余裕。今尽以驱出彼辈，而我亚洲人民，脱去往日之桎梏，发挥天赋之本能，振兴实业，发展教育，增加精神上、物质上之文明，则我亚洲，将成人间之天国，世界之乐园矣。我亚洲民族，前途幸福，可无量矣。此种宗旨，宣布而后，凡我亚洲人民，莫不衷心悦服，一致拥护。故自去冬开战以来，不三数月间，整个南洋，完全底定。如香港、星〔新〕加坡、马来群岛及美属菲律滨〔宾〕、荷属婆罗洲、苏岛、爪哇以至缅甸、锡兰、印度周边等地，莫不相继陷落，尽入我皇军之手。此虽为我皇军平日蓄养精锐之力，然亦以主义正大。乃为我全东亚民族谋幸福，故得我东亚人民，全体拥护，一致欢迎，尽力臂助之功也。

故我日本此次之战，乃堂堂大义。为东亚大局而战，为东亚全民族幸福而战，岂侵略中国区区之土地哉？故对于南京新国民政府当局，以及一般人民，智识开明，眼光高远，深知大义者，则竭力帮助爱护。俾充其国力，共负大东亚全局之责任，非有其他私意也。

至若重庆蒋政权，亦同为东亚民族，应该明晓大义，同心同德，努力一致，负起新生东亚之责任。而乃迷于金钱，只知自利，反认贼作父，为彼英美人之走狗，破坏东亚大局。至于蒋之对于苏联，亦背义忘仇，为虎作伥。苏联当前帝俄时代，对于中国，已怀其灭亡瓜分之恶意。侵占东三省，压迫已甚，到了现在，更为残酷……我日本之教育文化，亦与中国相同，所谓尚忠教孝，礼义之邦也，断不容此等邪说之猖獗。故彼苏联，乃中国之国仇也。而蒋政权，则反引为同调，相与一气。故蒋政权者，实为我东亚民族之公敌，更为中国国家之大罪人也。我皇军申明大义，张其挞伐。我皇军此次，只为讨伐蒋政权，对于重庆一方面之作战，并非与中国全体战，更非有丝毫侵占中国土地财富之心。凡我中国袍泽，务须深明此旨，勿滋误会。

目前世界大势，益愈好转。日本同盟枢轴之德、意两国，已会师于大西洋。此后枢轴之势力，联合愈固。合同作战，愈益有利。英美之崩溃,愈益不远。则吾人之大东亚主义,不久即可实现,东亚共荣圈,根本亦既确立。吾人所希望,东亚全民族之幸福,亦将莅临矣。中国袍泽,为大东亚重要之一环,务希同声相应,一致努力,向大东亚主义之光明前途迈进。以期能尽一己之责任,不失中国之地位,是所厚望。谨布区区。

掬诚以告,即希明鉴。①

这份3 000多字的宣传册足见日本的险恶用心,其先用"同文同种,兄弟之邦,中国袍泽"的称谓拉近中日两国的距离,又树立起共同的敌人"欧美白人"以建立"统一战线",最后再提出"贯彻大东亚主义,确立东亚共荣圈,谋东亚民族永久的幸福"的期望,极具欺骗性与蛊惑性。这份传单的内容与日本1943年出台的《大东亚共同宣言》中"大东亚各国应互相合作,完成大东亚战争,从美、英之枷锁下解放大东亚,完成其自存自卫,以下列纲领为基础建设大东亚,以求贡献于世界和平之实现"的论调如出一辙。但是,这些空洞美丽的辞藻和日本占领的实况恰好形成了鲜明的对照。

（二）笼络上层,贿赂收买

为维持在滇西沦陷区的长期统治,日军也是煞费苦心。他们利用汉奸们的各种社会关系,以私人名义用一套汉奸理论暗地里和军政长官或绅士名流通信,引诱他们降敌。前有日军"行政班"班长田岛寿嗣拉拢腾冲抗日县长张问德的诱降书,后有日军松井联队长写给潞西设治局局长常绍群的诱降信,希望其同日军"携手合作",维持龙陵、潞西等县的安宁,如承许诺,即由坂田师团司令任常绍群为"腾、龙、耿、镇游击总司令"。

---

① 原件馆藏于腾冲县图书馆,文字载于腾冲县国殇墓园管理所编:《民族光辉:腾冲抗战史料钩沉》,昆明:云南人民出版社2011年版,第312—315页。

日本宪兵司令致常绍群的诱降信

绍群常司令官台鉴：

我前给你二华函，想你收到了罢？但未见回音，不知未〔为〕何。刻弟的心里实实悬念你，羡慕你，又不知你的近况莫何。现日军出动平、猛、龙一带，就是大扫荡平猛龙一带时期，而时间长。弟想着你同龙潞游击工作是多么的卑鄙，多么的痛苦，想我辈在社会立足，必须先要选着一条光明的大道去干，结果能得一个大大的光荣，成一个顶天立地的汉子，不愧我辈出世干事一场。说到如此，希望你极早回心改道而行。弟可着带路之人，快来中山先生建设之大东亚阵线工作。比你前干之工作，光荣十倍。你参加，弟一定保护你的生命、名誉及位置。请不要疑心，放心前来一叙。如有假言骗你，人格当〔担〕保，生则同生，死则同死。若刻间亲身不能来会，请速派你知心的弟兄来平戛日本宪兵队一会。弟对面讲，我心里时刻盼望你的一切。候他来转达你，你就知道弟对你的诚恳处了。若是你来参加中山先生建设之大东亚建设阵线的时候，决定委你任龙平猛勇义工作队总司令官。因现在平戛地区宪兵队工作队长蒋三元卧床日久，病入膏肓，服务困难，大概辞职休养，故欢迎你来协力，参加大东亚建设阵营。直〔值〕是良好机会，天之凑成。接着信，请净〔静〕坐三思，并请来人或速回书。祝你公私迪吉。

弟平戛日本宪兵队长上田朴心

中华民国三十三年一月十四日①

---

①《战后善后工作史料选》，德宏州史志编委办公室编：《德宏史志资料》第 8 集，第 223 页。

常绍群收到诱降信后，回函严词拒绝。信中对日本侵略中国的战争行为进行了批判，揭露了日本“大东亚共荣”的险恶用心，并对缅北、滇西战局进行了分析，指出日本深陷失败囹圄而不自知。日军拉拢上层的卑劣行径对爱国者无疑是徒劳之举，但在一些投降者那里起到了一定效果。干崖土司刀承钺结婚时，田岛寿嗣补送刀承钺1万元，而刀承钺在抗战期间，犯下“通敌叛国，栽种烟苗，剥削边民，杀害中央工作人员”①等罪行。龙陵伪政府县长赵鹏程被日军“洗脑”后在县衙门口贴了一副对联：“卅载昏天黑地，遭受无边痛苦；一旦拨云见日，享尽万代荣华”，横批是“中日亲善”。②

（三）渗透基层，不遗余力

日军通过“维持会”等各种组织活动及控制手段，将这些奴化思想向基层渗透，以实现其侵略与奴役滇西沦陷区广大民众的目的。驻腾日军“行政班”曾率武装部队数百人到董官村和大罗绮坪按户搜查收音机、片纸只字，监视人民思想动态。在腾冲，日军“一面对各乡镇发出招降通知书……并派多人向四乡宣传敌军‘武勇精神’及‘道德’。宣传大意谓：只须驯服归顺，生活财产一如往昔，皇军且加意保护”③。意图何在，不言自明。

侵华战争时期，日本侵略者将电影视为执行“国策”和向“满洲

① 《卢汉关于滇西各土司情况给民政厅的训令》（1946年3月14日），德宏州史志编委办公室编：《德宏史志资料》第5集，第99—101页。

② 常绍群：《滇西敌后军民抗战纪实》，云南政协文史资料研究委员会编：《云南文史资料选辑》第50辑，昆明：云南人民出版社1997年版，第352页。

③ 张传：《腾冲沦陷记——一份记录日军侵陷腾冲的珍贵文献》，林超民主编：《西南古籍研究》，第477页。

国及中国普及日本情况乃至日本精神”的重要手段。早在1923年,“满铁映画班”便成立了,并为日本侵华活动服务。伴随着1931年九一八事变的爆发,日本帝国主义在武力征服中国的同时,开始逐渐重视对中国人民的思想奴役。1937年8月,由伪满洲国和“满铁”合资建立了“株式会社满洲映画协会”(简称“满映”)。“满映”利用电影这种艺术形式,拍摄了大量具有强烈殖民主义政治色彩的纪录片,宣传所谓“大东亚共荣”“日满协和”和“王道乐土”等极度粉饰日本侵略战争的理念,用以迷惑和腐蚀中国人民思想,达到其文化殖民之目的。日军企图通过“满映”将殖民思想以电影这种宣传作用较强的形式传播开来,它实质上是日本军国主义者一手策划和控制的宣传工具,是侵蚀中国人民思想的精神毒品和麻醉剂。

日军将“满映”那套伎俩也移植到了滇西沦陷区。“敌人每于夜间放映电影,召集沦陷区乡保人民开会宣传之时,仍从我国旗与敌旗交叉,中悬总理遗像,读遗嘱。以新中国、中日共荣共存,反对英美之一片言词,惑乱人民。闻有一次,田岛方于开会时,向民众宣传演说,谓‘彼日军系救中国而来,为逐出英美而来,倘无日军,腾龙已被英美占据矣’……敌又每用反宣传电影到各处轮流映放,淆惑视听”①,以图引导社会舆论和蒙蔽人民群众。

据芒东(位于梁河县西部)百姓回忆:“日本人见到学生模样的孩子,就递送两张宣传画。一张是亚洲地图,画着中国、朝鲜、日本及南部诸小国,用红线画上一个大圆圈,顶端写着‘大东亚共荣圈’;另一张上画着五个人,一名日本兵手持上了刺刀的步枪与一

①《腾冲敌情报告书》(1944年4月20日),中国第二历史档案馆藏,787/11593。

个身穿长袍马褂手持长刀的中国人并排站着，面前画着三个分别在帽子上有美、英、法标志的西洋人，状似恐惧欲逃的样子，画页上部写着：'中日是兄弟，联合起来打倒英美法！'"①

（四）借助宗教，毒害精神

日本还利用宗教对滇西沦陷区人民进行精神毒害或践踏当地少数民族的宗教信仰。在日本的对华政策中，宗教一般都被其作为愚民工具加以利用。日本认为，"对人民生活、文化程度低的民族，除逐渐改革宗教，取得成功的若干例子之外，性急的办法，一般都失败了。东亚殖民地的宗教，有的被用来作为愚民政策乃至对立抗争的工具"②。据中缅交界的佧佤山特区邦隆行政公署秘书马明扬报告，"窃敌初占夷区，以统治未固，乃假仁假义。利用佛教向夷民宣传，夷民以智识低落，被其欺骗，而受敌人利用……近年来敌寇统制已固，露出本来之狰狞面目，以高压手段刮削夷人，如居住限制、商业限制、农产强征、畜类征发等暴虐行为，致使夷人忍无可忍"③。德宏不少群众历来笃信小乘佛教，在信奉佛教的地区，几乎"寨寨有奘房（佛寺），月月有佛节"。但日军侵入后，任意焚毁寺庙，把寺庙当马厩、厕所，凌辱僧侣，极大地亵渎和伤害了德宏人民的宗教感情。

---

① 江春昊：《梁河沦陷前后》，德宏州政协文史委编：《德宏州文史资料选辑》第9辑，第145页。

② [日]堀场一雄著，王培岚等译：《日本对华战争指导史》，北京：世界知识出版社2017年版，第449页。

③《云南省政府转饬拟办马明扬建议加强潞江两岸抗日宣传工作训令》（1944年4月5日），云南省档案局（馆）编：《抗战时期的云南——档案史料汇编》上册，第511页。

二、制颁“良民证”

日本在滇西沦陷区的侵略活动，除了有军事占领、残酷镇压、资源掠夺，还包括利用守备队、宪兵、特务以及基层汉奸组织等进行欺骗宣传、奴化训练，并通过发放所谓“良民证”，对滇西民众进行人身与精神控制，妄图使滇西人民在思想意识上顺从于日本大帝国，从而变为日军的忠顺奴仆。伴随强制发放“良民证”，日军又对滇西民众采取怀柔政策，恩威并施，以期达到良好的社会控制效果。

（一）“良民证”的制颁

“良民证”是日军侵华期间，为“避免社会流民、所谓匪盗及抗战人士等对日军活动的破坏和干扰，确保占领区的安全，并用于表示占领区人民对‘大日本帝国’效忠的一种身份证明证件，也称‘身份证明书’，15 岁以上的人均需领取”①。“良民证”是日本侵略者对中国百姓的一种居民身份管理。为了进行占领和巩固统治，日军在滇西沦陷区大力实行“良民证”管理。他们先对一定区域的民众实行严格审查，给符合要求者发放“良民证”。此证既是持有人的身份证，又是外出的通行证。日军规定居民出门必须携带“良民证”，以便随时接受盘问和审查，以致滇西百姓“有良民证者，方得行走；不愿起良民证者，只得蜗居蠖曲”②。

日军在腾冲制颁“良民证”有一系列程序。首先是对常住居民进行全面调查，根据调查结果确认“良民”，发给“良民证”。其次要

---

① 武菁编著：《日本侵华图志》第 24 卷，济南：山东画报出版社 2015 年版，第 273 页。

② 尹家令：《腾冲沦陷纪略》，腾冲县国殇墓园管理所编：《民族光辉：腾冲抗战史料钩沉》，第 52 页。

求随身携带，且将领取“良民证”的居民年龄提前至12岁。这些都可见其对滇西社会控制之深。

日军于1943年在腾冲发布的第二号行政命令

行政命令第二号　一月十八日　户口调查命令

一、各保长须将住民之户口，各户之户主姓名，家族之人员，逐一调查登记于渊查簿上；

二、各户主须将家族内各人员之出生年月、结婚死亡或长期旅行等所产生之移动，即向保长报告；

三、保长根据前项报告，即以之记载于户口调查簿上，使其移动得其明隙；

四、保长根据户口调查之结果，且确认为良民后，报告于行政班长，受领由警备队长发行之“良民证”，以之交于户主本人；

五、满十二岁以上之男子，须带携前项发给之“良民证”。此项证书不准贷与他人或卖与他人。

附　则

一、本命令于昭和十八年三月一日施行；

二、凡调查户口不努力，或不报告家族之移动者，户主本人及保长甲长，均受连坐必罚；

三、凡不携带“良民证”者，禁止往来各乡镇，且追放出境。

腾越日本军司令官(章)①

观察滇西现存原日军所制“良民证”的原件，其内容如下：

---

①《盈江地区清代及民国时期部分档案史料选》，德宏州史志编委办公室编：《德宏史志资料》第11集，第244—245页。

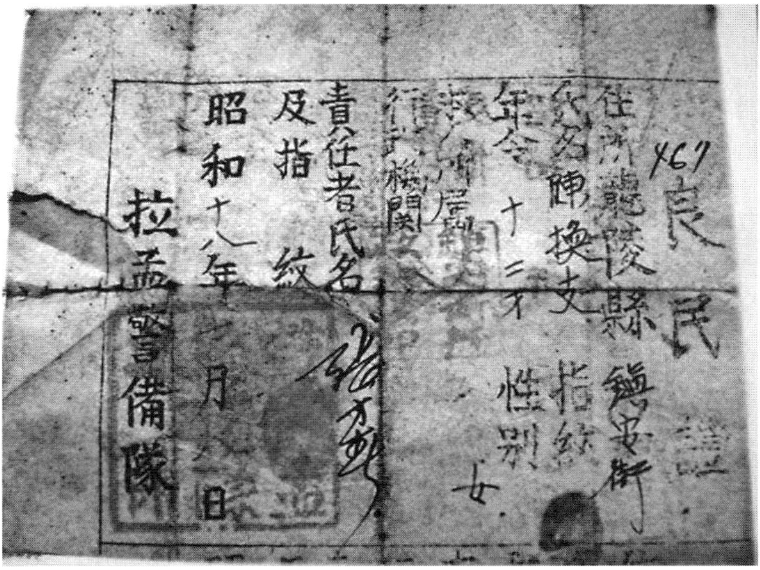

图 4.1　现存日军在滇西沦陷区颁布的“良民证”①

这张日军在龙陵制颁的“良民证”透露出三项非常重要的信息：被迫领取“良民证”的龙陵当地民众的基本身份信息（年龄仅 12 岁）；投靠日本人且充当日军在龙陵“代言人”的信息（龙陵人张岁春）；“良民证”的制颁者及其所属机关（以拉孟警备队人员为主体的“行政班”）的信息。

在腾冲界头，日军规定民众向“维持会”领取“良民证”，不领者，以国军论罪。② 据领到过日军“良民证”的民众口述：“（日军）派出几个组分头到各村去登记居民户口，每组约 10—12 人。他们对妇女不太注意，对男人就不同了。填发良民证时，要仔细端详，把

① 在龙陵、腾冲博物馆均有日军“良民证”原件遗留，当地民间人士手中亦有保存。

②《反攻时期的军情报告》（1944 年 1—4 月），德宏州史志编委办公室编：《德宏史志资料》第 14 集，第 201 页。

特征记下来，并要按手印，然后把一张比巴掌大的道林纸良民证发给他，规定出门到外地一定要随身带着。如果外出不带良民证，抓着就要关起来，没有人来保，就会被当作游击队——枪毙。”①

> 敌人已占据之区域，如城镇守备地方之交通大路，准许人民通过。而有哨兵守卫者，凡人民经过时，不论男女老幼，均须向哨兵行一脱帽鞠躬礼，否则不准通过。其奴视我人民如此。但行礼须随便普通，若照操场上之立正姿势及室内行礼之规定、礼貌，则彼又认其人为曾受过军事之训练，必以拘禁拷打。②

1942 年 5 月，日军师团长坂口静夫到达龙陵，住在观音寺脚段家。小田国夫的宪兵队驻在临街的关帝庙，此时街道附近已没有人。日军把街下（今白塔）划作难民村，将疏散到城边附近孙家寨、麻林坡等地的人都赶回来，让他们集中住在一处，以便管理。宪兵队按人数发给“良民证”，并供应大米和食盐。三甲姜家塘、下坪、上路等村未走的人也发给“良民证”。当时食盐缺乏，敌人便利用盐局里的大批存盐收买民心。他们指定难民村黄召基、姚老三、张朝品、姚希忠做代表，每天率领民夫去打扫清洁住屋，把布匹、棉纱等物资集中在一处；如果是金银等贵重东西，便由卡拉人上车运走。因为当时物资充足，取拿不完，日军把不需要的东西赏赐给代表，或叫他们自行拿取。据说，有人从“茂恒号”拿过 1 架鹿茸。后来黄召基、姚老三都发了财，其他人也不同程度地

---

① 江春昊：《梁河沦陷前后》，德宏州政协文史委编：《德宏州文史资料选辑》第 9 辑，第 144 页。

②《腾冲敌情报告书》（1944 年 4 月 20 日），中国第二历史档案馆藏，787/11593。

得了不义之财。①

（二）小恩小惠，笼络民心

日军除了杀戮、镇压沦陷区民众，还施展其欺骗、收买伎俩，在滇西沦陷区开办日文培训班，放日本电影，宣扬日本的“强大”。有时还卖点比较稀缺的盐巴给少数民族，以收买人心。他们在山区宣抚班送糖给当地孩童，拜会绅士，宣传“同文同种”“日中提携”“大东亚共荣”等，并收买一部分意志薄弱的人充当汉奸。在日军糖衣炮弹的攻击下，游击队内部出现了叛徒。

> 敌军自行政部长田岛到后，乃一变政治方针，进用怀柔政策之攻心手段，彼于查获陷区与我军政府秘联络通讯来往报告敌情之乡镇保甲、士绅、民众，仅以管押、拷打，毒化、告诫而不杀戮。盖以恩威并进，欲使其真心归顺，不敢再与我方联络及应用耳。又，对每一沦陷地方之绅商富户、硕儒先生及赋闲家居或隐避乡村之文武军政人员，每有所闻，该田岛彻亲自前往拜会，慰以甘言，送以厚礼，银钱、花纱、布匹等物。并以国票分给难民，饬令回家。有识者，则闻听此手段，深恐有辱清白声名，避之唯恐不及云。被俘官军，田岛到后，亦少杀戮，并给衣物、钱米、手枪，随军听用。其良心不死者，趁便逃脱，亦所在有之；而甘心降附，听其驱使者，亦不无其人。②

1943年，日军部队转入了警备态势，宣抚工作也进入了状态。据日军第56师团第146联队第1机关枪中队士兵辻胜己回忆：“我们虽然在司令部的驻地芒市，但是这之前每天都有作战任务，可谓

① 野明：《龙陵沦陷见闻散记》，云南省政协文史资料研究委员会编：《云南文史资料选辑》第27辑，昆明：云南人民出版社1986年版，第156页。

②《腾冲敌情报告书》（1944年4月20日），中国第二历史档案馆藏，787/11593。

在此洒满了血汗。现在终于可以松一口气了。这里有一个土司叫龚正，毕业于日本大学，很配合宣抚工作，物资逐渐被征集了起来。"[①]由此可见，日军宣抚工作的最终目的是更有效地控制占领地，这与其"给养就地征发"的本质如出一辙。

三、鸦片毒化

制毒贩毒是违反国际法和人道主义的肮脏罪行。从1931年九一八事变占领中国东北开始，至1945年战败投降，日本继英国之后，又对中国发动了一场新的"鸦片战争"。这场战争的形式就是日本在中国占领区通过大量生产、销售鸦片等麻醉品，麻醉中国人的意志，同时获取巨额利益，而这些利益大都转换成军费，用于对中国的侵略战争。日本这种违反国际法的非人道的"国家犯罪"，在东京审判中被揭露出来，震惊了国际社会。[②] 在东京审判的法庭起诉书中，检察方用了相当的篇幅，起诉日本政府和军方有组织地利用鸦片"削弱人民的抗战意志"，并使其收入成为"侵略战争的准备及其进行所需的财源"，甚至"用于日本政府在占领区扶植的诸多傀儡政权"的罪行。[③] 而大量证据也表明日本在全面侵华的过程中，在大量占领地实施毒化政策，将鸦片等毒品作为毒害中国人民的特别武器。

现有史料证明日本在占领滇西后也在当地实施了鸦片毒化的

---

①《侵占滇缅的"急先锋"——日军第56师团第146联队志》，云南省龙陵县政协委员会、云南省社科院保山分院滇西文化研究基地2019年编印，第289页。

②［日］江口圭一著，宋志勇译：《日中鸦片战争》，天津：天津人民出版社1995年版，第127页。

③ 宋志勇、周志国编：《日本侵华决策史料丛编·政治外交编·战后审理》，北京：社会科学文献出版社2017年版，第20页。

肮脏手段。日本侵略者在中国占领区推行毒化政策有两个可耻的目的：一是利用毒品的生产、制造、贩运和推销，搜刮社会财富，筹集军费，以战养战，扶植傀儡政权，维持占领区的殖民统治；二是利用麻醉品大量毒杀中国人，欲亡国而灭种。① 因此，1942 年 5 月，日本占领我国西南边疆各地后，为了麻醉当地人民的思想，削弱当地人民的抗日斗志，同时也为了聚敛钱财，便授意当地伪政权推行毒化政策。其主要途径就是破坏禁烟法令，放任种植鸦片，鼓励当地民众吸毒、公开售毒，致使边地民不聊生。

滇西地处祖国西南边陲，与英属殖民地印度、缅甸——最大毒品产地毗连，深受其害。许多百姓选择种植罂粟，而凭借“地利”之便，公开贩运与吸食鸦片的现象不足为奇，处于这个网络要冲的腾冲一度成为民国时期滇西地区最大的毒品集散地。1935 年，国民政府发布了“三年禁毒、六年禁烟”的命令。云南根据边省实际，报经国民政府核准，采取了分期、分区禁种，同时禁运、禁食的措施，取得了一定效果。龙陵原是产烟区，但此时已经基本禁绝，昔日种植罂粟之地已改种了豆麦菜黍。日军占领滇西后，即宣布逃难者如能返回即奖励栽种罂粟，不收任何捐税。接着，日军命令伪县政府，强迫民众大量栽种罂粟，并以粮油与烟民换大烟。于是，民众被逼无奈，只能以鸦片为生。据统计，一般民众经济上 80％靠鸦片维持。日伪收取大烟时，要被伪县政府抽收 20％烟税。一切均以鸦片作等价之物，如日伪征用役夫，也以鸦片充工钱。在这样的烟风毒雾之下，很多青年学会了吸毒。②

① 王宏斌：《鸦片：日本侵华毒品政策五十年》，石家庄：河北人民出版社 2005 年版，第 262 页。

② 曲义伟：《中国禁史》（第 13—24 册），长春：时代文艺出版社 2002 年版，第5851 页。

日军占领腾冲后向群众宣称“回县者均可种植鸦片，免费供给烟种”①，又通过伪县政权下达种烟命令，允许大烟公开交易，用糖和盐向群众换取大烟和吸大烟的免抽壮丁等，从而使烟毒变本加厉地在腾冲肆虐横行起来。腾冲伪县政府成立后，“金震西、尹希贤、杨学时、李仲修、王惠伍、魏雨田、李绍福等出任秘书、科长，月薪国币八千元，其职务分配尚在详查中，惟全属吸食鸦片者”②。烟亩税也成为日伪政权的收入来源之一：“鸦片税：腾冲自城池沦陷后，敌军督率民间种烟，伪政府于各乡村街市，设局收税，值百抽五，又奖励运食鸦片。去年（1943 年）10 月，界头失陷后，西北两区，亦大种鸦片矣。其毒化吾民如此。”③腾冲草坝街、缅箐街甚至形成了鸦片市场。日军“行政班”班长田岛寿嗣到腾后更是“身体力行”，“其衣服一仿腾民装饰，又效腾民吸食鸦片，每闻日约需三两烟油，随到一处，必陈设烟具，与商绅首望横枕受用，畅谈一切。传闻彼谓：腾民吸烟者多，非如此，不足以与民间打成一片，其用心之微如此，亦大奸险矣”④。根据《云南省民政厅为遵令填报敌人在沦陷区施行毒化情形表祈核转呈（1946 年 5 月 16 日）》记载，对于不服从日军统治的腾冲民众，田岛寿嗣强迫人民吸食鸦片，并宣传种烟，导致鸦片的种、运、吸、售肆无忌惮，以至于腾冲沦陷 2 年里，沦入黑籍之烟民特别多，且积习过深，为战后社会恢复与管理带来极大麻烦。

---

① 李家贤：《民国时期腾冲禁烟事略》，云南省昆明市政协文史资料研究委员会编：《昆明文史资料集萃》第 5 卷，昆明：云南科技出版社 2009 年版，第 3617 页。

② 《腾龙边区沦陷后的敌情报告》（1943 年 1—12 月），德宏州史志编委办公室编：《德宏史志资料》第 14 集，第 183 页。

③ 《腾冲敌情报告书》（1944 年 4 月 20 日），中国第二历史档案馆藏，787/11593。

④ 《腾冲敌情报告书》（1944 年 4 月 20 日），中国第二历史档案馆藏，787/11593。

日本对滇西沦陷区少数民族施以同样伎俩。在滇西沦陷区及滇南南峤、沧源岩帅等地，日本鼓励、收买当地人民种植罂粟，毒化民众。据云南省第四区行政督察专员公署因为日军收买佤傣等民族种植鸦片所呈电文记载，沧源县所属岩帅等处近到日军一部，收买本地佧佤、摆夷各族鼓种鸦片，违抗政府，以致“敌方……图虐……鼓励人民大种鸦片，而以高价收买运至泰京一带，一般无知夷民见利忘义，多中毒计”①。在梁河县，日本则直接摊派每乡缴烟土 2 500 两，大小 19 乡，共派 47 500 两，实际是强迫人民种植罂粟。② 1943 年 10 月后，日军在大塘、河西、蒲川一带种植鸦片，致使槟榔江一带烟苗甚旺。日军强迫边民种烟期间，缅甸之鸦片也乘虚大量流入，奸商四起，纷纷收购烟土偷运到内地，有的甚至勾结军人搞武装走私。斯时，下关、保山等地市几乎成为烟土集散地。烟毒泛滥给滇西沦陷区人民造成了极大的灾难。它不仅导致滇西地区社会经济的畸形发展，还摧残了滇西人民的健康，腐蚀了人民的思想。日本侵略者利用鸦片这种“软武器”大量制造烟毒患者，其罪恶目的无非是彻底摧毁中国人民的反抗精神，大量制造鹄面鸠形的残废之人，以长期奴役中国人民。一言以蔽之，日军用鸦片施以毒化的罪恶行径打断了国民政府的“禁烟”活动，给滇西社会发展带来了极大的负面影响。

综上所述，为建立并巩固殖民统治，日本在广大占领区对中国人民积极推行奴化教育，企图培养效忠于大日本帝国的“顺民”，并制造日中亲善合作的假象，以达到彻底奴役中国的险恶目的。滇

---

①《南峤县政府转报敌人动向及鼓励种植鸦片等代电》(1943 年 11 月 24 日)，云南省档案馆藏，11/7/14/229。

②《云南省民政厅为遵令填报敌人在沦陷区施行毒化情形表祈核转呈》(1946 年 5 月 16 日)，云南省档案馆藏，106/1/1174/93。

西重镇保山是云南省开发较早的地区之一，自古文化教育发达，中小学教育基本普及，保山也成为向云南边疆地区输出教育文化的核心区。而日本帝国主义在对保山、施甸实施轰炸和占领腾冲、龙陵两县后，毁坏了上千所学校和寺院，使大批儿童失去就学机会，导致滇西国民素质下降。日本的侵略战争摧毁了滇西上千年的文化积淀，影响了滇西战后几十年文化教育的发展。在战后的开发中，由于日军在轰炸、烧杀中毁坏了大批学校，滇西的教育基础设施基本归零，一切不得不从头开始，给滇西文化教育事业的发展造成了长期的不利影响。鸦片是国际公约明文规定严禁滥用的麻醉品。日本政府作为国际公约的签署国，却在中国各个占领区推行毒化政策，既违反了国际公约，也破坏了中国的禁烟禁毒法令。这种毒化政策，是由日本国家决策机关专门讨论制订的，是由其分支机构和占领军共同负责实施的，因此是有组织、有计划的国家犯罪行为。至于日军肆意侮辱、践踏滇西民众宗教信仰和精神寄托的种种倒行逆施，也从侧面反映了所谓“大东亚共荣”的虚妄和伪诈。

第五章　日本在滇西沦陷区的暴行

战争是迫使对方服从我方意志的一种暴力行为。什么是暴力？暴力是一种手段，把自己的意志强加于对方是其目的。而且，暴力的使用是没有限制的。[①] 因此，“战争罪”(War Crime)的概念也由此引申而出，即“参与策划、准备、发动或进行侵略战争，违反战争法规或战争习惯规则，以及违反人道原则的犯罪行为。在现代社会，战争罪被认为是最为严重的国际刑事犯罪，即所谓的‘核心犯罪’。战争罪主要包括：参与侵略战争；屠杀或虐待占领区平民，或迫使其从事奴隶性劳动，或为其他任何目的而将平民放逐；杀害、虐待战俘或海上人员；杀害人质；抢劫公私财产；恣意破坏城镇；使用战争法禁止的作战手段和方法；其他违反战争法规和习惯的行为”[②]。简言之，残害平民、灭绝种族、实行奴役、掠夺占领国、虐待和杀害战俘等行为都称为战争罪行。根据日军罪行特点，日军的战争罪行又和“暴行”的概念往往密不可分。日军暴行是指近

---

① [德]克劳塞维茨著，孙志新译：《战争论》，北京：北京联合出版公司 2014 年版，第 4—6 页。

② 朱贻庭主编：《伦理学大辞典》，上海：上海辞书出版社 2002 年版，第 234 页。

代史上由于历次侵华战争的发生而被日本国家派遣来到中国的日本国家军队，在中国的土地上，在战场上和非战场上，在战争状态下和非战争状态下，违背在近代历史上由长期的国际关系实践而确立的一般国际法准则与战争法准则，对战俘——战场上被俘虏的或已放下武器、放弃抵抗或失去战斗能力的敌对国官兵的杀戮，对敌对国无辜和平居民肆无忌惮的残害，对敌对国的受到国际公法保护的妇女儿童的蹂躏摧残，对敌对国资源和财富的掠夺和摧毁，对与战争无涉的民用设施的无差别轰炸及带来的毁灭，对敌对国文化同时也是世界文化之一组成部分的严重破坏，以及对国际法所明禁的非正当战争手段诸如细菌战、毒气战等的大规模利用等。① 日军在滇西沦陷区的战争罪行、暴行都是本书涉及的范畴。

国家罹难、城殇百万，覆巢之下、安有完卵。为了摧毁中国人民的抗战意志，彻底征服中国，日本军国主义在全面侵华战争期间采取了法西斯的一切手段，残害和杀戮中国军民。其战争暴行之残忍在人类历史上是罕见的。日军占据滇西期间所犯的各类战争罪行，擢发难数，骇人听闻。日军不区别军事设施和民用设施的无差别轰炸，导致滇西人口大量伤亡，社会财产损失巨大；极为残酷的“三光”作战政策实施时间最长，其手段之残腥，令人发指；与大屠杀同时进行的还有日军对滇西人民生产、生活资料灭绝人性的大焚烧，毫无忌惮的大劫掠以及对当地妇女的性侵害和蹂躏；而因战争导致的鼠疫、霍乱等疾疫流行，致使滇西沦陷区人民“死亡甚众”。一言以蔽之，在日本侵占滇西近 3 年里，与日本对滇西军政统治、资源掠夺、社会控制以及奴化教育等侵略行为相伴始终的，是以天皇为其最高统帅的日本国家军队在滇西土地上犯下的累累

---

① 卞修跃：《侵华日军反人道罪行研究》，北京：团结出版社 2015 年版，第 189—190 页。

罪行。日军官兵对腾冲、龙陵、潞西、梁河、盈江、瑞丽、陇川、泸水等地傣族、景颇族、傈僳族和汉族等各族人民所犯的反人道罪行，种类繁多，花样百出。

第一节　日军对滇西的无差别战略轰炸

侵华战争进入相持阶段后，日军为切断国际援华线强化了空中作战的力度。1940—1944年，侵华日军有目的、有计划地对滇缅公路及其沿线的桥梁、机场、城镇和乡村实施无差别战略轰炸。日军无视前线和后方、战斗人员与非战斗人员的差别，常以非军事目标为对象，肆意轰炸，导致滇西大批民众非正常死亡或流离失所，居民和社会财产损失惨重，且带来了持续霍乱、阻滞滇西社会发展等严重后果。

按照一般的军事学说，战争期间使用航空力量对敌方采取的以轰炸为手段的军事措施，分为“战术轰炸”（Tactical Bombing）和“战略轰炸”（Strategic Bombing）两种，其中战术轰炸是指通过战术轰炸机、战斗机、攻击机等军用飞机对敌方军队、军事基地、军事设施等军事目标的轰炸。而战略轰炸除具备战术轰炸的特征外，更重要的是对敌后方生产设施、交通部门、政府机关，甚至包括居民区、文化教育单位、医院、教堂甚至慈善团体的轰炸，其目的是从物质与心理层面，不遗余力地摧毁目标国持续应对战争的各项能力。换言之，战略轰炸不仅重视打垮敌国的领导者，还有重视摧毁敌国国民的战斗意志（士气）的倾向。[①] 因此，日本侵华过程中，“不但要给予敌军及其军事设施以物质上的损害，更要对

① 伊香俊哉『戦争はどう記憶されるのか—日中両国の共鳴と相剋』、86頁。

敌军及其普通民众形成精神上的威胁，让他们在极度恐慌之余产生精神衰弱”①等轰炸思想，不时出现在日军的军事作战计划与军事命令之中。在此战略轰炸思想指导下，日军对中国各地长时期、大规模、残酷、野蛮的无差别轰炸，就贯穿于整个侵华战争之中。

日本“三月亡华”的计划破产后，其侵华方针遂由“速战速决”改为“战略持久”，空中作战行动开始活跃。这一时期“努力切断（敌方）残余的对外联络线，特别是输入武器的路线”②，成为侵华日军的作战任务之一。1940 年前后，国民政府主要通过法属印度支那运输线（滇越铁路）和缅甸运输线（滇缅公路）这两条补给线得以坚持抗战。为此，日本迅速出台“根据地理条件有必要在北部法属印度支那物色可供对昆明方面进行空中作战的基地”③的应对战略。1940 年 10 月 7 日，日军以越南河内为飞行基地，建立了“滇缅路封锁委员会”，开始对滇缅公路沿线的桥梁、机场、城镇和乡村实施大轰炸。④ 日本于 1940—1944 年对滇缅公路及其沿线的轰炸，正属于典型的“战略轰炸”，即“轰炸敌方政治和经济中心的军事、工业或民用目标，目的是通过摧毁敌国的物资资源和民心士气（Morale）来剥夺敌人进行战争的能力和意愿”⑤。

---

① ［日］伊香俊哉：《对日本空战法规与重庆大轰炸的认识》，王群生主编：《中日学者“重庆大轰炸”论文集》，北京：中国三峡出版社 2004 年版，第 338 页。

② 臼井勝美、稲田正夫『現代史資料（9）日中戦争（二）』、554 頁。

③ 服部卓四郎『大東亜戦争全史』、33 頁。

④ 按今天的行政区域划分，包括大理白族自治州、保山市、腾冲市、德宏傣族景颇族自治州、怒江傈僳族自治州以及临沧市部分区域。

⑤ 徐进：《暴力的限度：战争法的国际政治分析》，北京：中国社会科学出版社 2012 年版，第 163 页。

一、战略轰炸过程

抗战爆发后，国民政府未雨绸缪，于 1938 年开始修建连接我国昆明与缅甸仰光海港的陆路通道——滇缅公路，以确保海路运输被切断后国际援华物资的陆路通道。滇缅公路国内段总长 959.4公里，沿途经过漾濞、云龙、永平、保山、昌宁、龙陵、腾冲 7 县，穿越螳螂川、绿汁江、龙川江、漾濞江、澜沧江、怒江等急流大川，以及点苍山、怒山、高黎贡山等天险山脉。此地雨季长达半年，澜沧江和怒江两岸是有名的“瘴疠区”。在严重缺乏技工和施工器械的情况下，桥梁架设与隧道开凿的难度超出想象。但是，国难当头，为了修滇缅公路，云南全省投入了大量的人力、物力，各界爱国人士积极捐款支援筑路。修路中，全线每天工作人数最多时达 20 万人，其中包括汉、彝、白、傣、回、景颇、阿昌、崩龙、苗、傈僳等 10 多个少数民族民工。各族民工自带干粮和工具，长途跋涉到工地，风餐露宿，冒着酷暑和瘴疠瘟疫，在没有或极少报酬的情况下，开始筑路工作。他们硬是用大锤、火药炮杆、十字镐等十分简陋的工具，一米一米地往前修。许多民工在修路中献出了宝贵的生命。据有关材料记载，修滇缅公路牺牲的民工有二三千人以上，约占民工总数的 1.5％，滇缅公路因此被称为“血路”。“裹粮携锄湖江边，哪管老弱与妇孺。龙陵出工日一万，有如蚂蚁搬泰山。蛮烟瘴雨日复日，餐风饮露谁偷闲。总动员，追呼争逐荒园田，褴褛冻饿苦群黎，星月风生答新年，一段推进又一段。”这首写于修路时的《滇缅公路歌》，正是对当时修路场面的真实写照。滇缅公路以里程之长、难度之高、时间之短创造了世界筑路史上的奇迹。1938 年 8 月 31 日，滇缅公路正式通车。此后 3 年多里，从缅甸仰光港运到我国抗日战场的各种战略物资多达 49 万吨。1940 年 9 月日军切断滇越铁路后，滇缅公路作为中国对外联系通道的重要性凸显。这条公路承载着大量武器装备、汽车、汽油、药品、无线电器材等国际物资的进口，以及锡、皮革、生丝、桐油等国内农副矿产品的出口，堪称抗战的“生命线”和“输血管”。据日军的调查资料，在 1940 年 6 月的国际援华物资中，滇缅线运输量约占 1/3。更重要的是，与一年前相比，该线路的运量骤然增长了 5 倍。

表 5.1 国际援华路线的月补给量

单位:吨

路线名	欧战爆发前	1940 年 6 月
西北路线	200	500
香港路线	——	6 000
法属印支路线	12 500	15 000
缅甸路线	2 000	10 000

资料来源:防衛庁防衛研修所戦史室『ビルマ攻略作戦』、2 頁。

抗日战争进入相持阶段后，国民政府主要通过法属印度支那运输线和缅甸运输线这两条补给线得以坚持抗战。为此，日本迅速出台“根据地理条件有必要在北部法属印度支那物色可供对昆明方面进行空中作战的基地”①的应对战略。从 1938 年 9 月起，日军恃其空中优势，肆无忌惮地对滇越铁路进行一次又一次的狂轰滥炸，企图切断这条国际运输通道。随着滇缅公路战略位置的提升，1940 年 10 月开始，日军在“滇缅封锁委员会”的指挥下，开始对滇缅公路沿线的重要桥梁、机场、城镇和乡村实施大轰炸。

---

① 服部卓四郎『大東亜戦争全史』、33 頁。

表 5.2　全国各地被敌机空袭次数逐月统计表(1940 年 1—10 月)

单位:次

月份	被炸最多次地点	合计数
1	滇越路 6	137
2	滇越路 6	92
3	贵溪 4	101
4	田东 6	104
5	重庆 7	144
6	重庆 12	63
7	重庆 5	129
8	重庆 6	128
9	重庆 7	89
10	重庆 6	64
		1 051

资料来源:《全国各地被敌机空袭次数逐月统计表》(1940 年 1 月至 10 月止),中国第二历史档案馆藏,787/16952。

日军对缅甸发动的“断”字号作战命令,是日军轰炸滇西的前奏,因为作为该作战重要一环的滇缅公路主要路段横穿滇西。当中国东南沿海口岸通道丧失殆尽之时,这条新辟的对外公路立即承担起输入抗战物资的重任。1941 年 1 月,日本大本营陆军部会议明确提出“继续以航空进攻作战施加重压,不可放松。在此期间,力图从地面、海面及空中加强封锁。切断法属印度支那线,破坏滇缅公路”①,“不使通过它对蒋政权作军事上、经济上的援助”②。根据以上决策,为截断这条中国西南大后方唯一的国际交

① 防衛庁防衛研修所戦史室『大本營陸軍部〈2〉昭和十六年十二月まで』、209 頁。

② 外務省『日本外交年表並主要文書(1840—1945)』下卷、原書房、1969 年、544—545 頁。

通命脉，日本派出大批飞机，对滇缅公路沿线的重要城镇、桥标、隘口狂轰滥炸。

对滇缅公路进行轰炸的是隶属于南方军的日本陆军飞行战队第 3 航空军第 5 飞行师团。该飞行师团至 1943 年 11 月底编制为：第 4 飞行团，辖第 8 战队（轻型轰炸机）、第 34 战队（轻型轰炸机）、第 77 战队（战斗机）及第 50 战队（战斗机）；第 7 飞行团，辖第 12 战队（重型轰炸机）、第 98 战队（重型轰炸机）、第 64 战队（战斗机）①。第 21、第 33、第 77 和第 204 战队（战斗机）及第 81 战队（侦察机）②亦归属其下。据日本战后估计，第 5 飞行师团共有 129 架战斗机、30 架重型轰炸机、47 架轻型轰炸机和 15 架侦察机。日本海军航空队亦有战队驻防缅甸，后被抽调至西南太平洋战场，但迟至 1943 年 10 月，第 28 战队仍在，共有 30 架战斗机和 9 架轰炸机。③

（一）轰炸滇缅路沿线交通设施

滇缅公路的滇西段，以横跨澜沧江和怒江天险的功果、惠通两铁索（链）桥为要。1940 年 10 月 18 日—1941 年 2 月 27 日，日机共出动飞机 401 架次，在功果桥、惠通桥上空侦察、袭击、轰炸达 20 余次，投弹 1 000 余枚，使滇西两大交通命脉多次中断。

---

①『戦史資料　飛行第 64 戦隊』、JACAR（アジア歴史資料センター）Ref. C16120078100、航空作戦記録（第 2 編後期）缅甸作戦の部　昭和 20. 8/南方進攻/陸空/陸軍一般史料（防衛省防衛研究所）。

②『戦史資料　第 5 飛行師団　飛行第 81 戦隊』、JACAR（アジア歴史資料センター）Ref. C16120078200、航空作戦記録（第 2 編後期）缅甸作戦の部　昭和 20. 8/南方進攻/陸空/陸軍一般史料（防衛省防衛研究所）。

③ Charles F. Romanus and Riley Sunderland, *Stillwell's Command Problems*, p. 85.

功果桥[①]横跨澜沧江，是滇缅公路上一座重要的铁索桥。10月18日，日军开始对功果地区进行空袭，至1941年2月17日共空袭16次，出动飞机242架次。其中，5次对刚建成40天的昌淦桥进行轰炸，14次对功果桥进行轰炸，两桥俱损，滇缅公路濒于中断。

惠通桥位于龙陵县腊勐乡腊勐村与施甸县等子乡大坪子村交界的怒江上，历来属于保山通往芒市出缅甸的驿道渡口。滇缅公路修建后，惠通桥是滇缅公路在怒江上唯一一座可以通行汽车的钢索吊桥。而且惠通桥一带是滇缅公路经过怒江谷地的战略要地，东岸稍开阔，西岸即为著名的松山要塞，地势较陡。占领西岸的松山，即可控制东岸呈“之”字形的10多公里滇缅公路路段，切断云南本土与滇西边疆地区的陆路交通。因此，惠通桥作为滇缅公路上的要津，日机一再予以轰炸。据战时日本海军省高雄海军航空队一份《惠通桥攻击战斗详报》所示，日军在轰炸滇缅公路前，对其沿线重要交通设施惠通桥、功果桥和保山机场进行了多次军事侦察，在此基础上做出严密的作战计划，并派出高雄航空队下属攻击机队执行轰炸作战，足见其处心积虑。[②] 1940年10月28日—1941年2月27日，惠通桥先后被敌机轰炸6次。

1940年10月28日正午12时，突有日机35架分4队溯江而上，先后投弹9次，有百余枚，将惠通桥之铁枋炸毁1块，并将桥面炸穿1孔，径为丈余。当地工作人员所住之碉堡及厨房亦被炸毁，

---

① 大理功果地区澜沧江上有2座公路桥和1座驿道桥，分别为昌淦桥、青云桥和功果桥，习惯统称“功果桥”。

②『高空機密第13号の15・惠通橋攻撃戦闘詳報・高雄海軍航空隊・昭和16年2月22日/目次』、JACAR(アジア歴史資料センター)Ref. C14120486800、高雄航空隊戦斗詳報(パクセ・サラヴァン偵察等)昭和16.2—16.3/支那事変/②戦史/海軍一般史料(防衛省防衛研究所)。

仅余墙基，炸毙开山机工人 5 名、商人 1 名、交通部桥工处工人 2 名。功果正式大桥已于 1940 年 12 月 14 日被 8 架日机炸毁，是日江东龙窝中弹，铁索、铁板多数坠江，仅留有江下空悬之铁索 19 根，此日正式桥已坏，不能通行，又改修前便桥，照旧通车。15 日，9 架日机又向便桥轰炸；16 日又来 9 架，2 次均向便桥投弹；22 日又来 12 架，继续而来，但未投弹。至 1941 年 1 月 3 日复来轰炸机 9 架，是日轰炸保山，此处并未投弹。1 月 5 日来 9 架轰炸便桥，将便桥之铁索下半炸断 2 根、上半炸断 1 根、吊杆炸断 1 根，损而未断者 3 根。至 11 日修复，仍旧即日通车。16 日来 9 架仍炸便桥，19 日 9 架亦仍炸便桥。23 日午前 8 时有 1 架侦察机、9 架轰炸机于午后 1 时投弹 40 余枚，将便桥炸毁，江上高悬铁索中弹，一边坠江，尚存一边吊空，4 根铁索、桥板全数毁坏，不能通车，交通断绝。①

表 5.3　日军 6 次轰炸惠通桥情况一览表(1940—1941 年)

日军轰炸计划	次数	轰炸时间	投弹数目	轰炸后果
——	第一次轰炸	1940 年 10 月 28 日	约 100 枚	桥面中 2 弹，毁上游钢索 6 根，下游钢索 3 根，吊杆钢索 6 根，开山机被炸毁，炸死抢修队工人和商人 8 人，伤数人
——	第二次轰炸	1940 年 10 月 29 日	100 余枚	桥面靠东岸中 1 弹，毁桥面 10 余米，东岸桥头中数弹，桥墩龟裂

① 『高空機密第 13 号の2　滇緬公路偵察戦闘詳報　高雄海軍航空隊　昭和 16 年 2 月 12 日/2. 計画』、JACAR(アジア歴史資料センター)Ref. C14120472700、高雄航空隊戦斗詳報(パクセ・サラヴァン偵察等)昭和 16. 2—16. 3/支那事変/②戦史/海軍一般史料(防衛省防衛研究所)。

续表

日军轰炸计划	次数	轰炸时间	投弹数目	轰炸后果
惠通桥攻击战斗详报(1941年2月9日计划)①	第三次轰炸	1941年2月9日	50余枚	炸断上游主索1根，伤1根，桥上游尚存主索4根，下游尚存主索5根
惠通桥攻击战斗详报(1941年2月21日计划)②	第四次轰炸	1941年2月21日	50—60枚	东岸下游抗风索、桥面被毁，主索震松
惠通桥攻击战斗详报(1941年2月22日计划)③	第五次轰炸	1941年2月22日	60—70枚	西岸锚锭中2弹，断主索3根，断吊杆索8根，桥身下沉1米
惠通桥攻击战斗详报(1941年2月27日计划)④	第六次轰炸	1941年2月27日	不详	炸断上下游主索各1根，吊杆钢索4根，桥身多处受创

资料来源:《腊勐乡志》，中共腊勐乡委、腊勐乡人民政府2009年编印，第102页。

---

①『高空機密第13号の10　惠通橋偵察戦闘詳報　高雄海軍航空隊　昭和16年2月9日/2. 計画』、JACAR(アジア歴史資料センター)Ref. C14120478600、高雄航空隊戦斗詳報(パクセ・サラヴァン偵察等)昭和16. 2—16. 3/支那事変/②戦史/海軍一般史料(防衛省防衛研究所)。

②『高空機密第13号の12　惠通橋偵察戦闘詳報　高雄海軍航空隊　昭和16年2月21日/2. 計画』、JACAR(アジア歴史資料センター)Ref. C14120482700、高雄航空隊戦斗詳報(パクセ・サラヴァン偵察等)昭和16. 2—16. 3/支那事変/②戦史/海軍一般史料(防衛省防衛研究所)。

③『高空機密第15号の10　惠通橋偵察戦闘詳報　高雄海軍航空隊　昭和16年2月22日/2. 計画』、JACAR(アジア歴史資料センター)Ref. C14120478600、高雄航空隊戦斗詳報(パクセ・サラヴァン偵察等)昭和16. 2—16. 3/支那事変/②戦史/海軍一般史料(防衛省防衛研究所)。

④『高空機密第20号の10　惠通橋偵察戦闘詳報　高雄海軍航空隊　昭和16年2月27日/2. 計画』、JACAR(アジア歴史資料センター)Ref. C14120492600、高雄航空隊戦斗詳報(パクセ・サラヴァン偵察等)昭和16. 2—16. 3/支那事変/②戦史/海軍一般史料(防衛省防衛研究所)。

霁虹桥，又名澜津桥，位于云南永平与保山的交界处，是中国乃至世界上现存的修建时间最早的一座铁索桥。1942 年 5 月，日军出动 30 余架飞机轰炸霁虹桥，因地势险要，日机不敢低飞，投弹未中，此桥幸存。

雷允机场是中国在抗战中第一个集制造、修理、作战为一体的机场。美国总经理鲍雷等之所以选择雷允建厂，不仅因它位于滇缅公路末端、中缅交界处，还因它和缅甸只隔一条南宛河。跨过南宛河，就是缅甸境内的班坎镇，从班坎有水陆两路可通仰光。水路是从班坎沿公路到八莫，再从八莫沿伊洛瓦底江直通仰光；陆路是从班坎先沿公路经腊戍到曼德勒，再从曼德勒乘火车直达仰光。交通相当方便。1940 年 10 月 26 日下午 1 时左右，日军 27 架大型轰炸机突然飞到雷允上空轰炸，不但使人员惨遭伤亡，而且使这个刚投产 1 年多的新厂倾时陷入瘫痪状态，并从此一蹶不振。大约在轰炸前 1 个多星期，雷允厂已经筹划防空措施，有些员工开始挖掘防空洞。因为这时日军已侵入湖南南部，扬言要轰炸滇缅公路一带重要军事设施，但未想到空袭来得如此之快。这一天是星期日，正当人们午休，日军 27 架轰炸机以品字形从西向东飞来轰炸。人们事先都不知道，一时来不及逃远，大都躺在房屋附近的空地上躲避。幸而这批飞机投弹过早，大部分炸弹落在西边工人村后面的荒野里，又幸而有一部分飞机看见北面飞机跑道上停有飞机，临时偏转去轰炸，否则全部厂房和住宅将难幸免，躺满在住房外面空地上的员工和家属将不知要死伤多少人。然而即使这样，人员死亡总数也有一二百人，其中最惨的是职员住宅房一处防空坑内被活埋 8 个人，内有 1 个年轻母亲怀抱 1 对新生双胞胎儿也被活埋；工人村后面有 2 个防空坑活埋了 2 名工人；水电车间工程师梁天基星期天值班，在水电闸门口被炸死。轰炸后，厂区一片凄凉，过去人烟稠密的员工住宅区当下空无一人。厂房内生产设备经过疏散，只剩下基础设施和一些笨重设备。工人和家属大都疏散到厂区外围各个地区的傣族家中暂时居住或自搭竹棚居住，职员和家属大部分疏散到附近的弄岛和对岸的缅甸境内班坎居住，一部分疏散到较远的缅甸境内南坎。所有美国人员都疏散到缅甸境内一处更安全的地方，重要办事机构，如监理处、经理处、财务部门、医院、供应站则迁到对岸缅甸境内的班坎临时办公。除了这些临时办公人员，其他所有员工全部在家待命，生产完全停顿。① 至1943年底，“日本空军实际上获得了缅甸制空权，对重要之援华航线持续构成威胁，不断侵扰盟军在阿萨姆、阿拉干和孟加拉之陆空设施”②。

（二）轰炸滇缅路沿线重要城市

自1941年1月起，日军飞机逐渐进入持续密集的无差别轰炸阶段。1941年1月3日，敌9架重型轰炸机，从北方飞入保山城上空，投弹数10枚，折而向东飞去，史称保山“一·三被炸”。保山通商巷、下巷街、上巷街、珠市街、袁氏街、关庙街、朱紫街、旧县街、二府街、酒街、仓巷等处均被炸，70余人死亡，100余所民房被毁。1941年4月21日，3架日机由东飞来，侵入保山城市上空，高3 000余米，盘旋3周降低向城内北方投弹10余枚，后向西飞去。中弹之处计仓巷1枚，桑园3枚，黉学街4枚，小北门街2枚，太和街1枚，金齿街1枚，炸死17人，炸伤15人，炸毁茅屋14格，炸坏瓦房、草

---

①《抗战时期的雷允飞机制造厂》，德宏州史志办公室编：《德宏历史资料——抗日战争卷》，第221—223页。

② Charles F. Romanus and Riley Sunderland, *Stillwell's Command Problems*, p. 85.

房共32格,震烂门窗4格。①

其后,当地各界官绅积极奔走赈灾。一份募捐启事详细记载了当时的场景。

保山官绅为"一·三"被炸灾情惨重募捐启事

嗟夫?暴敌肆虐,生命涂炭,灾黎呼号,闻者心伤。日本帝国主义者,豺狼其性,鬼蜮其行,乘吾之微弱,视为鱼肉,任意蹂躏,大肆屠戮。溯自民国二十六年"七七"事变、我国抗战以来,与之周旋,已将四载,处处予以打击,戢其野心。兹吾族胜利在望,复兴可期;该丑乃外实中虚,灭亡已临,犹复孤注一掷,妄冀侥幸于吾前方既不得逞,乃思扰及后方,断吾运输。半载以来,吾省垣及公路所经各县遭其轰炸者,已不下数十次,而保山紧邻之功果、惠通两桥连续被炸,其它地点犹未发现,逆料该虏系意在运输,两桥以外,或可幸免。孰知本月三日午后二时许,吾城居民竟而突遭空袭。虏机九架,自县之东北来,窜至城空,顷刻间数十弹同时俱下,一城之内,轰雷击电,血肉横飞。该机去后,经调查所得,计城东之通商巷受灾奇重,全街之三分之二尽成焦土;次则朱市街不下三十余户,均梁倾栋折,瓦砾遍地;其外关庙街、上巷、下巷、同风街、旧县街、仓巷、酒街、二府街等处,灾情均相当严重。一家之中,有人物俱尽者,或仅存一部分者。父之失子,妻之寻夫,身首异处,骨断肢解,惨状不一,触目痛心,莫可言宣。统计此次被灾赈灾,共毁房屋三百余间,人民死伤共三百余丁口。尝思矜危,人同此心,心同此理,况吾等亦同在危险之域,其不与共灾

① 中共永昌镇委员会、永昌镇人民政府编:《永昌镇志》,香港:香港天马图书有限公司2001年版,第253页。

者，几希！人孰无情，谁无家室，苟设身处境，易之而观，能不为之动情耶！？兹念被难者情殊难安，除紧急赈灾，每户给米十斛、新币五十元，暂由县府及各机关绅耆竭力捐输及垫支外，惟查此次灾情惨重，杯水车薪，实难周到，尚冀各界仁人君子，目观惨状，感同身受，本当仁不让之旨，慷慨乐捐，多寡听便，庶众击易举，以苏灾困。如蒙捐助，请径交旧日财政局内防空分会收支处，取据是盼。此启。

发起人各界官绅刘言昌等五十六人

民国三十年一月二十一日①

从此则赈灾募捐启事可以看出，当时人们大都以为日军的主要目的在于轰炸滇缅公路交通线，却难料日军已经开始向滇缅路沿线的城乡实施轰炸。这预示着日军在滇西实施无差别战略轰炸的开始。

其中最惨烈、最典型的莫过于日机对保山的“五·四大轰炸”。1942年5月4日，这天是县城街天，又值省立保山中学、保山县立中学和华侨中学在保岫公园举办运动会，庆祝五四青年节，加上逃难回归的上万名华侨，城区内外拥挤不堪。12时10分，发现有27架飞机从西南方向飞往保山，西南运输处情报台打紧急电话给政府防空处叫放空袭警报，但两次电话都无人接。日机飞临县城时，人们误认为是美国的援华飞机，争相仰望，等到炸弹投落时才仓促躲藏、疏散。时隔30分钟，第二批27架飞机再次飞临城区狂轰滥炸。当时，滇军驻保警备指挥龙奎垣未命防空部队向日机打一枪一炮，致使日机为所欲为，投弹后又用机枪低空扫射，且投掷燃烧

① 《罪恶与灾难——侵华日军在保山地区的罪行与保山人民蒙受的损失和牺牲》，中日战争遗留问题民间研究会筹备组1996年编印，第30—31页。

弹。整个城区墙倒房塌，烈焰熊熊，血肉横飞，烧焦尸体到处可见，鲜血染红了上水河、下水河，街头巷尾的尸体或断头缺肢，或五脏分离，惨不忍睹，哀嚎声、呼喊声、寻父觅母、哭儿泣女之声撕心裂肺。昔日商业繁盛、人烟稠密的保山城顿成废墟。

保山县县长刘言昌在向上级请求救济的官方报告中详细描述了日机轰炸保山的情况。

敌机轰炸保山县城伤亡损失及救济(1942 年 5 月 4 日电)

昆明。省政府龙、全省防空司令部禄、民政厅厅长李、高等法院院长胡、云南赈济委员会钧鉴：查职县位居后方重地，又兼接近战区，增援部队及退回伤兵难民较前增 5 万余人，职恐聚居一城，危险不可思议，曾经布告民众竭力疏散。一面会同党部、中缅运输局保山总站及新运服务社敬告回国侨胞难民速向后方移动，若因缅甸手续未清，请暂行疏散下乡，并由县通令各乡镇保甲长转饬有房屋人民腾让一部份〔分〕，以便暂住；若缅甸方面已无牵挂，恐汽车难寻，请由永平方面雇伕马前往。经分令沿途各乡镇保甲长认真护送，竭力优待在案。不料支日 12 时 10 分，有敌机 27 架由缅甸方面而来，当即电询情报台，初谓不明情况，继言系敌机，但斯时敌机已到市空，职放下听筒，乃向外跑避，幸未受危险，仅负微伤，惟县署附近已中 10 余弹，职员伤亡，房屋倒塌，监狱震坏，囚犯脱逃，警察总局全部炸毁，局长受伤，局长之妻炸死，员警伤亡者约 30 名以上，城区由南至北炸毁房屋 1 000 余间，伤亡人民 2 000 余人。灾情惨重，莫此为甚！敌机去后，一面龙司令官亲至灾区督率所属部队救火，并维持城区治安，一面由职率员警前往巡视，并派员分头办理一切善后。至受灾详情，俟派员详查后再为列册专案呈报。查情报台原令设于城内太保山，自前数月移设飞机场旁，遇有情报，令由情报台通知第五总站，继由总站转知职县，以凭施放各种警报。本日12时以前并无情报，惟查畹町失守，遮放、芒市撤退，故敌机临城尚不知情，致灾情惨重。职守土有责，恳请从严议处，以报受灾人民。除分电外，恳请鉴核示遵。保山县县长刘言昌叩。支酉。印。①

由于保山城人口密集度特别高，这次被炸可以说是抗日战争期间云南遭日机轰炸伤亡人数最多、财产损失最严重的一次。保山被炸也突出显示了日军无差别空中轰炸的犯罪特征："没有肉体与肉体的碰撞，也没有充满杀意的视线，完全是机械化杀人的世界，人们连看到杀人者面孔的机会都没有就死去了。空中的投弹者们也欠缺杀人的感觉，痛苦的面孔、求助的哀号、烧焦肉体的恶臭，都不会传达给飞机上的士兵们。这是极端失去知觉的战争行为，是产生极大落差的杀戮世界，也孕育出未来战争新的战法。"②

（三）轰炸滇缅路沿线乡村

在轰炸交通线和城市的同时，日军无视前线和后方、战斗人员与非战斗人员的差别，将炸弹投向了滇西的广大乡村。以1941—1943年最为频繁和严重。

临沧是滇缅公路沿线的重要驿站，遭到了日机的轰炸。1941年5月10日，6架日机轰炸临沧古平村附近的耕地，投弹20余枚，农民被炸死3人、重伤5人、轻伤3人，耕牛被炸死3头、伤2头，骡

① 《敌机轰炸保山县城伤亡损失及救济》（1941年1月8日—1942年8月28日），云南省档案局（馆）编：《抗战时期的云南——档案史料汇编》下册，第627页。

② ［日］前田哲男著，王希亮译：《从重庆通往伦敦、东京、广岛的道路：二战时期的战略大轰炸》，重庆：重庆出版社2015年版，第18页。

马被炸死 6 匹、伤 1 匹。[1] 地处边防的顺宁，虽未遭受日本侵略军惨无人道的“三光”作战的蹂躏，但从 1940 年 11 月至 1944 年间，不间断地遭到日本侵略军飞机的轰炸，所有民众惶惶不安，生产生活正常秩序被严重破坏。1940 年 11 月 27 日，顺宁首次发现日军飞机 36 架，经县城上空向保山飞去，对惠通桥等地进行轰炸。1941 年 1 月 27 日，日军 9 架飞机，从保山返回，经临县城上空向东飞去。当天是顺宁街天，群众惊慌疏散，致使集市大乱，交易的食物被推倒踏坏，不少人在混乱中踏伤。1941 年 3 月 24 日，日军 27 架飞机来去都经过县城上空。日军飞机除多次飞往保山轰炸惠通等地外，于 1941 年 5 月 16 日出动 3 架飞机轰炸离县城北 30 多公里的青龙铁索桥，投弹 10 余枚，桥幸免无损，但桥的侧边松树被炸毁数十棵。从此以后，日军飞机更加疯狂地对顺宁县境内进行轰炸和投掷汽油桶。1941 年 6 月 4 日，日军飞机轰炸鲁史镇叶平村附近农田，投弹 20 余枚，农民被炸死 3 人、重伤 5 人、轻伤 3 人，耕牛被炸死 3 头、伤 2 头，骡马被炸死 6 匹、伤 1 匹。1942 年 6 月 17 日中午 12 时许，日军一批飞机由镇康县飞入顺宁县境内，虽仅闻飞机声音，但在锡腊(今营盘)和山街(今已划归永德县)一带上空盘旋数分钟，掷下数个汽油桶，筒上书写着“昭和十七年一月九日出”字样。[2] 1943 年 2 月 20 日中午，鲁史街上空有日军 6 架飞机东窜，从云南驿(今祥云)机场起飞的盟机进行追击，美国籍飞行员李耳驾驶的驱逐机不幸受伤，降落在牛街，好在李耳安然无恙。同时少街上空发生空战，有 1 架盟机被击落，机身全毁，驾驶员欧米脱险。

---

[1] 云南省凤庆县人民政府、凤庆县地方志办公室编：《顺宁府(县)志五部》，香港：天马图书有限公司 2001 年版，第 563 页。

[2] 事后此汽油桶被运到顺宁县民众教育馆内展览室陈列，是日军侵华罪行的铁证。

1943年12月19日上午9时许，顺宁县境内发生空战，盟军3架战斗机，自新(今腰街乡)户口山追逐日军5架飞机，后击落日军1架飞机。驾驶员是日军空军中队长友宗孝，负重伤，坠地毙命，身带小枪1支，手机枪1支，日本金币19枚，机内载有机枪3挺，降落伞1把，机身上注明"昭和十五年出"字样。1944年3月10日，日军6架飞机，从东飞入顺宁县城市上空向西飞去。1944年6月25日早晨，日机数架，在光华(今大寺)乡上空发生空战，日机投入3枚炸弹，1枚爆炸，居民2人受伤，其他2枚尚未爆炸，1枚半露地面，1枚深入泥土中。1944年11月16日下午4时许，4架盟机飞往前线助战，在顺宁县境内鲁史上空时，途遇日军飞机，发生空战，1架盟机负伤，飞返犀牛街上空时起火，降落于蜢虫业后山(今巍山县境内)，机身全毁，美国驾驶员塞姆少尉跳伞脱险。①

关于日军数次轰炸顺宁的史实，以1941年5月10日的日机轰炸记载最为详细。其中既有官方档案的留存，也有政府的调查案卷记录。1941年5月10日，"日机6架轰炸顺宁，投弹23枚，炸死挖茶工3人，炸死牛马数头，伤数人"②。2日后，顺宁县县长郑崇贤将此次日军轰炸详情上报云南省省政府，同时申请救济。

顺宁县政府查报敌机轰炸鲁史镇、青木林及古平村一带伤亡情形呈

(1941年5月13日)

案据职县鲁史镇镇长何绍孔30年5月10日午后6时报

① 杨虎：《日本飞机窜扰和轰炸顺宁史实》，《凤庆文史资料》第6集，凤庆县政协文史资料研究委员会1999年编印，第52—54页。

② 云南省课题组编：《云南省抗战时期人口伤亡和财产损失调研成果选辑》，第468页。

称："（一）本(10)日午前8时，有敌侦察机1架由东方飞入鲁史市空，向西保山方面〔向〕飞去。（二）午前11时，又有敌轰炸机9架沿原线由市空经过，亦向保山方面〔向〕飞去。（三）午前11时40分，敌机6架由西北沿小江右岸飞回，向东南方向飞出。（四）午前12时，敌机3架由保山方向飞回到鲁史市空，在西端青木林至古平村中间投下21弹，即向东南飞出。至光明乡梦熊村山头，复投下1弹(此弹无损伤)。（五）敌机投弹飞出后，镇长即亲率职员等前到被弹地面，详细视查。共计死亡妇女3人、男子1人，受轻重伤有妇女1人、男子4人。此外，并炸死耕牛4头，骡马共5匹，理合报请鉴核。"等情。据此，查鲁史镇距县城3站之遥，位于澜沧江与黑惠江之中部，常为敌机西飞保山所经之航线，而青木林与古平村离鲁史镇约3里。据面报，被炸原因系因农人在地内烧地，烟雾腾空，敌机疑为放烟幕掩护，遂滥肆轰炸。除饬知空袭紧急救济联合办事处驰赴灾区亲往视察办理急赈，并晓谕县民以后不准于日间烧地外，理合将敌机轰炸及被灾并救济各情形先行备文呈请钧座鉴核颁发特赈，用示体恤。谨呈云南省政府主席龙。

顺宁县县长郑崇贤

中华民国三十年五月十三日①

顺宁县空袭紧急救济联合办事处在第一时间着手灾后调查，留下了日军轰炸顺宁相关的案卷记录。

① 《顺宁县政府查报敌机轰炸鲁史镇、青木林及古平村一带伤亡情形呈》(1941年5月13日)，云南省档案局(馆)编：《抗战时期的云南——档案史料汇编》下册，第635页。

表 5.4 敌人罪行调查表

被害人	姓名	黄字氏	性别	女	年龄	27 岁	籍贯	顺宁
	姓名	罗杨氏	性别	女	年龄	15 岁	籍贯	顺宁
	姓名	李文选	性别	男	年龄	15 岁	籍贯	顺宁
	姓名	李李氏	性别	女	年龄	27 岁	籍贯	顺宁
	姓名	赵士兰	性别	男	年龄	51 岁	籍贯	顺宁
	姓名	字老鳏	性别	男	年龄	53 岁	籍贯	顺宁
	姓名	黄武章	性别	男	年龄	29 岁	籍贯	顺宁
	姓名	李龚氏	性别	女	年龄	53 岁	籍贯	顺宁
	姓名	张正荣	性别	男	年龄	41 岁	籍贯	顺宁
	姓名	李顺兴	性别	男	年龄	32 岁	籍贯	顺宁
	姓名	李正义	性别	男	年龄	39 岁	籍贯	顺宁
	被害时职业	均业农		现在职业	均业农			
	被害时住所	鲁史镇青木林及古平村		现在住所	均住鲁史镇第二、三保			
罪行事实	日期	1941 年 5 月 10 日		地点	鲁史镇青木林及古平村			
	罪行种类	故意轰炸不设防区						
	被害详情	是日被害人等均在茶地内挖茶，突有 3 架敌机由上空飞过，投下 20 余枚炸弹，当时炸死黄字氏、罗杨氏、李文选 3 人，重伤李李氏、赵氏兰、字老鳏、李龚氏、李正义 5 人，轻伤黄武章、张正荣、李顺兴 3 人及 4 头骡、1 匹马、1 头黄牛						
证据	人证	郑廷贵、郑家骥						
	物证	死伤人民、牛、马及破片（破片现存顺宁民教馆）						
备考		因系敌机集团暴行，故罪行人姓名及部队番号均不详						
调查者		顺宁县空袭紧急救济联合办事处			调查日期		1941 年 5 月 11 日	

资料来源：云南省档案馆编：《日本侵华罪行实录云南部分》，第 296—297 页。

1942年5月4—5日，日机轰炸保山城的同时，保山城郊的黄纸坊、沧莲乡、孟家营、板桥镇、沈家屯、马家屯、永保镇、窑湾、太平乡、下马村、高桥、大河、湾子、官村、下村、邵家庄、沙滩、永和镇、朱官屯、张家庄、陈官屯、袁家坟、海棠村、黄土坡、陶官屯、七沙河、草楼房、八区、宋家坝、栗子园、岱官屯、打渔村、鹤云寺、田坝、下营村、杨官屯、武家屯、风仪镇、汉庄、同仁寺、上营村、下太平村、唐官屯、小村子、石桩村、贾官屯、马家庄、胡家坡、南哨屯、张家庄、庄科、方官屯、永铸街、张家庄、白塔村、孟官营、乌鸡村、蒲缥、丁官庄、双龙村等60余个村镇同遭轰炸，村民死亡199人、伤60余人；5月22日，6架日机轰炸了保山的由旺镇，投弹28枚，炸死数人；23日，18架日机在保山城东、南、北三门投弹，伤亡2人；24日，14架日机轰炸保山板桥，农民伤亡6人；6月7日，6架日机在板桥、辛街低空扫射，农民死亡27人①；同年5月中下旬，日机继续轰炸保山城郊村镇。直到10月27日，还一度轰炸姚关镇。② 除轰炸保山外，1942年5月4日正午12时，一批日机飞入顺宁上空，在锡腊、山街盘旋，扔下汽油桶数个。③ 同年5月间，5架日机在临沧的镇康坝投弹20余枚，在朝阳乡所属之梅子寨投弹7枚，镇康坝2个人和1匹马被炸死。④

1943年1月22日，1架敌机轰炸澜沧县富邦乡，炸死牧童

---

① 保山地区地方志编纂委员会编：《保山地区志》上卷，第656页。

② 陈祖樑编著：《血雾迷茫——滇缅抗日及日军罪恶揭秘》，昆明：云南美术出版社2004年版，第41页。

③ 临沧大事记（民国部分），临沧档案信息网：http://www.lcda.gov.cn/article/561.html。

④《镇康县政府查报敌机轰炸罪行呈》（1946年4月13日），云南省档案馆藏，21/3/301/53。

2 名，炸死耕牛、驮马 10 余匹[①]；次日，2 架日机轰炸澜沧县酒房乡，投弹 8 枚，炸死妇女 2 名，伤 10 余人[②]；同日，1 架日机于澜沧县上允乡投弹 3 枚，死伤数人；25 日，1 架日机于孟连老街附近投弹 6 枚，炸死女童 6 名，伤 10 余人[③]；1944 年，日军飞机在梁河介端村旁投下炸弹，其中 1 枚落在杨德沛家，房屋被炸毁[④]。

综上所述，日军除了全力轰炸滇缅公路交通线，还对不设防的人口稠密的住宅区、繁华的商业区、历史悠久的文化区等进行了狂轰滥炸，此行径正印证了其"不但要给予敌军及军事设施以物质上的损害，更要对敌军及其普通民众形成精神上的威胁，让他们在极度恐慌之余产生精神衰弱，期待着他们掀起狂乱的反蒋和平运动"[⑤]的险恶用心。正是日机战略轰炸的残暴性和非人道性，导致大轰炸成为抗战期间滇西大量人口伤亡和财产损失的罪魁祸首。日军轰炸滇缅公路交通线却同时以非军事目标为轰炸对象的无差别战略特征，在《申报》《新华日报》《中央日报》等抗战时期颇具影响的报纸媒体刊载的报道或评论中可窥一斑。

---

①《澜沧被炸伤亡损失》(1942 年 11 月 26 日—1943 年 7 月 15 日)，云南省档案馆藏，44/4/426/209。

②《澜沧被炸伤亡损失》(1942 年 11 月 26 日—1943 年 7 月 15 日)，云南省档案馆藏，44/4/426/211。

③《澜沧被炸伤亡损失》(1942 年 11 月 26 日—1943 年 7 月 15 日)，云南省档案馆藏，44/4/426/209。

④ 梁河县志编纂委员会编：《梁河县志》，第 573 页。

⑤［日］伊香俊哉：《对日本空战法规与重庆大轰炸的认识》，王群生主编：《中日学者"重庆大轰炸"论文集》，第 339—340 页。

表 5.5 抗战时期主要报纸对日军轰炸滇西的报道(1940—1942 年)

报纸名	出版时间	版面	原报道标题
《申报》	1940 年 10 月 20 日	第 3 版	日机袭滇缅路 昆明亦遭狂炸
	1940 年 10 月 22 日	第 3 版	日机再度袭滇缅路
	1940 年 12 月 14 日	第 4 版	日机轰炸滇缅路 湄公桥并未受损毁 梁山开远亦遭空袭
	1940 年 12 月 17 日	第 4 版	滇缅路又遭空袭
	1941 年 1 月 5 日	第 3 版	日机多架 分批轰炸滇缅路 昆明东郊亦被投弹
	1941 年 2 月 24 日	第 4 版	日机二十六架轰炸滇缅公路 个旧锡矿亦被袭击
	1941 年 10 月 28 日	第 3 版	日在越南建飞机场 以便轰炸滇缅路
	1941 年 12 月 3 日	第 3 版	美空军人员 决保护滇缅路 日荷分侵滇或肆轰炸 即将架机实行护路
	1944 年 9 月 12 日	第 1 版	日机急袭保山机场
《新华日报》	1942 年 2 月 7 日	第 2 版	敌企图切断滇缅路 英军不惜牺牲坚守仰光星洲竟日炮战猛烈
	1942 年 4 月 10 日	第 2 版	敌机袭滇边雷允 被我击落十架 二架受伤
	1942 年 5 月 5 日	第 2 版	腊戌敌续北窜 盟军沿江逐渐后撤 敌机自缅窜袭保山
	1942 年 5 月 25 日	第 2 版	英机袭缅敌据点 南掸部之敌稍有进展 寇机袭滇西保山被炸
	1942 年 12 月 27 日	第 2 版	寇机八十架分批侵扰滇边
	1943 年 12 月 21 日	第 2 版	敌机三十八架袭滇西 被毁伤二十多架

续表

报纸名	出版时间	版面	原报道标题
《中央日报》	1942 年 5 月 5 日	第 2 版	敌机炸保山　被我飞虎击落一架　浙赣湘昨亦有突袭
	1942 年 5 月 14 日	第 2 版	保山侨中被炸
	1942 年 5 月 25 日	第 2 版	英机续创缅敌　保山城区亦被敌投弹

注：此表为作者查阅抗战时期《申报》《新华日报》《中央日报》后的汇总。

二、战略轰炸后果

人员伤亡和财产损失，是日军对华轰炸这一战争暴行最直接、最集中的体现和反映。对人员伤亡和财产损失的考证，有助于更翔实地揭示日军战略轰炸的本质，更深入地认识日军轰炸的无差别性和非人道性。[①] 日军的无差别战略轰炸，使数以万计的滇西平民死于非命，大量财产化为灰烬。从《云南防空实录》统计的数据来看，抗战期间云南遭受日机进袭次数、进袭机数、投弹、损毁房屋较多者，除昆明、蒙自外就是滇西地区（以保山、龙陵、祥云为主），而被炸死亡人数以保山居首。

表 5.6　抗战期间日机袭滇伤亡损失总计

类别	1938 年 9 月 28 日起	1939 年	1940 年	1941 年	1942 年	1943 年	1944 年	1945 年
空袭次数	1 次	6 次	34 次	61 次	15 次	8 次	1 次	1 次

① 潘洵等：《抗日战争时期重庆大轰炸研究》，北京：商务印书馆 2013 年版，第 185 页。

续表

类别	1938年9月28日起	1939年	1940年	1941年	1942年	1943年	1944年	1945年
进袭机数	9架	57架	603架	786架	259架	232架	13架	8架
投弹数量	23枚	379枚	2 870枚	2 907枚	894枚	463枚	32枚	20枚
死亡人数	119人	190人	434人	583人	2 481人	375人	11人	17人
受伤人数	233人	179人	493人	874人	630人	522人	12人	1人
毁房屋数	66间	1 319间	2 418间	22 318间	3 604间	179间	——	——

资料来源:云南省档案馆编:《日本侵华罪行实录云南部分》,第417页。

(一)民众伤亡情况

1942年5月4—5日,保山城被日机轰炸,伤亡惨重。据云南省主席龙云对国民政府报告所载,“此次保山两度被炸,死伤人民,前报在二千以上,至今查明,则在三千以上,毁坏房舍,达千余栋,其损失之巨,为抗战五年来所未有”。报告中“三千以上”是指由官方派人掩埋的3 200多名被炸死民众,而“无主尸首掩埋者共6 000余人”①。保山遭轰炸之前,全县有6万余户,36万人口。自5月4日迭遭惨炸,后又霍乱流行,保山人口死亡众多。经调查,保山户数减少至4.01万户,人口数降至27.09万丁口,减少甚巨。②

---

①《保山县政府为人员伤亡和财产损失惨重情形特殊请列为救济区域呈》,云南省档案局(馆)编:《抗战时期的云南——档案史料汇编》下册,第650页。

② 孟立人:《保山战时县政》,中共保山市隆阳区委党史地方志工作委员会编:《隆阳抗战史文集》,昆明:云南民族出版社2013年版,第279页。

板桥镇在滇西抗日战争时约有 2 万人。根据 72 岁以上老人们的回忆，1942 年 5 月 4 日，保山受到日本侵略军的狂轰滥炸，板桥镇也受到局部轰炸（如北汉庄、东村、世科等地被投炸弹），多数人家躲进山里逃难，每个院子仅留守 1 人。又因为当时在外地做生意、赶马、做工的较多，且事隔近 60 年，全面了解死亡情况已不可能。①

汉庄乡紧靠保山县城南面，“五・四大轰炸”发生时，汉庄也深受其害。据初步统计，日机轰炸期间，汉庄乡居民被炸死 58 人，炸伤 9 人。

表 5.7　侵华日军滇西轰炸汉庄镇受害死亡人员统计表

单位：人

名称	炸死人数	男	女	炸伤人数	男	女
云瑞办事处	12	10	2	0	0	0
大堡子办事处	4	3	1	0	0	0
汉营办事处	3	3	——	4	2	2
蒿子办事处	10	10	——	0	0	0
小堡子办事处	3	3	——	0	0	0
龙潭办事处	2	——	2	0	0	0
沈家办事处	18	12	6	3	3	——
灰窑办事处	6	4	2	——	——	——
团山办事处	——	——	——	1	——	1
贾官办事处	——	——	——	1	——	1

资料来源：中共汉庄镇委员会、汉庄镇人民政府编：《汉庄镇志》，香港：香港天马图书有限公司 2001 年版，第 69 页。

① 中共板桥镇委员会、板桥镇人民政府编：《板桥镇志》，香港：香港天马图书有限公司 2001 年版，第 237 页。

除了城市居民，在滇西死于日机轰炸的还有工作在交通线上的大量民工。云南驿机场位于祥云云南驿东1公里处。随着日军侵华战争的升级，来华助战抗日的美军空军进驻云南驿机场，他们配合滇西抗日军队，抗击日军向保山等地进犯。在机场使用期间，平时请民工保养机场，战时组织民工抢险队。① 日军发现云南驿机场在抗日战争中的军事作用后，经常出动大批飞机对抢修机场的民工和助战的美军空军的军事装备狂轰滥炸。以1943年4月26日日军轰炸云南驿机场为例，当时机场员工、包商、工人及民工等在机场工作者，为数颇众，因日机是突然袭击，除大部分员工及民工等迅速躲于防空设备安全脱险外，一部分员工及民工避之不及，惨遭伤亡。事后统计各县民工死亡共308名，伤324名。②

表5.8 日机轰炸云南驿机场人员伤亡情况(1940—1944年)

时间	日机轰炸规模	伤亡情况
1940年12月12日	9架日机连续2次轰炸	2名机械士被炸伤
1942年3月	28架轰炸机和8架零式战斗机	炸死民工和军人250余人
1942年12月26—27日	——	炸死民工25人，炸伤12人
1943年1月16—26日	——	炸死民工2人，炸伤4人

① 大理白族自治州地方志编纂委员会编:《大理白族自治州志》第3卷，昆明:云南人民出版社1999年版，第231页。

②《祥云县云南驿机场被炸伤亡损失》(1942年11月3日—1943年5月26日)，云南省档案馆藏，11/7/181/76。

续表

时间	日机轰炸规模	伤亡情况
1943 年 4 月 26 日	54 架日机	炸死民工 308 人，炸伤 324 人①
1943 年 4 月 27 日	25 架日机袭击云南驿机场	炸死、炸伤军民共 200 余人
1944 年 3 月 26 日	54 架重型轰炸机和不知其数的驱逐机	炸死民工 1 000 多人、炸伤 500 余人

资料来源：茶山青：《日军侵华空袭云南驿机场》，《祥云文史资料》第 1 辑，祥云县政协文史资料研究委员会 1991 年编印，第 117—146 页。

（二）居民财产损失

居民财产损失最为严重的表现是房屋被炸毁、烧毁或炸塌。1941 年 1 月 3 日，日军轰炸保山造成“房屋全毁者 273 间，半毁者 102 间，震坏一部分者 522 间”②。后政府调查，保山城区 1942 年 5 月 4—5 日全城被炸户数 769 户（包括板桥东村 8 户），共炸毁损坏房屋 2 626 间，其中，全毁者 2 091 间，半毁者 303 间，震坏者 432 间，若加上未统计在内的 520 余间门窗、板壁和瓦片，毁损房屋共 3 346间。③ 日机在潞西地区共炸毁房屋约 1 724 所，以致人民十室九空，贫苦不堪言状。④

---

① 关于 1943 年 4 月 26 日日机轰炸云南驿机场的死伤人数，《祥云文史资料》第 1 辑记载“民工被炸死 406 人，炸伤 371 人”，《祥云县志》记载“民工被炸死 433 人，炸伤 388 人”，云南省档案馆藏档案（档号：11 全宗 7 目 181 卷 76 页）记载“民工被炸死 308 人，炸伤 324 人”，在此以云南省档案馆档案文献数据为准。

②《敌机狂炸保山县城伤亡损失》（1941 年 1 月 8 日—1943 年 10 月 4 日），云南省档案馆藏，11/7/170/95。

③《云南省保山市抗战时期人口伤亡和财产损失》，中共保山市委史志委 2010 年编印，第 148—149 页。

④《潞西设治局查报敌机轰炸灾情呈》（1946 年 8 月 23 日），云南省档案馆藏，21/3/301/140。

表 5.9　教育人员财产损失汇报表

特别期	价值（国币元）	房屋		器具		服着物		书籍		其他	
		间数	价值（国币元）	件数	价值（国币元）	件数	价值（国币元）	册数	价值（国币元）	件数	价值（国币元）
1942 年五四被炸	439 430 000 元	74 间	400 000 000 元	968 件	28 210 000 元	40 件	2 000 000 元	7 833 册	9 010 000 元	34 件	210 000 元

资料来源:《云南省立保山中学、师范学校为填报抗战损失呈》(1946 年 2 月 28 日),云南省档案馆藏,12/4/559/324。

表 5.10　教育人员伤亡调查表

姓名	性别	年龄	籍贯	服务或读书之学校或机关	职务	伤亡	伤亡情形		
						死亡	时间(年月日)	地点	事件
段宝珧	男	38 岁	—	云南省立保山师范学校	校长	死 1 人	1942 年 5 月 4 日	保山	被炸
1942 年 5 月 4 日被炸后,保山沦为战区,学校停课,无法调查				同上	学生	死 25 人	同上	同上	同上

资料来源:《云南省立保山中学、师范学校为填报抗战损失呈》(1946 年 2 月 28 日),云南省档案馆藏,12/4/559/324。

除房屋外，居民财产损失还包括生产工具、生活器具、生活用品、粮食、服饰等项目。从保山县汶上镇受日机轰炸损失的上报数据可见其受损之严重。由于日机的轰炸，大部分居民疲于奔命，难以准确将财产损失情况报送辖区政府。因此，实际损失往往大于官方统计的结果。

在日机的轰炸中，保山全城除东北角外，被炸区域 90 多处，所有繁华街道、机关、学校、文化设施等无一幸免。保岫公园内的中山礼堂、图书馆、阅报室均被炸毁，嵌于壁间和展列于入口处的历代石碑无一完整。太保山麓的元代建筑法明寺，只留下一堆废墟和七八个弹坑，吴家牌坊中弹后毁坏。1943 年，日军飞机炸毁芒市 1 座奘相（菩提寺）庙宇。1944 年，日机轰炸芒市奘户幸奘场（佛阁）、藏经阁、泼水亭，使其严重损毁。

（三）社会财产损失

社会财产损失主要涉及公共事业、教育等领域。日军的轰炸对滇西文化教育事业亦造成极大破坏。轰炸之前，保山是滇西的文化教育中心，从小学到中学、师范等各类学校门类齐全。日机空袭几乎炸毁了所有的学校，大批师生死亡。以保山师范学校为例，日机轰炸致前校长段宝珧殉职，学生死亡数十人，校舍、教具、图书、仪器悉付劫灰，损失异常惨重。

三、日军滇西战略轰炸影响

滇缅公路上的重要城市保山，是中国南方古丝绸之路上的边关重镇，地方富庶，物产丰饶，商贾云集，是云南著名的粮仓，且素有“扼滇西之门户，居两江之要津”誉称。日机的肆意轰炸，使富庶的城乡血流成河，街道上布满死尸，城市变成一片瓦砾，城楼、牌坊、古迹、民宅和店铺毁于一旦，商店关门，学校停课，工厂停产，已受尽战争折磨的人民，在日军的轰炸之下，失去了最后一块容身之地。[①] 日军侵入滇西之前，这一地区社会安定，经济发展，百姓安居乐业。日军的战略轰炸破坏了滇西地区社会经济发展的和平环境和人们安居乐业的正常秩序。以畹町为例，由于日机的连续轰炸，畹町附近村里的农民无法继续生活，陆续外逃，芒另、芒棒、南帕冷、回龙、韦布司5个村寨房屋全部成为废墟，田地全部荒芜。[②] 一言以蔽之，经历日军无差别战略轰炸之后的整个滇西，“农事失时，良田千顷，俱形荒芜，饥象已成。民间吃树皮草根者甚多，沟壑饿殍，奄奄以毙”[③]。人口大幅减少，财产巨额损失，农业土地撂荒，粮食减产。这些既破坏了滇西社会的正常秩序，也打断了滇西社会发展的进程。

1923年的《空战规则草案》，虽不具备条约的性质，但由于包含或反映了有关空战的法规及惯例，具有重大参考价值。该规则规定：“禁止以对平民造成恐怖，破坏或损害非军事性质的私人财产、或伤害非战斗员为目的的空中轰炸……空中轰炸只有针对军事目标才是合法的。关于合法的目标，该规则作如下列举：军队，军事工程，军事设备或仓库，构成从事制造武器、弹药或显属军事供应品的重要和著名中心的工厂，为军事目的使用的交通运输线，禁止对不紧接地面部队作战地区的城镇、乡村、居民点或建筑进行轰

---

① 李继红：《日军轰炸云南的主要战略目的》，周勇、陈国平主编：《给世界以和平——重庆大轰炸暨日军侵华暴行国际学术讨论会论文集》，重庆：重庆出版社2008年版，第333页。

② 云南省畹町市政协文史资料研究委员会编：《畹町文史资料选辑》第1辑，潞西：德宏民族出版社1998年版，第106—108页。

③《保山县政府为敌机轰炸霍乱流行死亡损失惨重致云南省民政厅呈(节录)》(1946年3月9日)，云南省档案馆藏，21/3/301/78。

炸。此外，该规则还规定，如果对军事目标所在地点的轰炸会引起对平民的不分皂白轰炸，则不应进行轰炸。关于空战中使用的武器并非无限制，如化学、细菌和核子炸弹及导弹，杀伤性和一切不分皂白的武器和作战方法，必然会波及平民的武器和作战方法，背信弃义的作战方法（如从航空器投掷触发或定时的炸弹，玩具或日用品炸弹），有毒的武器等，都是非法的。”[①]日本1929年参与签署的《海军条约》也明确规定：“禁止以对平民造成恐怖、破坏或损害非军事性质的私人财产，或伤害非战斗员为目的的空中轰炸。”但是，通过前文对日军实施滇西无差别战略轰炸的全过程、造成的直接损失以及附带的严重后果进行考证，大量的事实表明，日军在滇西实施的无差别战略轰炸，显然违背了国际法，是典型的反和平侵略行为；也违反了“军事必要”原则，是昭然若揭的战争犯罪；更违反了“人道主义”原则，是冒天下之大不韪践踏人类文明底线的反人道暴行。

第二节　日本在滇西沦陷区的细菌战

太平洋战争爆发后，日本帝国主义一面残酷进攻敌后抗日战场，一面加紧围逼以重庆为中心的大后方。1942年5月，日本军队在中国东部实施浙赣作战及细菌攻击作战的同时，在中国西南切断滇缅公路，大举进攻滇西地区，并在该地区实施大规模霍乱、鼠疫细菌攻击作战，造成滇西地区霍乱、鼠疫大流行，死伤甚众，危害极大。

---

① 余先予：《国际法律大辞典》，长沙：湖南出版社1995年版，第237页。

一、细菌战的发动

细菌战亦称“生物战”，是指使用细菌（生物）武器伤害敌方人员、毁坏战备物资的作战行动。考虑到细菌武器的极端残忍性与长久破坏性，有数条国际约束和条约案都禁止将有毒物质、病菌等作为作战方式使用。其核心之处在于，从人道主义出发，保护非战斗人员以及避免对战斗人员施加不必要的苦痛。1925 年，英国、法国、美国、日本、德国等 38 个国家在瑞士日内瓦签署了《关于禁用毒气或类似毒品及细菌方法作战议定书》，明文规定禁止使用细菌方法作战；《国际联盟军缩准备委员会制定条约案》第 39 条也规定，缔约国在相互条件下不在战争中使用窒息性、毒性瓦斯和其他类似的一切液体、物质和方法，绝对不使用一切细菌学的战斗手段。① 虽然有国际法的约束，仍有一些国家秘密地积极研究细菌武器。在第二次世界大战前及期间，日本成为当时世界研究细菌武器最积极的国家，1936 年组建了 731 等细菌部队，1939 年日军细菌部队的网络遍布中国，1942 年其细菌部队系统覆盖了东南亚和太平洋战场。

日本侵华期间在中国哈尔滨、长春、北京、南京以及新加坡、马来亚等地大肆组建细菌战部队。从 1939 年开始，日军细菌战部队先后在诺门罕、宁波、衢州、常德、云南西部地区实施细菌攻击，致使以上地区疫病大规模流行。现有资料表明，第二次世界大战期间，日军共有 5 支细菌部队。其中，除本部设在中国哈尔滨的日本关东军驻满洲第 731 防疫给水部队外，另外 4 支本部分别是 1938

① 海軍省『戦時国際法規綱要』、海軍省大臣官房、1942 年、310 頁。

年2月设立的北京“甲”字1855部队（又称“华北防疫给水部”）；1939年4月设立的南京“荣”字1644部队（又称“华中防疫给水部”）；1939年8月设立的广东“波”字8604部队（又称“华南防疫给水部”）①；1942年5月，日本南方军（即侵占东南亚和西南太平洋各岛屿的部队）在新加坡设立的“冈”字9420部队，又称“南方军防疫给水部”，专门策划对东南亚各国和盟军实施细菌战。除了以上细菌部队及其近70个支队（部）外，日军在很多军级和师团级部队中建有细菌部队性质的“防疫给水班（或防疫给水部）”专门担负细菌作战的任务。这样逐级配备下来，最终形成了庞大的细菌攻击网络。

日本南方军“冈”字第9420防疫给水部，系根据日本陆军第552号命令，于1942年5月5日在新加坡和马来亚成立的，它的上级是陆军省参谋本部第9技术研究所（登户研究所）谋略（暗中杀人）作战部队。本部设在新加坡昭南爱德华七世医院（今卫生部药品管理局）。此部队原定员为208人，后来超过了590人。下设3个队各司其职：井村队负责捕鼠和饲养老鼠，它在马来亚的中部还设有一小分队，专门组织当地居民捕鼠；中安队负责繁殖和研究跳蚤；江本队负责研究收集鼠疫菌，保存、繁殖以及感染老鼠，并制造少量疫苗。细菌武器的制造主要在马来亚淡环精神病医院进行。②其支部遍及太平洋、亚洲各地区，如在爪哇万隆、泰国曼谷、越南西贡和缅甸曼德勒、仰光等地均设有支队。③ 正是这支“冈”字第

① 中国社会科学院近代史研究所近代史资料编译室主编，王希亮、周丽艳编译：《侵华日军731部队细菌战资料选编》，北京：社会科学文献出版社2015年版，第342页。

② 郭成周、廖应昌编著：《侵华日军细菌战纪实——历史上被隐瞒的篇章》，北京：北京燕山出版社1997年版，第433页。

③ Daniel Barenblatt, *A Plague upon Humanity: the Secret Genocide of Axis Japan's Germ Warfare Operation* (New York: Harper Collins Publishers, 2004), p. 151.

9420部队，与第731部队配合，沿着滇缅公路，对中国云南省西部实施了大规模的细菌战。

1942年，根据战局的发展，日军把对华细菌战的重点放到了滇缅国际交通线和浙赣前线各机场方面，并把云南省昆明作为细菌战的第一重点攻击目标，由日军731部队与南方军“冈”字第9420部队所属各部防疫给水部共同行动，有准备、有计划、有步骤地对云南进行细菌战攻击。据《井本日志》记载，滇西细菌战是日军参谋本部1942年制定的一个庞大细菌战计划——“昭和十七年(保)号指导计划”的一部分。该计划确定攻击的六个地方为：“イ、昆明(以下数字抹去)；ロ、丽水、玉山、衢县、桂林、南宁(沿岸飞行基地)；ハ、萨摩亚(撤退时)；ニ、DH、AD、AK；ホ、澳洲要点(以下数字抹去)；へ、加尔各答。”①

从这份作战计划来看，日军实施细菌战的地理范围不只在中国，在太平洋上的萨摩亚群岛、阿留申群岛和阿拉斯加以及印度、澳大利亚都有他们设定的细菌战攻击目标(其中的DH、AD是攻击阿留申群岛，AK是针对阿拉斯加)。② 主攻方向都是战略要点。加尔各答和达卡是滇缅公路被切断后美国对中国驻印远征军进行装备补给的重要支点，当时英国海军在这里重点布防。此外，这一阶段日军细菌战还带有扰乱敌后方的意义。日军对滇缅战场的细菌攻击重点选定在怒江东岸的保山和腾冲间的滇西地区。

1942年2月25日，新加坡英国海军“威尔士王子”号被炸沉，14万英军投降，南太平洋战区已无大战，日军“南进”计划完全实

---

① 吉見義明、伊香俊哉「日本軍の細菌戦——明らかになった陸軍総がかりの実相」、『戦争責任研究』第2号、17頁。

② 中国社会科学院近代史研究所近代史资料编译室主编，王希亮、周丽艳编译：《侵华日军731部队细菌战资料选编》，第446页。

现。日军主力遂由印度支那挥师缅甸，从那里攻击中国云南，以占领云南西部（滇西）地区，阻隔中国远征军之退路，切断中国战场最后一条陆路国际通道——滇缅公路，摧毁中国抗战实力和意志。[①] 1942 年 5 月，日军南方派遣军占领缅甸和滇西地区后，向那里派出了 7 支师团防疫给水部队，它们是第 18、31、33、49、53、54、56 师团的防疫给水部，在仰光和曼德勒则有更大的固定的防疫给水部。[②] 在云南邻近的缅北密支那，驻有日军第 18 师团防疫给水部一部和第 56 师团防疫给水部一部；第 56 师团防疫给水部本部则驻在潞西，部长为市村势夫少佐。在龙陵县腊勐，驻有第 56 师团防疫给水部一小队，部队长是冈崎正尚大尉军医（日本佐贺县小城郡人），还有吉田好雄准尉等，约 40 人；在腾冲，驻有第 56 师团防疫给水部一小队，队长是野田军医中尉，有队员约 45 人。[③] 另据日方资料记载，在畹町也设有防疫给水部一部，但具体人员不详。[④]

二、霍乱细菌战

霍乱是侵华日军细菌战中最广泛使用的细菌武器，其特点是细菌培养简易、投入便捷，致死率高。从 1942 年 5 月至 1945 年日军兵败，日军南方军“冈”字第 9420 细菌部队在滇西沦陷区疯狂实施霍乱细菌战，造成滇西沦陷区霍乱流行异常，数以万计滇西民众

① 陈致远：《日本侵华细菌战》，北京：中国社会科学出版社 2014 年版，第 410 页。

② Williams Peter and Wallace David, *Unit 731：the Japanese Army's Secret of Secrets* (London：Hodder and Stoughton，1989)，p. 314.

③ 森山康平『フーコン・雲南の戦い』、71、123、140 頁。

④『56 師戦月報甲第 8 号　第 56 師団戦時月報甲（自 7 月 1 日至 7 月 31 日）/目次』、JACAR（アジア歴史資料センター）Ref. C14060433400、第 56 師団戦時月報甲昭 17. 6. 1—17. 6. 30/ビルマ/南西/陸軍一般史料（防衛省防衛研究所）。

感染死亡。

(一) 日军对保山的霍乱攻击

在滇西地区先后被日军攻占之后,怒江东岸顿成抗战的最前沿,国民党派遣重兵屯集于滇西重镇保山,依托怒江天险与日军隔岸对峙。如前所述,1942年5月4日,一群由54架飞机组成的日本空中轰炸机队,用爆炸炸弹、陶瓷细菌炸弹和燃烧弹,袭击了保山县城。这三种炸弹的混合设计,旨在将保山那些木制房屋的密集区域彻底摧毁。当日,保山几乎被夷为平地,超过78%的建筑、房产被毁坏,约有1万人因此而丧生。面对这突如其来的灾难,幸存者们茫茫然而不知所措,纷纷逃往城郊的乡村里避难。

1942年6月7日,当时在保山进行灾后视察的国民党元老、云贵监察使李根源,曾依据保山受灾状况通电各界请求援助。他描述了日机空投"病菌弹"的实况:

> 自腊戍不守,倭窥滇西。突于五月四日正午十二时,先以寇机五十四架,分两批袭保山,因境界毗近,情报被断,疏散不及,一城同尽。敌投空中爆炸、烧夷、病菌等弹三四百枚。狂炸之后,继以机枪扫射,历数十分钟,死伤万余,血流沟渠。次日又以五十四架来袭,连续投弹。盖响者喘息待尽之余生,都成长夜之冤魂矣。人道澌灭,至此而极。最后每日均有敌机或二十七架或九架,多少不等,更番搜索。至十二日,见城内尚有断垣,又复投轰炸弹一次,至是城中生物尽矣。国立华侨中学、省立保山师范学校、省立保山农业学校、县立保山中学各校址咸毁焉,学生死伤甚重。十三日,敌机炸附近各农村,并以机枪扫射我辛苦农民,死伤尤众。兽机肆虐之后三日,城乡各处发现霍乱。迄今日环保山周围平坝死者已五六千人。医药乏竭,仰天待绝,伤心惨目,宁有是耶!城既毁灭荡成煨

烬，闾阖空虚，行人绝迹，一月之中，死者未埋，浊气熏天，血腥触鼻，乌鸦喙食，猘犬随啮，哀哀生民罹此穷毒，今虽略事掩埋，而重壁之中，倾墙之下，尚未尽发。[1]

1942年在滇西抗日前线任指挥官的国民党第11集团军总司令宋希濂曾撰文回忆保山霍乱之灾：

一九四二年五月，入缅军的溃退和日机的滥肆轰炸，给滇西人民带来了很大的痛苦，而热带病——虎列拉[2]的传入，更给滇西人民加上可怕的灾难，保山一带村庄的居民在六、七两月里死于这个疫症的有一千多人。有的全家死亡，有些村子里一两天之间死了六七十人；没有棺材，只好用席子包裹掩埋。我和当时到了保山的李根源老先生，立即采取了措施。那时军队全部都注射了防疫针，感染情形不严重，当命令部队在所有村庄里为居民进行环境的扫除和隔离工作，派出大部分军医人员为居民注射防疫针。由于人员和药品的不足，我和李根源分别向昆明的一些医疗机关发出紧急呼吁，先后得到了帮助。这样，到七月中旬，这个疫症才没有继续发展。[3]

宋希濂的回忆，从侧面证实日军细菌战引起的霍乱流行，是确有其事的。

著名历史学家、云南大学方国瑜教授，在抗日战争结束后的

---

① 李根源：《为保山惨变乞赈通电》，德宏州史志编委办公室编：《德宏史志资料》第2集，第107页。

② 即霍乱(Cholera)，早期译作“虎力拉”，是由霍乱弧菌所致的烈性肠道传染病。

③ 宋希濂：《鹰犬将军——宋希濂自述》，北京：中国文史出版社1986年版，第162—163页。

1946年，去保山搜集滇西抗战资料。他周历惠通桥、松山、龙陵、芒市、遮放、黑山门、畹町、腾冲等地，调查访问，获得了甚为丰富的资料，写成《抗日战争滇西战事篇》。文中附有保山纪事部分，以充满悲情的语调客观地记录了保山地区当时的疫情：

> 五四被炸之同胞，死尸无人殓埋，暴露城郭，尸体腐化，臭气熏天，以致酿成时疫，流为巨灾。疫症为急性霍乱，现状，肚痛如绞，上吐下泻，腿转筋。肚痛如绞可治，上吐下泻已沉重，若腿一转筋，则万不可活。征诸当日事实，不爽毫发。其症首先肚痛，不即治之，一小时后，即吐泻并行。再不医治，腿一转筋，不可救矣。故为时非常迅速，数小时前方谈笑自若，而数小时后即为泉下人。炸后余生，犹罹此劫，虽曰天灾，人祸亦有关也。此痧症流行，由五月十五六日，向各村寨渐渐滋蔓，至六月大盛。一村一寨，几无幸免之家，甚有绝灭者。事后统计，死六万余众。然处此离乱之世，调查不甚周详，数字恐不止此。六畜亦遭此劫，不在调查估计中。①

（二）霍乱在滇西蔓延

日军实施"五·四大轰炸"后，又有3次针对保山的轰炸，分别在5月5日、6日、8日发动。但是，城市早已成为废墟，因此这些攻击令人有些费解。表面上看，他们只是在轰炸保山城的断壁残垣，让那些瓦砾变得更加破碎。但其实，这3次攻击的真正目的是进一步发挥此前投放的细菌炸弹之效果，即制造出更大面积的瘟疫。日军的意图是通过空袭轰炸，把那些仍在城中住宅、医院或学校等残毁建筑里挤作一团的百姓，驱逐出城市，让他们去更为偏远的地

---

① 方国瑜：《抗日战争滇西战事篇》，第150—151页。

区传播瘟疫。在当时，虽然云南省赈济会也逐渐出台了收容入境缅籍难民的暂行办法①，但在日军无差别轰炸的混乱状态下，由缅甸退入滇西的难民以及保山城区受灾百姓抱着他们被污染了的物品，一路逃亡，加剧了"难民携带霍乱"的流行。

保山的难民流趋向很快就发生了转变。因为保山几乎成了一座空城，于是，那些贫穷的农村人就离开他们的农田和村庄，冒险进入了这座被摧毁的城市，去捡拾那些城里人逃难时落下的家什。而当他们满载而归地返回乡下时，不经意间，就变成了霍乱细菌的携带者和散布者。这样，霍乱又蔓延到了云南更多的地方。可以说，传染病是现代社会最令人忌讳和烦扰的，因为患病者常常有隐瞒心理，结果隐匿的患者成了传染源，使传染病扩散到周边区域，时间一久更是扩大了传染的范围。②

水源是霍乱病菌得以传播的主要渠道，投放在外面的霍乱菌有一定时间的存活期，它们能够在沟水或浅水井中维持 7.5 天的时间，而在深水井里可维持长达 13 天。在滇西各地，日军不但派飞机投掷细菌弹，还派出许多日本间谍以及他们招揽的缅奸、汉奸向滇西公路沿线的水井、水沟、水池、水源投放细菌，造成霍乱沿滇西公路传染扩散。据保山昌宁县一份电报记载，日军便衣队及间谍无孔不入，他们散布谣言，下毒药，扰乱地方。曾发现 30 多名日军间谍乔装成乞丐模样，随身携带镜子与药盒，分别前往顺(今凤

① 《缅甸难民及尼泊尔工人由缅甸逃入我国》(1942－03—1943－12)，"中研院"近代史研究所档案馆藏，"外交部・国史馆藏外交部亚太司"档案，11/29/11/07/060。

② 中村明子「中国で発生したペスト流行と日本軍による細菌戦との因果関係——1941 年の湖南省常徳に対するペスト攻撃を中心に」、『裁かれる細菌戦：資料集シリーズNo. 3』、731・細菌戦裁判キャンペーン委員会、2001 年、124—125 頁。

庆县）、昌（今昌宁县）两县“工作”。[①] 据《保山市志》记载：

> 1942 年 5 月 4 日，日军轰炸保山城，死伤 1 万余人，死尸无人殓埋，尸体腐烂，臭气熏天，酿成时疫，流为巨灾。5 月 12 日开始，霍乱在城乡大流行，沿滇缅公路继续蔓延，尤以板桥、北上、北中、东哨、金鸡、永顺、永和、五线 8 个乡镇最为严重。5 月中旬至 6 月，为霍乱大流行高峰期，染病者，上吐下泻，腿抽筋，朝发夕死。几天之内，各村寨几无幸免之家，一些村子，两天内死亡六七十人，有当日埋别人，而次日被人埋者，也有断烟绝户人家。溃军、驻军、难侨也多数被传染，无药医治，惨死者不计其数，死尸遗弃路边沟壑，无人料理。5 月 13 日，省政府派临时救护队一行 12 人到保山，注射预防 1.02 万人次，水井消毒 850 余次，取缔、改善伙食馆 40 家，并进行防治知识宣传。至 7 月中旬，疫情缓和。据不完全统计，此次霍乱大流行，死亡 6 万余人，约占全县人口的 1/5。[②]

据《施甸县志》记载：“1942 年 5 月 4 日，保山城被日机轰炸。数日后，霍乱暴发流行蔓延至本县的三岔河、瓦房村、仁和桥、沙沟、何家村、华兴村、四大庄、姚关、万兴、太平、等子一带，广为流行，染病人多为上吐下泻，脱水休克，朝发夕死，死亡万余人。”大量的难民沿滇缅公路东逃至大理，造成大理地区霍乱疾病迅速蔓延，患者人数和死亡人数与日俱增，其中漾濞县感染霍乱 165 人，死 96 人；云龙死亡 3 000 人；永平死亡 1 000 多人；邓川感染 4 774 人，死

---

① 《昌宁县长曾国才为日军在镇康、龙陵、腾冲等地暴行及派便衣投毒等代电》（1942 年 6 月 20 日），云南省档案馆藏，1011/7/12/137。

② 云南省保山市志编纂委员会编：《保山市志》，昆明：云南民族出版社 1993 年版，第 575 页。

亡 2 243 人；洱源患者 4 228 人，全部死亡；弥渡死亡 481 人，感染 137 人；宾川死亡 2 000 人；鹤庆感染 12 658 人，死亡 7 749 人；大理死亡 14 000 人，全家死绝有 3 000 余户；剑川县流行霍乱，死亡 3 105 人；祥云城区及云南驿、前所等地区霍乱病流行，花园村有四五十户农户，染上霍乱病的就有 230 多人，死亡 30 多人，禾甸新泽村患霍乱病死亡的人数有 100 多人。① 总体而言，滇西数十县，感染霍乱而死者达数十万人。

表 5.11　洱源县 1942 上半年度霍乱损失报告表

单位：人

地点	男损失	女损失	损失实况	成灾原因	处理情形
五门镇	74	136	210	腾保灾民传入	各乡镇施防疫针水
城南乡	249	370	619	同上	同上
城北乡	402	497	899	同上	同上
永乐乡	264	323	587	同上	同上
永宁乡	419	450	869	同上	同上
清源乡	120	128	248	同上	同上
凤起乡	307	275	582	同上	同上
罗澸乡	144	70	214	同上	同上
总计	1 979	2 249	4 228	同上	同上

注：1943 年 1 月，洱源县县长为高克敏。

资料来源：《洱源县政府为 1942 年度滇西霍乱被灾情形呈》（1943 年 1 月 26 日），云南省档案馆藏，1011/7/166/90。

（三）日军滇西霍乱细菌战的物证

保山空袭中，飞机投放的细菌炸弹是由 731 部队设计并生产

① 以上数据散见于施甸县、漾濞彝族自治县、云龙县、永平县、洱源县、宾川县、大理市、祥云县等市县志及云南的通志。

的各式陶瓷外壳炸弹。这些炸弹被称为“八木式炸弹”(Yagi Type Bomb),而 731 部队的工作人员则把它们叫作“蛆虫炸弹”(Maggots Bomb)。[①] 因为这类炸弹在冲击力的作用下,会破裂粉碎成小块的陶瓷碎片,使那些凝胶状细菌乳液飞溅出来,而这些乳液中则满是活着的苍蝇。这些苍蝇会从爆炸点飞走,然后落在人或动物身上,也可能落在食物、公共厕所、水源、餐具和其他地方。它们四处乱飞,沿途释放身上那些由实验室所培养的致命霍乱细菌。一旦一人感染了霍乱,他就可以通过体液传染给另一个人。携带有细菌的狗和其他动物同样能通过这种方式,把细菌传染给人类。1 枚八木式细菌炸弹曾被投放于保山。那枚炸弹落在地上,裂了开来,但并没有完全破碎。保山施甸县由旺乡的退休小学教师林毓樾,曾亲眼看到这枚炸弹躺在地上。1999 年,在日本细菌战犯罪调查委员会(一个由专事细菌战争史研究的中国学者所组成的团队)出示的八木式炸弹图片中,林毓樾认出了它。据林毓樾和另外 3 名目击者的回忆,他们所见的那枚细菌炸弹直径约 20 厘米,长度达 1 米。采访记录显示,他们四个人都描述看见了一团“黄色的蜡一样的东西”,从那里边,许多“活的苍蝇争先恐后地飞走了”。[②]

上述陶瓷炸弹的实物收藏于腾冲滇西抗战纪念馆。这个陶瓷细菌弹并未破碎,弹体呈白色,带有蓝色船锚标志。由于年代久远,弹体上的金属件已经锈蚀。该细菌弹作为日军在滇西发动细菌战的有力证据,被单独陈列。此外还有金属细菌弹、关东军 100

---

① Daniel Barenblatt, *A Plague upon Humanity: the Secret Genocide of Axis Japan's Germ Warfare Operation*, p. 167.

② Daniel Barenblatt: *A Plague upon Humanity: the Secret Genocide of Axis Japan's Germ Warfare Operation*, p. 167.

部队所用的2个“兽医行李箱”、2个鼠笼、1个风动投食器、芥子气炸弹、生化防护服、防毒面具，以及活体解剖台等实物。它们是滇西抗战纪念馆的业务馆长段生馗多年来在腾冲、盈江、梁河、芒市等地收集到的，是侵华日军对滇西实施细菌战的有力物证。

三、鼠疫细菌战

鼠疫作战是日军最熟练、最擅长的细菌作战之一。1943年3—8月，731部队鼠疫细菌战专家增田知贞被派遣来到仰光，担任第31师团军医部部长，指导策划缅甸战场的细菌战。增田知贞是职业军医，精通细菌战理论，也具备丰富的细菌战实践经验，可谓是参与日军细菌战少有的高级专业人才之一。在日军发动浙赣线鼠疫作战后，增田知贞就对其参与实施的细菌战，从实践到理论作了反思和总结，并在1942年12月15日于东京将他的研究成果形成了一篇《细菌战》的讲稿，公然在一些细菌学、生物学科学家面前阐述了他的细菌战理论：他认为在战争中使用细菌武器存在“在敌军中人为地制造传染病流行的可能性，在文明国家的国民间散播细菌能够影响他们的士气”，而“疾病的四处发生将迫使这个国家花费极大的人力物力去控制它，因而将大幅度地降低这个国家的战争能力”。增田还提出了实施细菌战的具体方法：“细菌战不仅可以使用于敌方作战人员，而且可以使用于敌方领土内的一切生命体，其中包括人群、牲畜、谷物和蔬菜；攻击行动可以以细菌雨、空投细菌弹、发射细菌弹或使用特工人员等方式进行。”①带着这种成熟的细菌战理论，增田知贞随即被日本大本营派往仰光，着手推

① Sheldon H. Harris, *Factories of Death: Japanese Biological Warfare, 1932 - 1945, and the American Cover-up* (New York: Routledge, 1994), p. 139.

广鼠疫作战以达成新的使命，即彻底摧毁滇缅公路。日军细菌战部队在腾冲的细菌作战正是按照增田的指导方法进行的。①

滇西沦陷后，日军驻芒市、腾冲等地的防疫给水部队与731部队密切配合，投入大量人力物力在滇西各地收集并饲养老鼠，培育鼠疫杆菌，甚至以人体开展活体细菌实验，然后丧心病狂地在滇西地区有组织有计划地秘密散布染菌疫鼠。特别是1944年，日军面临失败前夕，他们在滇西投放大量染菌疫鼠或向民众注射病菌，致使鼠疫沿滇缅公路由西向东蔓延，导致此期间云南省西部16个县市鼠疫流行，一直延续到1953年才得到控制。

（一）日军沿滇缅公路投放鼠疫细菌

日本南方军中，有10个部门的人经过专门的培训，被长期安排到细菌武器生产研制部门听候差遣。1942年4月，1支经过伪装的日军特殊细菌战分队（隶属于日本南方军的第56师团），开始沿着由云南至缅甸的边境悄然行进，污染沿途各村落的供给水源。这支队伍被称作“113部队”。它的行进路线沿着中缅边境的怒江进行，从上游开始，一路散播细菌，最后向东到达云南省保山市。113部队的退伍老兵信浓实里曾公开承认：“我在战场上使用生化武器最频繁的经历，发生在1942年……那时候，更高一级的司令官给我所在分队的领导久恒下令，让他去‘轰炸’缅甸莱梅市的水源。其实就是命令他把细菌放到水源里去。”②日军第56师团第113联队的士兵品野实也在回忆录中记载：“当时当众下命令让久恒兵长去炸毁腊戍的水源地，而实际上，是让他去施放细菌。当时

① 张华：《侵华日军云南腾冲鼠疫细菌战研究》，《湖南文理学院学报（社会科学版）》2009年第3期，第91页。

② Daniel Barenblatt, *A Plague upon Humanity: the Secret Genocide of Axis Japan's Germ Warfare Operation*, p. 165.

师团防疫给水部带有培养出来的鼠疫杆菌，这些杆菌放在玻璃培养缸里。”①为了避免霍乱和鼠疫波及驻扎滇西的日本军队，“拿着注射器的日本士兵积极地进行着注射天花、鼠疫、霍乱、疟疾疫苗的工作”②。

据国民政府行政院善后救济总署滇西办事处 1946 年的报告，日军侵略滇西时，灾区面积达 42 120 平方公里（大于台湾 6 286 平方公里），涉及人口达 100 万之巨。战争过程中人口死亡达 48 842 人。其中疫病残废的人口为最多，仅伤寒、霍乱、痢疾三项，普遍流行于 1942 年，保山死 6 万人，龙陵死 1.1 万人。③ 这份记载恰有美国国家档案馆揭秘档案佐证：“（日军）曾有过沿雷多公路尤其是云南至八莫以及密支那地区传播病毒的命令。细菌疾病是霍乱、伤寒、白喉和疟疾。日军将会使用飞机，具体使用炸弹还是喷雾尚不明确，时间不明，但是总部在桂林。日本战争部给出了关于传染（疾病）的明确命令。”④方国瑜、冯友兰 1944 年主编的民国《保山县志稿》也明确指出保山霍乱是因日军投掷细菌弹所致：“（日军飞机）炸后数日，保山城乡到处发生霍乱传染病，猖獗一时。罹病者，上吐下泻，朝发夕死，持续数月，全县约死亡五六万人之多。尔后，连年鼠疫，死亡相继，惨莫可言，此与炸后暴尸太多，更与敌投掷细

---

① 品野実『異域の鬼——拉孟全滅への道』、196 頁。

② 池田佑『秘録大東亜戦史——マレービルマ篇』、176 頁。

③ 行政院善后救济总署滇西办事处：《滇西灾区救济工作报告及业务计划》（1946 年），保山地区行政公署史志办公室编：《保山地区史志文辑》第 4 辑，第 393—396 页。

④ Headquarters United States Forces China Theater, *Further Report on Epicdemic Germs as A War Weapon*（*9 April 1945*）（Washington D. C.: National Archives, 1945）.

菌弹极为有关。”①

表 5.12　瓦房乡部分自然村 1942 年惨遭日军投放细菌残害调查情况登记表

自然村名	总户数	总人口	死亡人数	死绝户数	受采访人员数	当时治症医生
瓦房街	82 户	400 多人	30 多人	——	杨开礼等 7 人	杨显金、杨彩安
大河边	7 户	34 人	5 人	——	戴伯玉等 7 人	杨显金
上寨	约 60 户	300 多人	40 多人	——	王格等 5 人	王凤迟、王忠
康井	约 50 户	260 人	30 多人	——	姜中国等 3 人	陈占详
党东	120 多户	约 600 人	150 多人	——	寸金忠等 3 人	寸发甲、寸发举
大水沟	17 户	76 人	12 人	——	车元举	左文忠
桂花树土官寨	40 多户	190 多人	50 多人	——	杨兴光等 2 人	左文忠
大平地	——	——	8 人	——	杨兴同	杨彩安
东山坡	20 多户	不足 100 人	22 人	——	杨明积等 2 人	杨彩安、杨显金
箐口	11 户	49 人	12 人	——	于金荣	杨彩安
木瓜林	45 户	233 人	79 人	——	杨发富等 2 人	查志、茶文元
龙掌山	13 户	71 人	9 人	——	杨安宇等 2 人	陆加庆
龙潭	9 户	53 人	13 人	——	陆加升等 2 人	陆加庆
古戛	18 户	近 100 人	50 多人	3 户左右	张招娣	鲁绍成
白龙井	——	——	50 多人	——	张玉秀等 3 人	鲁绍成
徐掌	——	——	82 人	——	茶文映等 3 人	字玉文

① 方国瑜著，保山市隆阳区史志委点校：《保山县志稿》，昆明：云南民族出版社 2003 年版，第 90 页。

续表

自然村名	总户数	总人口	死亡人数	死绝户数	受采访人员数	当时治症医生
古里	12 户	58 人	3 人	——	杨光祥	杨光金
梅兰山	46 户	235 人	58 人	5 户	桑朝荣等 7 人	左金凤、杨兴

资料来源：马力生、刘志声、张国龙：《见证历史：滇西抗战见闻实录》上册，第 193—194 页。

（二）日军利用活鼠制造污染源

一份来自美国国家档案馆的报告显示日军曾要求腾冲—缅甸—云南的家庭每户交纳 3 只活老鼠①，美国推测其表明了细菌战的存在。1944 年 6 月，日军从盈江地区撤走。撤走前曾收购老鼠，1 月有余本地发生鼠疫，波及村寨 119 个，发病人数 5 754 人，死亡 3 041 人。据云南省流行病研究所统计：1944—1955 年盈江县在全省鼠疫流行的 19 个县市中，流行时间最长，发病率、死亡率均居首位。日军在盈江期间，用军票哄骗小孩捉活老鼠卖给他们，收集到大量活鼠后，日军立即将研制出来的致命细菌注射于老鼠身上，带到选定的地方把老鼠放掉以传播鼠疫。此后，盈江全县发生鼠疫流行，死于鼠疫者有五六千人。盲璋、沙坡等寨连抬死尸的男人都不够，只好由妇女抬埋死人。②

芒市是日军第 56 师团防疫给水部的驻地。据《潞西县志》记载：1944 年底，日军将要被赶出滇西之前，在腊掌村有鼠疫传播，传

① "Memorandum for general summons, From the party you visited in Stilwell' area(1 November 1943), by Mr. J. P. Marquand" (Washington D. C.: National Archives, 1943). 文件来自美国国家档案馆解密档案，由二战细菌战研究专家王选女士提供，档案复印件存于腾冲县滇西抗战纪念馆。以下同。

②《德宏州卫生志》，《德宏州卫生志》编纂委员会 2008 年编印，第 7 页。

染到芒市坝很多寨子，鼠疫被当地民众视作“第二敌人”。1945 年 3 月，潞西光复不久，经中国红十字会随国军 53 军手术队调查，发现本县鼠类有沟鼠、家鼠、小鼠和鼷鼠，其中沟鼠最多，并在 1 只将死的鼠身上发现有印度蚤 15 只。据不完全统计，1942—1952 年，全县鼠疫流行点达 28 个，共发病 1 608 例，死亡 840 人，病死率为 52%。①

类似的情况也发生在梁河。1944 年 4 月，盘踞梁河的日军撤回腾冲后，梁河县的萝卜坝芒东、红坡先后发生鼠疫。本年，梁河县的九保、遮岛克家巷、邦读村等 18 个村寨发生鼠疫。发病人数 333 人，死亡 235 人。1945 年，鼠疫在全县 19 个村寨发生，发病 283 人，死亡 158 人。②

1942 年 5 月腾冲沦陷时，鼠疫从缅甸传入瑞丽、陇川、盈江、梁河，再传至腾冲的荷花、和顺、城关、绮罗、团田一带。10 余年间，鼠疫流行全县 47 村，发病 1 804 人，死亡 400 人，病死率22.17%。据李根源先生记载，腾越厅旧属各县，1944 年因染鼠疫而死 1 700 余人；1945 年死 1 200 余人；1946 年死 500 余人。③ 腾冲鼠疫严重情况从云南鼠疫防治委员会及滇西防治鼠疫经费申请函中可见一斑：

卫生署呈行政院，据云南省卫生处处长缪安成呈，请拟设防治鼠疫机构等情转呈鉴核备案，卫生署呈行政院为云南腾冲一带鼠疫流行，请拨防治专款，敬祈分别迅予核拨。云南省

① 云南省潞西县志编纂委员会编：《潞西县志》，昆明：云南教育出版社 1993 年版，第 400 页。

② 梁河县志编纂委员会编：《梁河县志》，第 20 页。

③ 腾冲县志编纂委员会编：《腾冲县志》，第 843 页。

> 政府呈行政院，据卫生处长呈，为芒市鼠疫严重请转呈加拨专款俾资接济并亲往防治一案请鉴核示遵。卫生署呈行政院，据云南省卫生处呈送三十四年度防治鼠疫费分配预算请查核。云南省政府呈行政院，据卫生处呈请求追加三十五年度鼠疫防治费，请迅核拨示遵。卫生署呈行政院，据三十五年全国卫生会议议决，请于云南省西南设立专门防治鼠疫疟疠机构，及在东北设置鼠疫防治处案请核示等。①

有关德宏地区鼠疫的流行，从日方的资料中也能得到证实。日军第56师团的《战时月报甲》资料上不但记载"有关芒市地区发生的鼠疫，各部队严格防疫，至今军队内还未发生疫情。居民中自7月下旬以来没有新患者，只发现若干只有菌鼠，预计疫情离终结不远了"，更有如下描述：(1942年)7月4日接到情报，在芒市附近等线(旧称等相)、那冉(旧称那院)、蛮固(旧称蛮国)、蛮幸诸部落20多天前发现大量死鼠，已有20多人死亡。师团立即切断了从疑似症发生地通往芒市的交通，等线部落调查的结果越来越让人怀疑是鼠疫，遂将防疫供水部的主力移动至芒市，对死鼠和患者的可检物实施细菌检测，考虑到会有继发性，还请求军队派遣鼠疫防疫班。7月6日发现有菌鼠，接着于7月9日从患者的可检物中检测出鼠疫菌。7月15日在蛮孔发现了疑似患者，7月20日从蛮密居民死亡者的可检物中证明了鼠疫菌，判定为真性患者。22日从芒市北端难民区的死者中检查出鼠疫菌，另一方面7月11日在畹町、7月15日在龙陵以及遮放、7月28日在镇安街出现了有菌鼠。在此期间师团委托防疫给水部以及军队鼠疫防疫班进行防疫，同时

①《云南鼠疫防治委员会及滇西防治鼠疫经费》(1945/03/23—1948/05/26)，台北："国史馆"藏，行政院/内政/医药卫生/防疫，014/011105/0034。

参谋长带领军区成员亲自进行防疫的指导、实施、监督，各队的防疫工作得以完善处理。幸好之后没有再发现有菌鼠，此外地方也没有再出现新的患者，疫情逐渐趋于稳定，师团仍持续实施防疫工作。① 这段历史，在德宏当地的文史资料中也有对应：1942 年 8 月初的一天，日军押着抬着大片铁板的民夫来到了芒满寨子边上。他们命令民夫们将大铁板一片一片地立起来，在铁板的边缘处开小孔，用铁丝将铁板连接在一起，围着寨子造起了围墙，将芒满寨子全部围了起来。村民们惊慌地赶来，不知道日军到底想要干什么，但是由于语言不通，也无法提问，只能慌慌张张地乱作一团。下午日军终于带来了翻译，向村民宣告："请大家马上离开村子。每个人只能带一件行李和一份食物和衣服走，其他一切都不能带走。离开村子后再也不能回去。因为这个村子发生了鼠疫，皇军为了避免传染，决定放火烧掉整个村子。"村民们听到后犹如晴天霹雳，也有人当时就吓呆了。日军一边催促大家尽快出村，一边准备点火。村子里的人扶老携幼，被迫离开了自己的家。不久日军就在村口封锁了铁板，向村内扔进 10 余发燃烧弹。爆炸声响彻云霄，猛烈的火焰直冲上天，牛、马、鸡、鸭子在火焰中持续哀号。这个村子就这样被烧毁了。村民们失去了自己的房屋、财产。等相寨也发现了鼠疫病人，日本人依旧派民夫抬去了大铁板，准备烧寨子。村民急急忙忙跑到芒核奘房告诉大佛爷，芒核大佛爷邀约了拱母奘房的大佛爷并村上的老人，风风火火地跑到弄莫找"维持会"，通过"维持会"向日军请求不要烧村，一时间群情激愤。日本

① 伊香俊哉『戦争はどう記憶されるのか—日中両国の共鳴と相剋』、91—92 頁。

人见民怨很大，才不得不取消了烧等相寨的行动。①

关于日军在滇西沦陷区实施鼠疫细菌战还有一个重要的人证——方正绍（原芒市土司属官，原住芒市镇南里）。日军入侵潞西后，方正绍一家24人逃难，逃到法帕乡遮晏寨18人，逃到城郊乡芒茂寨6人。而方正绍本人被日军强迫在洗马塘（今德宏州军分区院内）日语会话班学习日语1年左右，学成后为日军当翻译。1944年秋，日军给方正绍打了1种防疫针（芒市城郊、城西的大部分傣族群众都打过此针），并在其小指上染1个红点。一天早上，方正绍在家休息，发现院场有2只死老鼠，尾巴是秃的（被剪去约5厘米）。他将死老鼠丢掉，后又发现在屋梁上跑着的老鼠也死去了2只。下午，方正绍开始发高烧，小腹发痒、红肿，日军知道后，即派穿白衣服的人将方正绍抬到日军战地救护车上，将其胯下的淋巴割去1块，并给他吃药打针，一番忙乱后，又把他抬回家，用铁板将他家围了起来，不准其家人外出，吃饭由亲友送。日军每天还派人来清点人数，不许少1个。原来，日军是在方正绍身上做鼠疫试验。1944年年底，中国军队反攻，不断派飞机轰炸驻扎在芒市的日军。这时，方正绍家已被围困近4个月，方的父亲再三要求后，日军才将方正绍送入日军卫生院。② 日军败退后，方正绍幸存下来，但身体上残留了大块伤痕。当时日军放置的铁板也留在了方正绍家里，用作屋顶和墙壁，与当地百姓使用竹、树、石头和泥土所建的房屋形成了鲜明对比。这些铁板也成为日军在方正绍家附近实施鼠疫实验的铁证。

---

① 李鉷：《烽火岁月》，德宏州政协编：《德宏州文史资料选辑》第8辑，潞西：德宏民族出版社1991年版，第108—109页。

② 潞西市政协文史资料研究委员会编：《潞西市文史资料》第3辑，第177—178页。

日本学者山田正行1998年在滇西调研时，见到了方正绍。山田当着方正绍的面，承认了日本的战争责任并作了个人反省和道歉。方正绍的词证内容如下：

严正要求日本政府偿还血债

日本从1942年5月到1944年12月，侵略了我的故乡——中国云南省潞西市。日军杀死了很多无辜的农民，给潞西市人们的心里留下了严重创伤。日军的侵略行为是非人道犯罪，为此我们严正要求得到赔偿。

我是今年73岁的傣族老人，至今没有撒过谎。我们傣族人性情温和，是把诚实作为美德的勤劳民族，把不仁义和谎言当做耻辱。我想一边叙说自己的亲身体验，一边控诉日军侵略行为的犯罪事实。

1942年潞西市被日军侵略的时候，我是正在学校学习的孩子。可是由于日军的侵略，不仅我的学习自由、孩提时的幸福被全部夺走，还受到了实在无法弥补的伤害。为了避开日军的残酷迫害，我们家像其他人一样带着老人和幼小的孩子离开了故乡。空荡荡的家，荒废的田地，学校停课，那个凄惨的景象，在还是孩子的我的心里留下了很深的创伤。日军所到之处无恶不作，实施"三光"政策，犯下了烧、掠、抢、奸等滔天罪行。还是孩子的我目睹了日军杀害无辜的农民、强奸女性、点着房屋使全村成为火海等非人道罪行，我的内心受到很大伤害。当时处在朝不知夕、惊慌惊恐的时代，人们过着不安的生活。到处都堆满了像山一样的尸体，到处是哭声、熏烟，村子里景象非常悲惨。在被日军侵略的各处，人们受到了残酷的迫害，像天堂一样美丽的我的故乡，由于日军侵略而成为人间地狱。

日军在潞西市设置“慰安所”,强制本地的女性充当慰安妇。当时芒市设置的“慰安所”(现芒市第一小学)就是其中的一个。在“慰安所”里,慰安妇一个人一个房间,在房间的门上写着号码和名字。从“慰安所”里经常传出悲惨的喊叫声和哭声。

芒市物产非常丰富。一到秋天,农民们开始收获农作物。农作物对他们来说是一年劳动的成果,是支撑全家生命的重要物资。可是,日军大白天在农作物上点上火,一边看着火,一边高兴地唱歌。而且点燃百姓房屋是家常便饭的事。因为当时傣族人住在用竹子和草建造的房子里,房子转瞬间就被火海包围而烧毁了。村子里虽然也有用土建造的房屋,但由于大火,土被烧得通红。为了让年轻人知道这段历史,为了实行教育,现在也还被保存着。同时,日军还进行了文化侵略,实施奴隶化教育,芒市成立了许多日语会话学校。

最让人不能饶恕的是,把中国人不当人看。日本即将战败前的1944年,在芒市实施了细菌战,残酷杀害了潞西市的人民。这年年初,日军命令百姓交出活老鼠,他们用鼠做什么?吃吗?确实怀疑他们真的做了什么。当时,我被日军捉住,被强制接受注射,可是注射时皮肤就变了色,变成了黑色。我在家的园子里发现了两只死老鼠,把它们埋在了院子里。之后我就发高烧病了。日军用铁板把我家围起来,实行严格封闭。我由于高烧一直处于昏迷状态,后来听说日军把我送到卡车上做了手术(采访时,证言是在卡车上做了手术——笔者注)。日军用小刀剔掉了我左脚下和膝盖处黑颜色的部分。剔取的部分大约重500克,伤口大约20厘米,现在我的身体仍留有伤痕。由于鼠疫而死了很多人，有不少人全家因鼠疫而死。我的祖母就是因细菌而死的。日军解剖了祖母的尸体。可是现在都不知道解剖了之后尸体被埋到了哪里。违犯死者的意志，解剖尸体最令傣族人厌恶，可是日军满不在乎地解剖了尸体。细菌战以来严酷的灾难一直持续着，直到人民解放军来了之后，人们也一直与鼠疫作斗争。细菌战是日军造成的最大灾难。

以上是我亲身体验过的日军的非人道的犯罪行为。日本政府必须向中国人民谢罪，同时给予赔偿。

第二次世界大战已经结束了 50 多年，恢复中日友好交流和外交关系也已有 30 年。可是，到现在日本政府一次也没有道歉和赔偿过，甚至否定战争的历史事实、参拜靖国神社、修改历史教科书，继续欺骗着日本国民。这样的事不仅中国人，亚洲和全世界的人民绝不会允许。

日本政府应该在反省的同时进行谢罪，还必须重新认识历史。如果日本政府深刻反省，不仅能得到中国人和日本人，还能得到全世界爱好和平的人们的原谅。爱好和平才是中日友好的基础。

我还想忠告日本的军国主义，请明白今天的世界和今天的中国，不可小看今天的中国。从前那种“大东亚帝国”之狂梦不可能再次实现。

我们想请日本偿还血债。我们有很多的证据。日本政府必须承担罪责，必须道歉和赔偿，必须深深地悔改，重新走和平之路。

我将为了不能忘却的历史事实，为正义而不断战斗。

但我们与日本国民的关系还是友好关系。也希望日本国民理解、明白中国人所受到的伤害。

受害者方正绍

1998.12.26[1]

方正绍的证言不仅陈述了日军实施鼠疫细菌战的情形，还指出了日军在滇西杀人、放火、强奸等暴行。可见日军对滇西人民的毒害之深。更为阴毒的是日军撤退之前，给"维持会"里的每个办事人员发了1帖证明。因为日军每逢街天就封住所有路口，给赶街人每人注射1针黑药水，给有证明的人注射1针白药水，跑得快的群众则免遭1针。王茂才是土司署的傣文文案，傣族作家，又是"维持会"的成员。他平时不愿对日军凑捧献媚，为人耿直，日军就给他注射了1针黑药水。后来，王茂才全家6口人染上鼠疫病，都死去了。再后来，盈江全县鼠疫大流行，凡是注射过黑药水的十有九死，大部分人都被传染上了鼠疫。这次鼠疫流行，全县共死亡几千人。[2] 据史料记载，"直至中国远征军反攻，血战多日，日军自知穷途末路，狗急跳墙，惨无人道地埋下地雷，撒下细菌，鼠疫流行。腾冲恢复后，被地雷炸死炸伤总计五百人以上。被鼠疫害死的，只腾冲西北区就死一万四五千人。南甸、干崖等司地死于鼠疫的，据各司总结不下万数人"[3]。其中，关于南甸、干崖等地的鼠疫详情，1945年联合国善后救济总署出版的《流行病学资料公报》第1卷第12期有详细记载："1944年四、五月开始，在腾冲县南60公里的

---

① 山田正行『アイデンティティと戦争——戦中期における中国雲南省滇西地区の心理歴史的研究』、98—101頁。

②《盈江抗战文史资料选辑》，德宏州史志办公室编：《德宏历史资料——抗日战争卷》，第124页。

③《梁河抗战文史资料选辑》，德宏州史志办公室编：《德宏历史资料——抗日战争卷》，第134页。

Lo-Pu-Shih-chuen 附近的芒东和小红坡两村首先发现死鼠，7 月在当地居民中开始出现人间鼠疫病例。在围绕 Lo-Pu-Shih-chuen 镇河谷内的 48 个村寨中，9 个村寨有鼠疫病例：拉勐（Nameng）9 例，全部死亡；小红坡（Hsiaohungpo）24 例，14 例死亡；李索（Li so）28 例，24 例死亡；小芒（Hsiaoman）9 例，全部死亡；胡东（Hu-tung）5 例全部死亡；齐卯（Chimao）6 例，4 例死亡；金勐（C-hinmeng）2 例，均死亡；芒东 50 例，35 例死亡；芒曹（Manchao）3 例，均死亡。于是在 1944 年七、八月间发病总数为 136 例，死亡 105 人。在此次流行中，腾越厅属的干崔（Kanma）和镇缅边境拉撒（Lacha）镇之间的整个区域均被波及……鉴于一次更为严重暴发于 12 月中旬在腾冲以南 45 公里的南甸镇出现，中央卫生署派遣了包括流动防疫、细菌检验和环卫工程的防疫队到那里与包括美军医疗队在内的其它防疫力量合作进行防治。"上例资料说明：1944 年不仅梁河县的萝卜坝曾严重流行鼠疫，而且由盈江县的旧城（干崖旧称）至今陇川县拉撒之间也有流行；同时遮岛（南甸旧称）于 12 月中旬也爆发了鼠疫。①

1944 年前后，鼠疫流行到怒江东岸的保山、施甸一带。1946—1947 年，保山全县鼠疫发病 556 例，死亡 193 例②；施甸县"先后在西平街、仁和桥、人楼、城关等自然村多次流行鼠疫，共发生病 604 例，死亡 206 例，属全省 15 个近史疫区之一"③。

这次滇西鼠疫由滇缅公路自西向东蔓延，先后侵及云南西部 16 个县，包括瑞丽、畹町、陇川、芒市、龙陵、盈江、梁河、腾冲、施甸、保山、永平、大理、下关、巍山、弥渡、祥云。缅甸与滇西毗邻的八

---

① 雷崇熙：《德宏鼠疫史论述》，德宏州卫生局编：《德宏地方病论文集：鼠疫专辑》，潞西：德宏民族出版社 1990 年版，第 10 页。

② 云南省保山市志编纂委员会编：《保山市志》，第 572 页。

③ 云南施甸县县志编纂委员会编：《施甸县志》，北京：新华出版社 1997 年版，第 496 页。

莫、南坎鼠疫流行也很严重。

表 5.13　1944—1953 年滇西鼠疫流行伤亡统计表

单位:人

类别	腾冲	龙陵	陇川	潞西	梁河	盈江	合计
感染	2 000	2 000	170	673	788	7 811	13 442
死亡	2 000	2 000	170	368	451	5 041	10 030

资料来源:云南省委党史研究室编:《云南省抗日战争时期人口伤亡和财产损失》,北京:中共党史出版社 2016 年版,第 36 页。

结合上表调查统计汇总,日军在云南使用生化武器,使云南平民感染霍乱、鼠疫和回归热等病共计 167 309 人,致死 141 448 人,幸存者 25 861 人。

四、细菌战的恶果

现有史料表明,日本在中国大陆的细菌战,不只是细菌武器的研制和实验,也不只是战术、战役的配合,而是提到了战略的高度,是按照日本最高统帅部关于独占中国、称霸世界的总体战略,有谋略、有计划、有准备、有组织地实施的。它既针对中国军队,又针对中国城乡民众,既使用飞机投放,又派出细菌人员在河流、水池、水井、瓜果、饮食、房屋、炊具、衣物中散播细菌,或把带鼠疫菌的老鼠和鼠疫跳蚤等投放在城乡居民区,甚至抓捕俘虏或民众强迫吃下带病菌的食物或注射霍乱、伤寒等细菌后予以释放,因而造成鼠疫、霍乱、伤寒、炭疽、赤痢、疟疾等疫情暴发,蔓延流行。① 1944 年 5 月 26 日,腾冲县县长张问德向上级部门所呈的《云南省民政厅为

① 谢忠厚编著:《日本侵华细菌战研究报告》,北京:中共党史出版社 2016 年版,第 216 页。

腾冲县呈报将受日军细菌化学战灾害并请求医药救济事函》中显示："据情报所得，敌人准备大量疾病细菌，拟从事化学性战斗，即使县境能因反攻而克复，则继克复而来者为加于人民一种疾病和灾害之痛苦生活，似属可能，而此种可能性实亦甚大。"①张问德的担忧不无道理，日军对滇西地区实施的细菌战产生了严重后果，主要体现在以下三个方面：

其一，破坏了自然生态环境。日军毫无节制的在滇西各处秘密投放细菌，既毁坏了滇西原有的生态环境，又极大地污染了当地的自然水土。因为细菌的潜伏性、剧毒性和传播性，有些地方的污染甚至永难治理。在一些旧的疫区，诸如鼠疫、炭疽等疾病仍然存在发作的可能性。

其二，引发普通居民心理恐惧。一般而言，患者会患上致死率极高的鼠疫从而造成个人肉体和精神的痛苦，但比这更加残忍的是，日军将鼠疫用在细菌战上，致使滇西居民生活于极度恐慌之中。对世代居住在该地区的民众来说，除了时刻面对传染的风险，还不得不承受看护病人带来的恐惧。出现患者的家庭，容易受到当地社会的排斥，因为传染病的流行，很明确地显现出"受害"和"加害"的关系，容易使鼠疫流行地区居民之间相互怀疑，破坏人们的正常生活。② 将细菌当作武器，使其通过各种途径传播，人们感染致病的病原微生物后，细菌潜伏一定的时间，然后人们感觉到病症并发作。因此，病菌"攻击"的因和"受害"的果并非在人被传染

① 《云南省民政厅为腾冲县呈报将受日军细菌化学战灾害并请求医药救济事函》(1944年5月26日)，云南省档案馆藏，1044/4/45/5。

② 中村明子「中国で発生したペスト流行と日本軍による細菌戦との因果関係——1941年の湖南省常徳に対するペスト攻撃を中心に」、『裁かれる細菌戦：資料集シリーズNo. 3』、124—125頁。

后就马上显露出来，细菌战往往具有即时和长期的致病后果。事实证明，日军发动对滇西军民的细菌战，除了当时在被攻击地区引发大量流行疾病，还给当地居民带来了许多极其严重的附加危害。在遭受日军细菌攻击的地区，疾疫肆虐，天天有人横尸野外，有些家庭甚至全户灭绝，谁也无法预料什么时候死亡细菌会侵入自己和家人的身体。那段时间，人人自危，户户不安，人们大有朝不保夕之感。可见，细菌战带给滇西沦陷区人民的是精神和肉体的双重摧残，随其流行而来的无穷恐惧是极度可怕和影响深远的。

其三，造成区域社会的崩溃。细菌武器与普通武器的杀伤方法大不相同，其主要特征是能把正常的日常生活空间、社会关系、自然环境改造为杀人的媒介。细菌武器并不单纯大量杀伤生灵，还破坏了人们在漫长历史中形成的生存社会基础。[①] 遭日军细菌战荼毒的滇西社会，“大疫稍息，而小疫留连，亡声日有见闻，人丁渐次减少，烟户日觉空虚。迁移殁亡，日据报告。继遭饥荒，民生摧残，以致民众绝衣断食，无法生活，饥饿冻死者曾经发现，民生状况囊空如洗，无物而沽，经济来源毫无点滴，谋生之路尚且无术，息烟绝粮，山中树皮草根刮尽一枯，灾害并驱，民生如此痛苦，饥馑交迫，民何维生”[②]。在此，关于保山地区的无差别轰炸和霍乱、鼠疫的流行，是细菌武器所致，还是大量的死者和伤者造成卫生状况恶化所致，一度成为学术界的争论点。但要注意无论真相如何，日军对滇西地区无差别肆意轰炸的性质也无法改变。不可忽略的一点

---

① 吴永明：《侵华日军江西细菌战研究》，中共中央党史研究室科研管理部编：《纪念中国人民抗日战争暨世界反法西斯战争胜利 60 周年学术研讨会论文集》下册，北京：中共党史出版社 2006 年版，第 1135 页。

②《云南省第六区行政督察专员公署为龙陵县瘟疫流行及饥馑灾情代电》(1945 年 6 月 13 日)，云南省档案馆藏，1044/4/45/161。

是，细菌战不断通过人际关系无区别地破坏人际关系，是不加区别屠杀的社会性的攻击方法。也就是说，在卫生条件不完备的集体当中，人际关系亲密且紧密，越互相帮助越容易扩大感染。特别是在医疗卫生条件不完备或者在被破坏的战时条件下，无法帮助受了感染的亲爱的家人和友人，而只能实行隔离方法。于是老人、孩子和病弱者等绝对非战斗人员首先成为牺牲品。从这一点来看，可以认为细菌战是匿名的种族灭绝。①

由上所述，不难看到，日军对滇西地区的细菌攻击作战荼毒甚烈，它使滇西鼠疫、霍乱、炭疽、伤寒等疾病传播面积广，流行时间长，杀伤人民众多，可谓一场人间浩劫。可是，对细菌战灭绝人性的罪恶心知肚明的日本侵略者，在战败之势无可逆转的形势下，为逃避国际法制裁和舆论谴责，对研制和生产细菌的设施和设备加以彻底破坏，将相关劣迹文件要么匿藏，要么付之一炬，要么交给美军换取法外施恩。有关部队及研究人员被遣散，造成人证缺失，以逃避其犯下的滔天罪行。即使身份能够确认，原来参与细菌战的那些军人或研究人员唯恐泄露罪行，他们中的绝大部分人一生保持缄默，均不愿坦承那疯狂的过往，有意将罪恶烂在腹中。这使得细菌战等其他战争遗留问题不能很好解决。就此而言，唯有多方搜集史料，详加考证日军在滇西细菌战的来龙去脉及其恶果，展示不可辩驳的证据，才有助于滇西人民揭露战时受害状况和日军的细菌战罪行，并支持细菌战诉讼等民间对日索赔。但遗憾的是，由于罪证灭失较多，日军细菌战的研究至今仍有许多资料上的空白，关于日本在滇西地区细菌战史的研究还有很多未知领域需要进一步的探索。

① 山田正行『アイデンティティと戦争——戦中期における中国雲南省滇西地区の心理歴史的研究』、86 頁。

第三节　日本在滇西沦陷区的性暴行

滇西沦陷区是日本侵华的重灾区之一，当地日军性暴行的普遍性和残忍性实属罕见。日军在滇西沦陷区的性暴行既包括广泛实施"慰安妇"制度，亦包括毫无人类羞耻和道德底线，不受任何约束，对滇西沦陷区普通妇女的各种目不忍视、耳不忍闻的性暴行。一方面，日军在滇西沦陷区实施的是一套完备的"慰安妇"制度，"慰安所"遍布滇西沦陷区，其中受害妇女来自朝鲜、东南亚、中国台湾和东北等地，也包括日军从滇西当地掳掠的妇女；另一方面，日军其行为是无组织、随意地奸杀当地妇女的性暴行。滇西地区老百姓的住宅、祠堂、学校、寺庙，甚至街上、路边、野外，都发生了大量日军强奸妇女的事件。

梳理国内外（主要集中于中日两国）滇西沦陷区日军"慰安妇"制度的先行研究，可发现制度性的"慰安妇"个案研究较为深入①，但整体状况尚不清晰；相比之下，关于日军更为普遍、更加灭绝人性的肆意奸淫杀戮妇女暴行的考证，还有许多重要史料处于零散

---

① 代表性研究专著如：西野瑠美子『戦場の"慰安婦"——拉孟全滅戦を生き延びた朴永心の軌跡』、明石書店、2003 年；陈丽菲、苏智良：《追索：朝鲜"慰安妇"朴永心和她的姐妹们》，广州：广东人民出版社 2005 年版；蔡雯、李根志：《记忆的伤痕：日军慰安妇滇西大揭秘》；陈祖樑编著：《血雾迷茫——滇缅抗日及日军罪恶揭秘》；学术论文如浅野豊美「雲南・ビルマ最前線における慰安婦たち——死者は語る」、『「慰安婦」問題調査報告』、1999 年；陈丽菲、苏智良：《关于云南省"慰安妇"制度受害者李连春的口述调查》，《史林》2006 年增刊；陈祖樑：《慰安妇泪洒滇西》，《边疆文学》2002 年第 10 期；陆安：《抗日战争中的滇西慰安妇》，《档案春秋》2012 年第 6 期；华强：《日军"慰安"制度在滇西》，《文史天地》2013 年第 8 期；李金莲：《抗战时期日军对滇西妇女的性暴行初探》，《楚雄师范学院学报》2003 年第 1 期等。

状态，亟待系统考证与梳理。众所周知，为毁灭罪证，日军在战败投降前后销毁了大批历史档案，有关“慰安妇”制度的“劣迹”文献、档案以及军史战史，多被付之一炬。而战后很难对这一问题进行深入研究，主要是因为查阅相关文件受到限制，如日本防卫省防卫研究所图书馆收藏的数千卷军事计划和行动记录以及野战日记、日本警方在亚太战争期间准备的所有文件、内务部和殖民事务部编写的正式记录都没有完全公布或开放。① 日方资料的缺乏，以及滇西当地相关史料和证据因各种原因保护和整理的时断时续，导致对抗战时期滇西沦陷区日军“慰安妇”制度问题的研究只能零散展开，未成系统，甚至一度处于停滞状态。

20 世纪 80 年代以来，滇西各地文史部门经过艰苦的调查和采访，整理形成了一些珍贵的受日军性暴行侵害妇女的口述资料——既包括原日军“慰安妇”幸存者的自述证言，也包括历史亲历者的旁证。战后日本也相继出现了一批曾在滇西作战的日军第 56 师团老兵相关的日记和回忆录，其中不乏“慰安妇”制度在滇西实施细节的描述，这对补证中方资料、还原日军滇西性暴行的历史真相起到至关重要的作用；滇西地区至今仍保存着较为完好且最能证明日军滇西性暴行的“慰安所”及相关遗址遗迹，成为与口述资料来源的人证相呼应的物证存在；中国第二历史档案馆、云南省档案馆以及滇西各地档案馆，陆续发现、整理并公布了一批有价值的反映日军滇西性暴行的历史档案资料；滇西各地的市、区、县志中也都有相关内容的记载；以历史当事人、见证人和知情人“三亲者”回忆材料为主的当地政协文史资料的相继出版更

---

① Yuki Tanaka, *Japan's Comfort Women: Sexual Slavery and Prostitution during World War II and the US Occupation* (New York: Routledge, 2001), pp. 19 - 20.

是起到了“辅史学之证，补档案之缺”的积极作用；《中央日报》《大公报》《新华日报》《扫荡报》等抗战时期极具影响的报纸媒体对日军滇西性暴行的相关报道等，构成了一条反映日军滇西性暴行的“文献证据链”，从而形成了除人证和物证之外的书证要件。

一、滇西沦陷区“慰安所”与“慰安妇”

“慰安妇”制度，确切地应称之为“日本战时军事性奴隶制度”，它特指在第二次世界大战期间，日本军国主义强迫被占领国家妇女充当日军官兵的性奴隶，并有计划地为日军配备性奴隶的制度。在这一制度下，日军把强奸妇女组织化、制度化、合法化。作为“慰安妇”孪生产物的“慰安所”是日本军队为了有效且顺利推行侵略中国及亚太地区的政策而设立的日本官兵轮奸女性的场所，它是日本侵略战争中不可缺少的畸形产物。因此，“慰安所”与“慰安妇”一样是日本军事侵略制度下重要的、不可分割的组成部分，同时也是那些日本法西斯主义驯养的战争机器在占领区犯下的泯灭良知的罪行之一。随着侵华战争的扩大，除日军未占领的西北几省和四川省以外，日军在中国设置的“慰安所”从中俄边境的黑龙江到最南端的海南省，从东北的辽宁到西部云南，包括港台地区，“慰安所”遗址遍布中国 20 多个省(市)。作为向侵华日本官兵提供性服务的机构，“慰安所”的存在历来广为人知，不过大量的“慰安所”遗址遗迹随着时间推移已所存无几。但在日军性暴行重灾区之一的滇西沦陷区，至今保存着许多有据可考的“慰安所”遗址遗迹，它们是揭露日军在滇西性暴行的实物史料。

(一) 日军滇西“慰安所”的设立

日本侵华期间建立的“慰安妇”制度，随着战区蔓延到太平洋和东南亚，该系统的特点随之发生了变化，其中最大的变化是将

“慰安妇”纳入军需品运输。[①] 因此，随着日军侵华战事扩大到缅甸—云南战线，与日军侵华进程相伴始终的日军“慰安所”也出现在滇缅战场。在缅甸仰光、密支那等日军占领地，“慰安所”的规模基本相同，第18师团所属的3个步兵联队（步兵114、55、56联队）及其他附属部队各自配备了1个“慰安所”。1个步兵联队的兵员数大致在3 000人以上，配属1个20—30人的“慰安所”。[②] 与日军在上海、南京市区设置大量固定“慰安所”有所不同，在滇西沦陷区，只要是日军师团部、联队部、大队部驻地均设有“慰安所”，即使中队到某地暂驻也要设临时“慰安所”。[③] 因此，除县城（如龙陵县、腾冲县）里日军设立的“慰安所”相对比较固定外，日军在滇西设置的临时性“慰安所”不断增加，有的就设在日军炮楼里，有的则设在占领的村庄内，有的设在边境要塞中，数量有20多个。譬如，1942年5月，日军入侵龙陵后，为长期控制滇缅公路，将松山作为怒江西岸的前沿阵地苦心经营，并很快出于“从精神和身体上让血气正盛的年轻官兵得到放松和安慰”[④]的考虑，在松山设立了供日军官兵娱乐的军事据点型“慰安所”。[⑤]

---

① Hata Ikuhiko, *Comfort Women and Sex in the Battle Zone* (Maryland: The Rowman & Littlefield Publishing Group, Inc., 2008), p. 85.

② 浅野豊美『北ビルマ・雲南戦線における日本軍の「玉砕」と慰安婦——軍の作戦と民間人保護責任をあぐつて』、馬暁華編『新たな和解の創出：グローバル化時代の歴史教育学への挑戦』、20頁。

③ 周勇：《从怒江峡谷到缅北丛林》，昆明：云南美术出版社2009年版，第127页。

④ 松井秀治『ビルマ従軍波乱回顧』、185頁。

⑤ ［日］吉见义明著，芦鹏译：《日军“慰安妇”制度的由来与“河野谈话”的得失》，《日本侵华史研究》2015年第3期。此文认为日军“慰安所”根据类型可以分为四种，即日军直营型、日军专用型、日军指定民营型、长期关押强暴女性的军事据点型（实际性质的“慰安所”）。

日军第56师团第113联队的联队长松井秀治所撰写的回忆录《波乱回顾》，记载了该联队1942年年底在松山开设“慰安所”的细节。侵滇日军炮兵56联队第1中队观测员太田毅战后对此细节进行了考证：日军在山中的主要战壕纪念碑高地和里山之间建立了2个“慰安所”。由于各部队之间的竞争，“慰安所”成为“拉孟最为豪华的建筑物”。[①] 同为该师团第113联队补充兵品野实的回忆录也对松山日军“慰安所”的开设进行了印证：“在拉孟，除建筑队外，各队还抽出一些力量，利用营门前的纪念碑高地和里山阵地之间的空地，建起两栋房子（即指‘慰安所’）。”[②]第56师团生还士兵早见正则也承认，在美国人拍摄的松山“怀孕的‘慰安妇’”的照片右边，“有一条通向山丘的道路，那里原先是一个盆地的地方就是原来的‘慰安所’”[③]。当地百姓描述则更详细：“位于松山大垭口东边双家洼子地的“慰安所”，房子用铁皮盖，竹片围栏，依山梯次建盖。”[④]由此可见，日军在滇西设置的“慰安所”作为日军组织的一部分，体现出日军战时推行“慰安妇”制度的最高目标正是“调整士兵的精神和身体状态，为战争服务”[⑤]。日军侵占滇西期间，“慰安所”遍布怒江西岸沦陷区。

---

① 太田毅『拉孟——玉砕戦場の証言』、122頁。

② 品野実『異域の鬼——拉孟全滅への道』、194頁。

③ ［韩］金荣著，刘建中译：《慰安妇朴永心》，《华夏人文地理》2003年第2期，第25页。

④ 何正林、杨学才：《慰安所》，中共龙陵县委、龙陵县人民政府编：《松山抗战历史文化资源普查资料汇编》，昆明富新春彩色印务有限公司2010年印，第221页。

⑤ ［日］浅野丰美：《滇缅战场上日军的“玉碎”及“慰安妇”的命运》，杨天石、傅高义主编：《中日战争国际共同研究》第1卷，北京：社会科学文献出版社2015年版，第284页。

表 5.14　侵华日军滇西“慰安所”分布情况

地区	总数	“慰安所”地点	原建筑物用途
龙陵县	8 个	龙山镇董家沟 28 号	民宅
		镇安街“慰安所”	不详
		腊勐大垭口松山“慰安所”	坡地
		白塔村“慰安所”	民宅
		赵氏宗祠“慰安所”	祠堂
		耶稣教堂“慰安所”	教堂
		镇安镇龙山卡“慰安所”	不详
		段氏宗祠“慰安所”	祠堂
腾冲县	8 个	南门街熊龙家“慰安所”	民宅
		黉学街孔子庙后宫“慰安所”	寺庙
		顺城街蔡家“慰安所”	民宅
		南门外陈国珍家“慰安所”	民宅
		明朗乡荷花池村尹家令家“慰安所”	民宅
		飞凤山“慰安所”	不详
		界头乡朱家寨朱诚明家“慰安所”	民宅
		勐连乡“慰安所”	民宅
隆阳区	2 个	潞江乡禾木树“慰安所”	不详
		芒岗“慰安所”	不详
德宏州	7 个	芒市镇三棵树“慰安所”	不详
		(菩提寺)树包塔“慰安所”	佛寺
		盈江新城大路边刀光如家“慰安所”	民宅
		畹町一道桥“慰安所”	不详
		畹町混饭村“慰安所”	战壕
		勐嘎慰安所“慰安所”	不详
		允门村牛圈头“慰安所”	民宅

资料来源：陈祖樑编著：《血雾迷茫——滇缅抗日及日军罪恶揭秘》，第 99、115 页；沙必璐：《日军在滇西实施慰安妇制度的调研报告》，《云南省保山市抗战时期人口伤亡和财产损失》，中共保山市委史志委 2010 年编印，第 119 页；华强：《日军“慰安”制度在滇西》，《文史天地》2013 年第 8 期。

日军在侵华战争中，为其“慰安所”冠以“皇军慰安所”“慰安寓”“娱乐所”“慰安队”“慰安营”“慰安妇团”“慰安团”“芙蓉队”“行乐所”“慰安丽”“行乐宫”“快乐房”“军中乐园”“慰安窑”“爱国食堂”“特别看护室”等掩人耳目的名称。① 但从上表可以看出，日军在滇西的“慰安所”大多建在当地百姓的祖屋、祠堂或寺院、教堂之中。在这些场合发生的日军性暴行，不仅给当地受侵害妇女带来刻骨的身体伤害，更是对礼义廉耻的无端亵渎，给滇西人民带来了永远无法弥补的精神伤害。不仅如此，随战事推进仓促建成的临时性“慰安所”，很多连名称都没有，只能以其所在地的名称冠之。

日军在龙陵所建的“慰安所”中，董家沟“慰安所”是最大且保护最为完好的一座。它位于龙陵老城区中心的董家沟小河边，曾是当地董姓人家的私人住宅。此屋于 1921 年建成，占地 842.1 平方米，其中建筑面积有 367 平方米，大大小小的房间有 23 个。建筑呈现出民国时期的典型风格，采用走马串角楼四合院民居设计，整体布局非常严整。1942 年日军攻占龙陵后，这栋建筑被驻龙陵日军“军政班”本部长田岛寿嗣看中，他下令将此地设为“慰安所”，美其名曰“军人服务社”，同时也作为日军“慰安妇”的“轮训”基地，由日本人管理。1942—1944 年，先后有日本、朝鲜、台湾妇女在这座“慰安所”沦为日军性奴隶。

在 2009 年龙陵董家沟日军“慰安所”遗址修复过程中，出土了更多物证，包括标有“クレオソート”日文的药瓶，用日文写着“御极奖品大满洲帝国军政部制颁”的钱包皮夹，腐烂的日本女式木屐，背面用英文写着“MADE IN JAPAN（日本制造）”的瓷器，印有“军用大阪工业组合 33”的牙刷以及各种日式女性装饰配件等。另

① 苏智良：《慰安妇研究》，上海：上海书店出版社 1999 年版，第 12 页。

外，还发现了若干军队集合使用的口哨、大量的子弹炮弹碎片等物件。① 这些物证使“日军强迫‘慰安妇’着和服拖木屐，学习日本礼仪，讨好、服侍日军”的说法得到印证。此外，还有大量细节进一步揭露了日军的暴行：在滇西的随军“慰安妇”大多是朝鲜人，却被分别取名“音丸”“朱子”“花子”“信子”“松子”“弘子”等②；腾冲的当地百姓陈家增曾被强迫在勐连“慰安所”里做杂务，日军规定他每天必须做出4双木屐③；国民党第2炮兵团第3连连长冯国真回忆在滇西反攻时，当中国军队攻入平戛后，见有的妇女手腕上刺有樱花文身，据了解才知道是日军强行征用的“营妓”④。在此，日式“礼仪”“花名”“木屐”“樱花”这些与日本文化有密切关系的元素和“慰安所”便产生历史关联，其意自明。

滇西沦陷区另一处比较有代表性的日军“慰安所”旧址，被日军设置在龙陵城区西北侧白塔村内。它原来是当地人段春鸿家的私人住宅。这栋房子年代久远，是在明末清初的时候建盖起来的，总共有3幢8间，面积约210平方米。不幸的是，在1942年日军攻陷龙陵后，这些房子就被当作“慰安所”使用，里面关押着陆续从潞西和龙陵各地掳掠而来的妇女，供日军官兵蹂躏践踏，时间长达2年。直到1944年11月龙陵光复后，这座较为隐秘的“慰安所”才被解散，房屋返还旧主。⑤

---

① 戈叔亚：《龙陵董家沟“慰安所”新发现》，《云南政协报》，2010年10月15日，第5版。

② 品野实『異域の鬼——拉孟全滅への道』、349頁。

③ 许秋芳主编：《极边第一城的血色记忆——腾冲抗战见证录》，北京：中国文联出版社2003年版，第292页。

④ 冯国真：《回顾我到滇西抗战的历程》，《临沧文史资料选辑》第2辑，云南省临沧地区政协工作委员会文史资料委员会1995年编印，第32页。

⑤ 陈景东等：《侵华日军遗址考》，马力生、刘志声、张国龙：《见证历史：滇西抗战见闻实录》，第195页。

（二）滇西日军“慰安妇”的来源

正是这些永久性抑或临时性的“慰安所”，成为几百位来自不同地区和滇西本地被掳妇女的噩梦之地。日本学者一般将日军“慰安妇”的来源分为三类：

表 5.15　二战时日军“慰安妇”的来源

日本籍“慰安妇”	从日本进入占领区的人
	不得已无可奈何来的人
	在战场被说服的人
朝鲜籍“慰安妇”	从朝鲜半岛被强制带走的人
	被欺骗来的人
	某种程度同意踌躇而来的人
中国籍“慰安妇”	从中国人的住地被强制带到占地的人
	被欺骗来的人
	某种程度同意踌躇而来的人
	在前线附近、远离城市的农村和山村中被绑架的人

资料来源：山田正行『アイデンティティと戦争——戦中期における中国雲南省滇西地区の心理歴史的研究』、106—107 頁。

侵华日军滇西“慰安妇”的来源为以下两种情况：

第一，用各种手段诱骗、强征日本、朝鲜、东南亚、中国东北、台湾等地女子到滇西做“慰安妇”。虽然关于受害妇女的国籍背景存在争议，但人们一致认为其中未成年女性占多数。① 在滇西，日军的“慰安妇”以朝鲜征来的妇女最多，其次为日本。日军战史中有一则材料这样记载道：攻打腾冲县时，“俘获朝鲜窈窕妓女及东京

① Caroline Norma, *The Japanese Comfort Women and Sexual Slavery during the China and Pacific Wars* (New York: Bloomsbury Academic, 2015), p. 21.

琵琶妓女数人。收拾东城壕敌尸得符号、证件，知为台湾、东三省人征来不少”①。1993 年的“河野谈话”②，特别强调了“被运送到战场的慰安妇中，除日本人外，来自朝鲜半岛的占了很大比重，当时朝鲜半岛处于日本统治下，在慰安妇的征集、运送、管理等方面，采用哄骗、强制等手段，总体上违反了本人的意志”。在滇西反攻战役中，仅被中国远征军解救的朝鲜籍“慰安妇”就有 27 人。③ 在中国、日本、朝鲜籍“慰安妇”制度研究中，对朝鲜籍“慰安妇”的研究曾引起较多关注。在滇西沦陷区，朝鲜籍日军原“慰安妇”朴永心就是其中一个“典型”。

朴永心，生于朝鲜平安南道南浦市。1939 年被日军以招工之名骗至中国南京，在利济巷 2 号日军东云“慰安所”做“慰安妇”，被取“花名”为“歌丸”。④ 被拘禁的朴永心没有任何人身自由，每日迫于淫威，她都被逼“接待”大量的日军官兵，只要表现出一点反抗的态度，就会立遭毒打、禁闭、忍饥、挨冻等种种粗暴虐待。约 3 年后，她随日军部队在中国境内转移多处。到 1942 年春夏之际，朴永心随日军颠簸辗转，出南京后，历经上海、新加坡、缅甸等地，最后竟被千里迢迢地转移到滇西松山新设立的“慰安所”里，名字也被改为“若春”。在这里，朴永心仍旧过着暗无天日的生活，每天都

① 寸守德：《抗日战争时期腾冲的沦陷与光复》，《研究集刊》1985 年第 1 期，第 227 页。

② “河野谈话”是日本政府于 1991 年 12 月开始，专门就第二次世界大战中和日军相关的“慰安妇”问题做了调查之后，于 1993 年 8 月 4 日，由当时担任内阁官房长官的河野洋平出来宣布调查结果时发表的谈话。在确凿证据面前，河野谈话不得不承认日军直接参与在朝鲜半岛、中国等地设置“慰安所”及强征当地妇女充当“慰安妇”的历史事实，并就此进行道歉和反省，史称“河野谈话”。

③《滇西敌俘，韩国妇女廿七人》，重庆《中央日报》，1945 年 4 月 26 日，第 5 版。

④ 段瑞秋：《女殇：寻找侵华日军性暴力受害者》，北京：中国青年出版社 2015 年版，第 11 页。

被日军第56师团的各级官兵疯狂蹂躏。1944年春夏间，日军占领腾冲城内南门街熊家，并将其开辟为“慰安所”。朴永心和其他“慰安妇”在此被日军逼迫拍下裸体照片，这些照片随后被洗印出来，发放给各级日军官兵取乐。[①] 很快到了1944年6月，日军末日来临，中国远征军奉命反攻日军，以收复日军盘踞的怒江以西边的国土。日军负隅顽抗，在腾冲、松山、龙陵、芒市等地据险作困兽之斗。战斗非常激烈，持续了3个多月，在日军败局已定的情况下，丧心病狂的日军指挥官，最后为掩盖罪行竟命令处决所有“慰安妇”为他们陪葬。此时朴永心已怀孕数月，在当地百姓的帮助下，与另外3名朝鲜“慰安妇”在逃出战壕时被中国远征军所解救，这一场景被美国随军记者拍下，留下了著名的二战照片“怀孕的‘慰安妇’”。[②] 1945年9月底，朴永心被遣返回国。

朴永心被迫沦为日军“慰安妇”罪行的事实，从侵滇日军第56师团一些尚有正义感的参战者的回忆和口述史料中也能发现线索。日军第55师团联队第1中队观测员太田毅曾回忆：“朝鲜慰安妇中有一个叫‘若春’的22岁的姑娘，真名叫朴永心，是一个歌唱得好、性格好强的姑娘。”[③]“歌丸”“若春”和“朴永心”，3个迥异的名字指向的是同一位日军“慰安妇”制度的受害者；“朝鲜”“南京”“滇西”，3个相异的地名勾勒出1幅日军“慰安妇”制度的罪行图。

---

① 陈祖樑编著：《血雾迷茫——滇缅抗日及日军罪恶揭秘》，第114页。

② 关于怀孕的“慰安妇”朴永心的照片，原件藏于美国国会图书馆，是“慰安妇”问题最著名的照片之一，拍摄地点是中国云南省龙陵县松山，时间是1944年9月3日。它的创作者是美军的战地摄影记者韦特·兰多尔。作者在照片题头的解释文字是：JAP COMFORT GIRLS，即“日军‘慰安妇’”。参见陈丽菲、苏智良：《追索：朝鲜“慰安妇”朴永心和她的姐妹们》，第2页。

③ 太田毅『拉孟——玉砕戦場の証言』、271頁。

毋庸置疑，朴永心的悲惨人生正是罪恶的日军“慰安妇”制度的铁证，因此，她成为日本唯一不敢否认的“慰安妇”。① 在中日学者的努力下，朴永心的证言得到逐步证实。日本著名“慰安妇”问题研究专家西野瑠美子也曾数次到朝鲜采访朴永心。她的调查无可辩驳地证实了日军“慰安妇”制度在滇西的存在。② 2003 年 11 月，朴永心以年老抱病之身重返中国，再度来到当年受难之地——南京③和松山，完成了她至死也要控诉日军罪行的心愿。

卫生兵岛饲久是一等兵，他会给“慰安妇”们做定期检查，因此有机会接触她们。他说：“‘慰安所’里大致有 2 名主管和 20 名‘慰安妇’。日本人是从熊本的游郭来的，大部分都患病发生了骚乱。朝鲜人是很年轻漂亮的孩子们，其中有 1 人因为生孩子在拉孟死掉了。”④另外 1 名卫生兵吉武伊三郎伍长也提供了关于“慰安妇”的证言：“平时在拉孟跟着高桥实军医中尉和户田寅彦军少尉帮忙检查性病，因为几乎所有的‘慰安妇’都有性病，每天都需要打针。也分发一些性病药和梅毒的特效药。”⑤

第二，依靠伪政权强征滇西当地妇女充作“慰安妇”。在日军“慰安妇”制度施行初期，日本军方为征集“慰安妇”，在日本、朝鲜、台湾和“伪满洲国”的报纸上刊登广告，但未收到满意效果，便开始

① 《访朴永心：日本惟一不敢否认的“慰安妇”》，中华网：http://news.china.com，2005 年 7 月 10 日。

② 蔡雯、李根志：《记忆的伤痕：日军慰安妇滇西大揭秘》，第 141 页。

③ 这里指的是南京利济巷“慰安所”旧址。其位于南京秦淮区五老村街道利济巷 2 号。在日军于 1937 年年底攻陷南京后，利济巷 2 号就被日军更名为“东云慰安所”。在利济巷 2 号楼上第 19 号房间，曾囚禁着原朝鲜籍“慰安妇”朴永心。2003 年 11 月 21 日，朴永心还专门到过这里，对日军罪行进行现场指认。

④ 品野実『異域の鬼——拉孟全滅への道』、314 頁。

⑤ 品野実『異域の鬼——拉孟全滅への道』、319 頁。

向新近占领地的地区征召更多的女性。在这个过程中，日本宪兵队竭尽恫吓、暴力之所能逼良为娼，令不少当地妇女沦为日军性奴隶。①

除了被诱骗的日本、朝鲜等地强征的外籍“慰安妇”，广大的滇西沦陷区妇女都是因日军武力胁迫和诱拘拐骗而来。日军经常在占领一地形势稳定后，依靠汉奸组织协助，挑选妇女充当“慰安妇”。这种做法对于日军而言十分便利，遂在滇西沦陷区出现“派兵、派夫、派款、派粮。敌人加派妓女，地方不得已收买下贱女子充送之务”②的现象，尤以腾冲和龙陵为主。“敌到腾城数日，号召地方头目，组织地方维持委员会，以土豪李子盛为会长，并设军政班，使之协助。初时，敌兵奸淫掳掠，无所不为。”③日军还“勒令各乡保按时缴送粮秣，而兽蹄所至，妇女之遭蹂躏、惨状尤不可言”④，以致“全县妇女莫不人人自危，白天奔避森林，夜晚化装回家”⑤。据战后各区、乡政府统计，日军占据龙陵近 3 年间，被县城日军抓入董家沟、文笔塔等日军淫乐场所，供其长期凌辱的龙陵妇女就有 20 多人。又据黄草坝、腊勐等地的目击群众痛诉，当地日军驻所有妇女被抓去供其长期淫役。这当中，就有一位特殊的人证——李连春，她是中国云南省龙陵县腊勐乡白泥塘人。1942 年 8 月，18 岁的李连春在割、卖马草的途中多次被日军强奸，最后还被侵华日军第 56 师团第 113 联队士兵强行抓入腊勐慰安所，沦为日军“慰

① Mark Felton, *Japan's Gestapo Murder, Mayhem and Torture in Wartime Asia* (Barnsley: Pen & Sword Military, 2009), p. 101.

② 寸守德:《抗日战争时期腾冲的沦陷与光复》,《研究集刊》1985 年第 1 期，第 219 页。

③ 方国瑜:《抗日战争滇西战事篇》，第 6 页。

④《滇西敌暴行》，重庆《中央日报》，1943 年 4 月 8 日，第 2 版。

⑤ 龙陵县委党史地方志工作办公室编:《龙陵县志》，第 577 页。

安妇”。

李连春的特殊之处在于她是战后滇西地区唯一敢于公开身份并指认日军性暴行的妇女。在李连春离世前的1998—2001年，有史志工作者、日本学者及“慰安妇”问题研究专家等前去进行取证调查。[①] 李连春控诉称，在“慰安所”里，“要穿上日本人的和服，每日非打即骂，逼迫她们进行‘实习训练’，所谓‘实习训练’其实就是在光天化日之下，在所有人面前，被日本人公然凌辱”。由于是当地人，对地形较为熟悉，“李连春在‘慰安所’一年半的时间，天天都盘算着逃跑的事，后来总算找了机会，在别人的帮助掩护下，化装逃出了魔窟”[②]。日本学者山田正行的访谈记录更为详细：“她在途中与二十几名女性一起遭日军集体强奸，闻此事后李连春的母亲病情恶化死亡，因傀儡的维持会的命令，她被带到日军‘慰安所’。‘慰安所’位于不让女性进入的神圣的祠堂，是四合院的两层建筑物。同村女孩8人，和其他地方的加起来有20多个女孩。日本领班教给她日式发型、化妆、走法等。她曾目睹反抗最强的女性被虐杀，她自己在一次受日军强暴时因反抗被士兵咬破肩膀，留下了不可磨灭的伤口，逃出魔窟后，在外面过着野人般的生活，大约20年之后才返回原来的村子。”[③]中国“慰安妇”问题研究专家苏智良和

---

① 保山的史志工作者陈祖樑是调查日军在滇西实施细菌战和“慰安妇”制度罪行的先行者，他从1998年2月至2000年1月数次对李连春进行寻访，获得了珍贵的第一手口述材料；日本大阪教育大学教授山田正行在1998年6月3次采访了李连春，并对其进行了心理历史的考察；“慰安妇”问题研究专家陈丽菲、苏智良在2001年8月和11月对李连春进行了深入采访，并以其详细的口述内容撰文《关于云南省“慰安妇”制度受害者李连春的口述调查》，发表于《史林》2006年增刊。

② 陈祖樑：《血雾迷茫——滇缅抗日及日本罪恶揭秘》，第105—106页。

③ 山田正行『アイデンティティと戦争——戦中期における中国雲南省滇西地区の心理歴史的研究』、127—130頁。

陈丽菲所获信息与前面的基本一致，但更详细地描述了她逃出“慰安所”后的艰难生活：“逃出后藏身野外，艰难度日，落下妇科病，结婚时因‘身份问题’被丈夫家族歧视，婚后怀孕导致流产，与亲人分离 20 余年。”[①]在这 3 次具有典型意义的调查中，李连春都表达了“恢复自己的名誉和尊严，让日本人对自己和中国人认罪赔礼、赔偿损失”的夙愿。

（三）滇西日军“慰安妇”制度的实施

日军“慰安妇”制度这一人类历史上空前残暴制度的出笼与实施，是日本军国主义发展的必然结果，是践踏妇女人权、违反国际人道法规、违反战争常规并制度化了的国家犯罪行为，是法西斯对女性的集体奴役，突出体现了日本军国主义的野蛮、残忍和暴虐，也是战争带给人类最惨痛、最刻骨铭心的记忆。

日军对“慰安妇”的性奴役，还分三六九等。因此，无论是像朴永心这样被日军从朝鲜殖民地强征而来的“慰安妇”，或是像李连春那样被日军从占领地强掳而来的，虽不幸遭遇类似，但地域和手段的差异使她们的身份地位也完全不同。大多数情况下，“来自日本本土的身份最高，来自殖民地的次之，来自新占领区的最低”[②]。在滇西沦陷区，“慰安妇”平时除了为日军提供“慰安”，她们“不支薪水，也得不到家信”[③]，还要为日军做护士、厨师、勤杂工以及女招待等。滇西“慰安妇”最悲惨的结局莫过于死于炮火，或被日军出

① 陈丽菲、苏智良：《关于云南省“慰安妇”制度受害者李连春的口述调查》，《史林》2006 年增刊。

② 谢忠厚主编：《日本侵略华北罪行史稿》，北京：社会科学文献出版社 2005 年版，第 381 页。

③《滇西俘获的日本军中女郎：她们道出了被骗经过》，重庆《大战画集》1945 年第 5 期，第 30 页。

于毁灭罪证的目而残忍杀害。① 据保山市史志学者、“慰安妇”问题研究专家陈祖樑研究，日军屠杀“慰安妇”的手段是多种多样的。据战后调查，在陈家大院里有 3 口水井，一部分“慰安妇”被日军活活地丢入水井中淹死；有多名“慰安妇”被日军带至一炸毁的城墙墙缝中用机枪扫射杀死；在另一个大院中，1 名日军士兵用手枪枪杀了数名“慰安妇”；还有一部分“慰安妇”是跟随日军逃窜至城外的稻田中被枪杀掉。在面临前线即将被敌军袭击的情况下，“慰安妇”也不能寻求避难，而是被迫与即将进行“玉碎”的士兵们一起继续待在战斗前线。② 中国军队攻进松山时，“慰安妇”与日军“共尝炮火滋味”，原来 24 个“慰安妇”中有 14 个死于战火。③ 仅在松山黄家水井阵地发现的 106 具日军尸体中，就有 6 具女尸。④ 据日本老兵回忆，在松山战役的最后，“慰安妇”每人得到 1 瓶生汞片，被迫服毒自杀。⑤ 又据原日军第 56 师团第 113 联队指挥部书记白炳煌供述：“日本人见大势已去，给营妓七十多人饱餐后，集体排队仰卧，用手枪逐个打死（营妓多为朝鲜人、台湾人）。”⑥腾冲东北城洞内被焚的累累白骨，皆为被屠杀之“慰安妇”。中国军队在攻克腾冲城时，虽俘获了 18 名营妓⑦，但发现日军对更多的“慰安妇”进行

① 中共保山市委党史地方志工作委员会编著：《滇西抗日战争史》，第 74 页。

② ［日］浅野丰美：《滇缅战场上日军的“玉碎”及“慰安妇”的命运》，杨天石、傅高义主编：《中日战争国际共同研究》第 1 卷，第 284 页。

③ ［美］瓦尔特·乌勒：《被俘的女人》，《美国中缅印综合杂志》第 3 卷，1944 年 11 月 30 日。

④ 黄杰：《滇西作战日记》，台北：“国防部史政编译局”1982 年版，第 307 页。

⑤ 品野実『異域の鬼——拉孟全滅への道』、323 頁。

⑥ 孙剑锋：《我参加过抗日战争滇西反攻胜利战斗》，腾冲县国殇墓园管理所编：《民族光辉：腾冲抗战史料钩沉》，第 274 页。

⑦ 秦孝仪主编：《中华民国重要史料初编——对日抗战时期》第 2 编，“作战经过”（3），台北：“中央文物供应社”1981 年版，第 508 页。

了“证据毁灭”:“一个敌人,用手枪结束了 13 个‘营妓’的生命……攻克了腾冲城几个最后敌人的工事的时候,在一个墙缝之间,发现了十几具女尸,有穿着军服的,有穿着军裤的,有穿着漂亮西服的,她们是被敌人蒙上了眼睛用枪打死堆在一起的。那儿,有已腐烂了的,有刚才打死的,有的手脚还在动弹,惨不忍睹。”①中国远征军老兵许国钧称,1944 年 9 月 14 日早晨攻进腾冲县城时,亲眼看到“日军的‘慰安所’里,有 17 个中国‘慰安妇’和几个婴儿被日军刺死在那里,有一个‘慰安妇’死了还紧紧的抱着一个血肉模糊的婴儿”②。时任第 198 师通讯连连长的张兆楷,在一篇回忆文章中写道:“当全部日军歼灭之后,我军清扫战场,在西门城墙土洞内,搜索到三个女人,年龄二十来岁,姿色可人,披头散发,像是惊弓之鸟,怕遭枪杀。细问她们的籍贯,原来是台湾女同胞,被日军强逼征来做军妓。那军妓远不止三个人,笔者曾去腾冲城内作战后的巡礼,臭气熏人,遍地死尸,在土洞旁边有一大坑,坑内有二十多具女人尸体。脸上尚有脂粉遗痕,口抹口红,酥胸半裸,服饰入时,都是军妓的尸体。不规则地横竖躺在坑内。她们身上没有弹痕,只是头部太阳穴左右各有一枪眼,子弹左进右出,而结束了生命。这是日军战到最后一天,决定突围逃窜,不肯把这些军妓的生命留下,而一个个就地枪杀,胡乱丢人坑内,更来不及掩埋了。这躲在洞内的三个女人,大概是日本兵匆忙中遗漏忘记,因而成为抢回来的生命。她们三人真命大,后被我们送回台湾原籍去安排。无怪

① 潘世征:《腾冲城内一群可怜虫》,《扫荡报》,1944 年 9 月 26 日。

② 沙必璐:《日军在滇西实施慰安妇制度的调研报告》,《云南省保山市抗战时期人口伤亡和财产损失》,中共保山市委史志委 2010 年编印,第 122 页。

乎被我们搜索到时，像惊弓之鸟那样地害怕了。”①

2016年11月9日，日本京乡新闻一则《“日军枪杀30名朝鲜女性”慰安妇虐杀记录的原件被发现》的报道称，发掘和公开屠杀“慰安妇”文件的首尔大学人权中心研究小组，在接受首尔市支援的7—8月，对美国国立文件记录管理厅进行现场调查，共收集“慰安妇”资料113件。按类型来看，包括日本军俘审报告书在内的日本军捕获资料的翻译本、陆海军情报及作战报告书、俘虏收容所名单以及送还船乘船名单资料等。研究小组于11月4日在首尔大学召开了中间报告研讨会，发表了资料发掘的内容和研究成果。以“战俘收容所和日本军慰安妇的归来”为主题发表的李正恩研究员（圣公会大东亚研究所HK研究教授）说：“日本军在战败之后，为了掩盖被带走的慰安妇们的存在而遗弃，其最极端的形态是屠杀。”作为屠杀的依据，日本军屠杀“慰安妇”女性30人。中国云南远征军从同年的6月开始对中国—缅甸边境地的日本军占领地松山和腾冲开始攻击，9月7日和1周之后的14日，松山和腾冲相继被中国远征军收复。日本军队枪杀“慰安妇”是在腾冲被中国军队收复之前的13日晚上，即在逃脱之前被执行的。②

二、对滇西沦陷区妇女的性暴行

日本国家军队作为一个“兽类的集团”，在对中国人民进行极端残酷杀戮的同时，还对中国妇女同胞进行了空前规模的大奸污。无以计数的中国妇女，遭到日军官兵无耻的强奸、轮奸，这是中华

① ［日］荻野昌弘、李永祥主编：《战争灾害与社会变迁：腾冲抗战的社会人类学研究》，昆明：云南美术出版社2012年版，第217页。

② 「日本軍、朝鮮人女性30人銃殺」慰安婦虐殺記録の原本発見（京郷新聞），2016-11-09，http://east-asian-peace.hatenablog.com/entry/2016/11/09/000247。

民族史上最为屈辱的一页。作为日本天皇和日本国家当局对其"忠勇的战士们"的一种肉欲的犒赏，在战争期间，允许、纵容日军官兵肆意强奸受害国的妇女，被日本国家的战争指导者们确立为鼓舞军队士气、提高战斗力的一项基本政策，在日军部队中长时间地、普遍地执行着。日军官兵们，上至师团长下至一般士兵，皆以强奸、杀戮、凌辱中国妇女同胞为乐事。① 1942年5月3日，随着滇缅边境的要地畹町失守，遮放、芒市、龙陵相继陷落。5月10日，日军兵不血刃侵占了腾冲城。到1943年年初，日军势力向北延伸到泸水地区。日军在滇西沦陷区的性暴行，同其屠杀滇西平民的暴行一样，极尽野蛮、疯狂之能事。滇西地区大量妇女或被日军掳掠当作"慰安妇"，沦为日军发泄兽欲的工具；或被日军强奸或轮奸，摧残折磨；或被日军奸污后又遭杀戮，暴尸街头。她们成为日军侵华战争最悲惨的牺牲品。

在德宏沦陷的2年又8个月里，遭到日军兽兵奸污摧残的妇女难以计数。日军在光天化日之下，追逐奸污妇女。有些妇女惨遭日军集体轮奸之后，支撑不住，很快就死亡了；还有些妇女饱经蹂躏后无颜面对父老，愤而自尽。在日本侵略者残暴统治下的年轻妇女们，人人自危，东躲西藏。当日军找不到年轻妇女时，就连年过花甲或身带残疾的老妇都不肯放过。在畹町陷落的第2年，日军10多人曾闯进回龙村赵某家，对其2个儿媳及3个女儿进行轮奸，连正在灶房烧火的10岁小女也未能幸免。② 在芒市沦陷后，日军所到之处，只要发现妇女，就难逃奸淫。有一天，允门寨子来了10多个日本士兵，二话不说分头搜索村民住宅，见到妇女就拖走，

① 卞修跃：《侵华日军反人道罪行研究》，第15页。

② 《畹町市志》，云南省档案馆编：《日军侵华罪行实录云南部分》，第633页。

并将她们集中到一家牛圈楼上，集体轮奸。① 1943 年 3 月 3 日，日军进占盈江新城，驻扎在此的日本兵，公然在赶街的大路旁设立“慰安所”，遇到农村来新城赶街的青年妇女，就强行拉进去奸污。②

仅晚于德宏 1 日，龙陵便沦陷了。日军在惠通桥受阻后，即强征大批民夫，在龙陵松山构筑前沿工事，在县城修筑永久性战防工事，并在县城周围山头布设炮兵阵地。除日军第 56 师师团长松山祐三设司令部于城内外，师团工兵联队驻城郊，第 113 联队分驻于松山、镇安、黄草坝、蚌渺一带，第 146 联队进占平戛、象达，龙陵大部分在日军控制之下。日军占据龙陵县城后，即成立“维持会”。“维持会”在日军指使下，除了搜刮酒肉满足日军口腹之欲，还诱骗或抓捕妇女送给日军，满足他们的兽欲。此外，日军还时不时进行清乡行动，落入其手的公务人员、壮丁或妇女，或被枪杀，或被凌虐，手段极为残酷。日军突袭平戛，“曾轮奸一个吃斋的姑娘，有个六十多岁的老妈妈也被强奸”③。据战后统计，在日军入侵龙陵期间，有案可稽惨遭蹂躏的妇女即达 227 人。④

日军占领腾冲后，疯狂地进行扫荡，“蹂躏奸杀妇女，人民不胜其虐”⑤。城内及附近村庄中之妇女，自 13 岁至 40 岁者，多遭敌人强暴。⑥ 1943 年 2 月，几百名日军扫荡保家乡，“奸污妇女一百二

---

① 周世春记述，李兆华整理：《日军暴行录》，《凤庆文史资料》第 6 集，凤庆县政协文史资料研究委员会 1999 年编印，第 132 页。

②《盈江县志》，云南省档案馆编：《日军侵华罪行实录云南部分》，第 631 页。

③ 野明：《龙陵沦陷见闻散记》，云南省政协文史资料研究委员会编：《云南文史资料选辑》第 27 辑，第 161 页。

④《日军在龙陵的暴行》，保山地区地方志编纂委员会编：《保山地区志》上卷，第 661 页。

⑤《李国清转报古炭河、鲁掌、腾冲等地敌情电》(1944 年 1 月 30 日)，云南省档案局(馆)编：《抗战时期的云南——档案史料汇编》下册，第 500 页。

⑥ 黄杰：《滇西作战日记》，第 205 页。

十八人，更残忍的是奸污后用刺刀捅死二人”[①]。在日军残暴奸淫沦陷区中国妇女的事件中，最为常见的行为即为轮奸：“敌军兽行，使人不能忍者，莫过奸淫。所到之处，遍觅摩登。民间妇女，偶一不慎，为敌瞥见，必惨遭毒手，剥衣扯袴。不论中堂、客座、房内、厨中，父母当前，兄弟、姊妹、丈夫、儿女、亲友在座，当众扑倒，三五轮奸，甚至彼去此来，十七八个。”[②]日军行进到腾冲县明光乡附近时，“大肆奸淫、苛派、强拉人民”[③]，“腾属明光之敌饬当地人民每日呈缴谷米 20 石，以 10 石作价购买，每石给予伪钞 100 元，又牛 1 条、猪 3 支、妇女 10 余名。送去时，姿色差者，即被杀戮，现被逼死与杀毙者约 30 余人”[④]。当日军在屡次犯腾(冲)北遭到远征军打击后，“大部敌军都感觉厌战，敌酋无法可想，只得以强拉民间妇女，供士兵娱乐来提高情绪。在腾城西华街设立俱乐部一所，由汉奸强拉我妇女同胞十四人，凡敌兵入内取乐，每人每时收军票五元，战地负伤者免费。该妇女等不堪蹂躏，多忿而自尽”[⑤]。日军对腾冲妇女施暴更是不分对象，“老幼均未能幸免”[⑥]。腾冲东固街所处的镇上有座尼姑庙，一些妇女以为藏身于此可以躲过一劫，结果被日军轮奸致死。国民党第 2 预备师营长程杰回忆中国军队在收复此地

---

① 董廷森：《日军罪行录》，腾冲县政协文史资料委员会编：《腾冲文史资料选集》第 1 辑，第 224 页。

② 《腾冲敌情报告书》(1944 年 4 月 20 日)，中国第二历史档案馆藏，787/11593。

③ 《云南省第六区行政督察专员公署专员李国清报日军在泸水暴行电》(1944 年 1 月 6 日电)，云南省档案馆藏，11/7/15/41。

④ 《泸水设治局局长鲁正璜报日军暴行致民政厅电》(1943 年 12 月 30 日代电)，云南省档案馆藏，11/7/15/64。

⑤ 《敌寇到处发泄淫虐狂，在金华腾冲强拉我民间妇女行乐》，重庆《新华日报》，1944 年 2 月 3 日，第 2 版。

⑥ 《敌在滇西暴行》，重庆《中央日报》，1942 年 6 月 24 日，第 2 版。

时，见“一个中年尼姑悬挂在寺门前坪一棵桂花树上，几具被奸淫而死的女尸也摆在树下”[①]。

在泸水县上江乡栗柴坝渡口，也上演了类似的惨剧。1942年5月18日，日本侵略军第148联队1个分队70余人，将栗柴坝渡口待渡的难民（其中有中印工程人员及归国华侨等）包围在江岸边。日军首先对其中的妇女进行强奸，致使宁死不愿受辱的妇女纷纷投江自尽，然后用机枪扫射，约40多位难民惨遭杀害。1943年秋，日军为了把从腾冲至片马，接连泸水县城的鲁掌至上江，又从上江的蛮云翻越高黎贡山、北斋公房至腾冲的交通线打通，派出侵略军120余人，沿途抢掠了古炭河和鲁腮河两地。日军随后偷袭了泸水县城，洗劫了奕家2个山寨，见到某太爷的小姐刚18岁，日军当着其父的面将其轮奸。[②] 不仅如此，日军还在该地制造了骇人听闻的“排路坝惨案”：1943年10月，日军在排路坝把从六库抓来的新寨人祝兴贵和在古炭河抓来的民夫11人，全部押到大攀枝花树下集体枪杀。其中有女青年4人，被强奸后，日军用刺刀捅入阴道，挑破肚腹，折磨至死。[③] 同年同月，日军在灰坡山建立据点后，将蛮英半山以上地带变成日军军事禁区，禁区周围的村寨则成了日军抓夫、抢掠、烧杀、奸淫的对象。而遭敌人蹂躏过的村庄，“满目凄凉，被其杀戮之妇孺尸首遍地皆是，惨不忍睹。宣抚队到后，即发动乡民收殓掩埋，免其暴露于地，臭气四扬。据调查统计，上江乡六保于今年正月间被敌掠去者逾20人，青年男子被杀害者

---

① 程杰：《腾冲歼击日军记》，《文史资料选编》第3辑，湖南省人民政府参事室、湖南省文史研究馆1985年编印，第201页。

② 崔向弼：《泸水县抗日军民的战斗事迹之一》，《云南现代史料丛刊》第6辑，云南省社会科学院历史研究所1986年编印，第200页。

③ 泸水县志编纂委员会编：《泸水县志》，第377页。

23人、妇女2人,被奸污者71人”①。同是在泸水县的上江,“此次敌寇入境,先后被奸淫抢掠烧杀损失情形,计已知者,被奸后杀毙老妇1人,少壮被杀毙者共5人,无踪或被掠者不知凡几,正调查中”②。

即便是滇西偏远的山区,当地也有妇女遭遇日军性暴行的毒害。阿佤山区,是以今天临沧专区的沧源为主,包括镇康、耿马、双江、西盟等县部分以佤族为主的少数民族聚居区。1943年2月1日,日军300余人(内有缅境招募雇佣军),分为3个梯队,沿滇缅公路进入阿佤山区的孟定。日军在此地实行野蛮的“三光”政策,放火烧了罕万贤的土司衙门、孟定街以及290间民房,奸淫妇女多人,仅下城一寨就有8个妇女受害③,并打死打伤妇女6人,其中打死怀孕妇女2人。④ 据职属孟定镇长罕万贤报称:“敌自2月敬日强占孟定后,奸淫烧杀,死亡军民廿余人,焚毁房屋30余所,积谷及征实征购米谷完全被焚,财物掳掠一空。”⑤1943年6月27日至7月3日,日军第56搜索联队小野指挥的700多人、伪军1 000多人及挑夫2 000余人,从缅甸户板向沧源蛮鸠进犯,日军所到之处,见人就杀,见房就烧,见物就抢,实行“三光”政策。被日军突然包

---

①《云南省第六区行政督察专员李国清为敌人蹂躏上江情形呈》(1943年4月23日),云南省档案馆藏,11/7/181/51。

②《云南省民政厅为日军蹂躏保山上江情形公函》(1943年6月12日),云南省档案馆藏,44/3/423/187。

③ 耿马傣族佤族自治县志编纂委员会编:《耿马傣族佤族自治县志》,昆明:云南民族出版社1995年版,第15页。

④ 段世琳:《阿佤山区的抗日烽火》,《临沧文史资料选辑》第2辑,云南省临沧地区政协工作委员会文史资料委员会1995年编印,第40页。

⑤《日军在南伞、孟定等地蹂躏情形》(1943年3月11日电),云南省档案馆藏,11/7/7/105。

围来不及逃离的河外乡栗子寨村民，遭受了日军灭绝人性的蹂躏和空前的浩劫，中青年妇女被日军强奸轮奸后，为发泄其兽性，竟惨无人道地用刺刀挑肚皮、割乳房、刺阴道，连孕妇也不放过。无论是在庭院、中堂、厨房，还是在家人面前，日军公然对妇女百般蹂躏，进行强奸。①

广泛分布在怒江西岸的诸多少数民族妇女，如傣族、景颇族、傈僳族、德昂族、阿昌族和彝族等，也深受日军性暴行的荼毒。除腾冲、龙陵汉族居多外，其他泸水、潞西、畹町、瑞丽、陇川、盈江、莲山、梁河等县主要是少数民族。日军在占领区对少数民族妇女的凌辱亦是罄竹难书。日军占领芒市后，在修筑芒市飞机场地下长廊时，强行拉走一些白天在工地上做活的疲惫不堪的傣族姑娘，将她们送到地下长廊日小队长那里供日军玩弄。② 他们还经常到附近的风平、芒波、项允、那目、芒里等寨子里奸淫妇女。有的妇女受辱后或变疯、或自杀。日军在偷袭潞西芒核村后，便抓走了 50 多位傣族青年妇女。③ 他们一见小卜哨（傣族小姑娘），就兽性大发，穷追不舍，致使章凤街妇女被强奸轮奸无数。日军平时龟缩在据点，不定时到山区村寨“扫荡”，由于村庄和家人被刀刃逼着，一些少数民族妇女已经没办法保护自己的身体，为了让村子和家人活下去，她们只能通过牺牲自己来保全族人。几位景颇族老妇回忆日军入侵陇川时道：“由于国耻民弱，日军常到我们村寨烧毁房屋，

---

① 中共临沧市委党史研究室编：《中共临沧地方史》第 1 卷，昆明：云南民族出版社 2009 年版，第 27 页。

② 沙必璐：《日军在滇西实施慰安妇制度的调研报告》，《云南省保山市抗战时期人口伤亡和财产损失》，中共保山市委史志委 2010 年编印，第 121 页。

③ 沙必璐主编：《血肉丰碑——侵华日军滇西暴行与滇西抗日战争纪实》，上海：上海社会科学院出版社 2003 年版，第 125 页。

杀猪宰牛，掠劫财物，杀害无辜群众，景颇族妇女在无奈的情况下，在路边脱下衣服赤身睡在那里让日军奸淫，从而使村寨不被烧、猪牛不被杀、男人不被砍杀。”①

上文所列之侵华日军对滇西沦陷区妇女所采取的无数种极端残忍的手法，包括其对滇西妇女骇人听闻的大奸污，以及其在奸杀之余对滇西妇女所施加的形形色色的侮辱，可谓无所不用其极，且多数出乎常人的想象，同样也远远超出了战争状态下消灭对方军队、剥夺敌人生命、消灭敌国有生之武装抵抗力量的战场目的，甚而不能以战争暴行对其定性，而是恰如兽类的行径。日军对滇西沦陷区妇女的性暴行已经成为战争的一部分，正如滇西抗战时期腾冲县县长张问德对日军侵腾行政班本部长田岛寿嗣的《答田岛书》所言：“尤使余不忍言者，则为妇女遭受污辱之一事。凡此均属腾冲人民之痛苦，均系阁下及其同僚所赐予，均属罪行。”②

三、日本滇西沦陷区性暴行的特征

战场性暴力本身就是一种违犯国际法的行为，是支配者（压迫者）通过性器官和性欲进行的对被支配者（被压迫者）肉体和精神的暴力行为，是对被害人以及被害人所属集团的人格否定和民族、人类尊严的破坏行为，是对被害人及其所属集团的恫吓和消灭行为。③ 总体而言，日军在中国占领区的性暴行往往存在以下

① 《日军在占领区犯下的累累罪恶》，《铁血丰碑：滇缅抗战史料》上册，保山市隆阳区政协委员会 2013 年编印，第 213 页。

② 《张问德严词驳斥田岛信》，腾冲县政协文史资料委员会编：《腾冲文史资料选集》第 1 辑，第 159 页。

③ 苏智良、荣维木、陈丽菲主编：《滔天罪孽：二战时期的日军“慰安妇”制度》，上海：学林出版社 2000 年版，第243 页。

八种情形。

1. 极少使用暴力及直接逼迫，大部分情况是乘她们被兵威所吓而处于不抵抗状态下进行性侵犯。居民对武装士兵感到非常恐怖，而对任何要求也不敢抗拒，对进攻中的士兵尤其服从，有的看见士兵的身姿就积极地表示愿意服从，还有的因为士兵给了少许钱就误解为被免除责任：不少士兵信以为给了对方补偿就不会出问题，在冒犯他人之妻，对未婚女人施加暴行离去时，强迫对方接受小额金钱。

2. 大多是利用检查筹措物资等机会进入民家，还有就是在从事侦察、巡逻、放哨等工作中犯下罪行。要特别注意士兵一人或少数人接触居民时的性侵犯。

3. 数名同行者由于聚众心理，在同一机会对同一妇女或数名妇女性侵犯的事屡有发生，如此明目张胆的公开行为，影响极坏。

4. 也有不少情况是士兵带着醉意闯入民家，或要求慰安妇、暗娼，徘徊中对偶尔遇到的妇女性侵犯。

5. 也有些情况是妇女认出士兵而逃跑或躲藏，士兵即使当时并没有强奸的意思，条件反射追踪搜索时萌生性欲而犯下罪行。

6. 强奸受害者并非都是美女，丑妇、不清洁者、幼女、老婆婆等全被包罗在内。

7. 强奸并非一定多发于驻留期间而很少发生在作战中或进攻中。根据支那的实例，在进攻避难区的过程中发生最多。

8. 不乏在丈夫眼前强奸妻子、同时强奸母亲和女儿、强奸日常生活不自由的人、对尼姑等与宗教有关受居民尊敬者性侵犯等事例,其影响特坏。①

同日军在亚洲各地的性暴力一样,这 8 种情形大部分都存在于日军在滇西沦陷区的性暴力行为中。根据史实分析,可以看出日军在滇西沦陷区的性暴行更为残暴,同时有如下特征。

其一,强制性。强制性是日军性暴力的根本特征。在“慰安妇”制度实施的最初,日本陆军司令部都会选择自己的招募代理人,他们使用欺骗、恐吓、暴力方法,在极端情况下,甚至绑架,以“招募”到合适的女性。② 日军攻占滇西后,除日本籍妇女之外,日本军国主义以欺骗(诱骗)、掳掠、强迫、俘获等手段,为远离本土、数量庞大的日本军队配备了从朝鲜半岛、台湾、东南亚等亚洲各地以及滇西沦陷区强征、掳掠的大量年轻女子充当性奴隶。而从“慰安妇”的来源以及她们沦为“慰安妇”的途径来看,均体现出明显的“强制性”,具体而言指“在‘慰安所’内有违背女性意愿的强制;招募时违背本人意愿的强制;在‘慰安所’强迫、奴役未成年人(国际法规定未满 21 岁为未成年人);招募时违背本人意愿的强制是指用预付金(前借金)约束人身自由、拐骗和强抢等手段实施的广义上的强制征用”③。撰写过侵滇回忆录的日军第 56 师团第 113 联队补充兵品野实在回忆拉孟“慰安所”时提到:“有十个先期到达的朝鲜女孩,日军用‘保卫她们的国家’的名义将她们招来,欺骗他们说是给校官俱乐部服务和以组织敢死队(实际上并不是为了她们

① 山田正行『アイデンティティと戦争——戦中期における中国雲南省滇西地区の心理歴史的研究』、118—119 頁。

② Yuki Tanaka, *Japan's Comfort Women: Sexual Slavery and Prostitution during World War II and the US Occupation*, p. 23.

③ 潘德昌:《日本学术界“慰安妇问题”研究述论》,《社会科学辑刊》2004 年第 4 期,第 114 页。

自己的祖国)。可是当这些女孩一登上运输船,日军就告知她们被强征为供日军蹂躏的军妓。因为毫无逃出的可能,这些十八九岁的女孩,虽然痛苦后悔得流干了眼泪,为了活下来,不得不在逼迫下进行'实习'训练"[1];中国军队在攻克腾冲时,"东门城墙内,发现三女郎。蓬头垢面出,弓鸟胆已丧。惶恐说身世,台湾是家乡。本是良家女,被迫作军娼"[2],强制性特征体现无疑。虽然有日本学者认为日军征募"慰安妇"是否带有强制性值得探讨,但也承认在日军运营"慰安所"的过程中,"慰安妇"没有废业、拒绝和外出的自由这一点已经充分可以证明"慰安妇"的工作具有强迫性。[3] 因此,"慰安妇"原本就是一个充满欺骗性、隐匿了真相的辞藻,淡化了日军"慰安妇"制度的强制性,故其含义与字面意思并不相符。为此,近年来在使用时必须加上引号,以表示其特殊含义。而在国际上,"慰安妇"制度则被统称为"性奴隶"制度。[4]

日军在滇西沦陷区实施的"慰安妇"制度更凸显其强制性。日军在对滇西作战与军政统治过程中,制造了无差别轰炸惨案、"三光"作战、细菌战等暴行无数,而日军推行罪恶的"慰安妇"制度,纵容自己部队对滇西各族妇女实施的强奸、轮奸、先奸后杀等性暴行,其手段之恶劣、行为之残暴更是世界战争史上所罕见的。日军第56师团第113联队军官吉原正俊战后承认"驻守拉孟(松山)后,

---

① 品野実『異域の鬼——拉孟全滅への道』、194頁。

② 陶达纲:《滇西抗战回忆录》,腾冲县国殇墓园管理所编:《民族光辉:腾冲抗战史料钩沉》,第237—238页。

③ 浅野豊美『北ビルマ・雲南戦線における日本軍の「玉砕」と慰安婦——軍の作戦と民間人保護責任をあぐつて』、馬暁華編『新たな和解の創出:グローバル化時代の歴史教育学への挑戦』、17頁。

④ [日]吉见义明著,芦鹏译:《日军"慰安妇"制度的由来与"河野谈话"的得失》,《日本侵华史研究》2015年第3期,第68页。

利用从当地征集来的妇女，初次临时在镇安街开设了一个‘慰安所’，也见到了可怜的场景”①，这里所谓“可怜的场景”不言而喻，也充分体现了“慰安妇”制度是“奴役无辜女性的暴力制度”。②

其二，蔑视性。日本在全面侵华前已形成顽固的“蔑视型”中国观，他们带着“膺惩暴支”的目的发动了全面侵华战争与太平洋战争。日军对滇西妇女的性暴力就是这种“蔑华”心理的重要体现。虽然在战场地带被强奸的女性和“慰安所”里被持续蹂躏的女性，不存在本质的区别，但滇西沦陷区“性暴力受害者”与目前学术界所称的“慰安妇”存在着一定的差别。确切地讲，她们所遭受的是一种带有蔑视性的“战场性暴力”。这种“战场性暴力”给受害妇女留下的心理阴影是异常巨大且无法消弭的。被强抓来沦为日军性奴隶的滇西当地妇女，在被摧残凌辱至腻味之后，被日军故意剃成光头，然后被假装慈悲地放回家。被剃光头的妇女，不得不带着这个“耻辱”的记号返家，生活在无尽的嘲笑当中，并饱受同村人的歧视，这种深深的耻辱感让这些女性终生保持沉默。③

不仅如此，战时日军在日本本土以及朝鲜征集的“随军慰安妇”，她们都在滇西沦陷区相对集中和固定的“慰安所”内为日军提供性服务，一般来说她们的身份相对容易鉴别。可是，那些在日军占领期间，为日本侵略者掳掠而被迫沦为慰安妇的滇西沦陷区妇女，她们的身份认定却并不明晰，其来源也相对比较复杂。她们中的一部分在固定正式的“慰安所”供日军淫虐，而大多数妇女则不同，要么是被掠至日军驻扎地，要么是据点，要么是炮楼内，地点并

---

① 興竜会編集委員会『ああビルマ公路——ビルマ従軍』、231 頁。

② 张丽、李鹏飞：《战争性别与创伤：解析诺拉·凯勒的〈慰安妇〉》，《北京工业大学学报(社会科学版)》2013 年第 2 期，第 65 页。

③ 余戈：《1944：松山战役笔记》，北京：生活·读书·新知三联书店 2009 年版，第 33 页。

不固定。因此在这些地点被凌辱的妇女占的比例更大。[①] 但由于日本和朝鲜“慰安妇”属于“邦人”，受到日军一定程度的关照，中国“慰安妇”为临时抓来，可以任意凌辱。如前所述，在滇西沦陷区的“慰安妇”有“等级”之分，中国籍“慰安妇”被列为最下等。因此战后日军第56师团第113联队幸存人员所组成的“兴龙会”编著的系列回忆录中，对日本和朝鲜籍“慰安妇”都有提及，但对人数最多、地位最低下、遭受最残酷折磨的滇西受害妇女闭口不提。这种“选择性遗忘”本身就是一种对中国人尤其是对中国妇女的蔑视。

正因如此，侵华日军性暴行已经被视作冒犯妇女尊严、蔑视妇女的典型，引起了全世界的人权活动家、男女同权主义者和传媒的普遍关注。在日军对占领区妇女性暴行的问题上，日本的战争责任，也日益被摆在受害者人权问题的位置上。[②] 一言以蔽之，日军的性暴行是对滇西妇女人权，即生命权、生存权、尊严权、发展权，毫无人性地践踏与剥夺。[③] 日军官兵在滇西的土地上犯下超乎人类理性想象的极端残酷的反人道罪行，不仅使滇西沦陷区大量妇女被奸污后致病、致疯、致死，在肌体上留下了创痛至深的伤残，也成为滇西地区发展史上“最耻辱的历史记忆”。[④]

其三，残虐性。关于日军性暴行显示出的残暴性，很多学者从日本军国主义、民族心理等方面进行探究。值得注意的是，日军在

---

① 刘萍：《关于日军强征山西“慰安妇”的调查报告》，《抗日战争研究》1999年第2期，第190页。

② [日]大沼保昭著，宋志勇译：《东京审判·战争责任·战后责任》，北京：社会科学文献出版社2009年版，第114页。

③ 卞修跃：《侵华日军反人道罪行研究》，第2页。

④ 金成镐、金成杰：《日军“慰安所”历史罪责及其现实的研究课题》，《延边大学学报（社会科学版）》2014年第5期，第23页。

滇西沦陷区性暴行的残虐性与滇西战场的特点休戚相关。日军1942年开辟缅甸战场后，由于盟军在缅甸的溃败，他们把缅甸的范围迅速扩大化，随即越过中缅边境侵入中国云南西部地区。因此，滇西战场的初步形成具有明显的仓促性和突然性。① 这使得侵入滇西的日军产生肆无忌惮的扫荡行为，如屠杀民众、使用暴力、抢劫掠夺、肆意放火、强迫劳动和奸淫妇女等。据档案记载，腾冲"东坪镇罗香寨有一女孩，年方十一岁，为敌所获，强迫性奸，以体未成，阴门难开，不得随所欲，兽军竟以小刀破其下部，强行事毕，则以血流床褥，呻吟旋毙矣"②。诸如此类，日军对滇西妇女实施的杀戮、强奸、侮辱等不同形式的残害，手段残忍，行径无耻，无所不用其极。

滇西地区属山水相间的险峻地形，且炎热多雨，雾大潮湿，热带传染病(以疟疾、痢疾最为突出)易于流行。日军第56师团第146联队第2大队士兵协山博雄回忆："关于当时敌我兵力对比，过政信参谋后来在其《十五对一》一书中写得很清楚，但那只是表面的总兵力对比，局部情况绝不止如此。在粮食匮乏和瘴疠之地长期的作战，让我们非常虚弱，而且敌人可以把大量兵力集中在重点方向，还有压倒性的制空权、强大的火力优势以及粮食弹药补给能力，考虑到这些，敌我的战力差距绝非以上数字所表现的那样。在这种令人绝望的情况下，我们长时间克服着疟疾、阿米巴痢疾、营养不良等疾病以及粮食短缺的困难，在这难以想象的环境中坚持

① 胡朝刚：《滇西战场形成演变、地位问题初探》，德宏州政协文史资料委员会编：《德宏州文史资料选辑》第11辑，潞西：德宏民族出版社1999年版，第18页。

②《腾冲敌情报告书》(1944年4月20日)，中国第二历史档案馆藏，787/11593。

着战斗。”[1]在看不到尽头、陷入泥沼一样的战场上，平时被压抑、被虐待的士兵们，唯一能证明他们还活着的，“可能就是在他们心中蠕动的淫乱的情感和这种情感的发泄。因此，他们一旦作为胜利者出现在敌人或居民前面时，被抑郁的感情突然迸发出来，肯定会干出各种残忍行为”[2]。这种残忍行为就包括肆意的、毫无伪装的对滇西妇女的性暴行。日军滇西性暴行的残虐性还体现在前线战场这种可以区分生死极限的场所中。[3] 1944 年 9 月，日军在松山的最终作战中，军方并没有给予“慰安妇”们足够的情报，更有甚者，依据前线指挥官个人的恣意判断，将“慰安妇”们滞留在前线战场。[4] 最终，一部分“慰安妇”被迫和日军“玉碎”于滇西战场，前文已有史实考证，在此不再赘述。

通过人证、物证、书证三重证据的互考，侵华日军在滇西沦陷区的性暴行的两种形态昭然若揭：一种形态是在占领滇西后，经周密策划有目的有计划地将从各处强征而来的妇女变成“慰安妇”，进行有组织的性暴行；另一种形态则是日本侵略者并无特定目标的任意或临时凌辱、强暴或奸杀占领区妇女的非组织性暴行。这两种形态的性暴行皆具有强征性、蔑视性和残虐性等特征。然而，在抗日战争已经结束 70 多年的今天，人们希望和平，反省战争，对

---

① 《侵占滇缅的“急先锋”——日军第 56 师团第 146 联队志》，云南省龙陵县政协委员会、云南省社科院保山分院滇西文化研究基地 2019 年编印，第 300 页。

② ［日］若槻泰雄著，赵自瑞等译：《日本的战争责任》，北京：社会科学文献出版社 1999 年版，第 108 页。

③ 浅野豊美「雲南・ビルマ最前線における慰安婦たち——死者は語る」、『「慰安婦」問題調査報告』、69 頁。

④ 浅野豊美『北ビルマ・雲南戦線における日本軍の「玉砕」と慰安婦——軍の作戦と民間人保護責任をあぐつて』、馬暁華編『新たな和解の創出：グローバル化時代の歴史教育学への挑戦』、37 頁。

战争中的残暴行为反复地进行谴责，但在给中国女性造成严重身心伤害的性暴力问题上，作为施暴者的日本既没有道歉和谢罪，更没有在对受害人进行赔偿等方面拿出任何有诚意的态度与行动。这促使我们既要不断反思如何用无可辩驳的考证来揭露日本曾犯下的为全人类不齿的可怕罪行，还要去发现、考证更多隐没难见的历史真相。

第四节　日本在滇西沦陷区的"三光"暴行

日军占领滇西期间，杀人盈野，屋舍为墟，烧抢掳掠，无所不用其极。在滇西敌占区，日军对游击队或远征军驻扎过的村庄实施惨无人道的"三光"作战。此外，他们还在滇西各地四处砍伐和掠夺林木资源，造成森林及植被等自然资源毁灭性的破坏。所谓"三光"作战，是中国方面对日军在中国实施的军事行动的俗称，即一个人不剩地杀光，一间房不留地烧光，一点东西也不剩地抢光。从狭义上来讲，就是猝然袭击与八路军合作的农村，杀其居民、夺其粮食、烧光其房屋的作战。日军把这种作战叫作讨伐，参加讨伐的部队叫作讨伐队，也称"烬灭作战"。[①] 在滇西敌占区，日军对游击队或远征军驻扎过的村庄都实施了惨无人道的"三光"作战。

一、肆意杀戮

在14年抗战期间，于日军种种罪恶暴行之下牺牲的中国民众，要远远高出战场上中国抗日官兵的战斗伤亡的人数。一般而言，战场上战斗人员的伤亡是有数的、可统计的，但日军对一般平

① 森山康平『証言・南京事件と三光作戦』、河出書房新社、2007年、78頁。

民的滥杀，则因其随时随地发生且无法确切地统计，可以说是无数的。这也恰恰可以证明，侵华日军对中国民众所犯的反人道罪行达到了何种严重的程度。伴随着侵华日军的铁蹄所经、战车所过、炮口所向、飞机所至，日本侵略者在中国一直持续不断地屠杀着中国民众。滇西沦陷期间，日本侵略者采用各种手段抓捕、刑讯、杀戮抗日志士和无辜百姓，制造了大量屠杀惨案。日军在滇西沦陷区的杀戮罪行既包括有预谋的“三光”作战，亦包括对滇西沦陷区百姓随机的、零星的杀戮。

在滇西边远山区虽无日军盘踞，但日军不时派兵扫荡，“如遇有游击队形迹，就对该地区实行‘三光’政策。为状至惨”①。1942年8月21日，日军扫荡腾冲三联乡瓦窑村，在山冈下的松林杀死了农民30余人。后来日军又扫荡了三联乡和保家乡等9处村寨，其中6处以国民党军队驻留过为由，全部房屋被烧光。② 1942年11月13日，30多名日军宪兵在汉奸带领下，以搜捕游击队为借口，对勐冒倒淌水村进行挨家挨户搜查，全村14户民房被烧毁13户，唐绍国等24名村民被杀害，其中刘昌富等2人还被挖心喂犬。1942年9月30日，1队日军开赴瓦甸、界头、瑞滇、明光等地，进击驻腾北开展游击的中国远征军预备2师，途经马站街时，遭到预备2师1个排的伏击，日军随即将附近的大锡基村全部烧光，杀死农民13人。从腾北返回时，日军又将马站附近驻留过远征军的6个自然村全部烧光。③ 1943年3月12日，日军至芒允扫荡，被早有防备的

① 张组成：《龙陵沦陷》，云南省政协文史资料研究委员会编：《云南文史资料选辑》第39辑，第109页。

② 山田正行『アイデンティティと戦争——戦中期における中国雲南省滇西地区の心理歴史的研究』、80—81頁。

③ 保山地区地方志编纂委员会编：《保山地区志》上卷，第662—665页。

芒允抗日武装击溃，死亡数名。日军得到增援后，再次发动攻击。最终芒允街子被日军占领，新老两条街被焚，财物劫掠一空，数名未撤离的民众被杀。①

类似的暴行还有日方资料的佐证："在南眉公的南丙河上游地段②，发生了惨无人道的屠杀事件。主力部队都到第一线去了，极少的步兵奉命守卫在垒固一带，卫生队也参加了反击游击队的战斗。南眉公地区有许多石灰岩洞穴。抗日游击队从山顶用绳索吊下潜入山洞，巧妙地利用地形，用机枪和火箭炮使日军遭到了极大损失。于是，日军马上组成了讨伐队。讨伐队黎明时发现了游击队出入的村庄，马上袭击。这次袭击，杀掉200多名村民，连妇女、小孩都不放过。日军第146联队第2大队长寺前信次在日记中记录：'这段时间，在因莱湖的北面飞机场附近，发生过残杀三十名无法逃跑的村民的事件。'……这次犯罪，据传说后来被英、印军谴责为暴行。可是寺前信次在他的日记中却说这是'九牛一毛'。实际上，这是日军害怕游击队，在各地抢夺军粮中多次发生的事件中的一件罢了。当时日军为了避免留下后患，不管是妇女是孩子，要杀，一个村庄统统杀光，这是当时的政策。"③

龙陵县平安乡的平戛街，是平安乡唯一的集市。平戛坝上的民众世代以种水稻为生，而周围山上的百姓则以种洋芋、苦荞糊口。沦陷后，平戛街被日军在几次扫荡时烧光。

1943年，日军数十人在芒市南20公里处的平河、木城坡一带进行了扫荡。这个地区本来是傈僳族的居住地，有余有福指挥的

① 盈江县志编纂委员会编：《盈江县志》，昆明：云南人民出版社1997年版，第17页。

② 属今云南省普洱市澜沧县。

③ 品野実『異域の鬼——拉孟全滅への道』、196頁。

游击队——傈傈中队。傈傈中队活跃在木城坡一带的高山密林中,使用当地一种自动武器地弩向入侵日军进行反击。日军恼羞成怒,再增兵扫荡,将小平河、木城坡一带村寨全部烧光。

日军对滇西百姓的随意杀害更是罄竹难书。据日军第56师团第113联队补充兵品野实回忆:"在进攻作战中,据说进入腊戍的第56师团先遣队搜索第56联队就接到'见人就杀'的命令。由于敌便衣和当地居民难于分辨,所以上面命令'凡是中国人都杀'……接近国境线后,这种事就更多了,记得有70多名中国俘虏就被拴在木桩上,用指挥刀砍,用刺刀捅。其中有些还是带着孩子的当地居民。"①

在东京审判中,有个证人叫作徐节俊,太平洋战争爆发后,他曾目睹一次日军切断滇缅公路的战斗。令其终生难忘的不是战斗本身,而是日军沿着怒江对手无寸铁的难民进行残酷虐杀的悲惨景象。他在作证时是这样描述的:

> 我33岁,是东洋开发公司的总经理,这个公司的总部以前在云南的昆明……1942年5月,我在滇缅公路旅行的时候,遇到桥梁被炸,交通阻断的事。满载着从缅甸来的中国难民的卡车、汽车约有300辆,不能渡过萨尔温河,进退维谷。后来车队相应分散开来,从各个不同的地点渡河。我加入了约70个人组成的一队,但不幸被日军抓住,每个人都遭到了抢劫。我自己也被抢走了钢笔和20 000卢比。日本军官把我们一队人分成两拨,一拨带到山区,另一拨坐在河边。我们在河边围成圆圈坐下,军官便命令机枪对我们扫射,我尽快伏在地下,一动不动。我两边的男人一个个地倒了下来,尸体一层层

① 品野実『異域の鬼——拉孟全滅への道』、54頁。

地压在我身上，那时正好正午时分，我一动不动地埋在尸体当中，一直到下午 6 点。第二天早上，我看见附近路边横着 1 000 人以上的尸体……第三天我和几个熟悉附近地形的人一起逃了出来。①

在龙陵，1942 年 5 月 4 日，日军前锋黑风部队冲进龙陵县城，不论老弱妇孺，见人即用机枪扫射，并时常以“清乡”为名，在当地农村杀人放火，惨遭杀害的群众难以计数。据 1946 年 5 月龙陵县政府粗略调查统计，在日军占领龙陵期间，全县 8 个乡（镇），被日军杀害的无辜群众达 6 814 人，其中男 4 641 人、女 2 173 人。全县总人口比沦陷前减少 1.57 万余人。据 1946 年腾冲县政府调查统计，在 1942 年 5 月腾冲沦陷至 1944 年 9 月收复的 2 年又 4 个月里，全县被日军杀害的民众达 6 546 人，打伤致残者有 407 人。② 日军杀害百姓的手段异常残酷，主要有以下几种：

（一）刺刀杀戮　民国 31 年（1942）8 月，日军在碗窑乡茶子园用刺刀捅死老弱妇孺 13 人，在红木树园、三元宫用刺刀捅死 34 人，一个送过情报的青年被日军用 4 棵柴担活活敲死。在保家乡，先后被日军用刺刀杀害的群众达 137 人。这种现象，全县各区乡都有。

（二）排枪扫射　民国 31 年 5 月，日军追击护路营至怒江栗柴坝渡口，抓获撤退的海关人员及难民 100 余人，强迫他们跪在江岸上，全部用机枪扫死。7 月 13 日，日军扫荡中和，屠杀群众 39 人，其中在屈家营抓获的 9 人，被强迫在樊家坡前一

① ［日］《朝日新闻》东京审判记者团著，吉佳译：《东京审判》，石家庄：河北人民出版社 1988 年版，第 100—101 页。

② 保山地区地方志编纂委员会编：《保山地区志》上卷，第 659—662 页。

排的站好,用排枪射杀。

(三)吃人心肝　和顺人寸长宝到中和探亲,被日军抓获,先是叫他带路,后来叫他去找葱姜调料,找到后即把他绑在树上,用刺刀破开胸腹,掏出心肝来炒吃,鬼子吃着心肝,寸长宝身上的肉还在跳动,中和人李光华也遭到同样惨死。

(四)活埋　马站街的群众4人,北门田心何家寨的2个青年,被日军抓着,叫他们自己挖坑,互相活埋,最后1个被装进麻袋,用脚踢死。

(五)活剐　中和自卫队长郭汝兴,被日军抓到城上,绑在绷杆上,每天从他身上割下几块肉,一周后被活活折磨而死。

(六)上甩杆　保家乡一群众被日军抓获后,从肛门拉出大肠头,拴在甩杆上,一放甩杆,肠子被一串的拉出来而致死。

(七)灌盐水　滚水远征军情报员王树荣,在县城被日军抓获,先用皮鞭打,逼供未遂,后用盐水、滚水灌死。

(八)油锅炸　上北乡戴广仁、张德纯,71军委任为老山岗电台谍报员,被敌察觉捕获,严刑不招,敌以滚油烹之,2人骂不绝口,壮烈牺牲。

(九)滚水煮　蒲川乡长杨炳云,反攻时,39师师长洪行邀他赴禾木树会晤,归途中被捕,解往龙陵宪兵部,绑于铜锅中,下烧烈火,沸水翻腾。炳云痛斥日军,骨肉分解而死。

(十)锯解　上北乡张启福被敌抓获后,要他带路出小回街,张却引敌走入张家龙井36师的伏击圈。36师枪炮齐发,毙敌31人。敌退至海口三官庙,用锯子锯下张的头颅,悬挂村外。民国33年6月,日军在曲石徐家寨旁俘获远征军6人,绑在树上肢解。有的从头锯至大胯,有的锯到脖根;有的头扎在树上，身子被剁成肉泥。①

在日军的残酷掠夺和野蛮摧残下，滇西沦陷区人民过着极其悲惨的生活。战争的破坏、日军的屠杀、霍乱的肆虐、沉重的赋税、物质生活的凄苦等，导致了战时滇西民众的大量死亡和流亡，人口急剧下降。据统计，滇西战前人口有 1 037 259 人，战后仅为 761 616 人，战前战后相比较，计减人口 26.6%。②

表 5.16　滇西平民被日军屠杀伤亡统计表

单位：人

类别	保山	德宏	怒江	临沧	合计
死亡	16 979	2 195	594	83	19 851
伤	716	262	74	14	1 066
失踪	384	322	55	——	——

资料来源：云南省委党史研究室编：《云南省抗日战争时期人口伤亡和财产损失》，第 42 页。

二、疯狂抢掠

日军每到一地，便将群众财物劫掠一空。滇西各地以腾冲受害最重，所有民间商店、花纱、布匹、珠宝玉器、银钱什物、食品用具，全被劫走。腾冲县政府民政科科长、国民党腾冲县党部书记长李嘉祜，于远征军反攻前 20 天，向保山第六区行政公署呈报了一份《腾冲敌情报告书》，较详细地反映了日军在腾冲的罪行："敌军

① 腾冲县志编纂委员会编：《腾冲县志》，第 740—741 页。

② 行政院善后救济总署滇西办事处：《滇西灾区救济工作报告业务计划》（1946 年），保山地区行政公署史志办公室编：《保山地区史志文辑》第 4 辑，第 394 页。

所到城镇乡村，尚须宿营，不宜焚烧者，必大肆破坏，将屋内一切什物如数捣烂，有柴不烧，以上好光漆桌椅、板架、木器砍斫伐薪，瓷器瓦缸、腌腊罐头，抛碎遍地。釜甑之中，香炉之内，便解大粪。家堂祖位，棉絮被褥，取以铺桥、垫路、置于泥淖之中。木石砖瓦，拆建防空工事，东搬西修，构筑营垒，用者取之，不用者毁之，一无所留而后已。腾南城外市场及城内街道，高楼大厦，炊烟万户，皆栋折榱崩，无一完整者。繁华市镇，草长苔青，蓁莽荒秽，不禁有箕子禾黍之叹矣。"①日军的掠夺，造成"腾冲沦陷以来，四郊荒头，田畸莫耕，而敌军征派无常，抢劫尽尽。腾冲苦寒之农民，涕饥号寒，无以为告。三十二年以来，饥寒驱迫，乃有冒险栽种者，而兽军偶驻之处，竟无天理，纵放骡马，昼夜践踏，以阡陌为牧场，稻苗作草刍。人民服栗，勿敢问闻。又，以民间仓谷泼地饲马，所食不多，抛散遍地，暴殄天物，竟至如此"②。关于日军在滇西掠夺实物的种类、数量等详细情况，参见第三章。

滇西的林业资源也是日本侵略者掠夺的重要物资。日军在滇西各地四处砍伐和掠夺林木资源，将这些木材用作军事设施或兵舍修建材料，实现其"以战养战"的目的。除了掠夺性砍伐，日军的军事行动也对森林及植被等自然资源造成毁灭性破坏。战事所及，森林被毁，绿地化为焦土，滇西自然生态环境遭到巨大的破坏。

日军入侵滇西期间，肆意烧毁和砍伐森林，原有苗圃中珍贵的苗木被毁，因日军建军事设施，森林也遭受严重破坏。南甸因大盈江相隔，公路未通，日军派"维持会"的"刮地兵"(即不分老少之意)

---

①《腾冲敌情报告书》(1944 年 4 月 20 日)，中国第二历史档案馆藏，787/11593。

②《腾冲敌情报告书》(1944 年 4 月 20 日)，中国第二历史档案馆藏，787/11593。

到遮岛后山砍伐树木，日夜不停，运至大盈江边。他们先拆毁民房数间，使之直达江边，然后在沿江两岸建成草窝铺数百棚，以备民夫食宿。① 另外，3 架日机轰炸凤庆县青龙桥，投弹 13 枚，炸倒两岸松树 10 株。②

民国时期，保山芒宽乡境内山清水秀，天然林随处皆是，水土流失不严重，生态基本平衡。日军入侵后，江东大量的林木被砍伐，变成秃山荒岭，森林资源剧减，植被覆盖率急剧下降。③ 此外，在腊勐的林业资源，同样被日本侵略者大量用作工事或其他军事，破坏程度非常严重，加之炮火毁灭，出现大面积荒山秃岭，水土流失尤为严重。④

自古以来，保山地区就是林木茂盛的地方。这一点可在民国时出版的《云南经济》中得到印证："澜沧江与潞江流域，南向保山、腾冲间起，北达康藏交界，天然森林随处皆是，九年前曾发现直行七八日，横行二三日之森林三四处，其森林密度之广，即此可见一斑。最大之树木，有直径四五公尺者，如以年轮计算，至少为千年以上之物，至如直径一二公尺之木材，则尤不可胜数。而长广十余公里之森林，在山谷中更无处不可发现。"另据《腾冲县志稿》记载："较远诸山皆为天然林，几于无山无之……其面积最广，山深林茂为高黎贡山正脉锦画三四百里，其中合抱巨树无量。其种类以松

---

①《梁河抗战文史资料选辑》，德宏州史志办公室编：《德宏历史资料——抗日战争卷》，第 144 页。

② 凤庆县城乡建设环境保护局、凤庆县地方志办公室编：《凤庆县城乡建设环境保护志》，昌宁县印刷厂 1991 年印，第 12 页。

③ 中共芒宽彝族傣族乡委员会、芒宽彝族傣族乡人民政府编：《芒宽彝族傣族乡志》，香港：香港天马图书有限公司 1999 年版，第 235 页。

④《腊勐乡志》，中共腊勐乡委、腊勐乡人民政府 2009 年编印，第 92 页。

为最多，次为桦、栗、樟、楠、栲、红木、香果、罗汉松等，又次为杉、柏、藤、桧等，期间又有占地面积广，丛密深净者为石竹、荆竹、次为藤竹。其次，西南野人山一带，其林木之巨大深广不亚于高黎贡山。茶山、小红源、板厂山一带杉木所占面积三四日程，其杉木之大者数十人方能围抱，每株能剖棺材数十具。”自 1942 年日军入侵，龙陵、腾冲相继沦陷，日本侵略军肆意砍伐和烧毁森林。1944 年国民党远征军云集保山，向日军大反攻期间，仅用于供应军需的木材和毁于战火的森林不计其数，如龙陵的松山、腾冲的来凤山及沿线森林全部毁于战火。据保山县的粗略统计，仅用于支前的木柴有 2 364.8 万千克，棺木有 13 350 具，电杆有 5 494 根，板枋材有 3.8 万多丈。① 2007 年，经采访林业部门和历史亲历者查证，腾冲县森林被毁 3 392 亩。② 龙陵全县森林资源也遭到严重毁坏，县城周围的老东坡、三关坡、广林坡、勐淋坡、矿洞坡、黑山门、文笔坡、西山坡、白露坡、篱笆坡、黄土坡等 4 000 亩森林，树木绝大部分被炸毁；勐糯、平达、象达等乡镇多亩森林，树木也大部分被炸毁。这些都使水土大量流失，生态环境遭到严重破坏，各种自然灾害加剧。

三、纵火焚烧

杀人放火是最无耻的强盗行径。在整个侵华战争期间，日军所制造的焚掠事件，遍布于中国的大江南北、长城内外。日军每一次扫荡、讨伐时，除屠城、屠镇、屠村，还会伴以焚城、焚镇、焚村，继

① 保山地区行政公署林业局编：《保山地区林业志》，昆明：云南教育出版社 1996 年版，第 26—27 页。另，丈为长度单度，10 尺等于 1 丈，10 丈等于 1 引。1 市丈合 $3\frac{1}{3}$ 米。

② 数据来自腾冲县林业局 2007 年 10 月提供的《来凤山林木资产报告》，文本现存于腾冲县史志委。

以疯狂、贪婪的抢劫和掠夺。日军占领滇西期间，除了用空中的飞机和手中的战刀枪炮对滇西民众进行屠戮，对人民赖以生存的生产生活资料进行劫掠，还在滇西大地实施了疯狂的大焚烧。可以说，侵华日军在滇西制造了多少起暴行血案、发生了多少起肆意抢劫和掠夺，就伴随着多少起纵火破坏。龙陵县平戛乡的李家寨、官寨、小寨、荆竹园，勐板乡的大坪子、小平河、街贺，松山的永兴、马鹿塘、三眼井、松山寨子、大垭口、小水沟、梅子树、桤木寨、黄家水井、蚂蟥山、大寨等几十个村庄被烧精光。① 1942 年 11 月 28—30 日，驻黄草坝日军烧毁湾塘、洋烟河、茄子山、新寨、蚌渺、莉金坪房屋 101 户，共 250 多间，使 500 多名村民无家可归，衣食无着。据战后统计，龙陵沦陷期间被日军烧毁的房屋共9 618 间。②

日军盘踞腾冲期间，“于抢劫外，又加以焚烧。被完全烧毁者，有奎甸、马站、丘坡屯、面街、茶子园、海棠沟、坡上村、左所、响水沟、顺江、碗窑、高检槽、小团坡、小河口、固东街、谷家寨、李家寨、神坡头、普楚寨、腊幸街、滇滩、瑞滇乡、营盘街、明龙镇、(营)(盘)(街)③、茶山河、大寨、小辛街、白石崖、桥头街、界头街、凤瑞乡、瓦甸街、宝华乡、曲石乡、常家冲、小回街、三家村、古永乡、小街、南甸赵金台家、橄榄寨、二台坡，约计万数千家。高楼大腐，悉付回禄。赤土千里，瓦砾遍地。人民扶老携幼，暴露山中，大雨淋浇，烈日蒸晒，金风刺骨，寒霜逼面，涕饥号寒，惨不忍睹，破巢毁卵，莫此为甚”④。据战后统计，日军先后放火烧毁腾冲民房、学

---

① 陈祖樑编著:《血雾迷茫——滇缅抗日及日军罪恶揭秘》，第 43 页。

② 保山地区地方志编纂委员会编:《保山地区志》上卷，第 660—661 页。

③ 原文表述如此，疑与前“营盘街”重复。

④《腾冲敌情报告书》(1944 年 4 月 20 日)，中国第二历史档案馆藏，787/11593。

校、公所、寺院 2.4 万余间,毁学校 81 所,毁主要江桥 9 座。[①] 据 1946 年腾冲县政府调查统计,腾冲战时沦陷期间,房屋被烧毁 4 333 幢、11 505 间,其中机关学校 195 幢、491 间,民房、店铺 3 138 幢、11 054 间。[②]

德宏沦陷后,日军横征暴敛,素来大米丰富且有“贡米”之称的遮放坝子的粮食早被掠夺一空。溃败前夕,丧心病狂的日军竟放火烧毁傣族农民的谷堆,使数十万斤粮食化为灰烬。[③] 1932 年畹町建镇初期,除驻有军警、海关外,仅有五六户商行和六七户德昂族居民,房屋多简陋。滇缅公路通车后,人口才逐渐增多,房屋也随之增多,但多为竹木结构的平房。1942 年先后发生 2 次火灾,所建房屋烧毁殆尽,火灾后重建的房屋,又为日本侵略军入侵时所焚。[④] 1943 年 3 月,日军 200 余名士兵纵火焚烧澜沧县南溪板。[⑤] 1942 年 8 月 29 日晚,预备 2 师朱营反攻河东,日军在溃退时烧毁了河东街民房 20 多间。30 日夜,日军由河东窜入囊宋关,烧了村民艾根培、孙大可家的房子。同一时期,日军野口小队进驻遮岛大佛寺,烧了耶稣教堂(今梁河中学处)。[⑥] 当年冬天,1 个日军守备队驻在土司衙门。3 天后,太田、佐藤率一部分日军到九保,纵火烧了抗日游击队队长赵宝贤弟兄的新居,又抢走其骡马 10 多匹,其

① 腾冲县志编纂委员会编:《腾冲县志》,第 741 页。

② 保山地区地方志编纂委员会编:《保山地区志》上卷,第 662 页。

③ 潞西市政协文史资料研究委员会编:《潞西市文史资料》第 3 辑,第 135 页。

④ 云南省地方志编纂委员会、云南省建设厅编:《云南省志》第 31 卷,昆明:云南人民出版社 1996 年版,第 236 页。

⑤《澜沧县长聂晶品报告敌人纵火焚烧南溪板电》(1943 年 3 月 18 日),云南省档案局(馆)编:《抗战时期的云南——档案史料汇编》下册,第 669 页。

⑥ 梁河县志编纂委员会编:《梁河县志》,第 572 页。

中有匹大红骡被西田少佐选为坐骑。后来日军去河西烧尹明德的家，西田骑着这匹大红骡行至来连坡脚，红骡恋家，朝邦读直奔（此骡系赵宝贤向邦读村买的），将西田掀下鞍来，凑巧他的1只脚卡进马镫里，上下不得，不一会就被拖死了。日军出师亡帅，不敢继续前进，抬着西田尸体回腾冲，勐连村因此幸免一难。12月21日，这伙日军派出1个中队直扑大厂设治局，枪杀留守人员3人（一说4人），还把他们吊在大杞木树上，最后焚毁局署，又到中山烧了廖家的房子。①

苏典乡是德宏州的一个傈僳族民族乡，是盈江县出入境的重要通道。1943年3月日军入侵苏典，烧毁勐戛60幢房屋，杀害6名群众，其中2人为傈僳族，4人为汉族。4月8日，日军从芒允和昔马分2路侵入戛独街，当地群众闻讯全部藏身深山老林，没有带走的粮食、猪、鸡被洗劫一空。日军吃饱洗空后，放火焚毁整条街子，百余户民房全部被烧光。② 1943年5—6月，日军在梁河设治局所属地区亦横施暴行，沿途肆行烧杀，将瓦甸街前次烧毁余存民房及永安桥西岸至吴家湾一带村落全数焚毁，共300余家、稻谷数万箩，无辜死难同胞数十人。5月14日，日军进入盈江县关上村，将村民李祖科住宅和20余间民房烧毁。③ 8月11日，我方游击军袭击猛连香柏嘴坡行进间的日军，事后日军迁怒附近香柏嘴坡大石头村村民，将该村全部焚毁，计6家，并将甲长杀死，以泄其愤。④ 据设治局统计填报，仅曩宋、马茂、孙家寨、马仑、九保、赖帕、

① 梁河县志编纂委员会编：《梁河县志》，第573页。

②《龙陵县文史资料选辑》第6辑，云南省龙陵县政协委员会2008年编印，第29页。

③ 盈江县志编纂委员会编：《盈江县志》，第17页。

④《梁河设治局呈报〈敌情报告表〉代电》（1943年8月29日），云南省档案局（馆）编：《抗战时期的云南——档案史料汇编》下册，第671页。

芒东、遮岛、大厂等9个村镇，被烧毁、捣毁房屋就达889间，全境伤亡人数达614人。据不完全统计，损失折价为26 670元（关金券币）。①

1943年2月21日，日军窜到泸水县丙贡北面不远的河边寨作恶。河边寨因临近练地河而得名，全村有10户农民，9户住南岸，1户住北岸。日军于上午10时左右窜犯河边寨，当时村民已经逃出村寨，只有70多岁的老人姜士学母亲不肯离村尚留家里。日军进村后，首先把牲畜、粮食抢光，然后放火烧村。他们将腾冲产的香果油浇在房头上，先烧了北岸彭三老倌的房子，彭三老倌跑进房子救火，不幸被烧塌的屋顶压在身上而活活烧死；河南岸的日军跑到肖海清家掏吃蜂蜜，被蜂子蜇得嗷嗷叫，然后恼羞成怒，1人举1把火，竟把南岸的9家房子一一点着，全部烧光，姜士学的70岁老母也被活活烧死在她的家里。40多年过去了，被日军烧毁的断壁残垣至今犹存。② 1943年5月20日，怒江罕拐渡南岸的罕拐寨出现日军步兵百余人，焚烧该寨房屋。③ 1943年8月，日军大队人马扫荡芒允镇，地方民众自发组织抵抗，击毙日军军官1名。日军攻入芒允后，将居民财物抢劫一空，然后纵火焚烧了170户民房。这个繁华热闹的中缅商品贸易小镇，在熊熊大火中化为一片灰烬。太平街过去也是一个人烟稠密、商贾云集的地方。得知日军将焚烧

① 梁河县志编纂委员会编：《梁河县志》，第573页。

② 李道生、马秉坤：《泸水军民联合抗日战事纪实》，云南省政协文史资料研究委员会编：《云南文史资料选辑》第39辑，第190—191页。

③ 原中国远征军第十一集团军第二军司令部：《中国远征军军事日记》（1943年5月15日—12月12日），德宏州史志编委办公室编：《德宏史志资料》第9集，潞西：德宏州民族出版社1987年版，第188页。

太平街时，正值凌晨五更，乡亲们从梦中惊醒，扶老携幼，呼儿唤女，仓皇逃难。日军来到后，一把火将全街250户民房烧得片瓦不存，整个太平街成为一片废墟。1943年12月14日，在怒江州泸水县，“敌寇200余人突然窜至鲁掌，将设治局、土司署与该地上下村一概用火烧净，百姓烧死数人”①。

1944年11月初，日军在潞西、瑞丽、陇川溃败，沿途以燃烧弹射击公路两侧谷堆，到处火光熊熊，烈焰腾空，遍路焦土。芒市南面拉老、拉印2个傣族村寨的房屋、谷堆也被日军烧光。江东的水岩寨是以汉族居民为主的村子，因抗日游击队曾在该寨开过会，竟被日军连续烧了3次。

表5.17　日军侵略造成滇西民众死亡统计

单位：人

县名	日军惨杀（含轰炸）	鼠疫或饥饿致死	合计
保山（含施甸）	13 854	60 000	73 854
昌宁	——	2 300	——
腾冲（含梁河）	6 400	15 000	21 400
龙陵	6 814	9 054	15 868
潞西、畹町、瑞丽	701	——	——
盈江、陇川	658	6 000	6 658

资料来源：云南省保山地区新闻宣传中心、云南省保山地区博物馆编：《中国远征军滇西大战》，昆明：云南美术出版社1999年版，第165页。

①《泸水设治局局长鲁正璜报日寇暴行致民政厅电》（1943年11月30日—12月30日），云南省档案馆编：《日军侵华罪行实录云南部分》，第444页。

表 5.18 滇西沦陷区人民财产损失统计

地域	房屋	粮食	牛	马	猪	鸡鸭
腾冲	11 564 间	1 144 万千克	11 108 头	10 960 匹	38 090 头	138 462 只
龙陵	9 618 间	214.7 万千克	11 104 头	8 168 匹	30 975 头	192 770 只
潞西	535 间	2 257.5 万千克	255 头	245 匹	171 头	——
盈江	1 098 间	300 万千克	3 275 头	1 815 匹	14 082 头	19 121 只
陇川	1 500 间	——	1 322 头	225 匹	3 000 头	9 500 只
瑞丽	483 间	——	120 头	5 020 匹	6 564 头	——

资料来源：云南省保山地区新闻宣传中心、云南省保山地区博物馆编：《中国远征军滇西大战》，第 166 页。

简单梳理上述内容，可将日军在滇西的犯罪行为总结为十项：① 屠杀、殴打当地居民；② 掠夺物资；③ 性暴力（强奸）；④ 刑讯；⑤ 污损食物；⑥ 毁坏食物；⑦ 人为散布鼠疫；⑧ 放火焚烧粮食；⑨ 强制劳动；⑩ 性侮辱。再加以细分，可将上面这几项分为肉体上的受害——①③④⑦⑨，物质上的受害——②⑤⑥⑧，精神上的受害——⑩。[①] 事实胜于雄辩，日本侵占滇西期间，对滇西人民犯下的罪行可谓罄竹难书。这彻底暴露出近代日本国家对中国人民一贯的杀戮残害策略，以及日本军队嗜杀成性、疯狂暴虐的反人类面目。日本侵略滇西的不义战争及其军队暴行，破坏了滇西地区社会生产力快速发展的有利环境，中断了经济发展的有利契机，打乱了人民安居乐业的安定秩序。

综上所述，侵华战争期间，日本军队在中国所犯下的种种暴行，从其时间持续之长久、范围覆盖之广阔、暴行类型之多样而言，都是人类文明史上最野蛮、最凶残的罪恶，是对人类理性和道义无

① 伊香俊哉『戦争はどう記憶されるのか—日中両国の共鳴と相剋』、84 頁。

所忌惮的践踏。与朝鲜、台湾等殖民地，中国华北、华东等长期占领地相比，滇西属于第三种状态的“火线”地区。占领地的不稳定性、火线的紧张与恶劣的丛林作战环境，导致了日军在滇西沦陷区实行军政统治的同时毫不伪装、毫无保留的罪恶行径。日军在滇西沦陷区实施的不分前线与后方、军队与平民的无差别轰炸，强征“慰安妇”及对滇西占领区妇女的性暴力侵害，细菌战以及“三光”作战等暴行，都达到了登峰造极的地步。

结　语

日本明治维新后国力强盛，好战性和侵略性凸显，遂走上对外扩张的不归之路，且将积贫积弱的中国作为它的主要侵略目标之一。日本为鲸吞中国，称霸东亚，对中国发起了旷日持久的14年战争。日本在武装占领中国大片领土后，把建立法西斯的军事殖民统治视为首要任务，相继建立了形式各异的殖民地，如割占地（台湾、澎湖列岛），租借地（旅顺、大连等），日租界（天津、汉口、杭州等地日租界），沦陷区（东北、华北、华中、滇西）等，以达到永久占领中国的目的。在这些占领区，日本采取的统治手段既有普遍的共性又不失灵活的变通。总的看来，虽然日本统治集团在上述地区施行军事殖民统治的机构、形式和方法有所不同，各具特点，但无论哪种形式，日本侵略者在殖民地都拥有绝对的主宰地位，而中国人则始终处于被统治的屈辱境地。与其他殖民地、占领区或沦陷区相似，日本对滇西沦陷区的统治是凭借武力建立的。因具体历史环境的不同，与中国其他沦陷区相比，日本对滇西沦陷区的统治具有“入侵火速、占领期短、手段残酷”的特质，这使滇西成为日本侵华战争中具有鲜明地域性特征的沦陷区，也是一个值得深度考察的典型区域。

一、日本在滇西沦陷区的统治特征

日本占领滇西期间，根据该地域的社会特点，采取了种种统治手段，即总体上实行军政统治，通过“以华制华”的政治思路就地建立伪政权，并对少数民族采取区别统治。

（一）移植缅甸“军政统治”模式，肆意荼毒滇西沦陷区民众

自日本发动太平洋战争占领东南亚伊始，就迅速建立起由入侵日军操纵各地行政管理的军政政治系统。这种管理由日军司令官掌控一切最高权力，各级行政机构的工作由日军司令部负责监督。日本的军政统治先是在东南亚地区实行，后来也涉及二战时的一个特殊战场——滇缅战场。它由纵贯战场南北的滇缅公路相连接，战火波及中缅两国边境线。从中国角度而言，滇缅战场既是中国抗日战场的外延，也是第二次世界大战太平洋战场的组成部分。而就日本方面来说，在其南方战役的蓝图中，对滇西的作战计划在于切断滇缅公路。从最终结果来看，占领滇西是日本缅甸战役的战果扩大。因此，日本一直将“缅北—滇西”战场视为一个整体应是无疑。与之相呼应，日本在实施军政统治时也将两者一并考虑。日本对缅甸实施的是更直接、更全面的军政统治，占领滇西后，日本遂将其在缅甸的军政统治模式“移植”至滇西，成立了“军政班”这一具有典型军政统治特征的机构，并在滇西实施统治。从始至终，占据滇西的日军第 56 师团指挥官不断发号施令，掌控一切军政大权，其统治方式符合军政统治的类型。

（二）推行“以华制华”，在滇西沦陷区扶植伪政权

侵华战争中，日本在军事、经济侵略的同时，亦强化政治控制。日本帝国主义一直在中国培植亲日力量，为对广大占领区的中国人民实施有效而方便的统治，不遗余力地扶持与操控由中国人组

成的各种伪政权以及各种政治组织，以实施"以华制华"的统治目的。沦陷后的滇西，一部分国民党政府官员弃民而逃；普通民众处于高度恐慌状态，为躲避战乱流离失所；土匪、地痞流氓则浑水摸鱼，大肆抢劫；少数民族地方势力纷纷武装自保。滇西与缅甸有所不同的是，日本在实行军政统治这个大前提下，同时以"以华制华"政治策略为指导，"因地制宜"，通过利诱、威胁、分化、拉拢等各种伎俩，拉拢和勾结滇西各地的一些地方头面人物，在滇西沦陷区炮制了各级伪政权。在滇西主要的沦陷区龙腾一带，日本先后扶植了龙陵县伪政府、腾冲县伪政府以及各级地方伪政权，采用警察镇压、机关管控、欺骗宣传等措施对滇西人民实施政治、经济、文化等全方位的统治。

（三）大打"民族牌"，以"泛泰主义"笼络滇西少数民族势力

日本帝国主义"以华制华"的政治伎俩还有一个体现，就是常常利用中国少数民族众多的特点，极力挑拨中国民族间的内部关系，通过制造分裂来破坏中国各民族的团结。具体途径往往表现为对少数民族实行区别统治，以便各个击破，达到最后灭亡中国的目的。譬如九一八事变后，日本对内蒙古进行武装侵略的同时，极力拉拢蒙古族王公贵族、宗教上层，最终成立了伪蒙疆政府。七七事变后，日本侵略者对西北回族军政要员威胁与利诱兼施，建立伪回回国，而实权操于日本侵略者之手。1942 年日军攻陷缅北、滇西后，鉴于滇西的主要民族傣族与泰国主体民族泰族间的深厚历史渊源，便大力加强对"大东亚共荣"和"泛泰主义"的宣传，试图对以傣族为主体的缅北、滇西地区施加影响。日本利用当地民族众多、关系错综复杂的状况，竭力挑拨民族关系，对少数民族地方土司政权恩威并济，拉拢以土司、山官为代表的滇西各少数民族。同时深入乡、镇、村、寨，派驻"行政班"，以武力为后盾，扶持各地方少数民

族上层人物建立“维持会”,以帮助日军占领和有效控制地方秩序。上述手段的目的是以民族分化的方式,使各民族与中央政权脱离,削弱抗日力量,以便其宰割。身陷囹圄的土司家族中有坚持爱国立场,支援中国军民抗日者;有与日军合作,协助日军建立伪政权者;也有见风使舵,虚与委蛇者。无论怎样,那些选择与日本合作的傣族上层精英,究竟是受“大泰族主义”的感召还是出于现实利益的考量而作出的选择的原因尚需进一步考察,但日本帝国主义“以华制华”的政治伎俩在分化滇西地区少数民族团结方面取得了成效。

二、日本在滇西沦陷区的统治影响

侵略战争是一项投入高昂的冒险活动。入侵者必须承担由此带来的各种成本,如派遣部队的开支,维持军事占领的费用等,而这些开支和费用大多是从占领区掠夺的。相对而言,日本在滇西的占领虽然短暂,但造成了这一时期的滇西地区政治黑暗、经济发展停滞、人民生活困苦、文化发展受阻、生态环境恶化等灾难性后果。虽然日本统治滇西近 3 年,但作为不义之战的发起者,日本军国主义者纵使费尽心机巧妙筹划、挑起事端、突然袭击、扶植傀儡,在中国人民抗日战争的汪洋大海中,终陷于内外交困,彻底垮台。

(一)日本统治对滇西社会的影响

抗战前滇西地区市场经济繁荣,农业生产稳定,滇缅公路畅通,民族团结祥和,丝路文化昌盛,社会秩序安定。日军锋镝所至,屠杀、抢掠、焚烧常是相兼并行。在日本以武力为后盾的殖民统治下,滇西沦陷区人民的基本权利被剥夺殆尽。日本帝国主义的统治和掠夺致使滇西地区财产流失,基础设施被毁,文化教育停滞,生态环境恶化,造成了滇西社会发展的严重衰退,给当地人民带来了巨大的苦难。战争毁坏了滇西许多城乡，破坏了大面积的自然生态和社会生态，也破坏了滇西人民的生存条件，导致大批民众流离失所，被迫走上逃亡之路，形成了非正常的人口流动。日本侵占滇西近3年里，除了给滇西人民的财产造成重大损失，还给民众身心带来巨大创伤。那些因日军暴行身体不全、眼盲耳聋者，终身遭受着痛苦的折磨；那些遭受日军性暴力侵害的妇女，背负着刻骨铭心的屈辱度过余生；那些亲身经历过那场战争的幸存者，始终对惨不忍睹的画面记忆犹新，成为挥之不去的噩梦，萦绕一生。此外，在强制推行毒化精神的奴化教育的同时，日军还推销鸦片，不仅获取重利，更摧残了滇西人民的身体。尤为不幸的是，人们的痛苦并不会因战争结束而消失，这对战后家园的重建及社会经济的发展，带来了严重的影响。一言以蔽之，战前滇西社会发展稳定、路畅人和，战时生灵涂炭、饿殍遍野，战后满目疮痍、一片废墟。日本的侵略、掠夺与统治，不仅对滇西各族人民造成了极为深重的灾难，也引起了该地区社会面貌一系列急遽的变化。滇西社会的发展被外力打断，限于停滞甚至倒退的困境，致使战后较长时期难以恢复元气。

（二）推翻日本统治的滇西抗战成为宝贵的历史遗产

日军入侵滇西，践踏疆土，残害人民。为维护国家和民族的尊严，收复河山，赶走统治者，从日本入侵之日开始，怒江两岸就燃起了抗日武装斗争的熊熊烽火。滇西边疆的汉、白、傈僳、傣、景颇、彝、佤、回等各族人民，爱国的知识分子、国民党官兵、地方政府官员、开明士绅和少数民族上层人士，都积极投入反侵略斗争的洪流中。“滇缅边区自卫军”“龙潞抗日游击队”等抗日组织先后成立，深入开展敌后游击战，英勇打击日本侵略者。当地群众同仇敌忾，毁家纾难，踏上了抗日支前的征途，展现出全民族抗战的坚强意志。他们竭尽全力筹集粮秣物资，保证军需供应；抬担架抢运伤员，夜以继日；修筑工事，风餐露宿。在伟大的滇西抗日战争中，中国远征军、美国盟军、爱国华侨、滇西各族人民万众一心，众志成城，前赴后继，“以一隅而荷天下之重任”，付出了“一寸山河一寸血”的巨大牺牲，取得了滇西抗战的伟大胜利，为后人留下了宝贵的滇西抗战历史文化遗产。

三、对日本统治滇西沦陷区的批判

一个国家的兴衰与成败，取决于它的政府是否能够制定和实施正确的战略和政策。日本所谓建立“大东亚共荣圈”的本质是在政治上实施殖民统治，在经济上实施掠夺和占有，在文化思想上实施奴化，其基本手段则是以对外发动侵略战争为主。日军在中国每占一地，都是出于日本军国主义既定方针的需要，是其有计划、有预谋、精心策划的。1931 年侵占东北后，日本并没有终止侵略行动，而是按其既定的侵华总战略，通过军事进攻、外交阴谋和武装走私等方式，不断在关内进行新的侵略扩张；1937 年卢沟桥事变后，更加肆无忌惮地进攻中国；战略相持阶段，彻底切断国际援华物资运输线上升为日本侵华战略的重点；1941 年起日军武力封锁中国东部沿海及发动占领中国滇西的一系列“断”字号作战。至 1942 年 5 月，日军完全切断了滇缅陆路通道，一度实现其预期作战目标，而中国失去了最重要的国际援华物资通道。日本沿滇缅公路陈兵布阵，在滇西地区建立统治近 3 年，使中国的抗战环境变得更加险峻。

通过中外各类史料的对比查证，侵华战争中日本军队践踏战时国际公法，对滇西人民实施的战略轰炸、细菌作战、屠杀民众、抢劫掠夺、肆意放火、强迫劳动、奸淫妇女等残暴行为是确凿无疑的历史事实。文中引用的大量数据反映出的滇西人员伤亡、财产损失由于战时防疫、统计及善后等机构的不健全，病、亡登记疏漏甚多，而且由于距事件发生 70 年以上，居民变动极大，有大量受害者、遗属及知情者已无法找寻。因此，日军暴行下的滇西实际伤亡人数和财产损失的数字远比现有统计多得多。侵占、殖民、杀人、放火、掠夺、强奸等暴行只是日军在滇西所犯罪行的剪辑与缩影。小到滇西、大至中国，日军罪孽滔滔、恶迹昭昭。日本侵华军人对中国和平居民实施的种类繁多、极其残酷的反人道罪行，在其残忍剥夺中国人民生命权的同时，也无情地践踏着全部的人权与尊严。

事实上，战争的残酷并不只限于无数的被害者和牺牲者，战争的加害者同样无法自免于战争的反噬。日本军国主义者大发魔性，摈弃良知与正义，不顾国力和国情，孤注一掷发动侵华战争，走上了自取灭亡的不归路。日军在滇缅战场上的密支那、松山、腾冲等地全军覆没时的“玉碎”(强制的集体自杀)，是日本帝国主义穷兵黩武并走向末路的先兆。埋葬了数万日军的滇西战场，也成为日军战史上挥之不去的刻骨记忆。没有哪个国家或民族甘愿忍受外来的侵略和压迫，没有哪个国家不因丧失主权而痛心疾首，也没有哪个国家不为捍卫主权和尊严而奋战到底。在中国全民抗战的洪流中，日本在中国战场彻底失败，其在滇西沦陷区建立的各色伪政权和统治机构亦随之灰飞烟灭。

参考文献

一、史料类

（一）中外文原始档案

1. 亚洲史料中心日文档案资料

[1]《雲南省兵要地誌概説》(昭和15年7月20日)

[2]《第56師団戦時旬報・甲》(昭和17年5月21日—昭和17年5月31日)

[3]《第56師団戦時月報・甲》(昭和17年6月1日—昭和17年6月30日)

[4]《滇緬公路関係資料》(昭和16年1月9日)

[5]《高雄航空隊戦斗詳報パクセ、サラヴァン偵察等》(昭和16年2月—昭和16年3月)

[6]《緬甸作戦記録、北緬方面第33軍の作戦》

[7]《緬甸作戦記録第2期(防衛省防衛研究所)》

[8]《第56師団作戦実施の概況》(昭和18年2月上—昭和19年12月中)

[9]《香詔路遮断作戦》(自昭和16年2月3日至昭和16年2月12日)

[10]《雷州方面遮断作戦》(自昭和16年3月3日至昭和16年3月

15日）

[11]《汕尾方面遮断作戦》（自昭和16年3月23日至昭和16年4月10日）

[12]《浙東作戦》（自昭和16年4月16日至昭和16年5月25日）

[13]《支那事変に於ける主要作戦の梗概》（昭和16年）

[14]《帝国国策遂行要領・御前会議議事録》（昭和16年9月6日）

[15]《高空機密第13号の7・滇緬公路偵察戦闘詳報・高雄海軍航空隊》（昭和16年2月7日/2.計画）

[16]《高空機密第13号の3・滇緬公路偵察戦闘詳報・高雄海軍航空隊》（昭和16年2月9日/2.計画）

[17]《高空機密第13号の2・滇緬公路偵察戦闘詳報・高雄海軍航空隊》（昭和16年2月12日/2.計画）

[18]《第3期ラシオ攻略及シパウ附近滇緬公路の遮断・マン作戦経過概要（第56師団）》（昭和3月28日—5月14日）

[19]《軍政指導方策・南方軍作戦関係資料綴》（昭16.11.25—18.2.21）

[20]《戦史資料・飛行第64戦隊・航空作戦記録（第2編後期）緬甸作戦の部》（昭和20.8）

[21]《戦史資料・第5飛行師団・飛行第81戦隊・航空作戦記録（第2編後期）緬甸作戦の部》（昭和20.8）

[22]《高空機密第13号の15・恵通橋攻撃戦闘詳報・高雄海軍航空隊》（昭和16年2月22日/目次）

[23]《56師戦月報甲第8号・第56師団戦時月報甲》（自7月1日至7月31日/目次）

2. 中国第二历史档案馆藏资料

[1]《腾冲敌情报告书》（1944年4月20日）

[2]《全国各地被敌机空袭次数逐月统计表》（1940年1月至10月止）

[3]《腾冲县政府七月中旬敌情旬报表》（1943年7月）

3. 台北“国史馆”馆藏资料

[1]《卫立煌电蒋中正何应钦远征军谍报员侦得敌五六师团主官姓名兵力驻地番号代字及分布情形》(1944/03/03—1944/03/03)

[2]《云南龙陵县府财产损失》(1946/00/00—1946/00/00)

[3]《云南腾冲县各地财产损失》(1947/00/00—1947/00/00)

[4]《云南腾冲县中和乡农会财产损失》(1946/00/00—1946/00/00)

[5]《资源委员会滇缅沿线物资抢运及积存数量与损失等情形》(1942/05/05—1945/11/13)

[6]《云南鼠疫防治委员会及滇西防治鼠疫经费》(1945/03/23—1948/05/26)

4. 云南省档案馆馆藏资料

[1]《人民团体机关私人通用财产直接损失汇报表》(1942 年 5 月 10 日至 1944 年光复时止)

[2]《工业同业工会之会员(公司行号)商会直辖之工业公司行号及工业生产合作社用民营工业财产直接损失汇报表》(1942 年 5 月 10 日)

[3]《商业同业公会之会员(公司行号)商业直辖之商业公司行号及消费合作社用民营商业及交通运输业财产损失汇报表》(1942 年 5 月以后)

[4]《腾冲县抗战时期商业损失调查表》(1948 年 1 月 1 日)

[5]《人民团体公司行号合作社及私人通用财产间接损失汇报表》(1942 年 5 月 10 日—1944 年 6 月 25 日)

[6]《呈报昆明总行及所属保山、潞西、龙陵、畹町等分行抗战损失财产报告表》(富滇银行 1943 年 1 月 1 日)

[7]《呈报昆明总行及所属保山、潞西、龙陵、畹町等分行抗战损失财产报告表》(富滇银行 1943 年 1 月 1 日)

[8]《商业同业公会之会员(公司行号)商业直辖之商业公司行号及消费暨合作社用民营商业及交通运输业财产损失汇报表(服务业)》(1942 年 5 月 10 日以后)

[9]《农会渔会之基层会员及农社生产合作社用民营农业渔业财产直接

损失汇报表》(1942年8月18日—1944年5月)

[10]《腾冲县政府填报抗战期间各级学校及教育机关财产损失调查表呈》(1945年11月27日)

[11]《龙陵县图书损失报告单》(1945年9月20日)

[12]《云南省政府为查核办理龙陵县图书馆损失赔偿事训令》(1945年12月6日)

[13]《洱源县政府为1942年度滇西霍乱被灾情形呈》(1943年1月26日)

[14]《日军在南伞、孟定等地蹂躏情形》(1942年9月16日—1943年3月11日电)

[15]《南峤县政府转报敌人动向及鼓励种植鸦片等代电》(1943年11月24日)

[16]《云南省民政厅为遵令填报敌人在沦陷区施行毒化情形表祈核转呈》(1946年5月16日)

[17]《镇康县政府查报敌机轰炸罪行呈》(1946年4月13日)

[18]《澜沧被炸伤亡损失》(1942年11月26日—1943年7月15日)

[19]《祥云县云南驿机场被炸伤亡损失》(1942年11月3日—1943年5月26日)

[20]《敌机狂炸保山县城伤亡损失》(1941年1月8日—1943年10月4日)

[21]《潞西设治局查报敌机轰炸灾情呈》(1946年8月23日)

[22]《保山县政府为敌机轰炸霍乱流行死亡损失惨重致云南省民政厅呈(节录)》(1946年3月9日)

[23]《昌宁县长曾国才为日军在镇康、龙陵、腾冲等地暴行及派便衣投毒等代电》(1942年6月20日)

[24]《云南省民政厅为腾冲县呈报将受日军细菌化学战灾害并请求医药救济事函》(1944年5月26日)

[25]《云南省第六区行政督察专员公署为龙陵县瘟疫流行及饥馑灾情代

电》(1945 年 6 月 13 日)

[26]《云南省第六区行政督察专员公署专员李国清报日军在泸水暴行电》(1944 年 1 月 6 日电)

[27]《泸水设治局局长鲁正璜报日军暴行致民政厅电》(1943 年 12 月 30 日代电)

[28]《云南省第六区行政督察专员李国清为敌人蹂躏上江情形呈》(1943 年 4 月 23 日)

[29]《云南省民政厅为日军蹂躏保山上江情形公函》(1943 年 6 月 12 日)

[30]《日军在南伞、孟定等地蹂躏情形》(1943 年 3 月 11 日电)

5. 保山市档案馆馆藏资料

[1]《日军攻占腾冲后筹备伪中学的文件》(1944 年 1 月 21 日)

[2]《告董立富勾结日军抢逃难者财物等呈》(不详)

6. 德宏州档案馆馆藏资料

[1]《潞西镇公所办理驮马、食米等日军军需品》(1943 年 8 月 16 日—1944 年正月 19 日)

(二) 史料汇编

[1] 云南省课题组编:《云南省抗战时期人口伤亡和财产损失调研成果选辑》,北京:中共党史出版社 2010 年版。

[2]《云南省保山市抗战时期人口伤亡和财产损失》,中共保山市委史志委 2010 编印。

[3] 大理市"抗损"课题组编:《大理州抗战时期人口伤亡和财产损失调研报告》,2005—2008 年。

[4] 德宏州"抗损"课题组编:《德宏州抗战时期人口伤亡和财产损失调研报告》,2005—2008 年。

[5] 怒江州"抗损"课题组编:《怒江州抗战时期人口伤亡和财产损失调研报告》,2005—2009 年。

[6] 临沧市"抗损"课题组:《临沧市抗战时期人口伤亡和财产损失调研报告》,2006—2007 年。

［7］保山市“抗损”课题组编:《保山市抗战时期人口伤亡和财产损失调研报告》,2005—2008 年。

［8］中共隆阳区委史志委编:《抗日战争时期云南省隆阳区人口伤亡和财产损失调研报告》,2005—2009 年。

［9］中共腾冲县委史志委编:《抗日战争时期云南省腾冲县人口伤亡和财产损失调研报告》,2005—2008 年。

［10］中共龙陵县委史志委编:《抗日战争时期云南省龙陵县人口伤亡和财产损失调研报告》,2005—2007 年。

［11］中共昌宁县委史志委编:《抗日战争时期云南省昌宁县人口伤亡和财产损失调研报告》,2005—2007 年。

［12］中共施甸县委史志委编:《抗日战争时期云南省施甸县人口伤亡和财产损失调研报告》,2005—2007 年。

［13］陈祖樑:《侵华日军细菌战所致云南人民受害与死亡情况调研报告》,《保山学院学报》2010 年第 4 期。

［14］中共保山市委史志委编:《抗日战争时期保山“五四、五五”被炸研究报告》,2005 年。

［15］中共龙陵县委、龙陵县人民政府编:《松山抗战历史文化资源普查资料汇编》,昆明富新春彩色印务有限公司 2010 年印。

［16］云南省委党史研究室编:《云南省抗日战争时期人口伤亡和财产损失》,北京:中共党史出版社 2016 年版。

［17］李枝彩:《腾冲来凤山抗战遗址调查清理报告》,2014—2015 年。

［18］谢忠厚编著:《日本侵华细菌战研究报告》,北京:中共党史出版社 2016 年版。

［19］云南省政协文史资料研究委员会编:《云南文史资料选辑》第 39 辑,昆明:云南人民出版社 1990 年版。

［20］《云南现代史料丛刊》第 6 辑,云南省社会科学院历史研究所 1986 年编印。

［21］政协保山市隆阳区委员会编:《天地正气、血肉丰碑:保山隆阳区抗

战历史文选》,潞西:德宏民族出版社 2011 年版。

[22] 保山市政协教科文卫体委员会编:《保山市文史资料之滇西抗战专辑:溅血岁月》,昆明:云南民族出版社 2004 年版。

[23]《侵占滇缅的“急先锋”——日军第 56 师团第 146 联队志》,云南省龙陵县政协委员会、云南省社科院保山分院滇西抗战文化研究基地 2019 年编印。

[24]《铁血丰碑:滇缅抗战史料》上册,保山市隆阳区政协委员会 2013 年编印。

[25] 中国人民政治协商会议云南省龙陵县委员会编:《抗战纪事》,昆明:云南美术出版社 2005 年版。

[26] 中国人民政治协商会议云南省龙陵县委员会编:《龙陵烽烟》,昆明:云南美术出版社 2005 年版。

[27] 中国人民政治协商会议云南省龙陵县委员会编:《松山作证》,昆明:云南美术出版社 2005 年版。

[28] 陇川县政协文史委编:《陇川县文史资料》第 3 辑,潞西:德宏民族出版社 1992 年版。

[29] 陇川县政协文史委编:《陇川县文史资料》第 2 辑,潞西:德宏民族出版社 1991 年版。

[30]《梁河县文史资料选》第 1 辑,云南省梁河县政协文史资料研究委员会 1988 编印。

[31] 云南省畹町市政协文史资料研究委员会编:《畹町文史资料选辑》第 1 辑,潞西:德宏民族出版社 1998 年版。

[32]《临沧文史资料选辑》第 2 辑,云南省临沧地区政协工作委员会文史资料委员会 1995 年编印。

[33]《凤庆文史资料》第 6 集,凤庆县政协文史资料研究委员会 1999 年编印。

[34]《怒江文史资料选辑》第 7 辑,怒江傈僳族自治州政协文史资料研究委员会 1987 编印。

[35]《文史资料选编》第3辑，湖南省人民政府参事室、湖南省文史研究馆1985年编印。

[36] 潞西市政协文史资料研究委员会编:《潞西市文史资料》第3辑，德宏民族出版社印刷厂2001年印。

[37]《龙陵县文史资料选辑》第1辑，云南省龙陵县政协委员会1999年编印。

[38]《龙陵县文史资料选辑》第4辑，云南省龙陵县政协委员会2004年编印。

[39]《龙陵县文史资料选辑》第6辑，云南省龙陵县政协委员会2008年编印。

[40] 腾冲县政协文史资料委员会编:《腾冲文史资料选集》第1辑，昆明:云南人民出版社1988年版。

[41] 腾冲县政协文史资料委员会编:《腾冲文史资料选辑》第2辑，昆明:云南人民出版社1990年版。

[42] 腾冲县政协文史资料委员会编:《腾冲文史资料选辑》第3辑，昆明:云南人民出版社1991年版。

[43]《大理文史资料》第5辑，云南省大理市政协文史资料研究委员会1994年编印。

[44] 政协大理白族自治州委员会文史和学习委员会编:《大理文史资料选编》第2辑，昆明:云南民族出版社2009年版。

[45]《祥云文史资料》第1辑，祥云县政协文史资料研究委员会1991年编印。

[46] 德宏州政协编:《德宏州文史资料选辑》第8辑，潞西:德宏民族出版社1991年版。

[47] 德宏州政协文史资料委员会编:《德宏州文史资料选辑》第11辑，潞西:德宏民族出版社1999年版。

[48] 德宏州史志编委办公室编:《德宏史志资料》第8集，潞西:德宏州民族出版社1986年版。

[49] 德宏州史志编委办公室编:《德宏史志资料》第 14 集,潞西:德宏民族出版社 1991 年版。

[50] 德宏州史志编委办公室编:《德宏史志资料》第 2 集,潞西:德宏州民族出版社 1985 年版。

[51] 德宏州史志编委办公室编:《德宏史志资料》第 5 集,潞西:德宏州民族出版社 1985 年版。

[52] 德宏州史志编委办公室编:《德宏史志资料》第 11 集,潞西:德宏民族出版社 1988 年版。

[53] 德宏州史志办公室编:《德宏历史资料——土司 · 山官卷》,潞西:德宏民族出版社 2012 年版。

[54] 德宏州史志办公室编:《德宏历史资料——抗日战争卷》,潞西:德宏民族出版社 2012 年版。

[55] 瑞丽市政协文史资料研究委员会编:《瑞丽市文史资料选辑》第 1 辑,潞西:德宏民族出版社 1994 年版。

[56] 德宏州政协文史委编:《德宏州文史资料选辑》第 9 辑,潞西:德宏民族出版社 1994 年版。

[57] 保山地区行政公署史志办公室编:《保山地区史志文辑》第 4 辑,保山报社印刷厂 1991 年印。

[58] 云南省政协文史资料研究委员会编:《云南文史资料选辑》第 25 辑,昆明:云南人民出版社 1985 年版。

[59]《龙陵会战》,云南省龙陵县政协委员会、云南省社科院保山分院滇西抗战文化研究基地 2016 编印。

[60] 中共保山市隆阳区委党史地方志工作委员会编:《隆阳抗战史文集》,昆明:云南民族出版社 2013 年版。

[61]《滇西抗日战争简况》,中国人民政治协商会议保山市委员会、滇西抗日战争遗留问题研究室 2002 年编印。

[62]《罪恶与灾难——侵华日军在保山地区的罪行与保山人民蒙受的损失和牺牲》,中日战争遗留问题民间研究会筹备组 1996 年编印。

［63］云南省政协文史资料研究委员会编:《云南文史资料选辑》第 27 辑,昆明:云南人民出版社 1986 年版。

［64］《龙陵县文史资料选辑》第 2 辑,云南省龙陵县政协委员会 2002 年编印。

［65］潞西县政协文史资料研究委员会编:《潞西县文史资料》第 2 辑,潞西:德宏民族出版社 1991 年版。

［66］云南省政协文史资料研究委员会编:《云南文史资料选辑》第 50 辑,昆明:云南人民出版社 1997 年版。

［67］云南省昆明市政协文史资料研究委员会编:《昆明文史资料集萃》第 5 卷,昆明:云南科技出版社 2009 年版。

［68］保山地区行政公署史志办公室编:《保山地区史志文辑》第 3 辑,保山报社印刷厂 1990 年印。

［69］中共临沧市委党史研究室编:《中共临沧地方史》第 1 卷,昆明:云南民族出版社 2009 年版。

（三）方志

［1］云南省地方志编纂委员会编:《云南省志》第 49 卷,昆明:云南人民出版社 1997 年版。

［2］《续云南通志长编》中册,云南省志编纂委员会 1986 年编印。

［3］保山地区地方志编纂委员会编:《保山地区志》上卷,北京:中华书局 1999 年版。

［4］云南省保山市志编纂委员会编:《保山市志》,昆明:云南民族出版社 1993 年版。

［5］大理市史志编纂委员会编:《大理市志》,北京:中华书局 1998 年版。

［6］大理白族自治州地方志编纂委员会编:《大理白族自治州志》第 3 卷,昆明:云南人民出版社 1999 年版。

［7］云南省畹町市志编纂委员会编:《畹町市志》,昆明:云南民族出版社 1995 年版。

［8］瑞丽市志编纂委员会编:《瑞丽市志》,成都:四川辞书出版社 1996

年版。

[9] 腾冲县志编纂委员会编:《腾冲县志》,北京:中华书局 1995 年版。

[10] 龙陵县委党史地方志办公室编:《龙陵县志》,北京:中华书局 2000 年版。

[11] 云南省施甸县县志编纂委员会编:《施甸县志》,北京:新华出版社 1997 年版。

[12] 云南省云龙县志编纂委员会编:《云龙县志》,北京:农业出版社 1992 年版。

[13] 云南省永平县志编纂委员会编:《永平县志》,昆明:云南人民出版社 1994 年版。

[14] 洱源县志编纂委员会编:《洱源县志》,昆明:云南人民出版社 1996 年版。

[15] 漾濞彝族自治县地方志编纂委员会编:《漾濞彝族自治县志》,昆明:云南人民出版社 2000 年版。

[16] 云南省宾川县志编纂委员会编:《宾川县志》,昆明:云南人民出版社 1997 年版。

[17] 梁河县志编纂委员会编:《梁河县志》,昆明:云南人民出版社 1993 年版。

[18] 云南省潞西县志编纂委员会编:《潞西县志》,昆明:云南教育出版社 1993 年版。

[19] 云南省陇川县志编纂委员会编:《陇川县志》,昆明:云南民族出版社 2005 年版。

[20] 盈江县志编纂委员会编:《盈江县志》,昆明:云南民族出版社 1997 年版。

[21] 泸水县志编纂委员会编:《泸水县志》,昆明:云南人民出版社 1995 年版。

[22] 福贡县地方志编纂委员会编:《福贡县志》,昆明:云南民族出版社 1999 年版。

[23] 云南省临沧县地方志编纂委员会编:《临沧县志》,昆明:云南人民出版社 1993 年版。

[24] 耿马佤族傣族自治县地方志编纂委员会编:《耿马佤族傣族自治县志》,昆明:云南民族出版社 1995 年版。

[25] 云南省凤庆县人民政府、凤庆县地方志办公室编:《顺宁府(县)志五部》,香港:天马图书有限公司 2001 年版。

[26] 云南省凤庆县志编纂委员会编:《凤庆县志》,昆明:云南人民出版社 1993 年版。

[27] 云南省镇康县志编纂委员会编:《镇康县志》,成都:四川民族出版社 1992 年版。

[28] 方国瑜著,保山市隆阳区史志委点校:《保山县志稿》,昆明:云南民族出版社 2003 年版。

[29] 军令部第一厅第三处编:《滇西兵要地志》第 2 集,1943 年。

[30] 龙陵县交通局编:《龙陵县交通志》,昆明:云南民族出版社 2001 年版。

[31] 德宏州金融志编纂组编:《德宏州金融志》,潞西:德宏民族出版社 1995 年版。

[32] 中共永昌镇委员会、永昌镇人民政府编:《永昌镇志》,香港:香港天马图书有限公司 2001 年版。

[33] 芒市公路管理总段编:《德宏傣族景颇族自治州公路管理志》,昆明:云南民族出版社 2000 年版。

[34] 漾濞彝族自治县地方志编纂委员会编:《漾濞彝族自治县志》,昆明:云南人民出版社 2000 年版。

[35]《德宏州卫生志》,《德宏州卫生志》编纂委员会 2008 年编印。

[36] 云南省地方志编纂委员会、云南省建设厅编:《云南省志》第 31 卷,昆明:云南人民出版社 1996 年版。

[37] 凤庆县城乡建设环境保护局、凤庆县地方志办公室编:《凤庆县城乡建设环境保护志》,昌宁县印刷厂 1991 年印。

[38] 中共芒宽彝族傣族乡委员会、芒宽彝族傣族乡人民政府编:《芒宽彝族傣族乡志》,香港:香港天马图书有限公司 1999 年版。

[39]《腊勐乡志》,中共腊勐乡委、腊勐乡人民政府 2009 年编印。

[40] 腾冲县轻工业局编:《腾冲县轻手工业志》,腾冲县印刷厂 1985 年印。

[41] 中共板桥镇委员会、板桥镇人民政府编:《板桥镇志》,香港:香港天马图书有限公司 2001 年版。

(四) 报刊(含民国报刊与现代报刊)

[1]《日机袭滇缅路,昆明亦遭狂炸》,《申报》,1940 年 10 月 20 日,第 3 版。

[2]《日机再度袭滇缅路》,《申报》,1940 年 10 月 22 日,第 3 版。

[3]《滇缅路桥梁被炸》,《申报》,1940 年 10 月 23 日,第 3 版。

[4]《日机轰炸滇缅公路》,《申报》,1940 年 11 月 15 日,第 4 版。

[5]《日机轰炸滇缅路,湄公桥并未受损毁,梁山开远亦遭空袭》,《申报》,1940 年 12 月 14 日,第 4 版。

[6]《滇缅路又遭空袭》,《申报》,1940 年 12 月 17 日,第 4 版。

[7]《日机多架,分批轰炸滇缅路,昆明东郊亦被投弹》,《申报》,1941 年 1 月 5 日,第 3 版。

[8]《日机二十六架轰炸滇缅公路,个旧锡矿亦被袭击》,《申报》,1941 年 2 月 24 日,第 4 版。

[9]《日在越南建飞机场,以便轰炸滇缅路》,《申报》,1941 年 10 月 28 日,第 3 版。

[10]《美空军人员决保护滇缅路,日荷分侵滇或肆轰炸,即将架机实行护路》,《申报》,1941 年 12 月 3 日,第 3 版。

[11]《日机空袭保山蒙自》,《申报》,1942 年 10 月 29 日,第 2 版。

[12]《日机急袭保山机场》,《申报》,1944 年 9 月 12 日,第 1 版。

[13]《敌企图切断滇缅路,英军不惜牺牲坚守仰光星洲竟日炮战猛烈》,《新华日报》,1942 年 2 月 7 日,第 2 版。

[14]《敌机袭滇边雷允，被我击落十架，二架受伤》，《新华日报》，1942 年 4 月 10 日，第 2 版。

[15]《腊戍敌续北窜，盟军沿江逐渐后撤，敌机自缅窜袭保山》，《新华日报》，1942 年 5 月 5 日，第 2 版。

[16]《英机袭缅敌据点，南掸部之敌稍有进展寇机袭滇西保山被炸》，《新华日报》，1942 年 5 月 25 日，第 2 版。

[17]《寇机八十架分批侵扰滇边》，《新华日报》，1942 年 12 月 27 日，第 2 版。

[18]《敌机三十八架袭滇西，被毁伤二十多架》，《新华日报》，1943 年 12 月 21 日，第 2 版。

[19]《敌机炸保山，被我飞虎击落一架，浙赣湘昨亦有突袭》，《中央日报》，1942 年 5 月 5 日，第 2 版。

[20]《保山侨中被炸》，《中央日报》，1942 年 5 月 14 日，第 2 版。

[21]《英机续创缅敌，保山城区亦被敌投弹》，《中央日报》，1942 年 5 月 25 日，第 2 版。

[22]《我对滇缅路，作有效保卫》，香港《大公报》，1940 年 10 月 18 日，第 3 版。

[23]《腊戍首批货车昨全部抵昆明，日机滥炸我有备无患》，香港《大公报》，1940 年 10 月 23 日，第 3 版。

[24]《愈炸愈畅通》，香港《大公报》，1940 年 12 月 16 日，第 3 版。

[25]《传泰两机场，供日人利用》，香港《大公报》，1941 年 2 月 5 日，第 3 版。

[26]《日机分批袭怒江铁桥，昆明亦有警报》，香港《大公报》，1941 年 3 月 1 日，第 3 版。

[27]《日拟用越机场轰炸滇缅路，法日谈判东京仍进行》，香港《大公报》，1941 年 3 月 26 日，第 3 版。

[28]《传日机集泰北，图轰炸滇缅路》，香港《大公报》，1941 年 4 月 4 日，第 3 版。

[29]《川滇警报,敌机袭滇缅路下关》,香港《大公报》,1941 年 8 月 17 日,第 4 版。

[30]《滇西敌暴行》,重庆《中央日报》,1943 年 4 月 8 日,第 2 版。

[31]《滇西俘获的日本军中女郎:她们道出了被骗经过》,重庆《大战画集》1945 年第 5 期。

[32]《缅敌进犯畹町,我军正奋战阻截中,英军沿江且战且退》,《新华日报》,1942 年 5 月 7 日,第 2 版。

[33]《滇边敌窜扰龙陵,我军奋勇迎击敌大部受歼,渡萨江之敌遭我飞虎痛创》,《新华日报》,1942 年 5 月 11 日,第 2 版。

[34]《滇境敌图绕渡怒江,北犯腾冲激战中,缅甸英军已向印镜撤退》,《新华日报》,1942 年 5 月 15 日,第 2 版。

[35]《滇边寇窜入腾冲,我军仍在城郊喋血作战,英空军袭缅镜敌运输轮》,《新华日报》,1942 年 5 月 16 日,第 2 版。

[36]《滇边敌侵陷片马》,《新华日报》,1943 年 10 月 16 日,第 2 版。

[37]《滇边战事没有缓和敌分两路进犯泸水》,《新华日报》,1943 年 10 月 21 日,第 2 版。

[38]《敌寇加强防务,进行建筑三条公路,腾冲城郊构筑工事》,《新华日报》,1944 年 2 月 11 日,第 2 版。

[39]《滇西腾冲敌大肆屠杀》,《新华日报》,1942 年 6 月 24 日,第 2 版。

[40]《滇敌后人民武装保乡,腾冲一带展开游击战,敌残杀怒江西岸我难民》,《新华日报》,1942 年 7 月 22 日,第 2 版。

[41]《敌在京沪线及滇西强拉我壮丁》,《新华日报》,1942 年 12 月 31 日,第 2 版。

[42]《滇缅边境激战敌在滇西大肆焚杀》,《新华日报》,1943 年 1 月 28 日,第 2 版。

[43]《滇西敌寇暴行,蹂躏妇女勒索牲畜粮秣》,《新华日报》,1943 年 4 月 8 日,第 2 版。

[44]《敌寇到处发泄淫虐狂,在金华腾冲强拉我民间妇女行乐》,重庆《新

华日报》,1944 年 2 月 3 日,第 2 版。

[45] 潘世征:《腾冲城内一群可怜虫》,《扫荡报》,1944 年 9 月 26 日。

[46]《滇西敌俘,韩国妇女廿七人》,重庆《中央日报》,1945 年 4 月 26 日,第 5 版。

[47]《滇西物资由仰光转运》,重庆《征信新闻》,1946 年。

[48] 戈叔亚:《龙陵董家沟"慰安所"新发现》,《云南政协报》,2010 年 10 月 15 日,第 5 版。

[49] 朱世明:《抗议英国违法封锁滇缅路》,《时事月报》第 23 卷第 2 期,1940 年 8 月。

[50]《收复区腾冲、龙陵保甲户口统计数》,《云南民政月刊》第 1 卷第 2 期,1946 年。

[51] 郑千:《李根源诗稿〈凤里杂咏〉》,《云南日报》,2015 年 5 月 10 日,第 1 版。

(五) 口述史料与回忆录

[1] 興竜会編集委員会『ああ滇緬公路——ビルマ従軍』、興竜会、1983 年。

[2] "私たちの戦記"編集委员会『私たちのビルマ戦記:"安"步兵第一二八連隊回想録』、一二八ビルマ会、1980 年。

[3] 龍六七四四会部隊史編集委員会『雲南の山ビルマの河:龍兵団衛生隊戦記』、竜六七四四会部隊史編集委員会、1987 年。

[4] 龍野砲兵第五十六連隊史編集委員会『砲煙:龍野砲兵第五十六連隊戦記』、龍野砲兵第五十六連隊史編集委員会、1983 年。

[5] 松井秀治『ビルマ従軍波乱回顧』、興竜会本部、1957 年。

[6] 吉野孝公『騰越玉砕記』、1979 年。

[7] 品野実『異域の鬼——拉孟全滅への道』、谷沢書房、1981 年。

[8] 太田毅『拉孟——玉砕戦場の証言』、昭和出版、1984 年。

[9] 石井皎『拉孟騰越:玉砕の実相』、雲竜会、1954 年。

[10] 森本谢『玉砕あぁ拉孟守備隊』、青柳工業株式会社、1981 年。

［11］步一四六戦友会聯隊誌編集委員会『想い出』、步一四六戦友会、1989 年。

［12］小田敦巳『ビルマ最前線——白骨街道生死の境』、光人社、2010 年。

［13］吉田悟『ビルマ戦補充兵』、光人社、2007 年。

［14］黒岩正幸『インパール兵隊戦記——歩けない兵は死すべし』、光人社、2004 年。

［15］平久保正男『真実のインパール——印度ビルマ作戦従軍記』、光人社、2006 年。

［16］前田正雄『菊兵団ビルマ死闘記——栄光のマレー戦から地獄の戦場へ』、光人社、2007 年。

［17］马力生、刘志声、张国龙:《见证历史:滇西抗战见闻实录》,潞西:德宏民族出版社 2004 年版。

［18］许秋芳主编:《极边第一城的血色记忆——腾冲抗战见证录》,北京:中国文联出版社 2003 年版。

［19］蔡雯、李根志编著:《记忆的伤痕:日军慰安妇滇西大揭秘》,昆明:晨光出版社 2006 年版。

［20］《回望硝烟:滇西抗战施甸参战军民访谈录》,云南省施甸县政协文史资料研究委员会 2011 编印。

［21］《横戈怒江——滇西抗战施甸江防纪实》,施甸县文化产业发展领导小组 2015 年编印。

［22］腾冲县国殇墓园管理所编:《民族光辉:腾冲抗战史料钩沉》,昆明:云南人民出版社 2011 年版。

［23］李立:《中国远征军:滇印缅参战将士口述全纪录》,北京:中国大百科全书出版社 2016 年版。

［24］苏泽锦:《龙潞抗日游击队》,昆明:云南民族出版社 2008 年版。

［25］杜聿明等著,王子言编:《古来征战几人回:亲历滇缅抗战》,北京:团结出版社 2010 年版。

［26］杜聿明、宋希濂等:《远征印缅抗战》,北京:中国文史出版社 2013

年版。

[27] 罗达仁:《亲历中印缅抗日战场》,北京:中国文联出版社 2005 年版。

[28] 尤广才编:《血鉴:一个远征军抗战老兵的回忆录》,北京:团结出版社 2011 年版。

[29] 孙克刚:《中国远征军缅甸荡寇志》,沈阳:辽宁教育出版社 2005 年版。

[30] 邓贤主编:《在同一面战旗下——中国二战老兵回忆录》,北京:五洲传播出版社 2005 年版。

[31] 李幺傻:《老兵口述抗战系列 3:远征缅甸》,北京:华文出版社 2015 年版。

[32]《飞虎新传:中美混合团口述历史》,"国防部"史政编译室 2009 年编印。

[33] 袁梅芳、吕牧昀:《中国远征军——滇缅战争拼图与老战士口述历史》,香港:香港红出版社 2015 年版。

二、学术成果类

(一) 中文论著(含译著)

[1] 方国瑜:《抗日战争滇西战事篇》,昆明:云南大学出版社 1994 年版。

[2] 孙代兴、吴宝璋编:《云南抗日战争史》,昆明:云南大学出版社 2015 年版。

[3] 中共保山市委党史地方志工作委员会编著:《滇西抗日战争史》,昆明:云南民族出版社 2005 年版。

[4] 徐康明:《中缅印战场抗日战争史》,北京:解放军出版社 2007 年版。

[5] 陈祖樑编著:《血雾迷茫——滇缅抗日及日军罪恶揭秘》,昆明:云南美术出版社 2004 年版。

[6] 黄杰:《滇西作战日记》,台北:"国防部史政编译局"1982 年版。

[7] 杨晓林:《永垂青史的滇西抗战》,昆明:云南教育出版社 2012 年版。

[8] 周勇:《从怒江峡谷到缅北丛林》,昆明:云南美术出版社 2009 年版。

［9］秦孝仪主编:《中华民国重要史料初编——对日抗战时期》第 2 编,“作战经过”(3),台北:“中央文物供应社”1981 年版。

［10］云南省档案馆编:《日军侵华罪行实录(云南部分)》,昆明:云南人民出版社 2005 年版。

［11］云南省档案局(馆)编:《抗战时期的云南——档案史料汇编》,重庆:重庆出版社 2015 年版。

［12］耿德铭:《滇西抗战史证》,昆明:云南人民出版社 2006 年版。

［13］何光文:《滇西抗战史论》,昆明:云南大学出版社 2007 年版。

［14］李枝彩:《实证滇西抗战》,昆明:云南大学出版社 2016 年版。

［15］杨栋梁等:《近代以来日本对华认识及其行动选择研究》,北京:经济科学出版社 2015 年版。

［16］蔺斯鹰主编:《保山历史文化辞典》,昆明:云南人民出版社 2009 年版。

［17］沙必璐主编:《血肉丰碑——侵华日军滇西暴行与滇西抗日战争纪实》,上海:上海社会科学院出版社 2003 年版。

［18］中共保山市委党史地方志工作委员会编著:《保山掌故》,昆明:云南民族出版社 2007 年版。

［19］龙陵县文体局编:《松山战役影像志》,昆明:云南美术出版社 2011 年版。

［20］陈重光编著:《龙陵会战影像志》,昆明:云南美术出版社 2015 年版。

［21］余戈:《1944:松山战役笔记》,北京:生活·读书·新知三联书店 2009 年版。

［22］余戈:《1944:腾冲之围》,北京:生活·读书·新知三联书店 2014 年版。

［23］云南省保山地区新闻宣传中心、云南省保山地区博物馆编:《中国远征军滇西大战》,昆明:云南美术出版社 1999 年版。

［24］张家德:《中国抗日远征史》第 1 卷,昆明:云南人民出版社 1994 年版。

[25] 中共腾冲县委宣传部、腾越文化研究会:《东方诺曼底之战——滇西缅北战役》,北京:北京燕山出版社 2005 年版。

[26] 陈祖樑主编:《浴血怒江》,昆明:云南人民出版社 2005 年版。

[27] 卞修跃:《侵华日军反人道罪行研究》,北京:团结出版社 2015 年版。

[28] 日本防卫厅研修所战史室编,天津市政协编译委员会译:《〈大本营陆军部〉摘译》,《日本军国主义侵华资料长编》上册,成都:四川人民出版社 1987 年版。

[29] 日本防卫厅防卫研究所战史室著,天津市政协编译委员会译:《中华民国史资料丛稿 译稿 缅甸作战》上册,北京:中华书局 1987 年版。

[30] 晏伟权、晏欢:《魂断佛国——日军缅甸战败的回忆(1944—1945)》,上海:上海书店出版社 2015 年版。

[31] 李秉新、徐俊元、石玉新主编:《侵华日军暴行总录》,石家庄:河北人民出版社 1995 年版。

[32] 苏智良:《慰安妇研究》,上海:上海书店出版社 1999 年版。

[33] 狄超白主编:《中国经济年鉴:1947》,香港:太平洋经济研究社 1947 年版。

[34] 杨天石、傅高义主编:《中日战争国际共同研究》第 1 卷,北京:社会科学文献出版社 2015 年版。

[35] 田苏苏主编:《日军镜头中的侵华战争:日军、随军记者未公开影像资料集》,石家庄:河北美术出版社 2015 年版。

[36] 林超民主编:《西南古籍研究》,昆明:云南大学出版社 2015 年版。

[37] 潘兴明:《东南亚战场》,北京:华夏出版社 2015 年版。

[38]《第二次世界大战中缅战场学术讨论会论文提要》,中国国民党革命委员会云南省委员会 1995 年编印。

[39] 陈丽菲、苏智良:《追索:朝鲜"慰安妇"朴永心和她的姐妹们》,广州:广东人民出版社 2005 年版。

[40] 中共施甸县委宣传部编:《滇西抗战第一枪——纪念滇西抗战胜利 60 周年文史集》,昆明:云南民族出版社 2005 年版。

［41］彭明生:《倭戮略:侵华日军制造的大屠杀事件罪行辑录》,广州:中山大学出版社 2015 年版。

［42］张家德:《中国抗日远征史》第 1 卷,昆明:云南人民出版社 1994 年版。

［43］黄恒蛟主编:《云南公路运输史》第 1 册,北京:人民交通出版社 1995 年版。

［44］《云南近代史》编写组编:《云南近代史》,昆明:云南人民出版社 1993 年版。

［45］《滇军抗战密电集》,云南省档案馆 1995 年编印。

［46］［英］弗兰克·麦克林恩著,章启骅译:《缅甸战役——从灾难走向胜利(1942—1945)》,上海:上海三联书店 2013 年版。

［47］［英］阿诺德·托因比、［英］维罗尼卡·M. 托因比编,许步曾等译:《国际事务概览(1939—1946 年)——轴心国的初期胜利》下册,上海:上海译文出版社 1983 年版。

［48］复旦大学历史系中国近代史教研组编:《中国近代对外关系史资料选辑(1840—1949)》下卷·第二分册,上海:上海人民出版社 1977 年版。

［49］徐蓝:《行走在历史中:徐蓝自选集》,北京:首都师范大学出版社 2015 年版。

［50］《日军东南亚战史》,昆明军区司令部二部 1980 年编印,第 139 页。

［51］《抗日战史:缅北及滇西之作战》,"国防部史政编译局"1981 年编印。

［52］王辅:《日军侵华战争(1931—1945)》,沈阳:辽宁人民出版社 1990 年版。

［53］武菁编著:《日本侵华图志》第 24 卷,济南:山东画报出版社 2015 年版。

［54］张瑾、唐润明、邓平编著:《日本侵华图志》第 14 卷,济南:山东画报出版社 2015 年版。

［55］王向远:《日本对中国的文化侵略:学者文化人的侵华战争》,北京:昆仑出版社 2015 年版。

[56] 刘景山主编:《侵华日军大屠杀暴行》,北京:人民日报出版社 2005 年版。

[57] 吕芳上:《中国抗日战争史新编 3——全民抗战》,台北:"国史馆" 2015 年版。

[58] 马向东:《德宏民族文化艺术论》,潞西:德宏民族出版社 2006 年版。

[59] 朱冬生编著:《论日本军国主义的侵略战争》,北京:解放军出版社 2008 年版。

[60] 陈艳云:《日本"南进"东南亚与台湾总督府关系研究(1895—1945)》,北京:中国言实出版社 2007 年版。

[61] 李光信主编:《腾越文化研究》,昆明:云南教育出版社 2001 年版。

[62] 林文勋主编:《民国时期云南边疆开发方案汇编》,昆明:云南人民出版社 2013 年版。

[63] 徐进:《暴力的限度:战争法的国际政治分析》,北京:中国社会科学出版社 2012 年版。

[64] 王群生主编:《中日学者"重庆大轰炸"论文集》,北京:中国三峡出版社 2004 年版。

[65] 何一民主编:《抗战时期西南大后方城市发展变迁研究》,重庆:重庆出版社 2015 年版。

[66] 池振南、林伟雄编著:《铁证:透过货币看日本侵华罪行》,广州:暨南大学出版社 2015 年版。

[67] 冯楠主编:《抗战时期西南的教育事业》,贵州黔欣印刷厂 1994 年印。

[68] 曲义伟:《中国禁史》(第 13—24 册),长春:时代文艺出版社 2002 年版。

[69] [日]获野昌弘、李永祥主编:《战争灾害与社会变迁:腾冲抗战的社会人类学研究》,昆明:云南美术出版社 2012 年版。

[70] 中国社会科学院近代史研究所近代史资料编译室主编,王希亮、周丽艳编译:《侵华日军 731 部队细菌战资料选编》,北京:社会科学文献出版社

2015 年版。

［71］郭成周、廖应昌编著:《侵华日军细菌战纪实——历史上被隐瞒的篇章》,北京:北京燕山出版社 1997 年版。

［72］陈致远:《日本侵华细菌战》,北京:中国社会科学出版社 2014 年版。

［73］宋希濂:《鹰犬将军——宋希濂自述》,北京:中国文史出版社 1986 年版。

［74］段瑞秋:《女殇:寻找侵华日军性暴力受害者》,北京:中国青年出版社 2015 年版。

［75］中共中央党史研究室科研管理部编:《纪念中国人民抗日战争暨世界反法西斯战争胜利 60 周年学术研讨会论文集》下册,北京:中共党史出版社 2006 年版。

［76］谢忠厚主编:《日本侵略华北罪行史稿》,北京:社会科学文献出版社 2005 年版。

［77］［日］大沼保昭著,宋志勇译:《东京审判·战争责任·战后责任》,北京:社会科学文献出版社 2009 年版。

［78］［日］若槻泰雄著,赵自瑞等译:《日本的战争责任》,北京:社会科学文献出版社 1999 年版。

［79］德宏州卫生局编:《德宏地方病论文集:鼠疫专辑》,潞西:德宏民族出版社 1990 年版。

［80］张志芳主编:《李根源〈曲石诗录〉选集》,昆明:云南人民出版社 2010 年版。

［81］王宏斌:《鸦片:日本侵华毒品政策五十年》,石家庄:河北人民出版社 2005 版。

［82］［日］江口圭一著,杨栋梁译:《日本十五年侵略战争史(1931—1945)》,南京:江苏人民出版社 2016 年版。

［83］米庆余:《近代日本的东亚战略和政策》,北京:人民出版社 2007 年版。

［84］《敌伪纪要·第四十五号(1942 年 11 月 30 日)》,“外交部亚东司”

1942年编印。

[85] [日]江口圭一著，宋志勇译：《日中鸦片战争》，天津：天津人民出版社1995年版。

[86] [日]堀场一雄著，王培岚等译：《日本对华战争指导史》，北京：世界知识出版社2017年版。

[87] 宋志勇、周志国：《战后审理》，北京：社会科学文献出版社2017年版。

[88] 余先予：《国际法律大辞典》，长沙：湖南出版社1995年版。

[89] 潘洵等：《抗日战争时期重庆大轰炸研究》，北京：商务印书馆2013年版。

[90] 蔡寿福主编：《云南教育史》，昆明：云南教育出版社2001年版。

（二）外文论著与史料集

1. 日文类

[1] 外務省『日本外交年表並主要文書（1840—1945）』下巻、原書房、1969年。

[2] 防衛庁防衛研修所戦史室『インパール作戦：ビルマの防衛』、朝雲新聞社、1968年。

[3] 防衛庁防衛研修所戦史室『イラワジ会戦：ビルマ防衛の破綻』、朝雲新聞社、1969年。

[4] 防衛庁防衛研修所戦史『ビルマ攻略作戦』、朝雲新聞社、1967年。

[5] 防衛庁防衛研修所戦史室『大本營陸軍部〈2〉昭和十六年十二月まで』、朝雲新聞社、1968年。

[6] 服部卓四郎『大東亜戦争全史』、原書房、1965年。

[7] 防衛庁防衛研修所戦史室『支那事変陸軍作戦3：昭和16年12月まで』、朝雲新聞社、1975年。

[8] 臼井勝美、稲田正夫『現代史資料（9）日中戦争（二）』、みすず書房、1964年。

[9] 陸戦史研究普及会『雲南正面の作戦・ビルマ北東部の血戦』、原書

房、1970 年。

［10］北部九州郷土部隊史料保存会『兵旅の賦：北部九州郷土部隊 70 年の足跡・第 2 巻』、北部九州郷土部隊史料保存会、1978 年。

［11］龍兵団編集委員会『龍兵団』、風土舎、1962 年。

［12］ビルマ従軍歩兵第百十三連隊（竜六七三四部隊）『鎮安街守備隊：ビルマ雲南に埋もれた戦史』、二ッ木留次、1990 年。

［13］富崎勝次『龍兵団第十一中隊斯く戦えり：比島・蘭印諸島・ビルマ・雲南戦線』、1982 年。

［14］菊歩兵第五十六聯隊戦記編集委員会『菊歩兵第五十六聯隊戦記』、菊歩兵第五十六聯隊戦記編集委員会、1984 年。

［15］疋田康行『南方共栄圏：戦時日本の東南アジア経済支配』、多賀出版、1995 年。

［16］野砲兵第十二聯隊、山砲兵第十八聯隊聯隊史編集委員会『砲声』、野砲兵第十二聯隊、山砲兵第十八聯隊聯隊史編集委員会、1978 年。

［17］黒田秀俊『軍政』、學風書院、1952 年。

［18］薬師丸章『我が雲南、ビルマ戦』、海鳥社、1989 年。

［19］池田佑『秘録大東亜戦史——マレービルマ篇』、富士書苑、1954 年。

［20］防衛庁防衛研究所戦史部『史料集南方の軍政』、朝雲新聞社、1985 年。

［21］太田常蔵『ビルマにおける日本軍政史の研究』、吉川弘文館、1967 年。

［22］外務省通商局『雲南事情』、外務省通商局、1911 年。

［23］小野浩毅『雲南事情』、参謀本部、1916 年。

［24］楳本捨三『ビルマ方面軍』、経済往来社、1969 年。

［25］山田正行『アイデンティティと戦争——戦中期における中国雲南省滇西地区の心理歴史的研究』、グリーンピース出版会、2002 年。

［26］遠藤美幸『“戦場体験”を受け継ぐということ：ビルマルートの拉孟全滅戦の生存者を尋ね歩く』、高文研、2014 年。

[27] 野村佳正『“大東亜共栄圏”の形成過程とその構造:陸軍の占領地軍政と軍事作戦の葛藤』、錦正社、2016 年。

[28] 伊香俊哉『戦争はどう記憶されるのか—日中両国の共鳴と相剋』、柏書房、2014 年。

[29] 西野瑠美子『戦場の“慰安婦”—拉孟全滅戦を生き延びた朴永心の軌跡』、明石書店、2003 年。

[30] 門脇朝秀『滇緬公路・中印公路—日本軍対連合軍の戦い』、あけぼの会、1994 年。

[31] 秋畑進「シプソンパンナー、茶馬古道、援蒋ルートの戦跡を訪ねて」、『ヒマラヤ学誌』、2008 年。

[32] 伊藤幹彦『日本アジア関係史研究—日本の南進政策を中心に』、ブイツーソリューション、2005 年。

[33] 楳本捨三『壮烈拉孟守備隊——玉砕に殉じた日本軍将兵の記録』、光人社、2012 年。

[34] 古山高麗雄『龍陵会戦』、文藝春秋、1985 年。

[35] 古山高麗雄『断作戦』、文藝春秋、1982 年。

[36] 古山高麗雄『フーコン戦記』、文藝春秋、2003 年。

[37] 横田進『戦友よ雲南に眠れ:ビルマ雲南戦線追想記』、芸文堂、1983 年。

[38] 海軍省『戦時国際法規綱要』、海軍省大臣官房、1942 年。

[39] 全ビルマ戦友団体連絡協議会『勇士はここに眠れるか』、全ビルマ戦友団体連絡協議会、1980 年。

[40] 森山康平『フーコン・雲南の戦い』、池宮商会出版部、1984 年。

[41] 小林英夫『日本軍政下のアジア:“大東亜共栄圏”と軍票』、岩波書店、1993 年。

[42] 中尾裕次『昭和天皇発言記録集成』、芙蓉書房、2003 年。

[43] 河北新報社東亜調査室『大東亜戦争戦況解説:シンガポール陥落まで』、河北新報社出版部、1942 年。

［44］日本国際政治学会、太平洋戦争原因研究部『太平洋戦争への道・第6巻:南方進出』、朝日新聞社、1963年。

［45］岩波講座『日本歴史第18巻・近現代4』、岩波書店、2015年。

［46］東京商工会議所調査部『支那経済年報・昭和12年版』、改造社、1936年。

［47］森山康平『証言・南京事件と三光作戦』、河出書房新社、2007年。

［48］相良俊輔『菊と竜:祖国への栄光の戦い』、光人社、1972年。

［49］岩波講座『現代教育学〈第5巻〉日本近代教育史』、岩波書店、1962年。

［50］田中利幸『戦争犯罪の構造』、大月書店、2007年。

［51］清水善俊『支那事変軍票史』、三好印刷株式会社、1971年。

［52］浅野豊美「北ビルマ・雲南戦線における日本軍の「玉砕」と慰安婦——軍の作戦と民間人保護責任をあぐつて」、『新たな和解の創出:グローバル化時代の歴史教育学への挑戦』、彩流社、2020年。

［53］中村明子「中国で発生したペスト流行と日本軍による細菌戦との因果関係——1941年の湖南省常徳に対するペスト攻撃を中心に」、『裁かれる細菌戦:資料集シリーズNo. 3』、731・細菌戦裁判キャンペーン委員会、2001年。

2. 英文类

［1］Charles F. Romanus and Riley Sunderland, *Stilwell's Mission to China* (Washington D. C.: Office of the Chief of Military History Department of the Army, 1953).

［2］Charles F. Romanus and Riley Sunderland, *Stillwell's Command Problems* (Washington: Office of the Chief of Military History Department of the Army, 1956).

［3］Sheldon H. Harris, *Factories of Death: Japanese Biological Warfare, 1932 – 1945, and the American Cover-up* (New York: Routledge, 1994).

[4] Daniel Barenblatt, *A Plague upon Humanity: the Secret Genocide of Axis Japan's Germ Warfare Operation* (New York: Harper Collins Publishers, 2004).

[5] E. L. Woodward, *British Foreign Policy in the Second World War, Vol. 2* (London: Her Majestys Stationery Office, 1971).

[6] Williams Peter and Wallace David, *Unit 731: the Japanese Army's Secret of Secrets* (London: Hodder and Stoughton, 1989).

[7] Frank Dorn, *Walkout with Stilwell in Burma* (New York: Thomas Y. Crowell Co., 1971).

[8] Ogburn, *The Marauders* (London: Hodder and Stoughton, 1960).

[9] Hunter, *Galahad* (Texas: Naylor, 1963).

[10] Seagrave, *Burma Surgeon* (New York: W. W. Norton and Company, Inc., 1943).

[11] Seagrave, *Burma Surgeon Returns* (New York: W. W. Norton and Company, Inc., 1946).

[12] John Connell, *Wavell: Supreme Commander (1941 - 1943)* (London: Collins, 1989).

[13] John Connell, *Wavell: Scholar and Soldier* (New York: Harcourt, Brace & World, Inc., 1965).

[14] Philip Ziegler, *Mountbatten* (New York: Knopf, 1985).

[15] William Slim, *Defeat Into Victory* (London: Cassell, 1956).

[16] Bernard Fergusson, *Beyond the Chindwin* (London: Pen and Sword, 2009).

[17] Brigadier Michael Calvert, *Prisoners of Hope* (New York: Random House, 1994).

[18] Charles F. Romanus and Riley Sunderland, *Time Runs Out in CBI* (Washington D. C.: Office of the Chief of Military History Department of the Army, 1959).

[19] Yuki Tanaka, *Japan's Comfort Women Sexual Slavery and Prostitution during World War II and the US Occupation* (New York: Routledge,2002).

[20] Hata Ikuhiko, *Comfort Women and Sex in the Battle Zone* (Maryland:The Rowman & Littlefield Publishing Group,Inc. ,2008).

[21] Caroline Norma, *The Japanese Comfort Women and Sexual Slavery during the China and Pacific Wars* (New York: Bloomsbury Academic,2015).

[22] Mark Felton, *Japan's Gestapo Murder, Mayhem and Torture in Wartime Asia* (Barnsley: Pen & Sword Military,2009).

（三）学术论文

[1] 遠藤美幸「戦場の社会史:ヒルマ戦線と拉孟守備隊 1944 年 6 月—9 月(前編)」、『三田学会雑誌』第 10 期、2009 年。

[2] 遠藤美幸「戦場の社会史:ヒルマ戦線と拉孟守備隊 1944 年 6 月—9 月(後編)」、『三田学会雑誌』第 1 期、2010 年。

[3] 浅野豊美「雲南・ビルマ最前線における慰安婦たち——死者は語る」、『"慰安婦"問題調査報告』、1999 年。

[4] 吉見義明、伊香俊哉「日本軍の細菌戦——明らかになった陸軍総がかりの実相」、『戦争責任研究』第 2 号、1993 年。

[5] 遠藤美幸「「戦友会」の変容と世代交代戦場体験の継承をめぐる葛藤と可能性」、『日本オーラル・ヒストリー研究』第 14 号、2018 年 9 月。

[6] 傅仕敏:《用世界眼光重新看待和认识滇西抗战》,《云南社会科学》2011 年第 5 期。

[7] 王文成:《滇西抗战的历史地位及其当代意义——纪念滇西抗战暨中国远征军入缅对日作战 60 周年》,《云南社会科学》2002 年第 6 期。

[8] 陈丽菲、苏智良:《关于云南省"慰安妇"制度受害者李连春的口述调查》,《史林》2006 年增刊。

[9] 郭亚非:《缅北——滇西抗战在世界反法西斯战争中的地位》,《云南

师范大学学报(哲学社会科学版)》1995年第4期。

[10] 刘萍:《关于日军强征山西"慰安妇"的调查报告》,《抗日战争研究》1999年第2期。

[11] 朱海嘉:《封锁与毁灭:抗战时期侵华日军轰炸滇缅公路述论》,《云南民族大学学报(哲学社会科学版)》2017年第3期。

[12] 李涛:《早期经济全球化视野下的滇缅贸易(1644—1949)》,博士学位论文,云南大学,2012年。

[13] 董思聪:《滇西发现一套二战期间侵华日军发行的军票》,《思想战线》2001年第1期。

[14] 佘戈:《日本"军票":经济掠夺的罪证》,《军营文化天地》2004年第7期。

[15] 杨杞:《侵华日军对中国图书的浩劫》,《文史杂志》1995年第4期。

[16] 张华:《侵华日军云南腾冲鼠疫细菌战研究》,《湖南文理学院学报(社会科学版)》2009年第3期。

[17] 寸守德:《抗日战争时期腾冲的沦陷与光复》,《研究集刊》1985年第1期。

[18] 金成镐、金成金:《日军"慰安所"历史罪责及其现实的研究课题》,《延边大学学报(社会科学版)》2014年第5期。

[19] 潘德昌:《日本学术界"慰安妇问题"研究述论》,《社会科学辑刊》2004年第4期。

[20] 方兆麟:《政协文史资料的学术价值》,《郑州大学学报(哲学社会科学版)》2014年第3期。

[21] 岳庆平:《关于口述史的五个问题》,《中国高校社会科学》2013年第5期。

[22] 张丽、李鹏飞:《战争性别与创伤:解析诺拉·凯勒的〈慰安妇〉》,《北京工业大学学报(社会科学版)》2013年第2期。

[23] [日]吉见义明著,芦鹏译:《日军"慰安妇"制度的由来与"河野谈话"的得失》,《日本侵华史研究》2015年第3期。

［24］ 丁海英:《口述文献及其价值》,《群文天地》2012 年第 19 期。

［25］［韩］金荣著,刘建中译:《慰安妇朴永心》,《华夏人文地理》2003 年第 2 期。

［26］ 刘强:《滇西抗战——中日对生命线的争夺》,《创造》1995 年第 4 期。

附　录

表 1　日军云南正面作战日志

年	月日	战况及相关事项
1942	1 月 22 日	大本营命令南方军攻占缅甸
	2 月 9 日	南方军命第 15 军攻占缅甸
	2 月 15 日	攻占新加坡
	3 月 4 日	第 18 师团、第 56 师团编入第 15 军
	3 月 6 日	史迪威中将缅甸到任
	3 月 8 日	第 33 师团占领仰光
	3 月 21 日	驼峰航线输送开始
	3 月 26 日	第 56 师团登陆仰光
	4 月 8 日	第 18 师团登陆仰光
	5 月 1 日	攻占曼德勒
	5 月 5 日	第 56 师团占领拉孟
	5 月 10 日	第 56 师团占领腾冲、密支那
	5 月 15 日	史迪威中将逃至印度
	5 月 18 日	第 15 军缅甸攻略作战结束后进入戒备态势
	6 月 3 日	史迪威中将向蒋介石“总统”出谋划策再建中国军
	8 月 16 日	史迪威中将建立兰姆伽训练所

续表

年	月日	战况及相关事项
1942	9月1日	南方军命令第15军开始准备印度进攻作战
	9月13日	第56师团进行腾北地区扫荡战(约1个月)
	9月下旬	印度所在的第14师团开始阿恰布作战
	12月末	美国工兵队抵达雷多,着手进行工事
1943	1月10日	第一次阿恰布作战(至5月10日)
	1月14日	卡萨布兰卡会谈
	2月11日	第56师团甲号肃正作战(约1个月)
	2月27日	温盖特旅团潜入缅甸
	2月28日	雷多公路至缅甸境内一段完成(至雷多70公里)
	3月	在兰姆伽进行训练的中国军队推进至雷多
	4月1日	开设昆明训练所
	4月3日	缅甸方面军编成完毕
	5月12日	第三次华盛顿会议
	5月下旬	扫讨温盖特旅团完毕
	8月1日	缅甸“独立”
	8月12日	缅甸方面军向第15军传达了准备英帕尔作战的纲要
	8月19日	第一次魁北克会议,决定1944年2月为止占领北缅甸
	10月14日	怒江作战开始(直到11月17日)
	10月30日	中美盟军进入胡康,开始胡康作战
	11月中旬	东南亚司令部缅甸反攻作战计划形成
	11月23日	开罗会议,蒋介石同意以缅甸登陆作为条件进行反攻
	12月末	胡康作战,大奈河、大洛平原战斗(直到1944年中旬)
1944	1月11日	缅甸方面军司令官河边正三在甘马因会访第18师团长
	1月15日	第2师团抵达缅甸
	1月16日	独立混成第24旅团编成完毕
	1月28日	第15军司令官牟田口廉在胡康会访第18师团长

续表

年	月日	战况及相关事项
1944	1月30日	随着第28军的创设，缅甸由1个方面军、2个军、8个师团、1个混成旅团编成
	2月4日	第二次阿恰布作战(至5月)
	2月15日	第56师团成为缅甸方面军直辖
	2月中旬	第56师团得到云南远征军的密码本
	2月28日	第18师团在孟关、瓦鲁班附近战斗(至3月7日)
	3月5日	温盖特空挺兵团着陆
	3月7日	第18师团在间布山、夏都苏附近战斗
	3月10日	密支那线被截断
	3月10日	第15军对空降部队开始
	3月15日	英帕尔作战开始
	3月19日	独立混成第24旅团主力参与对空降部队作战
	3月24日	纳莫塞河、丁克林的战斗
	3月24日	温盖特少将坠亡
	3月27日	南方军命令第53师团逐次进入缅甸
	4月6日	第31师团占领科希马一角
	4月6日	武兵团第一次攻击茂卢阵地失败
	4月8日	下令编成第33军
	4月13日	瓦兰、马拉高的战斗(至5月末)
	4月14日	蒋介石总统公开决定反攻缅甸
	4月14日	第18师团将补给线路变为八莫—密之那道
	4月16日	第33军司令官本多政材中将抵达仰光
	4月28日	本多司令官进入茂卢
	4月29日	第33军司令部编成完毕，向眉苗方向前进
	4月下旬	芒市机关监听到云南远征军的反攻计划，该司令部自楚雄向保山前进，怒江正面的敌军兵力有5个军、14个师

续表

年	月日	战况及相关事项
1944	5 月 5 日	向第 56 师团下达反击命令
	5 月 9 日	第 56 师团为反击展开完毕
	5 月 10 日	茂卢阵地的敌人撤退
	5 月 11 日	云南远征军反攻开始、腾北地区的反击作战开始
	5 月 13 日	第 53 师团占领茂卢
	5 月 16 日	第 53 师团向和平追击
	5 月 17 日	第 56 师团抽出获尾大队
	5 月 17 日	密支那受到空中和陆上的攻击
	5 月 18 日	第 33 军司令官命令第 56 师团的水上部队救援密支那
	5 月 18 日	史迪威中将夺取密支那机场
	5 月 23 日	第 53 师团攻击南高江之敌
	5 月 25 日	史迪威中将再度飞往密支那
	5 月 27 日	第 33 军司令官视察胡康方面
	5 月 28 日	西通附近被切断
	5 月 30 日	水上部队抵达密支那，由第 33 军直辖
	5 月 30 日	命令第 53 师团解密支那之围
	5 月下旬	中国派遣军湘桂作战开始
	6 月 1 日	第 11 集团军自拉孟以南渡河开始攻击
	6 月初	第 18 师团命令一刈联队进攻西通
	6 月 7 日	第 33 军命令第 53 师团回师进攻西通
	6 月 7 日	拉孟守备队和第 56 师团的地上联络被阻断
	6 月 18 日	史迪威中将罢免博特纳准将
	6 月 19 日	山本清卫少将被任命为第 33 军参谋长
	6 月 20 日	藏重部队在腾越地区节节败退
	6 月 22 日	命第 18 师团放弃加迈，退出萨茂高地
	6 月 28 日	拉孟空投补给

续表

年	月日	战况及相关事项
1944	7 月 2 日	大本营下达英帕尔作战终止命令
	7 月 2 日	南方军下达“断”字号作战命令
	7 月初	惠通桥架桥完毕
	7 月 12 日	缅甸方面军下达“断”字号作战命令
	7 月 14 日	第 33 军开始构想“断”字号作战计划
	7 月 15 日	第 18 师团在因多附近集结
	7 月 17 日	第 33 军司令官向密支那守备队授予战功奖状
	7 月 19 日	第 2 师团开始转进北缅
	7 月中旬	第 33 军总司令官命水上少将死守密支那
	7 月 20 日	第 33 军开始计划“断”字号作战
	7 月 23 日	南方军总司令官向密支那守备队授予战功奖状
	7 月 24 日	第 33 军司令官正面视察第 56 师团
	7 月 25 日	第 33 军司令部向新维前进
	7 月 27 日	拉孟转入阵地战
	7 月 27 日	缅甸方面军司令官向拉孟守备队授予战功奖状
	7 月 28 日	第 33 军司令官向拉孟守备队授予战功奖状，命第 56 师团死守拉孟
	7 月 29 日	第 2 师团长冈崎清三郎中将命令夺取新维
	7 月 30 日	拉孟守备队收到南方军总司令官授予战功奖状的同时，也收到参谋总长的激励电，中国军空投劝降传单
	8 月 2 日	密支那失陷，水上少将自杀
	8 月 4 日	第 33 军、缅甸方面军、南方军各自向腾越守备队授予战功奖状
	8 月 9 日	第 33 军司令官针对“断”字号作战下达训示
	8 月 12 日	拉孟阵地空投补给
	8 月 13 日	腾越守备队队长藏重大佐战死

续表

年	月日	战况及相关事项
1944	8 月 16 日	八莫占领部队抵达
	8 月上旬	龙陵会战计划完成
	8 月 23 日	龙陵守备队长报告紧急情况，宫原大队增援
	8 月 25 日	腾越空投补给
	8 月 26 日	第 56 师团独立攻击龙陵
	8 月 28 日	第 2 师团在芒市周边集结完毕
	8 月 30 日	本多军司令官向芒市前进，下达攻击龙陵的命令
	9 月 3 日	第 33 军龙陵攻击开始
	9 月 6 日	金光少佐战死
	9 月 7 日	拉孟守备队玉碎
	9 月 7 日	军战斗指挥所推进至云龙寺
	9 月 13 日	腾越守备队玉碎
	9 月 14 日	下达龙陵攻击作战终止之命令
	9 月 15 日	监听到蒋介石总统的训示
	9 月 16 日	木下昌巳中尉到达龙陵前线
	9 月中旬	第 18 师团在南坎集结完毕
	9 月 21 日	成功救出平戛守备队
	9 月 26 日	第 2 师团接替龙陵守备队向木姐移动
	9 月 28 日	中永太郎被任命为第 18 师团长
	9 月 30 日	第 33 军战斗指挥所移至芒友
	10 月 12 日	第 2 师团向南缅移动
	11 月 3 日	龙陵守备队撤退
	11 月上旬	印度远征军自密支那开始“南进”
	11 月 13 日	八莫守备队受到印度远征军的攻击
	11 月 17 日	命令第 18 师团主力向孟米特转进
	11 月 19 日	芒市方面军撤退

续表

年	月日	战况及相关事项
1944	11月末	八莫阵地外围被夺
	11月末	第56师团主力结束畹町周边阵地的占领
	11月末	下达营救八莫守备队的命令
	11月末	第33军司令官回到腊戌
	12月8日	以山崎支队为首的第18师团主力开始进行八莫守备队救出作战
	12月14日	八莫守备队成功逃出
	12月下旬	吉田、一刈部队被配至第33军麾下
	12月末	遮放被夺取
1945	1月1日	云南远征军再次攻击畹町阵地
	1月5日	对正在渡过瑞丽江的云南远征军进行攻击,并击退了他们
	1月10日	印度远征军开始攻击南坎守备队
	1月17日	山崎支队自南坎撤退
	1月20日	印度远征军一部出现于南帕卡,进入滇缅公路
	1月24日	第56师团长误认为在南帕卡有空降部队降落,决定独自退却
	1月24日	第33军司令官命第56师团长在军部下达特殊命令之前死守,与此同时,将军参谋长派遣至第56师团
	1月27日	中、印两方中国军会师
	1月29日	第一支运输车队沿雷多公路向昆明进发
	2月10日	第56师团后退至新维附近
	2月11日	第33军司令部进行战功奖状授予仪式

资料来源:陸戦史研究普及会『雲南正面の作戦・ビルマ北東部の血戦』、240—248頁。

表 2 日军云南正面作战主要军官一览表

缅甸方面军	司令官	河边正三中将(19)
	司令官	木村兵太郎中将(20)
第 33 军	司令官	本多政材中将(22)
	参谋长	片仓衷少将(31)
	参谋长	山本清卫少将(28)
	参谋	白崎嘉明大佐(34)
	参谋	辻政信大佐(36)
	参谋	田中博厚中佐(37)
	参谋	安倍光男少佐(44)
	参谋	野口省己少佐(46)
	参谋	黍野弘少佐(50)
第 56 师团	师团长	松山祐三中将(22)
	参谋长	川道富士雄中佐(36)
	参谋	永井清雄中佐(39)
	参谋	田口正之少佐(40)
	参谋	中奥清光少佐(45)
	步兵团长①	水上源藏少将(23)
	步兵第 113 联队长	松井秀治少将(26)
	步兵第 113 联队第 1 大队长	武田淑文少佐(准 50)
	步兵第 113 联队第 2 大队长	原田万太郎少佐(49)
	步兵第 113 联队第 3 大队长	萩尾勇少佐(少)
	步兵第 146 联队长	金冈宗四郎大佐(28)
	步兵第 146 联队第 1 大队长	安倍和庄少佐(召 27)
	步兵第 146 联队第 2 大队长	胁山博雄少佐(49)

① 日军编制有步兵团长、飞行团长等，都是少将，相当于旅团长级。

续表

第 56 师团	步兵第 146 联队第 3 大队长	堤茂三郎少佐(少 17)
	步兵第 148 联队长	藏重康美大佐(26) (1944 年 8 月 13 日战死)
	步兵第 148 联队长	神保贯逸大佐
	步兵第 148 联队第 1 大队长	水渊嘉平少佐(51)
	步兵第 148 联队第 2 大队长	日隈太郎大尉(53)
	步兵第 148 联队第 3 大队长	宫原春树少佐(43)
	搜索第 56 联队长	柳川明中佐(28)
	炮兵第 56 联队长	山崎周一郎中佐(29)
	炮兵第 1 大队长	池田嘉六少佐(少 13)
	炮兵第 3 大队长	金光惠次郎少佐(少 7)
	工兵第 56 联队长	小室钟太郎中佐(32) (1944 年 9 月 17 日战死)
	工兵第 56 联队长	山口稔少佐(47)
	辎重兵第 56 联队长	池田耕一大佐(23)
	师团通信队长	大石良一大尉(少 16)
	兵器勤务队长	森友纪大尉(召)
	师团卫生队长	黑田强一少佐(召 23)
	第 1 野战病院长	五十川秀夫少佐(医)
	第 2 野战病院长	三浦丰少佐(医)
	第 4 野战病院长	长崎义雄(医)
	师团病马厂长	马场静雄大尉(兽)
	师团防疫给水部长	市村势夫少佐(医)
第 2 师团	师团长	冈崎清三郎中将(26)
	参谋长	木下武夫大佐(33)
	参谋	实户清次郎中佐(35)
	参谋	井上清中佐(40)

续表

第 2 师团	参谋	平松淳一少佐(49) (1944 年 9 月战死)
	参谋	大江卓马少佐(44)
	步兵第 4 联队长	一刈勇作大佐(28)
	步兵第 4 联队第 1 大队长	石田正一大尉(特 8)
	步兵第 4 联队第 1 大队长	山岸圭介大尉(54)
	步兵第 4 联队第 1 大队长	佐藤嘉三少佐(少 15)
	步兵第 16 联队长	堺吉嗣大佐(29) (到 1944 年 9 月止)
	步兵第 16 联队长	井之上晴藏大佐(27)
	步兵第 16 联队第 1 大队长	胜股治郎少佐(51)
	步兵第 16 联队第 1 大队长	高桥通少佐(45)
	步兵第 16 联队第 1 大队长	小林一雄大尉(特 7)
	步兵第 29 联队长	三宅健三郎大佐(29)
	步兵第 29 联队第 1 大队长	山中丰吉少佐(48)
	步兵第 29 联队第 1 大队长	原田久则少佐(准 47)
	步兵第 29 联队第 1 大队长	滋野正美少佐(51)
	搜索第 2 联队长	原好三大佐(30)
	野炮兵第 2 联队长	石崎益雄大佐(26)
	工兵第 2 联队长	高濑克己中佐(30)
	辎重兵第 2 联队长	山口英男少佐(44)
	师团通信队长	蚁川亮之少佐(51)
	兵器勤务队长	武内重义中尉(特 8)
	师团卫生队长	西山秀雄中佐(特)
	第 1 野战病院长	细见祯一少佐(医)
	第 2 野战病院长	武田正少佐(医)
	第 4 野战病院长	丸茂三千穗少佐(医)
	师团病马厂长	伊藤辰男大尉(特)
	师团防疫给水部长	沼沢保少佐(医)

续表

第 18 师团	师团长	田中新一中将(25) （到 1944 年 9 月 22 日止）
	师团长	中永太郎中将(26)
	参谋长	大越兼二大佐(36) （到 1944 年 9 月 1 日止）
	参谋长	白崎嘉明大佐(34)
	参谋	池田庆藏中佐(42) （到 1944 年 12 月止）
	参谋	三桥太雄少佐(44)
	参谋	木村才太郎少佐(45)
	参谋	正宝治平少佐(49)
	步兵团长	相田俊二少将(23) （到 1944 年 12 月止）
	步兵第 55 联队长	山崎四郎大佐(28)
	步兵第 55 联队第 1 大队长	小室多嘉志大尉(53)
	步兵第 55 联队第 2 大队长	菅尾进少佐(特) （到 1945 年 3 月 5 日战死）
	步兵第 55 联队第 2 大队长	田尻武义少佐(特 11)
	步兵第 55 联队第 3 大队长	冈田公少佐(少 11)
	步兵第 55 联队第 3 大队长	木村广成大尉(54)
	步兵第 56 联队长	长久竹郎大佐(28) （到 1944 年 11 月 7 日止）
	步兵第 56 联队长	藤村义明中佐(32)
	步兵第 56 联队第 1 大队长	池岛俊一大尉(特)
	步兵第 56 联队第 2 大队长	渡边正博少佐(49)
	步兵第 56 联队第 3 大队长	吉田武司大尉(少 17)
	步兵第 114 联队长	丸山房安大佐(29) （到 1944 年 10 月 19 日止）

续表

第18师团	步兵第114联队长	筒井恒大佐(28)
	步兵第114联队第1大队长	猪濑重雄少佐(少10)
	步兵第114联队第2大队长	山畑重盛少佐(少13) (1944年5月25战死)
	步兵第114联队第2大队长	冷川贞彦少佐(召?)
	步兵第114联队第3大队长	中西德太郎少佐(召)
	山炮兵第18联队长	比土平隆男中佐(29)
	工兵第12联队长	深山忠男中佐(31) (到1944年10月19日止)
	工兵第12联队长	井上义一郎少佐(39)
	辎重兵第12联队长	水谷虎吉中佐(32)
	师团通信队长	山崎达男大尉(53)
第53师团	师团长	河野悦次郎中将(25) (到1944年5月13日止)
	师团长	武田馨中将(25)
	参谋长	中村忠英大佐(31)
	参谋	大矢部省三中佐(34)
	参谋	浜崎实少佐(43)
	参谋	庄子长孝少佐(44)
	步兵第119联队长	浅野库一大佐(24)
	步兵第119联队第1大队长	野中正雄少佐(51)
	步兵第119联队第2大队长	辻四五郎少佐(少8)
	步兵第119联队第3大队长	辻村正大尉(特)
	步兵第128联队长	冈田博二大佐(25)
	步兵第128联队第1大队长	石原岛久吉少佐(少10) (到1944年6月23日止)
	步兵第128联队第1大队长	村上智治少佐(特)
	步兵第128联队第2大队长	小坂荣治郎少佐(少9)

续表

第53师团	步兵第128联队第3大队长	田原兵少佐(50)
	步兵第151联队长	桥本熊五郎大佐(25)
	步兵第151联队第1大队长	月冈光雄
	步兵第151联队第2大队长	白村悦次少佐(少14)
	步兵第151联队第3大队长	仲芳夫少佐(48) (到1944年6月21日止)
	步兵第151联队第3大队长	今川义雄少佐(少14) (到1944年9月11日止)
	步兵第151联队第3大队长	柳川清宇大尉(54)
	搜索第53联队长	奥仲寿藏中佐(38)
	野炮兵第53联队长	高见量太郎大佐(25) (到1944年7月8日止)
	野炮兵第53联队长	横田武夫大佐(28)
	工兵第53联队长	田中诚中佐(34)
	辎重兵第53联队长	川上不二夫大佐(24) (到1944年5月29日止)
	辎重兵第53联队长	绪方俊夫大佐(27)
第49师团	师团长	竹原三郎中将(23)
	步兵第168联队长	吉田四郎大佐(27)
	步兵第168联队大队长	神田高一少佐(少14)
	步兵第168联队大队长	奥武雄大尉(特)
	步兵第168联队大队长	冈田景之大尉(53)
独立混成第24旅团长		林义秀少将(26)
第15军司令官		牟田口廉也中将(22) (到1944年8月30日止)
第15军司令官		片村四八中将(23)
第28军司令官		樱井省三中将(23)

续表

第 5 飞行师团长	田副登中将(26)
注:表内所示数字为陆军士官学校毕业期别,“少”表示少尉候补者出身、“特”表示特别志愿将校、“召”表示召集将校、“医”表示医官、“兽”表示兽医官。	

资料来源:陸戦史研究普及会『雲南正面の作戦・ビルマ北東部の血戦』、248—252 頁。

表 3 龙兵团(日军第 56 师团)履历表

1941 年	11 月 15 日	依陆甲第 85 号军令,下令组编第 56 师团
	12 月 8 日	大东亚战争爆发(战争结束后改称“太平洋战争”)
	12 月 20 日	56 师团于久留米卫戍地编成完结,隶属第 25 军 师团长:渡边正夫中将 56 步兵团长:坂口静夫少将 参谋长:藤原武大佐 步兵 113 联队长:松井秀治大佐 步兵 146 联队长:山本恭平大佐 步兵 148 联队长:松本喜六大佐 搜索 56 联队长:平井卯助大佐 野炮 56 联队长:东美宗次中佐 工兵 56 联队长:江岛常雄中佐 辎重 56 联队长:池田耕一大佐
	10 月 24 日	成立混成第 56 步兵团(以下用“坂口”标示)
	10 月 27 日	(坂口)编成结束
	11 月 18 日	(坂口)因南方派遣自门司港出港
	11 月 28 日	(坂口)抵达南洋群岛的帕劳岛
	11 月 28 日—12 月 16 日	(坂口)在帕劳集合地待命
	12 月 17 日	(坂口)为参加南部菲律宾作战从帕劳岛雅德马乌港出发
	12 月 20 日	(坂口)于敌前强行登陆菲律宾达沃

续表

1941年	1941年12月20日—1942年1月6日	(坂口)参加南部菲律宾作战
1942年	1月7日	(坂口)为占领荷属加里曼丹岛打拉根,从达沃出发
	1月11日	(坂口)于敌前强行登陆打拉根岛
	1月7—21日	(坂口)参加打拉根作战
	1月21日	(坂口)为占领荷属加里曼丹岛的巴厘巴板从打拉根岛出发
	1月24日	(坂口)于敌前强行登陆巴厘巴板
	1月21—30日	(坂口)参加巴厘巴板作战
	1月31日—2月26日	(坂口)参加马辰作战
	2月27日	(坂口)为占领爪哇岛从马辰出发
	3月1日	(坂口)于敌前强行登陆爪哇岛克拉甘海岸
	2月27日—3月30日	(坂口)参加爪哇岛进攻作战
	3月31日	(坂口)为参加缅甸作战从巴达维亚港出发
	4月4日	(坂口)抵达昭南岛(新加坡)
	4月4—12日	(坂口)在昭南岛港待命
	4月13日	(坂口)从昭南岛出发
	4月20日	(坂口)为参加缅甸作战从蘭贡(仰光)登陆
	4月21—30日	(坂口)为参加缅北作战而自蘭贡出发,向腊戌方向开展追击
	4月25日	(坂口)依军令陆甲第八号,混成第56步兵团重归师团麾下 后补146联队长:今冈宗四郎
	2月11日	师团因派遣之故自所屯营地出发
	2月14—17日	自门司港出发
	2月27日	抵达法属印支头顿
	3月2—5日	在西贡登陆

续表

1942 年	3 月 8—10 日	自西贡出港
	3 月 1 日	归属第 15 军麾下
	3 月 14 日	抵达昭南
	3 月 20 日	从昭南出港
	3 月 26—27 日	登陆蘭贡
	3 月 27 日—4 月 14 日	怒江河谷进攻作战
	4 月 15—29 日	自帕桑向腊戍进行追击作战
	4 月 29 日	进入腊戍城
	4 月 30 日—5 月 15 日	自腊戍向密支那方向进行追击战
	3 月 27 日—5 月 15 日	这一期间的作战被称为“马来(?)地区进攻作战”
	5 月 4 日	进入八莫城
	5 月 13 日	天皇针对缅甸作战下达敕语
	5 月 15 日	攻入密支那
	5 月 11 日—6 月 10 日	怒江右岸反击作战和残敌扫荡
	6 月 1 日	候补 56 师团参谋长:黑川邦辅大佐 候补 11 军参谋:藤原武大佐
	6 月 15 日	第 15 军司令官授予第 56 师团及搜索第 56 联队战功奖状
	6 月 11 日—7 月 31 日	扫荡橄榄寨及腾越地区
	8 月 1—31 日	扫荡与警备怒江右岸地区
	9 月 10 日	候补工兵 56 联队长:小室钟太郎中佐 候补电信 19 联队长:江岛常雄大佐
	9 月 1 日—11 月 30 日	腾越、滚弄、平戛地区讨伐警备
	12 月 1 日	候补 56 师团长:松山祐三中将 候补陆甲科学校校长:渡边正夫中将
	1942 年 12 月 1 日—1943 年 1 月 31 日	确保占领地区及对空战斗

续表

1943 年	2 月 1 日—3 月 31 日	甲号肃正讨伐
	3 月 1 日	候补搜索 56 联队长:柳川明中佐 候补东京都联队区司令官:平井卯助大佐 候补炮兵 56 联队长:山崎周一郎中佐 候补留守 56 师团司令部付:东美宗次中佐
	3 月 30 日	关于缅甸作战,受到言语嘉奖
	6 月 10 日	候补 56 步兵团长:水上源藏少将 候补善通寺留守师团长:坂口静夫少将
	6 月 28 日	黑川参谋长、袴田参谋在乘坐东亚号飞机自蘭贡的归途中遇难,在勃固东北方 30 公里处战死
	7 月 1 日	候补 56 师团参谋长:川道富士雄参谋长
	4 月 1 日—9 月 30 日	准备缅甸防卫战及下一阶段作战
	10 月 1 日—11 月 30 日	怒江作战
	11 月 2 日	收到圣旨及令旨
1944 年	3 月 4 日—4 月 28 日	以师团一部协助ウ号主作战进行
	2 月 15 日—4 月 28 日	师团由缅甸方面军直辖
	4 月 29 日	33 军编成,师团归入其战斗序列
	3 月 14 日	为进行空艇队扫灭战,派遣胁山大队前往孟拱方向,佐藤部队前往杰沙方向
	5 月 30 日	派遣由步兵 113 联队长指挥的一大队前往巴莫,步兵第 148 联队水渊大队前往密支那
	5 月 30 日	派遣水上步兵团长前往八莫方向,归入第 18 师团指挥

续表

1944 年	5 月 30 日	水上兵团作为菊地部队一部，位于密支那
	1943 年 12 月 1 日—1944 年 4 月 28 日	此期间被命名为“乌号作战”（“空艇队扫灭战”）
	5 月 11 日	滇西边区中国远征军开始总反攻
	5 月 11 日—5 月下旬	怒江沿岸击灭战与自高黎贡山进行的伏击作战
	5 月下旬	步兵 148 联队的正面作战被缩至腾越周边地区
	5 月 15 日	11 集团军一部进入龙陵芒市周边
	6 月 12 日	龙兵团和菊兵团受到嘉奖
	6 月 30 日	猛昌街附近战斗受到嘉奖
	7 月 12 日	龙岭附近战斗受到嘉奖
	7 月 19 日	33 军司令官授予密支那 56 师团守备部队战功奖状
	7 月 23 日	南方军总司令授予 56 步兵团司令部及其配属部队战功奖状
	7 月 27 日	缅甸方面军司令官授予拉孟守备队金光少佐及其下属战功奖状
	7 月 27 日	33 军司令官授予拉孟守备部队战功奖状
	7 月 28 日	33 军司令官授予拉孟守备队战功奖状
	4 月 29 日—7 月 28 日	此期间即所谓“远征军反攻作战”
	7 月 30 日	南方军总司令官授予拉孟守备队战功奖状
	8 月 4 日	56 步兵团长水上少将在指挥密支那战斗中战死
	8 月 4 日	水上兵团转移至密支那

续表

1944 年	8 月 14 日	步兵 148 联队长藏重大佐在指挥腾越战斗中战死
	8 月 16 日	下赐一式机动炮一门
	8 月 23 日	候补 148 联队长：楠野丰重
	8 月 24 日	第 2 师团和第 49 师团正面增援步兵 148 联队
	8 月 28 日	南方军总司令长官授予水上少将战功奖状
	9 月 7 日	拉孟守备队金光少佐以下擎举军旗玉碎
	9 月 8 日	步兵 148 联队长楠野大佐在芒市病死
	9 月 14 日	腾越守备队太田大尉以下擎举军旗玉碎
	9 月 14 日	南方军总司令长官授予腾越守备队战功奖状
	9 月 14 日	授予步兵 148 联队藏重大佐战功奖状
	9 月 14 日	候补 148 联队长：神保贯逸
	9 月 15 日	因师团之敢战而受到嘉奖
	9 月 16 日	授予野炮 56 联队长金光少佐战功奖状
	9 月 14 日	战线收缩至龙陵周边
	9 月 18 日	工兵 56 联队长小室中佐在指挥龙陵战斗中战死
	7 月 29 日—10 月 5 日	此期间即所谓“断第一期作战”
	9 月 28 日	候补工兵联队长：山口稔夫少佐
	11 月 4 日	师团高级副官原口中佐在芒市侦察敌情时战死

续表

1944 年	11 月 5 日	战线向芒市周边收缩
	11 月 19 日	战线向遮放周边收缩
	12 月 3 日	战线收缩至畹町周边
	12 月 4 日	缅甸方面地上部队的全盘作战受到嘉奖
	10 月 5 日—12 月 21 日	此期间为所谓“断二期作战”
	12 月 16 日	候补步兵 113 联队长：大须贺实中佐 候补缅甸方面军司令部付：松井秀治少将
1945 年	1 月 4 日	莫塞附近远征军开始攻击
	1 月 10 日	南方军总司令官授予 56 师团及其配属部队战功奖状
	1 月 10 日	候补 148 联队长：相原无畏之助大佐 候补缅甸方面军司令部付：神保贯逸大佐
	1 月 23 日	缅甸方面军全员受到嘉奖
	2 月 3 日	中奥参谋大义台在指导战斗中战死
	2 月 11 日	兵力收缩至腊戍周边
	2 月 11 日	33 军司令官向下列人员授予战功奖状： 步兵 113 联队副官：真锅邦人大尉 步兵第 1 步兵炮小队：川村裕中尉 步兵 148 联队付：太田正人大尉 步兵第 3 大队长：宫原春树少佐 工兵 56 联队小队长：森山岩男曹长 野炮 56 联队第 6 中队：中队长以下
	1944 年 12 月 22 日—1945 年 2 月 20 日	此期间为所谓“断三期作战”

续表

1945年	3月9日	战线收缩至西保周边
	3月10日	56步兵团司令部复归战场
	3月13日	师团归属缅甸方面直辖，继续进行现时任务
	2月11日—4月9日	此期间为所谓“断四期作战”
	4月21日	战线收缩至东枝、格劳正面
	5月27日	师团沿莱卡一线“南进”，策划于掸邦高原进行持久战
	4月10日—5月28日	此期间为所谓“克一期作战”
	7月15日	师团归于15军麾下
	7月22日	野炮56联队山崎大佐在丰昂（音）西方10公里前线指挥中战死
	8月5日	师团脱离缅甸方面军指挥，废除凤集团之称呼
	8月10日	步兵148联队第4中队、第8中队、第12中队转隶于独立混成105旅团
	8月14日	战争结束
	5月29日—8月14日	此期间为所谓“克二期作战”
	8月20—31日	兵力在盖马坪（音）附近集结，准备撤退至泰国
	9月1—24日	主力渡过怒江（一部下往缅甸南部）
	9月1日—10月1日	通过泰缅国境
	9月5日—12月8日	师团在清迈集结完毕，解除武装
	12月8日	为于那空那育集结而开始移动
	1945年12月15日—1946年3月15日	于那空那育集结完毕

续表

<table>
<tr><td rowspan="5">1946 年</td><td>3 月 16—5 月 12 日</td><td>于那空那育进行复员准备，一边于集结地劳作一边待命</td></tr>
<tr><td>5 月 13—16 日</td><td>自那空那育出发，为了乘船而向曼谷进发</td></tr>
<tr><td>5 月 16—24 日</td><td>于曼谷待命</td></tr>
<tr><td>5 月 16—26 日</td><td>自曼谷出航</td></tr>
<tr><td>6 月 5—19 日</td><td>在浦贺登陆，复员</td></tr>
</table>

资料来源：龍兵团編集委員会『龍兵団』、3—8 頁。

表 4　日军第 56 师团长官一览表

<table>
<tr><td rowspan="11">龙 6703</td><td>第 56 师团司令部</td><td>芒市</td><td>302 名</td></tr>
<tr><td rowspan="2">师团长</td><td>① 渡边正夫中将</td><td>(转编成—1942 年 12 月 1 日</td></tr>
<tr><td>② 松山祐三中将</td><td>(归还死亡)1942 年 12 月 1 日—复员</td></tr>
<tr><td rowspan="3">参谋长</td><td>① 藤原武大佐</td><td>(转战死)编成—1942 年 6 月 1 日</td></tr>
<tr><td>② 黑川邦辅大佐</td><td>(战死)1942 年 6 月 1 日—1943 年 6 月 28 日</td></tr>
<tr><td>③ 川道富士雄大佐</td><td>(归)1943 年 7 月 1 日—复员</td></tr>
<tr><td rowspan="4">参谋
(1944 年 4 月以后)</td><td>甲参谋　永井清雄中佐</td><td>(归)编成—复员</td></tr>
<tr><td>乙参谋　田口正之中佐</td><td>(归)1944 年 4 月—复员</td></tr>
<tr><td>丙参谋
① 中奥少佐</td><td>(战死)1943 年 7 月—1945 年 2 月 3 日</td></tr>
<tr><td>② 土桥胜郎少佐</td><td>(归)1945 年 2 月—复员</td></tr>
</table>

续表

<table>
<tr><td rowspan="14">龙 6703</td><td>第 56 师团司令部</td><td>芒市</td><td>302 名</td></tr>
<tr><td rowspan="5">高级副官
(管理部长)</td><td>① 中村中佐</td><td>(转)编成—1943 年 4 月</td></tr>
<tr><td>② 上田琢磨中佐</td><td>(转)1943 年 4 月—1944 年 3 月</td></tr>
<tr><td>③ 原口正人少佐</td><td>(战死)1944 年 3 月—1944 年 11 月 4 日</td></tr>
<tr><td>④ 安部和壮少佐</td><td>(归)1944 年 11 月—1946 年 2 月</td></tr>
<tr><td>⑤ 冈村忠国中佐</td><td>(归)1946 年 2 月—复员</td></tr>
<tr><td rowspan="2">军医部长</td><td>① 柴山义雄军医大佐</td><td>(转)编成—1944 年 3 月</td></tr>
<tr><td>② 栗山贞治军医大佐</td><td>(归)1944 年 3 月—复员</td></tr>
<tr><td rowspan="2">兵器部长</td><td>① 黑泽大佐</td><td>(转)编成—</td></tr>
<tr><td>② 竹内正大佐</td><td>(归)—复员</td></tr>
<tr><td rowspan="2">经理部长</td><td>① 平野主计大佐</td><td>(转)编成—</td></tr>
<tr><td>② 渡边昇主计大佐</td><td>(归)—复员</td></tr>
<tr><td rowspan="2">兽医部长</td><td>① 桥本兽医中佐</td><td>—</td></tr>
<tr><td>② 藤森顺一兽医中佐</td><td>(归)—复员</td></tr>
<tr><td rowspan="4">龙 6733</td><td rowspan="2">第 56 步兵团司令部(① 龙陵 ② 腾冲)(150 名)</td><td>① 坂口静夫少将</td><td>(转)编成—1943 年 6 月 10 日</td></tr>
<tr><td>② 水上源藏少将</td><td>(战死)1943 年 6 月 10 日—1944 年 8 月 4 日</td></tr>
<tr><td rowspan="2">高级副官</td><td>① 久米中佐</td><td>缺</td></tr>
<tr><td>② 鹿毛弥三郎少佐</td><td>缺</td></tr>
<tr><td rowspan="2">龙 6734</td><td rowspan="2">步兵第 113 联队(拉孟)(2 881 名)</td><td>① 松井秀治少将</td><td>(转)编成—1944 年 12 月 16 日</td></tr>
<tr><td>② 大须贺实大佐</td><td>(归)1944 年 12 月 16 日—复员</td></tr>
</table>

续表

龙 6735	步兵第 146 联队（畹町）（3 443 名）	① 山本恭平大佐	（转）编成—1945 年 4 月 25 日
		② 今冈宗四郎大佐	（归）1945 年 4 月 25 日—复员
龙 6736	步兵第 148 联队（① 腾冲 ② 瓦甸）（2 881 名）	① 松本喜六大佐	（战病死）编成—1943 年 6 月
		② 藏重康美大佐	（战死）1943 年 7 月—1944 年 8 月 14 日
		③ 楠野丰重大佐	（战病死）1944 年 8 月 23 日—1944 年 9 月 8 日
		④ 神保贯逸大佐	（转）1944 年 9 月 14 日—1945 年 1 月 10 日
		⑤ 相原无畏之辅大佐	（归）1945 年 1 月 10 日—复员
龙 6737	搜索第 56 联队（滚弄）（439 名）	① 平井卯助大佐	（转）编成—1943 年 3 月 1 日
		② 柳川明大佐	（归）1943 年 3 月 1 日—复员
龙 6739	野炮兵第 56 联队（贵概）（1 636 名）	① 东美宗次大佐	（转）编成—1943 年 3 月 1 日
		② 山崎周一郎大佐	（战死）1943 年 3 月 1 日—1945 年 7 月 22 日
		③ 池田喜六少佐	（归）1945 年 7 月—复员
龙 6740	工兵第 56 联队（龙陵）（913 名）	① 江岛长雄中佐	（转）编成—1942 年 9 月 10 日
		② 小室钟太郎中佐	（战死）1942 年 9 月 10 日—1944 年 9 月 18 日
		③ 山口稔夫少佐	（归）1944 年 9 月 28 日—复员
龙 6741	第 56 师团通信队（芒市）（239 名）	① 大石良市少佐	（归）编成—复员

续表

龙6742	辎重兵第56联队(腊戌)(749名)	① 池田耕一大佐	(归)编成—复员
龙6743	第56师团兵器勤务队(芒市)(81名)	① 森兵技大尉	(转)编成—
		② 大伝兵技少佐	(归)—复员
龙6744	第56师团卫生队(遮放)(699名)	① 延冈中佐	(转)编成—
		② 安部和壮少佐	(转)—
		③ 黑田中佐	(转)—1945年1月
		④ 原田万太郎少佐	(归)1945年1月—复员
龙6745	第56师团第1野战病院(主力腾冲、半部龙陵)(247名)	① 水之江军医中佐	(战死)编成—1943年初
		② 五十川秀夫军医少佐	(战死)1943年初—1944年9月14日
		③ 鸟居作夫军医大尉	(归)1944年9月—复员
龙6746	第56师团第2野战病院(芒市)(242名)	① 缺	缺
		② 三浦丰军医少佐	—复员
龙6748	第56师团第4野战病院(兴威)(247名)	① 大场军医少佐	(转)编成—
		② 长崎义雄军医少佐	(归)—复员
龙6749	第56师团病马厂(主力腾冲、半部龙陵)(50名)	① 水野兽医大尉	(战死)编成—1944年9月14日
		② 马场静雄兽医大尉	(归)1944年9月—复员
龙6747	第56师团防疫给水部(芒市)(196名)	① 市村势夫军医少佐	(归)编成—复员

资料来源:石井皎『拉孟騰越:玉砕の実相』、附表。

表 5 日军第 56 师团步兵第 113 联队略历表

（自 1940 年 8 月编成至 1946 年 6 月复员止）

1940 年	8 月 1 日	步兵第 113 联队成立，松井秀治任联队长
	9 月 27 日	宫中授旗仪式
1941 年	11 月 15 日	根据陆甲第 85 号军令，第 56 师团成立
	12 月 8 日	大东亚战争爆发（停战后改称太平洋战争）
1942 年	2 月 10 日	城内练兵场举行出发仪式
	2 月 14 日	福冈联队补充队出发
	2 月 17 日	门司港出发
	2 月 20 日	停靠澎湖岛
	2 月 27 日	联队第 1 大队（27 日）、第 2 大队（2 日）、第 3 大队及本部直属部队（30 日）先后在西贡登陆
	3 月 29 日	第 1 大队自行车队由仰光出发向同古进军
	3 月 30 日	第 2 大队乘列车由仰光出发向同古进军
	4 月 3 日	联队主力部队乘汽车由仰光出发向同古挺进
	4 月 4 日	联队主力（RiA. TA. iTL. Ⅲ）由同古出发，抵毛奇后改为左翼支队的第 2 大队也由同古出发，沿色丙些、嘎头、乐可公路向乐可挺进
	4 月 5 日	第 1 大队利用自行车由同古出发向毛奇方向前进
	4 月 7 日	第 2 大队在保拉克附近与敌交战，第 1 大队抵达毛奇
	4 月 11—12 日	第 1 大队在保拉克附近与敌交战
	4 月 12 日	联队主力抵达毛奇
	4 月 13 日	第 2 大队在嘎头附近与敌交战
	4 月 21 日	第 1 大队抵达迈崩
	4 月 22 日	联队主力（RiA. TA. iTL. Ⅱ. Ⅲ）抵达迈崩，第 2 大队向东枝挺进
	4 月 23—26 日	第 2 大队在东枝附近与敌交战

续表

1942 年	4 月 24 日	联队(缺Ⅱ)由迈崩出发向昔波方向进军
	4 月 26 日	联队在迈力附近与敌交战
	4 月 27 日	联队在南腊南部与敌交战
	4 月 28 日	当晚联队占领昔波
	5 月 1 日	第 2 大队由东枝出发向八莫挺进,联队则由昔波出发向腊戍进军
	5 月 3 日	联队抵达腊戍
	5 月 4 日	联队由腊戍出发向八莫进军
	5 月 6 日	第 3 大队奉命执行南坎的警戒
	5 月 8 日	联队(缺Ⅱ、Ⅲ)向密支那进伐途中调转八莫与其他部队会合,第 2 大队抵达八莫,为保证后续部队追上联队主力,联队命第 1 大队为八莫—杰沙段的先遣
	5 月 9—10 日	第 1 大队在杰沙东部与敌交战
	5 月 12 日	联队主力部队(RiA. TA. iTL. Ⅱ)抵达杰沙
	5 月 16—18 日	第 2 大队对南崩地区进行扫荡
	5 月 21 日	联队由八莫出发向南坎挺进
	5 月 23 日	联队(缺Ⅱ)由南坎出发,当晚抵达龙陵
	5 月 24—25 日	日联队在龙陵勐冒街附近与敌交火
	5 月 25 日	联队会集镇安街,第 3 大队继续在团山附近与敌战斗
	5 月 26 日	联队(缺Ⅲ)向拉孟(松山)挺进,途中与敌交火,第 2 大队则继续对拉孟发起攻击
	5 月 28 日	联队(RiA. TA. iTL. Ⅰ)临时返回镇安街
	6 月 13 日	联队对怒江右岸地区的残敌进行扫荡
	6 月 25 日	联队本部直属部队以及第 2 大队进驻拉孟,第 1 大队进驻镇安街,第 3 大队进驻龙陵并开始布防
	8 月 1—10 日	第 1 大队对小水路和厥厂附近进行扫荡

续表

1942 年	9 月 14 日—11 月 2 日	根据亻号讨伐令,第 2 大队向大塘子附近进军
	9 月 19 日	联队副官萩尾大尉任命为第 3 大队长
	9 月 29 日	第 3 大队长冲少佐转调步兵 113 联队本部
	10 月 26 日—11 月 4 日	第 3 大队对小水路、杨梅田、红木树、厥厂等地进行扫荡
1943 年	1 月 30 日—2 月 10 日	武田淑文任命为第 1 大队长
	2 月 16 日	第 3 大队奉兵团甲号肃清讨伐令,对河头街—背阴山一带进行出击
	2 月 16 日	原第 1 大队长甜野文少佐调航空队任职
	3 月 8—24 日	第 3 大队对蚌渺—上街—勐旺—勐嘎等地进行出击
	4 月 6—22 日	第 3 大队对河心场—河头街—七道河—打黑渡一带进行出击
	6 月 27 日—7 月 17 日	第 3 大队向滚弄一带出击,并参加了由步兵 146 联队长指挥对大地林一带进行的讨伐战斗
	7 月 7 日—12 月 7 日	联队一部分留守阵地,主力部队则参加兵团进攻怒江的作战,第 1 大队及第 7 中队进至固东街—明光—营盘街一带与敌发生战斗。联队作为师团的主力,负责畹町以北的防御
	11 月 1 日—12 月 7 日	联队主力(RiA. TA. iTL. Ⅲ. 5)对怒江打黑渡—渡河营地附近进行攻击后撤回并对猛堆—大硝河—麻竹坪一带进行了扫荡
1944 年	2 月 23 日—3 月 2 日	第 3 大队对陇川地区实行讨伐
	3 月 8 日	第 1 大队奉命离开镇安街迁移到干崖
	3 月 21—30 日	根据兵团命令,第 1 大队向巨石关出动,对该地进行扫荡
	3 月 20 日	联队(RiA. TA. iTL. Ⅲ1/4. 6)为歼灭敌空军部队,奉命分别由拉孟和龙陵出发向八莫附近出击

续表

1944年	3月24日	联队分别对缅甸的八莫、雷浪、多朋阳、列恰、门该、兰浪、孟亚等地进行扫荡
	4月3日	第1大队移回镇安街驻守
	4月25日	联队对八莫一带进行扫荡后将夺取地让给第3大队后本部直属部队临时返回拉孟，第3大队在联队主力返回拉孟后，负责多朋阳(新平阳)到密支那之间的警戒并对该地段进行了讨伐
	5月18日	第3大队临时返回龙陵，第8中队的1个小队以及1个机枪小队奉命留在密支那列入第56步兵团长直接指挥
	5月18日—9月25日	密支那守备队(148联队的1/4MG)在当地与敌交战
	4月28日	第2大队推进到蛮帕并奉命执行该地以南地区的警戒
	5月9日	第2大队(♁. 5. MG. BiA)为救援平嘎由驻地出发
	5月7日	为迎击远征军的反攻，第1大队由镇安街出发，尾原中尉等130名受命驻守镇安街，联队本部及直属部队奉命由拉孟(松山)出发，其余留下人员列入野炮金光惠次郎少佐麾下，统一指挥，驻守松山
	5月14—15日	第2大队在平嘎、马鹿塘一带与敌交战
	5月12—16日	联队主力(♁. BiA. TA. ITL. K. 6. Ⅰ)在红木树、上马头一带与敌交战
	5月17日—6月2日	联队主力在屏风山、红木树、小寨一带与敌交战
	5月19日	第3大队出击八莫途中临时返回龙陵
	5月20日	为向桥头街发起攻击，第3大队奉命由龙陵出发，第2大队则奉命由平戛调至腾越(腾冲)

续表

	6月47日	镇安街守备队陷入敌重围，于7日分2批撤退到龙陵
	6月3—12日	联队主力(♁. RiA. TA. iTL. Ⅰ)在长坡附近与敌交战
	6月5日	第2、3大队奉命列入步兵148联队，在统一指挥下，在桥头街、江苴街一带与敌交战
	6月7日	第2、3大队在长坡与联队临时换防
	6月11日	第1大队奉命留守，联队急向龙陵转移
	6月13—18日	联队(缺Ⅰ)在那乃以及龙陵与敌交战
	6月19日—7月3日	联队急追敌到勐冒街南部地区后与敌交战(称蚌渺会战)
	6月19日	第1大队奉命由腾越(腾冲)出击追敌
	7月3日	为准备进行下一步行动，联队会集到龙陵
1944年	6月1日—7月5日	龙陵守备队(Ⅲ留守阵地)在龙陵周围与敌拼杀
	7月5日	联队命第3大队留下部分人员留守外其余向木康进发
	7月68日	木康一带与敌发生战斗
	7月8日	联队转移到芒市
	7月10日	为接出平戛守备队的伤病员，联队又奔向平戛
	7月13—20日	联队在平戛东面高地以及中寨一带与敌奋战
	7月21日	联队再次返回芒市会集
	7月25日	第2大队奉命执行芒市东面勲山一带的守备
	8月13日	第2大队长原田万太郎少佐奉命调师团司令部
	8月13日	黑崎才吉大尉被任命为第2大队长
	7月25日—8月24日	联队在芒市东面高地勲山一带与敌奋战

续表

1944年	8月26日	为了救援拉孟，联队分别从龙陵一带出发
	8月28日—9月13日	联队在小松山以及龙陵一带与敌拼杀
	6月5日—9月7日	拉孟守备队在野难金光少佐的指挥下，以真锅大尉为首的749名官兵在连日不断的奋战拼杀后于9月7日全军覆灭
	9月6日	步兵113联队军旗在全军覆灭之地焚烧
	9月14日	腾越城里的51名联队官兵与腾越守备队一同全军覆灭
	9月15日	联队再次转移到芒市
	9月16日	为援助平嘎守备队的撤退，联队向梁子寨一带进伐
	9月18—25日	联队在二本木高地及梁子寨一带与敌奋战
	8月14日	第3大队长萩尾勇少佐在龙陵战亡，由第8中队长石田德二郎大尉代理指挥
	9月13日	第2大队长黑崎才吉大尉在龙陵战亡，第6中队长小田中尉代理指挥
	9月27日	联队再次会集芒市
	9月29日—11月18日	于芒市东部高地一带阵地与敌拼杀
	11月6日	负责龙陵守备的第3大队撤出龙陵，并于当日抵达芒市，回到联队。
	7月6日—11月6日	龙陵守备队(Ⅲ)在龙陵周边地区与敌奋战
	11月19日	联队转移到勐嘎
	11月23—29日	联队在勐嘎及新寨东部一带与敌奋战
	11月30日	联队转移到小街南部
	11月30日	在小街南部与敌奋战

续表

1944 年	12 月 3 日	联队转移到畹町
	12 月 5 日	第 1 大队退至缅甸木姐并列入山崎支队长的指挥,联队则坚守畹町东面的五铃山和雷山一带阵地
	12 月 10—18 日	第 1 大队在山崎支队长的指挥下在缅甸八莫县的腊谬及甘马英一带奋战
	12 月 16 日	大尉涉谷茂任第 2 大队长,中佐大须贺实补任为 113 联队长,松井秀治则补任为缅甸方面军司令部少将
	12 月 30 日	大须贺实联队长到任
1945 年	1 月 5 日	原联队长松井出发赴仰光任职
	1 月 7—15 日	联队(欠Ⅰ)在芒市雷山一带与敌奋战
	1 月 9—11 日	第 1 大队列人师团直属部队,在缅甸木姐一带与敌奋战
	12 月 28 日—1 月 15 日	第 4 中队列入辎重炮 56 联队指挥,负责缅甸贵概的守备
	1 月 16—25 日	联队缩小战线并在五铃山一带奋战
	1 月 14 日	第 1 大队回到联队
	1 月 26 日	联队转移到缅甸南蚌河以南地区
	1 月 30 日—2 月 3 日	联队在邦弄的大义台一带与敌奋战
	2 月 4 日	联队转移到芒友
	2 月 7 日	联队由新威出发转移到南渡
	2 月 12 日	联队抵南渡并驻守
	2 月 7—12 日	联队在向南渡转移途中的弄坎一带与敌奋战
	2 月 12 日	隶属于第 4 中队的贵概派遣队追上联队队伍
	2 月 23 日	川村柳三大尉上任第 3 大队长
	2 月 26 日	第 2 大队长涉谷大尉在南渡战亡

续表

1945年	2月20日—3月1日	联队在南渡及曼地一带奋战
	3月7日	联队奉命担任师团主力部队将第3大队留下后向邦弄转移
	3月13日	联队向邦弄转移的当晚,在体杰会集时,命第3大队回到联队隶下
	3月2—13日	第3大队在邦格鲁一带奋战
	3月14—16日	联队在体杰渡河点一带奋战
	3月17日	联队继续向2162推进,向兵弄南侧的列恰三岔路口转移
	3月19日	联队占领列恰三岔路口一带阵地
	3月20—23日	联队在列恰三岔路口一带奋战
	3月24日	联队占领迈崩阵地
	4月9日	联队向雷良转移
	4月10日	抵达雷良的同时占领其一带阵地
	4月17日	联队在莫白会集并开始机动
	4月30日	联队在德耶穷集结完毕
	5月3日	联队留下一部分人员后向班温库转移
	5月6日	联队抵达班温库
	5月89日	在班温库一带与敌拼杀
	5月9日	为了抗击前来袭击班加拉来的敌人,联队将第1大队留下后率主力部队离开班温库
	5月11—13日	联队(欠I)在班加拉来一带与敌拼杀
	5月14日	第3大队为了对付向坎土朗进攻而来的敌快速部队而离开班加拉来
	5月17—20日	第3大队在坎土朗一带与敌拼杀
	5月23日	联队为转移到旺嘎纳离开坎土朗
	6月5日	联队抵达旺噶纳,而第3大队则奉命派往嘎头从南万会温出发

续表

1945 年	6 月 29 日	联队对旺嘎纳一带进行扫荡
	6 月 10 日	第 9 中队长须藤严大尉任第 2 大队长
	6 月 10 日	联队为向莫契转移而离开旺嘎纳
	6 月 16 日	联队抵达上莫契并继续向距莫契距街子 31 英里处前进
	6 月 23 日	联队(缺Ⅲ)抵达距莫契街子 36 英里处
	6 月 24 日	联队在距莫契街子 36 英里一带为补充装备与山内部队换防
	6 月 24 日—7 月 30 日	日联队在距莫契街子 25—47 英里一带与敌交战
	6 月 30 日	第 3 大队追上联队主力
	7 月 16 日	第 3 大队作为主力挺进队和隐蔽偷袭队一道向 67 英里一带出击
	7 月 30 日	联队为了收缩战线,命第 2 大队留守后向 67 英里处转移
	8 月 15 日	停战,8 月 16 日举行停战照书宣读仪式
	8 月 20 日	部队集结到慨马瓢一带并准备转向泰国,同时举行了联队慰灵仪式
	9 月 15 日	渡过怒江
	10 月 22 日	抵达泰国清迈并被解除武装
	11 月 19 日	由清迈出发赴那空那育
1946 年	12 月 24 日—5 月 14 日	在那空那育进行复员准备并进行一些集结工作等待通知
	5 月 17 日	从曼谷上船
	5 月 27 日	抵达蒲贺港(因船内发现伤寒病,一个星期停止登陆)
	6 月 3—15 日	由蒲贺登陆,为处理复员后的有关事务及人事功绩、伤残等,海江田市负责解决从中国归国人员有关文书的监督

资料来源:興竜会編集委員会『ああビルマ公路——ビルマ従軍』、25—32 頁。

表 6　南方军军政机构变迁表

1942 年 3 月	1942 年 8 月	1943 年 5 月	1943 年 10 月	1944 年 4 月
南方军总司令部(西贡) 参谋部军政班(西贡)	南方军总司令部(昭南) 军政总监部(昭南)	南方军总司令部(昭南) 军政总监部(昭南)	南方军总司令部(昭南) 军政总监部(昭南)	南方军总司令部(马尼拉) 参谋部军政班(马尼拉)
第 14 军司令部(马尼拉) 军政部(马尼拉)	第 14 军司令部(马尼拉) 军政监部(马尼拉)	第 14 军司令部(马尼拉) 军政监部(马尼拉)	第 14 军司令部(马尼拉) 管理事业部(马尼拉)	第 14 军司令部(马尼拉) 管理事业部(马尼拉)
第 15 军司令部(蘭贡) 军政部(蘭贡)	第 15 军司令部(蘭贡) 军政监部(蘭贡)	缅甸方面军司令部(蘭贡) 军政监部(蘭贡)	缅甸方面军司令部(蘭贡) 参谋部别班(蘭贡)	缅甸方面军司令部(蘭贡) 参谋部别班(蘭贡)
第 16 军司令部(雅加达) 军政部(雅加达)	第 16 军司令部(雅加达) 军政监部(雅加达)	第 16 军司令部(雅加达) 军政监部(雅加达)	第 16 军司令部(雅加达) 军政监部(雅加达)	第 7 方面军司令部(昭南) 军政监部(昭南) 之后升格为军政总监部(昭南) 第 16 军司令部(雅加达) 军政监部(雅加达)
第 25 军司令部(昭南) 军政部(昭南)	第 25 军司令部(昭南) 军政监部(昭南)	第 25 军司令部(武吉丁宜) 军政监部(武吉丁宜) 马来军政监部(昭南)	第 25 军司令部(武吉丁宜) 军政监部(武吉丁宜) 马来军政监部(昭南)	第 25 军司令部(武吉丁宜) 军政监部(武吉丁宜) 第 29 军司令部(太平) 军政监部(瓜拉江沙)
婆罗洲守备司令部(古晋) 军政部(古晋)	婆罗洲守备军司令部(古晋) 军政部(古晋)	婆罗洲守备军司令部(古晋) 军政部(古晋)	婆罗洲守备军司令部(古晋) 军政部(古晋)	婆罗洲守备军司令部(亚庇) 军政部(亚庇)

资料来源：防衛庁防衛研究所戦史部『史料集南方の軍政』、22 頁。

表 7　第二次世界大战中英美对中国援助物资输送路线的变迁表

序号	年月日	军事行动	援助物资输送路线的变迁及其他
1	1937 年 7 月 7 日	北京郊外卢沟桥事件	上海、香港—广东
2	1937 年 8 月 13 日	第二次上海事件	香港—广东
3	1938 年 10 月 21 日	日本军占领广东	法属印度支那北部、河内—昆明(狭轨铁道)
4	1940 年 6 月 21 日	日本要求英国关闭滇缅公路	北缅、腊戍—畹町、昆明
5	1940 年 9 月 23 日	日本军进驻法属印度支那北部	缅甸、仰光—腊戍—昆明
6	1941 年 12 月 8 日	大东亚战争爆发	——
7	1942 年 3 月 8 日	日军占领仰光	滇缅公路被彻底切断
8	1943 年 1 月 14—24 日	丘吉尔、罗斯福卡萨布兰卡会谈	东北印度、决定自雷多向北缅进攻(在印度训练中国军)
9	1943 年 11 月 28 日	中美联军在雷多集结	美军为在中国军队后方修筑道路而开始作业
10	1944 年 8 月 4 日	中美联军占领密支那	自此,翻越喜马拉雅山脉的空中运输航线终止
11	1944 年 9 月 6—14 日	日军在云南省拉孟、腾越“玉碎”	云南省内中国军总反攻
12	1945 年 1 月 27 日	芒友会师	雷多公路、滇缅公路全部打通
13	——	——	缅甸境内的日军向泰国东部国境退却
14	1945 年 8 月 15 日	战争结束	——

资料来源:門脇朝秀『滇緬公路・中印公路—日本軍対連合軍の戦い』。

表 8　日军、日伪统治滇西现存遗址遗迹汇总表

序号	遗址名称	地点	年代	类别
1	东卡日军碉堡	龙陵县抗战纪念广场	1942 年	日军侵华罪行遗址
2	日伪龙陵县政府旧址	龙陵县白塔村	1942 年	日军侵华罪行遗址
3	董家沟日军"慰安所"旧址	龙陵县董家沟	1942 年	日军侵华罪行遗址
4	松山战役遗址	龙陵县腊勐乡	1944 年	军事设施与战场遗址
5	惠通桥	龙陵县腊勐乡	1937 年	军事设施与战场遗址
6	驻龙日军司令部旧址	龙陵县白塔村	1942 年	日军侵华罪行遗址
7	驻龙日军军政班本部旧址	龙陵县白塔村	1942 年	日军侵华罪行遗址
8	龙陵日军农业试验场场部旧址	龙陵县龙山社区	1942 年	日军侵华罪行遗址
9	白塔日文学校旧址	龙陵县白塔村	1942 年	日军侵华罪行遗址
10	下坪日军马厩旧址	龙陵县松山	1942 年	军事设施与战场遗址
11	平达日军总部遗址	龙陵县平达乡	1942 年	日军侵华罪行遗址
12	平达日军行政班本部遗址	龙陵县平达乡	1942 年	日军侵华罪行遗址
13	来凤山战场遗址	腾冲市来凤山	1942 年	军事设施与战场遗址
14	腾冲日伪县政府旧址	腾冲市下西街	1942 年	日军侵华罪行遗址

续表

序号	遗址名称	地点	年代	类别
15	光华街日军“慰安所”旧址	腾冲市光华西路	1942 年	日军侵华罪行遗址
16	陇川松山日军战壕遗址	德宏州陇川县城子镇东南	1942 年	军事设施与战场遗址
17	芒市日军侵华碉堡（2 处）	德宏州潞西市委大院和教育局家属区	1942 年	日军侵华罪行遗址
18	蝙蝠山侵华日军战壕遗址	德宏州潞西遮放镇	1942 年	军事设施与战场遗址
19	潞西项丘营盘山侵华日军战壕遗址	德宏州潞西西山乡邦角村委会以西	1942 年	军事设施与战场遗址
20	盈江偏石房惨案遗址	德宏州盈江县昔马镇	1943 年	日军侵华罪行遗址
21	栗柴坝渡口惨案遗址	怒江州泸水县栗柴坝	1942 年	日军侵华罪行遗址

资料来源：田野调查数据统计。

索　引

B

C

D

W

X

Y

Z

后　记

滇西抗战，影响颇深。本书是在我的博士论文基础上修改而成。拙作甫定之时，自览之余，不胜忐忑。能够入选南京大学中华民国史研究中心张宪文教授领衔出版的“抗日战争专题研究”丛书，激动、感恩之情溢于言表。

首先要感谢我在南开大学日本研究院攻读博士学位时的导师杨栋梁教授。在我博士论文选题之初，杨老师以其独到的学术视野，提出中国的抗日战争史理应包含日本侵华与中国抗战两个方面，滇西抗战所涉区域具有跨越国界和抗战主体盟国联手的显著特征，使之有别于中国抗战其他战场。就中国方面而言，滇西抗战史的前期研究在中国远征军对日作战、日军暴行等部分研究领域取得了一定成果，但总体还存在着研究基础囿于中国资料、研究选题不够丰富等问题。特别从日本侵华方面观之，有关日本占领滇西沦陷区后的统治政策、措施手段、阶段特征、后果与危害等方面尚有较大研究空间。受此启发，我便确定博士论文以日本侵华时期在滇西沦陷区的统治为研究主题，对日本在滇西沦陷区的统治做系统性考察与分析。博士论文写作过程中的资料搜集、研究方法、谋篇布局、遣词造句，皆得杨老师悉心指点，我得以顺利通过博

后　记

滇西抗战，影响颇深。本书是在我的博士论文基础上修改而成。拙作甫定之时，自览之余，不胜忐忑。能够入选南京大学中华民国史研究中心张宪文教授领衔出版的“抗日战争专题研究”丛书，激动、感恩之情溢于言表。

首先要感谢我在南开大学日本研究院攻读博士学位时的导师杨栋梁教授。在我博士论文选题之初，杨老师以其独到的学术视野，提出中国的抗日战争史理应包含日本侵华与中国抗战两个方面，滇西抗战所涉区域具有跨越国界和抗战主体盟国联手的显著特征，使之有别于中国抗战其他战场。就中国方面而言，滇西抗战史的前期研究在中国远征军对日作战、日军暴行等部分研究领域取得了一定成果，但总体还存在着研究基础囿于中国资料、研究选题不够丰富等问题。特别从日本侵华方面观之，有关日本占领滇西沦陷区后的统治政策、措施手段、阶段特征、后果与危害等方面尚有较大研究空间。受此启发，我便确定博士论文以日本侵华时期在滇西沦陷区的统治为研究主题，对日本在滇西沦陷区的统治做系统性考察与分析。博士论文写作过程中的资料搜集、研究方法、谋篇布局、遣词造句，皆得杨老师悉心指点，我得以顺利通过博士论文答辩。

其次，我要特别感谢南开大学日本研究院宋志勇教授。宋老师在本书的资料搜集与出版方面给予我莫大支持。以往我的滇西抗战史研究主要基于中文史料，宋老师指导我对日本国立国会图书馆、日本外务省史料馆、日本地方图书馆、日本部分大学图书馆等机构存藏的原日军电报、文件、战史资料及滇缅作战日军联队史等原始史料进行充分挖掘。这些日方资料大多尚未在国内翻译利用，这为本书的写作提供了新的资料补充，也成为本书一大特色。更为重要的是，宋老师认为滇西抗战研究是中国抗日战争史研究的重要组成部分之一，遂推荐我的博士论文入选南京大学民国史研究中心“抗日战争专题研究”项目，在中心组织专家层层审稿，我数遍修改后，本书最终得以出版。

再者，我还要感谢北京大学臧运祜教授在史料、写作和出版方面给予我的诸多帮助；感谢江苏省社会科学院王卫星研究员对书稿的细致审阅；感谢上海师范大学洪小夏教授对书稿的点睛指导；感谢北华大学郑毅教授将在日本调研时查阅的相关资料提供于我；感谢东华理工大学管辉副教授对书稿文本的校对与润色；感谢南开大学日本研究院的其他老师、师兄、师姐、同学、学弟、学妹在史料搜集与翻译中给予我的无私帮助；感谢云南省学界前辈、朋友在我十年滇西抗战研究学术之路上的所有支持与帮扶；感谢我的工作单位江西师范大学领导和同事对我的关怀与鼓励；感谢“抗日战争专题研究”编委会、江苏人民出版社老师和工作人员付出的辛勤劳动；还要感谢太多的人，然恩长笔短，片纸难陈，恕不赘述。只能长揖敬谢，没齿不忘。

而今，我博士毕业已三年整，滇西抗战史研究也十年整。从博士论文到学术专著的出版，算是给此领域研究提交了一份自己的答卷。生于陕西,扎根江西,将在未来继续关注滇西。限于能力与水平,本书仍有诸多不足与缺陷,望学界同仁不吝指正。

雷娟利于南昌瑶湖之畔

2021 年 9 月 3 日